Ulrike Claudia Hofmann · True Crime Starnberger See

Allitera Verlag

ULRIKE CLAUDIA HOFMANN, geboren in Coburg, studierte Geschichte und Germanistik an der Universität Bamberg. Ihre Promotion in Bayerischer Landesgeschichte schrieb sie über Fememorde in Bayern in den 1920er-Jahren. Sie ist Zeithistorikerin und arbeitet als Archivarin in München. Zusammen mit einem Pressesprecher vom Landeskriminalamt Bayern hält sie Lesungen unter dem Titel »Zeitreise Mord«.

Ulrike Claudia Hofmann

TRUE CRIME
Starnberger See

Mord im Hause Adlon

Allitera Verlag

Originalausgabe April 2023
Allitera Verlag
Ein Verlag der Buch&media GmbH, München
© 2023 Buch&media GmbH, München
Layout, Satz und Umschlaggestaltung: Johanna Conrad
Gesetzt aus der Anton und der Adobe Garamond
Umschlagmotiv: Kevin Solbrig, Unsplash
Printed in Europe · ISBN 978-3-96233-380-5

Allitera Verlag
Merianstraße 24 · 80637 München
Fon 089 13 92 90 46 · Fax 089 13 92 90 65

Weitere Publikationen aus unserem Programm finden Sie auf www.allitera.de
Kontakt und Bestellungen unter info@allitera.de

INHALT

Vorwort. 7
Eine Nacht im Dezember 9
»Wer ist wer« der Protagonisten 11
Ein Postbote kann sein Paket nicht zustellen 13
Die Kripo durchleuchtet das enge Umfeld 22
Hintergrund: Die Ermittlungsbehörden 79
Das Blickfeld der Polizei erweitert sich 89
Steht der Durchbruch kurz bevor? 119
Ermittlungsdruck auf Elisabeth und Ottilie Adlon 198
Hintergrund: Die Villa Adlon in Starnberg als Tatort 255
Sonjas Vergangenheit als Schlüssel zum Täter? 263
Hintergrund: Sonja Bletschacher und ihr Umfeld 291
Von einer letzten Spur zum »Cold Case« 303
Hintergrund: Die Kriminalbeamten 308
Jahre später: Vera Brühne und der Fall Sonja Bletschacher? 324
Fast zu guter Letzt 330
Mutmaßungen heute: Wer könnte Sonja getötet haben? . . . 332

Bildnachweis 344
Abkürzungsverzeichnis 344
Dank 344

VORWORT

Eine Leiche, kein Täter. Diese Kombination ist oft die erste Information, die unmittelbar nach Entdeckung der Tat die Kriminalpolizei erreicht. Dieser Beginn macht keinen Unterschied, egal ob der Mord 1950 oder 2023 stattgefunden hat. Das Herangehen an den Tatort, den Fall, die Zeugen oder Verdächtigen oder das Umfeld der Toten, hier hat sich die Polizeiarbeit erheblich weiterentwickelt.

Was Anfang der 1950er-Jahre gemacht wurde, ist in diesem Buch aus den Ermittlungsakten ersichtlich. Es sind hier die Originalakten, die ein wahres Verbrechen dokumentieren und es dem Leser ermöglichen, diesen Mord zu rekonstruieren. Die Ermittler fanden sich in einem Netz aus verschiedenen Aussagen. Berichte vom Hörensagen, unterschiedliche Wahrnehmungen und Hypothesen prägten über Jahre hinweg die kriminalistische Arbeit. Jeder Aussage musste nachgegangen werden, jeder Zeuge gehört und manchmal auch mehrfach vernommen werden. Welche Aussagen entsprechen dem tatsächlichen Geschehen, welche sind nur in den Gedanken des Zeugen wahr? Diese Entscheidungen sind und bleiben von maßgeblicher Bedeutung.

Als Leser fragt man sich manchmal: Wären solche Methoden heute möglich? Was ist das »Handwerkszeug« heutiger Spurensicherer und Kriminalisten? Sicher gibt es jetzt eine Vielzahl moderner kriminaltechnischer Mittel, die immer professioneller werden. Aber es gilt in diesem Buch in die Polizeiarbeit und die Lebensumstände der 1950er-Jahre einzutauchen. Wer die hier nachgezeichneten Vernehmungsprotokolle und die Zusammenfassungen aufmerksam liest, wird mehrfach Ungereimtheiten in den angegebenen Zeitabläufen feststellen. 1952 gab es noch keine Mobiltelefone, die sich in Funkmasten einloggen, keine Smartphones, deren Kamerafunktion oft und gerne benutzt wird. Auch Überwachungskameras in und vor Geschäften, Veranstaltungsörtlichkeiten, Tankstellen und an vielen anderen Orten waren vor 70 Jahren noch weit weg aus jeder Vorstellung.

Heute ist auch die Sicherung von DNA an einem Tatort normal und alltäglich, vor Jahren unvorstellbar. Und trotzdem gibt es noch immer ungeklärte Fälle. Und es wird auch immer solche geben. Ein Vergleich zwischen den Ermittlungen 1952 und 2023 ist aus vielen Gründen nicht statthaft. Sich selbst beim Lesen Gedanken machen und Schlussfolgerungen ziehen schon.

Ludwig Waldinger
Erster Kriminalhauptkommissar, München

EINE NACHT IM DEZEMBER

Die stille, kalte Schneelandschaft, sie kann sie nur noch erahnen, draußen ist es dunkel. Beim Schmieren ihrer Semmel trifft sie plötzlich mit brutaler Gewalt ein Schlag ins Gesicht. Ihr fällt das Messer aus der Hand auf den Boden. Sie ist völlig überrascht, unfähig, den Ernst der Lage wahrzunehmen. Doch jetzt begreift sie es: wenn sie in diese Augen blickt, den Spazierstock, das scharfe Messer sieht. Sie weiß schlagartig, es geht um ihr Leben. Der Tisch, der Sessel, nichts kann sie schützen. Dieser Mensch sticht und schlägt erbarmungslos auf sie ein; ihre Hände können ihn nicht abwehren. Ihr Schädel fühlt sich wie gesprungen an, etwas hat sie mit großer Wucht an ihrer Schläfe getroffen. Dass der Abend brisant werden würde, dachte sie sich schon länger. Deshalb war sie schon den ganzen Tag angespannt und eine heimliche Angst saß ihr im Nacken. Dass es allerdings so enden würde, ahnte sie nicht. Sie ist fassungslos, gelähmt. Dieser Ausbruch an Brutalität kam für sie wie aus dem Nichts. Da ist nur noch dieses von Hass verzerrte Gesicht, der Mensch handelt im Rausch, er hört nicht mehr auf, er sticht immer und immer wieder unerbittlich zu. Sie liegt gekrümmt am Boden, der Schmerz der Messerstiche in ihrer linken Brust raubt ihr den Atem. Panik überfällt sie! Sie atmet immer schneller, ringt verzweifelt nach Luft. Chancenlos, diese wird mit jedem Atemzug weniger, sie spürt, wie sie zu ersticken droht. Sie fühlt so ein zerreißendes Stechen, dumpf, bohrend, ihre Rippen knacken. Ist sie noch bei Bewusstsein? Sie weiß es nicht. Aus ihrem Mund entweicht nur noch Husten, Japsen, Röcheln. Warum kann sie nicht mehr schreien?

Mit ihrer letzten Kraft der Verzweiflung versucht sie ans Fenster zu robben. Doch jetzt bohrt sich noch etwas durch ihre linke Achselhöhle und dringt bis in ihren Nacken. Ihr Körper besteht nur aus unmenschlichen Schmerz. Er macht den letzten Gedanken an ein Überleben zunichte. Sie kann nicht mehr. Es ist vorbei. Wie wenn sie aus dieser Hölle herausgerissen würde, verlassen sie endlich die Qualen. Sie sieht noch das Messer wie im Stakkato in ihren Leib eindringen. Zum Glück spürt es ihr geschundener Körper nicht mehr, er ist erlöst.

So oder so ähnlich könnte das Leben der 47-jährigen Sonja Bletschacher am Abend des 12. Dezembers 1951 in der Starnberger Villa von Ottilie Adlon geendet haben. Wenige Monate vor diesem Verbrechen waren bereits in Kempfenhausen in der Villa de Osa drei Menschen umgebracht worden. Kein Wunder, dass dieser grausame Frauenmord im Hause Adlon die Menschen in der Gegend beunruhigte. Starnberger Bürgerinnen und Bürger galten plötzlich als Mordverdächtige, manche kamen kurzzeitig in Haft. Der Fall Bletschacher beschäftigte die Bevölkerung über viele Jahre und befeuerte immer wieder Gerüchte.

Das Buch möchte daher die damaligen Geschehnisse aufarbeiten. Als Grundlage dienen ausschließlich die originalen Ermittlungsakten der Staatsanwaltschaft München II, die sich aus den Unterlagen der Polizei zusammensetzen und im Staatsarchiv München archiviert sind[1]. In Form einer Dokumentation werden die Fakten, die über das Verbrechen bekannt sind, sowie die Arbeit der Ermittlungsbehörden rekonstruiert. Dabei kommen die Quellen so oft wie möglich selbst zum Sprechen. Man erhält sozusagen Akteneinsicht. Zugleich habe ich als Historikerin in wissenschaftlichen Hintergrundkapiteln das zeithistorische Umfeld beleuchtet. Dafür konnte ich neben einschlägiger Literatur auch auf noch nicht ausgewertete Archivquellen zurückgreifen.

1 Signatur: StAM, Staatsanwaltschaften 35828/1-4

»WER IST WER« DER PROTAGONISTEN

BLETSCHACHER, SONJA, Tote

Das Umfeld des Hauses Adlon

ADLON, Ottilie und deren Tochter Elisabeth, Vermieterinnen
BENECKE, Erna, Freundin von Elisabeth
DERICKS, Hubert, früherer Berater von Ottilie
HAUPTMANN, Ida, Zugehfrau im Haus Adlon
KLEPSCH, Walter, ehem. Geliebter von Elisabeth
KUPPI, Heinz, Anwohner in der Max-Emanuel-Straße
LENSER, Hedwig und Willi, Mieter in der Villa Adlon
LÜRMANN, Else, Anwohnerin in der Max-Emanuel-Straße
MICHLMAYER, Maria, ehem. Angestellte im Nachbarhaus der Adlons
RICHTER, Maria, Haushaltshilfe Sonjas

Weitere Zeugen und Verdächtige aus Starnberg

BEUTELHAUSER, Karl, Versicherungsvertreter
HENTSCHKE, Anneliese, Grafikerin
HERMANN, Maria, Geschäftsinhaberin
KÜRZINGER, Anni und Hans, Kinobesitzer
LANGENBRUCH, Erich, Dachdecker und Bekannter Sonjas
LANGENBRUCH, Therese, seine Frau
MIEDL, Käthe, Verkäuferin
RIEDEL, Franz, Hausmeister von Amerikaner-Häusern
RIESER, Centa, Geschäftsinhaberin
ROSENKESSEL, Else, Hotelangestellte
VÖLK, Franz, Mechaniker
WEBER, Franz, Poster
ZIMMERMANN, Johanna, Geschäftsinhaberin

Sonjas Freunde und Bekannte

FIALKOWSKY, Imre, ein Phantom
GOTH, Hedwig, langjährige Freundin
HARTUNG, Anneliese, Vormieterin Sonjas bei Adlons
HEINZEL, Mathilde, frühere Nachbarin aus Percha

LEUSMANN, Elvira, Freundin und ehem. Kollegin
LUDWIG, Karl, Geliebter Sonjas
MATTHIAS, F., spiritistisches Medium
MIDDELMANN, Eva, ehem. Freundin Sonjas
NIEDERMAYR, Eugen, Schulfreund von Sonjas Mann
PROELLER, Adolf, Kriegskamerad von Sonjas Mann
PROELLER, Otti, Schwägerin von Adolf und Bekannte Sonjas
TEMPLE, Ingeborg, langjährige Freundin
HANS, Freud von Ilse

Sonjas Familie

LUISE, Sonjas Schwester
NIKOLAUS, Mann von Luise
ILSE, Sonjas Nichte
WOLF, Ludwig, Sonjas Bruder

Familie / Bekannte von Sonjas Mann Ludwig

BAMBERGER, Gustav, Schwager von Ludwig
BLETSCHACHER, Berta, Schwägerin von Ludwig
BLETSCHACHER, Karolina (Karla), zweite Ex-Frau von Ludwig
BLETSCHACHER, Rudolf., Sohn Ludwigs
PRAUN, Otto Dr., Arzt und Kriegskamerad von Ludwig
SCHOTTENHAMEL, Emilie, Verwandte Ludwigs
WERNER, Max Dr., Wehrmachtsoffizier

Kontakte aus Sonjas Vergangenheit

DEUTSCHENBAUER, Walter, Geliebter Sonjas
NIKOLICH, Clara, frühere Kollegin Sonjas
PRAUN, Otto Dr., kurzzeitiger Geliebter Sonjas
REH, Hans Dr., früherer Arbeitgeber und Geliebter Sonjas

Sonstige

BRÜHNE, Vera, als Mörderin verurteilt
GOLDBERG, Wilhelmine, Vermieterin in Sonthofen
LOHMÜLLER, Karl Dr. Arzt in Sonthofen
TRAUTWEIN, Werner, Dr. Arzt in Sonthofen

EIN POSTBOTE KANN SEIN PAKET NICHT ZUSTELLEN

Donnerstag, 13. Dezember 1951

Es ist eine Routineangelegenheit: Er soll ein Nachnahmepaket ausliefern. Gegen 11 Uhr klingelt der Paketzusteller Weber in Starnberg in der Max-Emanuel-Straße 7. Auf sein Läuten öffnet nicht die Adressatin Sonja Bletschacher, sondern die 72-jährige Hausbesitzerin Ottilie Adlon. Die alte Dame ist nicht bereit, die Nachnahmegebühren für ihre Mieterin auszulegen. Stattdessen schickt sie ihre 31-jährige Tochter Elisabeth in den zweiten Stock, um Sonja Bletschacher zu benachrichtigen. Bei der von ihr gemieteten Räumen handelt es sich nicht, wie heute üblich, um eine abgeschlossene Wohnung, sondern um einen offenen Hausflur, von dem die Zimmer abgehen. Elisabeth bemerkt offene Türen und zögert hineinzugehen. Ihre Mutter fordert sie auf, im Wohnzimmer nachzusehen.

Das entsetzte Rufen lässt erahnen, dass Elisabeth etwas Schreckliches entdeckt haben muss. Der Paketbote eilt nach oben: In der Wohnung liegt die von blutigen Verletzungen übersäte Leiche von Sonja Bletschacher. Der Poster benachrichtigt sofort die Stadtpolizei in Starnberg. Die Oberwachtmeister Auer und Lieb treffen unverzüglich in der Max-Emanuel-Straße 7 ein.

Was die beiden vorfinden, legt ein schweres Verbrechen nahe und damit ist man in Starnberg überfordert. Die Stadtpolizei bittet umgehend die Kriminalaußenstelle Fürstenfeldbruck der staatlichen Landpolizei von Oberbayern, den Fall zu übernehmen. Und bereits eine halbe Stunde später läutet bei der Staatsanwaltschaft München II das Telefon, um diese von dem Verbrechen zu unterrichten. Es besteht Mordverdacht. Der Staatsanwalt ordnet die sofortige Sektion der Leiche an.

Um 14 Uhr kommen die Kripobeamten der Landpolizei Kott und Bolzmacher in die Max-Emanuel-Straße 7. Auch die beiden gehen von einem Mord aus, Hinweise auf einen Raub- oder Sexualmord können sie nicht feststellen. Gegen 16.45 Uhr untersucht ein Arzt in der Wohnung die Leiche. Danach kommt diese ins Starnberger Leichenschauhaus.

Alles wird auf dem Kopf gestellt

Noch am gleichen Tag untersucht die Fürstenfeldbrucker Kripo bis ins kleinste Detail das Zimmer, in dem Sonja gefunden worden ist.

Aus der Tatbestandsaufnahme vom 13. Dezember 1951:
»1. Tatzimmer:
Es befindet sich im 2. Stock, das zugleich das Dachgeschoß bildet. Es hat senkrechte Wände, die 277 cm Höhe aufweisen. Das Fenster nimmt den größten Teil der Südwand ein, die 450 cm beansprucht. In der Mitte dieser Wand befindet sich eine Balkontür, die zu, aber nicht verschlossen ist. Es sind Doppeltüren vorhanden. Rechts und links dieser Tür ist noch ein Fenster angeschlossen, von denen jedes 70 cm breit ist. Gegenüber dem Fenster befindet sich in der Nordwand im Ostteil die Eingangstür von 108 cm Breite. Die Zimmerlänge beträgt 520 cm.
2. Die Ermordete:
Ihr Kopf zeigt zur westlichen Fensterkante, ihre Beine zur Angelseite der Tür. Der Körper ist lang ausgestreckt. Der rechte Arm ist ausgestreckt und zeigt vom Körper weg. Das Handgelenk ist von der rechten Hüfte 25 cm entfernt. Der linke Arm ist abgewinkelt, die linke Hand befindet sich fast unter dem Körper und zwar in der Nierengegend. Die Tote ist 165 cm lang. Die Leiche ist mit einer blauen Wollweste, die geöffnet ist, bekleidet. Außerdem trägt sie ein blaues Stoffkleid, in dem eingewebte noch dunklere blaue Schrägstreifen verlaufen. Das Kleid ist hochgeschoben bis über die Schamhaargegend. Sie ist mit einem graubraunen wollenen Schlüpfer bekleidet. Es ist nicht zu erkennen, daß dieses Kleidungsstück vom Täter verändert worden ist. Sie trägt weiterhin grau-braune Seidenstrümpfe, die aber dunkler als der Schlüpfer sind. Sie werden durch Strumpfhalter festgehalten. Der Hüftgurtteil ist nicht sichtbar. An den Füßen befinden sich weinrote Wildlederschuhe mit Lammfellinnenbesatz und Kreppsohlen.
3. Verletzungen:
Der äußere Befund: 4 Platzwunden von 45, 40, 35 und 30 mm Länge und zwar über dem linken Auge an der Stirn und der vorderen Schädeldecke; sie stammen vermutlich von einem scharfschneiden(den) Gegenstand her. Die Breite der 4 Wunden – gemessen in der Mitte – beträgt zwischen 6 und 10 mm. Auf dem Nasenrücken befindet sich etwa 5 mm unterhalb der Nasenwurzel eine dunkelrot unterlaufene Stelle, die vermutlich eine

Quetschung durch einen Schlag darstellt. An der Unterseite des linken Kiefers beginnt in der Höhe des Anfangs des linken Zahnschemas eine blutunterlaufene Stelle von 30 mm Länge und etwa 10 mm Breite; sie ist den Umständen nach auf einen kräftigen Faustschlag zurückzuführen. Zwischen linker Brustwarze und dem Brustbein bis hinauf zur Schulter befinden sich nach dem äußeren Befund insgesamt 16 Stichverletzungen im Oberkleid. Bei der Überprüfung ergibt sich, daß diese Stiche durch das schwarze Unterkleid in den Körper eingedrungen sind.
4. Die Leichenstarre war beim Eintreffen der Mordkommission der Kriminalaußenstelle Fürstenfeldbruck überall vollkommen ausgebildet.
5. Schmuckstücke:
Am rechten Ringfinger trägt die Leiche 2 Eheringe und dazwischen einen Schmuckring mit 3 Brillanten. Alle 3 Ringe sind aus Gold. An der rechten Körperseite liegt am Boden fast unter der Leiche am Beginn des Brustkorbes eine Brosche, die mit weißen Glassteinen besetzt ist. Es dürfte sich vermutlich um Edelsteine handeln. Die Fassung ist 55 mm lang und 30 mm hoch. Sie ist in der groben Form einer Krone gearbeitet.
6. Die Leichenschau
wurde am 13.11.51 um 16.45 Uhr von dem prakt. Arzt Dr. med. Kuhn aus Starnberg (…) vorgenommen. Als Todesursache wird von ihm innere Verblutung durch Stichverletzung in die Brust angenommen.
7. Ein Tafelmesser
liegt 98 cm rechts vom rechten Knie (gemessen von der Knie-Mitte aus) am Boden und zwar so, daß die Hälfte des Griffes, der aus weißem Metall besteht, unter dem Teppich sich befindet. Das Klingenende ist abgerundet. Von hier aus weist das Blatt auf einer Seite 40 mm Länge und auf der anderen Seite von 28 mm Länge einen weißen Fettbelag auf, bei dem es sich zweifelsfrei um Butter handelt.
8. Der Zustand des Esstisches:
Er ist rund, hat einen Durchmesser von 100 cm und eine Höhe von 70 cm. Er ist mit einer weißen geblümten Tischdecke bedeckt, die teilweise verschoben ist und deshalb unter Berücksichtigung des Tafelmessers als Ausgangspunkt der Tat anzusehen sein. Der Tisch stößt dicht an den Zimmerofen an, der zwar kalt, aber mit Asche aufgefüllt ist. Er war zweifellos in Betrieb gewesen. An dem Tisch befinden sich ein grüner und ein brauner Polstersessel. Zwischen ihnen ist ein etwas kleinerer Polsterstuhl vorhanden, der aber etwas zurückgeschoben ist. Nach dem Stand des Geschirrs zu urtei-

len, sind die erstgenannten 2 Stühle benützt worden. Gegen den Herd zu steht eine offene Butterdose, in der sich etwa 100 gr. Butter befinden, die angebrochen sind. Der Deckel liegt daneben. Zwischen der Butterdose und dem grünen Sessel befindet sich ein braunes Packpapier, darauf ein Pergamentpapier und auf diesem liegen 6 Scheiben Jagdwurst und daneben ein Stück Leberwurst von 50 gr. Gewicht, die noch unversehrt sind. Rechts davon auf dem braunen Papier der untere Teil einer Semmel, der mit Butter bestrichen ist. Kurz vor diesem grünen Sessel steht ein Kristallteller von 140 mm Durchmesser; auf ihm liegen 4 mit Schokolade überzogene Gebäckstücke von ca. 40 mm Durchmesser. Irgendwelche Reste davon am Tisch sind nicht zu sehen. An diesem Teller ist der Oberteil einer Semmel angelehnt, der mit Butter bestrichen ist. Links seitlich liegen in 40 mm Abstand 2 Scheiben der erwähnten Jagdwurst. Es erweckt den Anschein, daß dieser Zustand in einer Aufregung entstanden ist. In der Tischmitte steht auf einem Zierteller aus Porzellan eine Literflasche, die zur Hälfte mit Rotwein gefüllt ist. Die Flasche ist leicht verkorkt. Es handelt sich um 1950er Pfälzer Rotwein und stammt von der Fa. Bernhard Müller KG Augsburg. Das Etikett ist von roter Farbe und ovaler Form. Neben dieser Flasche – entgegengesetzt dem grünen Sessel – steht ein Weinglas mit einem ganz geringen Rest von Rotwein. Vor diesem Glas steht gegen den braunen Sessel zu eine geöffnete Zuckerdose aus Porzellan; der Deckel liegt abseits am Tisch. Nun folgt gegen den Sessel zu eine gläserne Nachtischschale von 130 mm Durchmesser; sie ist leer, nur der Boden ist noch feucht. Eine Geruchswahrnehmung ist nicht mehr möglich. In ihr befindet sich ein Kaffeelöffel. Es ist anzunehmen, daß aus diesem Teller eingeweckte Aprikosen gegessen wurden. Auf dem Büffet steht ein zur Hälfte gefülltes Einwegglas mit Aprikosen, das zwar verdeckt, aber nicht geschlossen war. Am Tisch liegt dicht daneben eine Brille mit einer Horneinfassung von heller Farbe. Im Aschenbecher, der aus kräftigem Glas ist, befindet sich dunkelfarbige feine Asche. Darin liegt die Asche in Form einer Zigarette von 40 mm Länge; es ist anzunehmen, daß eine eingeworfene Zigarette dort verbrannt ist und deshalb ihre Form behalten hat. Rechts der Zuckerdose liegt eine Fünfer-Packung ›Zuban‹-Zigaretten Nr. 22 von roter Farbe, in der noch 2 Zigaretten enthalten sind. Eine Zigarette befindet sich am linken und eine am rechten Rand. Zwischen der Weinflasche und der Brille liegt eine Zehner Packung ›Peer‹-King-Size-Zigaretten, in der noch 1 Stück enthalten ist. Zwischen dieser Packung und der Brille liegt noch eine Zündholzschachtel, die fast geleert ist. Rechts des Weinglases steht eine rote Schachtel, in der in 2 Abteilungen Patience-Karten enthalten sind.

9. Der Fußbodenbelag

besteht aus 3 Teppichen. Der große Teppich von 350x260 cm Ausmaß bedeckt den Boden vom Fenster bis fast zum Tisch. Er hat Blumen- und Blattornamente. Er ist von rötlicher Farbe. In seiner Mitte hat er ein 90x90 cm großes Quadrat, dessen Spitzen nicht zu den Ecken, sondern zu der Mitte der Seiten zeigen. Dieses Quadrat hat die gleiche Musterung, ist aber von blauer Farbe.

Der Tisch steht auf einem roten Teppich von 220x90 cm Größe. Die Schmalseite zeigt zur Raummitte. Er zeigt Ornamente in orientalischer Form.

Von der Tür her liegt ein Teppich von 140x115 cm Ausmaß. Er ist von hellroter Farbe und trägt in der Mitte zwei ineinander gehende Ornamente in Rautenform, die Spitze an Spitze zusammentreffen.

Ein hellblauer Sitzpolster liegt auf dem Boden. Er gehört den Umständen nach zum braunen Sessel. Beim Betreten des Tatorts liegt er rechts vom rechten Knie der Toten.

10. Blutspuren

befinden sich im blauen Quadrat des großen Teppichs und zwar an der Stelle, wo zuletzt der Kopf der Leiche gelegen hatte. Von der Außenkante dieses Blau-Quadrates ab ziehen sich Blutspuren bogenförmig noch 10 cm weit herein.

Diese Blutspuren sind auf eine Breite von durchschnittlich 50 cm ungleichmäßig verteilt. Zum Teil sind noch Spuren dickflüssigen Blutes sichtbar. Beachtlich ist aber, daß zwischen der Grenze der Blutspuren im Blau-Quadrat bis zur Aufliegestelle des Kopfes bei der Auffindung ein Zwischenraum von 45 cm vorhanden ist. Der Fußbodenbelag ist faltenförmig zusammengeschoben, so daß der Eindruck entsteht, daß ein Kampf stattgefunden hat. Nach dem Glätten des Teppiches ergibt sich ein Abstand von 60 cm.

Nach dem Verlauf der Blutspuren und ihrer Stärke ist anzunehmen, daß der Toten bereits am Tische sitzend die Stiche beigebracht wurden, daß sie sich am Boden vom Tisch entfernte und hierbei auf sie weiterhin eingestochen worden ist. Hierbei muß mindestens bis zur Blutgrenze im blauen Quadrat der Kampf fortgeführt worden sein.

Auf welche Weise aber der Zwischenraum von 45 cm in den Blutflecken hervorgerufen worden ist, läßt sich nicht erkennen. Es kann nur vermutet werden, daß die Schwerverletzte sich noch bis dorthin geschleppt hat und hier der Tod eintrat.
11. Sichergestellte Schriftstücke:
An der Kredenz, die an der westlichen Längswand steht, liegt ein offener Brief ohne Umschlag, datiert v. 6.12.51 aus Sonthofen.
Auf dem Schreibtisch in der SW-Ecke des Zimmers liegt ein geöffneter Eilbrief an Frau Sonja Bletschacher aus Beilngries v.11.12., eingegangen lt. Poststempel in Starnberg am 12.12.51. Er ist von der im Tathaus wohnenden Frau Lenser geschrieben. Diesem Brief liegen 2 DM bei.
In einer Tasche wurde ein Kassenzettel der Fa. Ludwig Beck aus München über 15,03 DM vorgefunden. Er datiert vom 11.12.51.
Feststellung:
Eine eingehende Untersuchung der Räume nach Anschriften ist noch vorzunehmen, da bis jetzt kein Anhaltspunkt für den Täter zu gewinnen war. Vordringlich sind nun die notwendigen Vernehmungen, um baldige Fahndungen einleiten zu können.
Bolzmacher (OKom. d. LP.)«

Tisch und Lampe mit Anzeichen eines Kampfes

*Wohnzimmer von
Sonja Bletschacher*

Spuren im Schnee

Die Beamten durchsuchen nicht nur Sonjas Wohnung, sondern auch mit einem Polizeihund das Grundstück des Anwesens – und entdecken Fußspuren.

Aus einer handschriftlichen Skizze zur Max-Emanuel-Straße, erstellt am Samstag, den 15. Dezember 1951:
»*Fußspuren vom Tathaus über den Zaun bis zur Josef Siglstraße, durch Trittspuren im Neuschnee sichtbar und vom Diensthund einwandfrei verfolgt. Es handelt sich der Größe nach um Männerschuhe.*«

Die Josef-Sigl-Straße ist weder vom Haus Adlon noch von den Nachbargrundstücken her einsehbar.

Fußspur im Schnee auf dem Grundstück Adlon

Lageplan mit Verlauf der Fußspuren ▶

Starnberg, den 15.12.1951
Stadtpolizei

Mordsache Bletschacher in Starnberg v. 12./13.12.51.
===

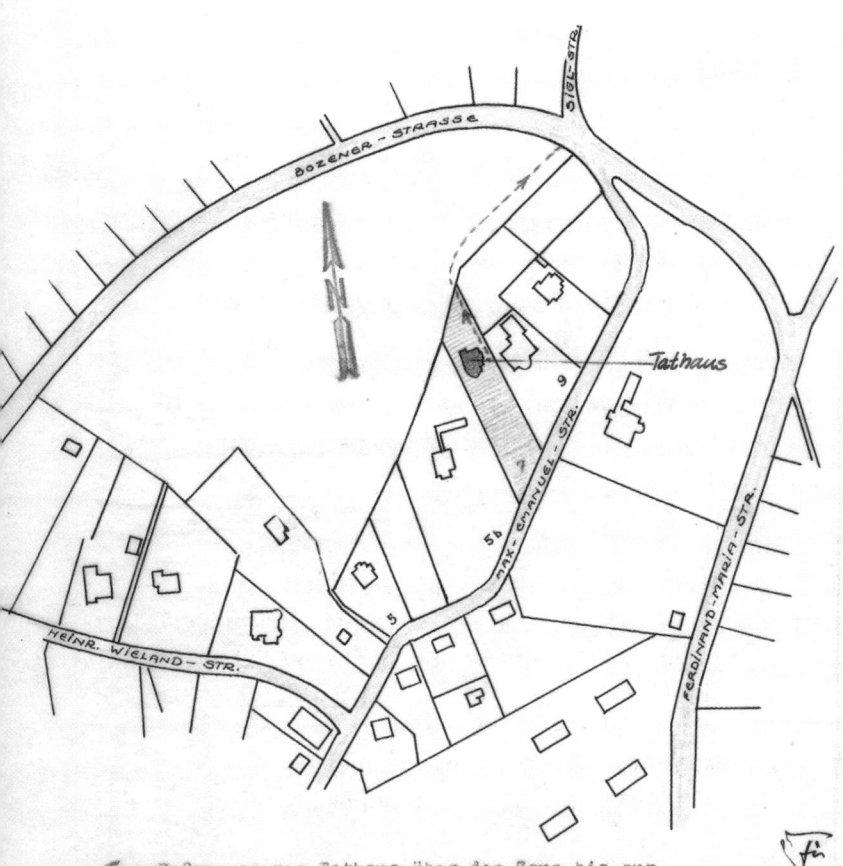

← Fußspuren vom Tathaus über den Zaun bis zur
Josef Siglstraße, durch Trittspuren im Neuschnee sichtbar und vom Diensthund einwandfrei
verfolgt. Es handelt sich der Größe nach um
Männerschuhe.

Landpolizei Oberbayern
Kriminalaußenstelle Fürstenfeldbruck

Bolzmacher
(Bolzmacher) OKom.d.LP.

DIE KRIPO DURCHLEUCHTET DAS ENGE UMFELD

AUF EINEN BLICK

DAUER DER ERMITTLUNGSPHASE: 13.-26. Dezember 1951; zwei Wochen.
SCHWERPUNKT: Überblick über den Leichenfundort; ein erstes Bild über die Person des Opfers; Rekonstruktion der letzten Lebensstunden; die letzten Kontakte und das enge Umfeld des Opfers.
ES SAGEN AUS, Z. B.: Sonjas Vermieterin Ottilie Adlon; Maria Michlmayer als eine Bekannte des Opfers; die Freundin Ingeborg Temple; Sonjas Schwager Gustav Bamberger; das Medium F. Matthias; die langjährigen Freundinnen Hedwig Goth und Elvira Leusmann; Sonjas Nichte Ilse; die Starnberger Lebensmittelhändlerin Centa Rieser und ihre Verkäuferin Käthe Miedl; Sonjas Haushaltshilfe Maria Richter; Sonjas Geschwister Ludwig Wolf und Luise; der Ingenieur und Freund des Opfers Karl Ludwig; das mit Sonja befreundete Ehepaar Proeller; das Ehepaar Lenser, als Mieter im Haus Adlon.
ERWÄHNT WIRD: ein mysteriöser Unbekannter.
ERMITTLER (GESAMTER FALL): die Kriminalbeamten Kott und Bolzmacher aus Fürstenfeldbruck; die Münchner Beamten Thaler und Feldmann mit ihrem Vorgesetzen Venus vom Präsidium der Landpolizei in Bayern; unterstützt durch Oberwachtmeister Auer der Starnberger Stadtpolizei.

Seit Eintreffen der Kripobeamten aus Fürstenfeldbruck geht es mit den Ermittlungen Schlag auf Schlag. Einen Tag nach ihrem Tod wird Sonjas Leiche in Starnberg obduziert und die Kripo durchsucht ihre komplette Wohnung. Alles spricht dafür, dass diese der Tatort ist. Im Laufe der zahlreichen Vernehmungen ergeben sich wie bei einem Schneeballsystem immer weitere Hinweise. Die Polizei sieht ihre erste Annahme bestätigt, dass ein Raub- oder Sexualmord ausscheiden. Daher konzentriert sie sich darauf, das Motiv in einer engen Beziehung zwischen Sonja und dem Täter zu suchen. Doch aus den ersten Vernehmungen ergibt sich noch keine »heiße Spur«.

Für den Zeitraum vom 13. bis 26. Dezember enthält die Untersuchungsakte Protokolle von 26 Befragungen. Teilweise werden die Zeugen mehrfach vernommen. Die Erkenntnisse aus den zahlreichen Informationen lassen bei der Kripo in dieser Phase den Eindruck entstehen, dass der Täter in dem engsten Umfeld der Toten zu suchen ist – insbesondere zwei Frauen werden Ende Dezember in Verdacht geraten.

Eine Vermieterin, der wenig entging

Sofort nach ihrem ersten Eintreffen am Tatort befragen die beiden Kriminaler noch in der Wohnung der Toten die 72-jährige Hausbesitzerin. Ottilie Adlon, geb. 1879, zeigt sich als eine geschwätzige Vermieterin, der wenig entging.

<u>Aus der Vernehmung von Ottilie Adlon am Donnerstag, den 13. Dezember 1951:</u>
Es wird sofort deutlich, dass zwischen der Toten und ihrer Vermieterin kein ungetrübtes Verhältnis bestand:
»Bei Frau Bletschacher wohnte noch zeitweise ihre Nichte Ilse (…), die Laborantin im Krankenhaus in Sonthofen ist.
Die Frau Bletschacher war eine ruhige und angenehme Mieterin. Erst in den letzten 14 Tagen kam es zwischen ihr und mir zu Unstimmigkeiten, die ihre Ursache darin hatten, daß sie ihre Kohlen nach oben schaffen ließ, obwohl sie im Keller genügend Raum zur Verfügung hatte. Sie hat

auch während des vergangenen Sommers wiederholt ihre Bettwäsche über den Balkon ausgeschüttelt, unter dem ich mit meiner Tochter auf meiner Veranda saß. Dabei kam es von Seiten der Frau Bletschacher zu groben Worten. Sie war ein sehr guter Mensch, aber manchmal hatte sie cholerische Anfälle.
Gelegentlich wurde die Frau Bletschacher in Zeitabständen von 8–14 Tagen von einem feinen Herrn besucht, der ein schönes Auto hatte. Er brachte ihr dabei immer kleine Geschenke mit. Ich nannte diesen Mann ›Grauköpfchen‹. (handschriftliche Anm. im Protokoll: *Ludwig*)
Vor etwa 3 oder 4 Wochen war ich letztmals in der Wohnung bei der Frau Bletschacher. Wie es in einer Hausgemeinschaft üblich ist, kam ich vorher des Öfteren zu ihr. Oft schon des Morgens, um zu fragen, was sie heute koche, während meiner Krankheit hat sie mich rührend gepflegt und wenn wir an den Nachmittagen und an den Abenden in ihrer Wohnung waren, haben wir Patience gelegt.
Die Frau Bletschacher bekam sehr häufig Post. Ich weiß, dass ihre Nichte Ilse (…) und ihre verh. Schwester (…) oft geschrieben haben. Der Bruder der Verstorbenen heißt Wolf und wohnt in Marquartstein.«

Entscheidend für die Polizei sind Ottilies Beobachtungen über den Vortag. Dazu hält das Vernehmungsprotokoll fest:
»*Gestern – 12.12. – kam die Frau Bletschacher mit dem Mittagszug, der um 12.49 Uhr in Starnberg ankommt, aus München zurück. Sie war am Dienstag, den 11.12., um 11.16 Uhr nach München gefahren. Als die Frau Bletschacher gestern – 12.12. – mittags nach Hause kam, waren ich und meine Tochter beim Ankleiden, um zu einer Bridge-Partie im Bayer. Hof in Starnberg zu gehen. Wir sind zwischen 13.30 und 13.45 Uhr vom Haus weggegangen und waren Punkt 14 Uhr im Bayer. Hof. Beim Nachhausekommen habe ich auf die Uhr in meiner Wohnung gesehen und stellte fest, daß es rund 23.30 Uhr war. (…) Durch die Hanfeldstraße und die Max Emanuelstraße gingen wir heim. Es war Vollmond und dadurch sehr hell.*
In der Umgebung meines Hauses befindet sich keine Straßenlaterne. Es ist uns aufgefallen, daß beim Heimkommen im Wohnzimmer der Frau Bletschacher kein Licht mehr brannte. Dies ist uns deswegen aufgefallen, weil die Frau Bletschacher sonst sehr lange auf ist und Licht hatte. Ich habe mir aber dabei nichts gedacht, weil ich annahm, daß die Frau Bletschacher in

München in der vorherigen Nacht schlecht geschlafen hatte und deshalb früher zu Bett gegangen war und das Licht gelöscht hatte.

Ohne die Außenbeleuchtung einzuschalten, traten wir durch das Gartentürchen ein und gingen zum Haus. Als wir bei der Steintreppe angekommen waren, also direkt vor dem Wohnhaus standen, bemerkte ich plötzlich, daß am Gartenzaun zum Nebenhaus unmittelbar gegenüber der Haustreppe, ein ›Etwas‹ über den Zaun sprang. Was dies aber war, das kann ich nicht sagen. Ich machte erst meine Tochter darauf aufmerksam, aber sie hat nichts bemerkt und nichts gehört und kritisierte meine Überängstlichkeit. Trotzdem aber eilten wir rasch ins Haus und sperrten hinter uns gut ab. Die Gartentür war nicht eingeklinkt, darüber habe ich mich schon geärgert. Die Außentür des Hauses war zu, aber nicht verschlossen. Die Innentür mußte nur mittels Schlüssel aufgeklinkt werden; sie war nicht verschlossen.

Beim Heraufgehen in den ersten Stock, wo ich mit meiner Tochter wohne, war es sehr ruhig im Hause. Im Treppenhaus brannte beim Heimkommen kein Licht.

Mir ist bekannt, daß die Frau Bletschacher nur jeweils ihre Standlampe am runden Tisch eingeschaltet hatte. Die Wandlampe am Bett benützte sie nur beim Zubettgehen. Die Deckenbeleuchtung war nie eingeschaltet. Bei unserem Heimkommen war im Treppenhaus auch kein Fenster geöffnet. Das Haus machte einen ruhigen Eindruck; es waren keinerlei Anzeichen dafür, daß im Hause etwas vorgefallen sei, zu erkennen. Wir gingen beruhigt zu Bett.«

Der Morgen begann für Ottilie und ihre Tochter anders als sonst; etwas war seltsam:
»*Fast jeden Tag schüttelte sie* (Frau Bletschacher, Anm. d. Verf.) *gegen 9 Uhr den Ofenrost durch und dadurch erwachte ich und wußte, daß die Frau Bletschacher aufgestanden war. Heute Morgen erwachte ich gegen 10 Uhr. Ich machte meine Tochter Elisabeth darauf aufmerksam, daß Frau Bletschacher heute scheinbar auch noch nicht auf ist. Wir standen unmittelbar darauf auf. Gegen 11 Uhr hat es zweimal geklingelt; dies war für Frau Bletschacher bestimmt. Es kam der Paketträger der Post. Er brachte ein Nachnahmepaket i. W. v.* (im Wert von, Anm. d. Verf.) *über 14 DM. Er fragte nach der Frau Bletschacher (…). Ich (…) sagte zum Postboten, (…), daß er warten soll, weil meine Tochter bei der Frau*

Bletschacher nachsehen sollte, ob sie da ist. Sie ging nach oben und rief dann herunter, daß Türen offenstehen, aber Frau Bletschacher nicht zu sehen ist. Auf meine Aufforderung hin schaute sie ins Wohnzimmer und begann gellend zu schreien und hielt mich vom Heraufgehen ab. Der Paketbote ging auf meine Aufforderung hin nach oben, kam nach kurzer Zeit zurück und sagte, daß ich nicht nach oben gehen soll, weil das für mich nichts sei. Der Paketbote hat dann die Polizei telefonisch benachrichtigt. (…)«

Auch Sonjas Bekanntenkreis entging Ottilie nicht. Obwohl sie viel erzählt, weiß sie letztlich wenig:
»*Dieser Herr ›Grauköpfche‹* (handschriftliche Einfügung im Protokoll: *Ludwig Wolf?) kam seit etwa 3 Jahren zur Frau Bletschacher. Er war ein Freund ihres verstorbenen Mannes. Ich weiß dies aus Mitteilungen der Frau Bletschacher. Sein Name ist mir nie bekanntgeworden.*
Eine gute Freundin von der Frau Bletschacher war die Witwe Hedi Goth (…). Wo diese Frau aber wohnt, das weiß ich auch nicht. Sie ist etwa 37–38 Jahre alt und sehr hübsch. Daß diese Frau Goth gestern Nachmittag zur Frau Bletschacher zu Besuch kommen wollte, weiß ich von der Frau Michelmayer, die mir das bereits heute früh erzählt hat.
Es fällt mir insbesondere auf, daß heute beim Auffinden der Toten der Tisch so schlecht gedeckt war (…), daß heute die Wurst in einem braunen Packpapier auf dem Tisch lag.
Die Frau Bletschacher war schon immer so verschlossen. Ich will damit sagen, daß sie, seit ich sie kenne, mir nie von ihrem persönlichen Freundeskreis etwas erzählt hat. Vor etwa 14 Tagen kam ich mit der Frau Goth wegen des ›Grauköpfchen‹ zu sprechen. Ich wunderte mich ihr gegenüber, daß dieser Herr mir von der Frau Bletschacher, obwohl er bereits 3 Jahre ins Haus kommt und mich auch schon sehr freundlich gegrüßt hat, noch nie vorgestellt worden ist. Ich meinte dabei, daß dieser Mann wohl verheiratet sei und daß dies ein Geheimnis bleiben soll. Frau Goth zuckte dazu in fraglicher Weise die Schultern und sagte mir dazu gar nichts.
Ich habe die Frau Goth schon mit der Frau Bletschacher gemeinsam im Auto des Herrn ›Grauköpfchens‹ nach München fahren sehen. Da dieser Herr immer per Auto kam, muß es ihm gehören. Das Kennzeichen dieses PKW habe ich noch nie beachtet. Dieser Herr hat schon mehrere

Kraftwagen gefahren. So erinnere ich mich an einen grauen und dunklen Wagen.

Seit kürzerer Zeit kam außerdem noch ein sehr eleganter Herr, der etwa anfangs der Fünfziger war. Er kommt seit etwa 4 Wochen. Seine Besuche sind meist gegen 10 oder 11 Uhr. Er hatte einen großen eleganten schwarzen PKW.

Herr ›Grauköpfchen‹ ist aber auch noch gekommen. Nach meinen Feststellungen sind diese zwei Herren aber nie zusammengekommen.

Im Winter 1950 und im Frühjahr 1951 befaßte sie sich mit dem Handel von Stoffen. Auf Befragen erzählte sie, daß sie diese von einem Freund auf Kommission bekomme. Sie verdiene daran 10%. Wo dieser Lieferant aber wohnt, das ist mir gleichfalls unbekannt.

Nach meiner Überzeugung befinden sich die Freundschaften der Frau Bletschacher in München.

Außer diesen beiden Herrn habe ich nie beobachtet, daß fremde Männer ins Haus zur Frau Bletschacher gekommen wären. Es sind aber außerdem noch Männer zu ihr gekommen, die aber zu ihrem Verwandtenkreis gehören.

An Frauen kamen noch eine Frau van Haug, die bei Gebhard an der Ecke Max Emanuel- und Hch. Wielandstr. (gemeint: Heinrich-Wieland-Str., Anm. d. Verf.) wohnt. Außerdem kam auch noch eine Frau Heinzel aus Percha. Aus Kempfenhausen kam auch noch eine Frau Temple; sie kam aber nur selten.

Die Frau Bletschacher hat nie davon etwas erzählt, daß sie von jemand angefeindet wird.

Ich kann auf den Täterkreis aus dem Umgang der Frau Bletschacher keinerlei Hinweise geben.«

Wer sah Sonja als Letztes?

Von zentraler Bedeutung für die Polizei ist die Aussage der Person, die Sonja als Letztes lebend gesehen hat. Dies ist vermutlich die Köchin Maria Michlmayer, geb. 1903, aus Starnberg. Sie war mit Sonja Bletschacher seit 1949 gut bekannt. Denn Frau Michlmayer arbeitete früher als Hausangestellte im Nachbarhaus der Villa Adlon bei »den Amerikanern«. Dort durfte sie auch Hühner halten. Nachdem Frau Michlmayer diese Stelle im März 1951 aufgegeben hatte, versorgte

Sonja die Tiere. Frau Michlmayer brachte dafür täglich das Futter vorbei, so auch am 12. Dezember 1951, wenige Stunden vor Sonjas Tod.

Informationen aus ihren ersten beiden Vernehmungen am Donnerstag, den 13. und Montag, den 17. Dezember 1951: Entgegen Sonjas sonstiger Art bemerkte Maria Michlmayer bei ihrem letzten Besuch an Sonja Angst: Sie kam gegen 14.30 Uhr in Sonjas Wohnung. Dabei fiel ihr auf, dass sowohl die Garten- als auch die Haustüre unverschlossen waren. Sonja schien es mit dem Absperren nicht so genau zu nehmen – im Gegensatz zu ihrer Vermieterin, die darauf ein strenges Auge hatte. Denn Sonja erklärte die unversperrten Türen damit, dass sie noch Besuch erwarte und Frau Adlon mit ihrer Tochter nicht im Hause sei.

Sonja erzählte ihrer Bekannten, dass möglicherweise noch eine gute Freundin, Frau Temple, vorbeikomme. Sie wusste nur noch die Uhrzeit, 16 Uhr, aber nicht mehr, ob sie sich für den 12. oder den 13. Dezember verabredet hatten. Gedeckt war der Tisch mit einem Kaffeegedeck für zwei Personen. Frau Michlmayer verließ gegen 16.30 Uhr Sonja Bletschacher. Der Gast war bis dahin noch nicht erschienen.

Bei Frau Michlmayers Besuch am Nachmittag soll Sonja auffallend unruhig und nervös gewesen sein; so wie sie Maria Michlmayer noch nie erlebt hatte. Darauf angesprochen gab ihr Sonja keine Antwort. Allerdings soll Sonja ihre Besucherin beim Gehen gebeten haben, noch etwas zu bleiben. Sie hatte scheinbar Angst. Frau Michlmayer musste jedoch wegen eines eigenen Termins im Krankenhaus aufbrechen.

Beim Verlassen des Hauses verschloss Frau Michlmayer die Haustüre und ließ das Gartentor einschnappen. Dieses Tor konnte somit nur vom Haus aus elektrisch geöffnet werden. Ob ihr jemand beim Verlassen des Hauses Adlon begegnet war, daran konnte sie sich nicht erinnern.

Die Kripo braucht von der Zeugin Informationen über Sonjas Männerbekanntschaften: Frau Michlmayer weiß nur von drei Männern. Einer dieser Herren hatte zwischen ihr und Sonja den Spitznamen »Kapitän«. Dabei handelte es sich um einen graumelierten »*sehr fesch*(en)«, etwa 55-Jährigen, der einen Opel-Kapitän fuhr und ein Freund von Sonjas verstorbenem Mann war. Daneben gab es einen ca. 25-jährigen Mann namens Matthias. Außerdem sah Frau Michlmayer hin und wieder den Mann, der Sonja Stoffe zum Verkaufen brachte. Von einer Liebesbeziehung weiß sie nichts: »*Mir ist nicht bekannt, daß Frau Bletschacher mit einem Mann ein Verhältnis hatte. Wenn das der Fall gewesen wäre, so hätte ich das sicher gewusst. Wir sprachen auch hin und wieder über dieses Kapitel. In sexuellen Dingen war sie direkt kalt. Sie unterhielt sich nach ihren eigenen Aussagen immer mit ihrem verstorbenen Mann auf okkultem Wege und damit war sie vollkommen zufrieden.*«

Von großer Bedeutung für die Ermittlungen ist natürlich Sonjas wirtschaftliche Lage. Weiß die offensichtlich gut unterrichtete Maria Michlmayer auch darüber etwas? Bei ihrem Besuch am 12. Dezember 1951 deutete Sonja ihr gegenüber an, dass sie aus der Wohnung ausziehen wollte, da Frau Adlon mit ihrer Tochter so viel streiten würde. Sie habe sich in München schon eine Wohnung angeschaut. Frau Michlmayer ist sich sicher, dass Sonja nicht vermögend war und nur über eine kleine Pension von 160 DM verfügte. Da sie darüber hinaus keine Vermögenswerte besaß, sei sie ständig in Geldnöten gewesen. Sie wollte sogar an Frau Michlmayer einen ihrer Mäntel verkaufen. Dennoch ließ Sonja die Hausarbeit ihrer kleinen Dachgeschosswohnung, so Frau Michlmayer, wöchentlich oder 14-tägig von der Zugehfrau der Adlons erledigen.

Maria Michlmayer beobachtete auch einen mysteriösen Fremden: Als sie im März 1951 ihre Stellung im Nachbarhaus der Adlons aufgegeben hatte, konnte sie für einige Wochen in der Wohnung der Adlons unterkommen. In dieser Zeit machte sie eine eigenartige Beobachtung: »*Plötzlich sah ich einen Mann vom Vorplatz weg über den Gartenzaun in das Nachbargrundstück springen.*« Da es mondhell war, wusste sie noch genau, dass dieser Fremde einen grauen Mantel und einen dunklen Hut trug. Als sie Sonja davon erzählte, blieb diese davon unbeeindruckt und ohne Sorge.

Sonjas Leiche wird geöffnet

Auch wenn der erste Augenschein schon eine Richtung vorgegeben hat, kann erst ein Obduktionsbericht belastbare Fakten über Tatwaffe und Todesursache liefern. Bei Sonja bleiben Fragen offen.

Aus dem Obduktionsbericht vom Freitag, den 14. Dezember 1951:
Der fünfseitige Untersuchungsbericht der Gerichtskommission stellt als vorläufiges Ergebnis fest:
»*I. Der Tod ist eingetreten durch Verblutung, hauptsächlich infolge der Stiche in die Brusthöhle, möglicherweise durch die Schussverletzung, die die Wirbelsäule noch getroffen hat.*
II. Die Verletzungen wurden ausgeführt mit einem scharfschneidigen Instrument, andererseits vielleicht auch noch durch ein stumpfkantiges Instrument, wenigstens was die Verletzungen am Schädel anbelangt. Die Verstorbene scheint außerdem noch Boxhiebe ins Gesicht bekommen zu haben und gewürgt worden zu sein.
III. Zur weiteren Klärung, namentlich ob eine Schussverletzung vorliegt, nachdem ein Geschoss nicht gefunden werden konnte, wurden die betreffenden Halswirbel und das Stückchen Haut der Achselhöhle mit dem vermutlichen Einschussloch sowie die Wolljacke der Verstorbenen zur Untersuchung zurückbehalten.«

Die gesamte Wohnung wird auf den Kopf gestellt

Hat sich die Polizei zur Spurensicherung bisher auf das Tatzimmer konzentriert, nimmt sie einen Tag nach dem Verbrechen Sonjas komplette Wohnung unter die Lupe. Dazu zählen Wohn- und Schlafzimmer, der Vorraum und die Toilette, die Küche, der Abstellraum und die Speisekammer. Bei der Durchsuchung werden keine verschlossenen Behältnisse vorgefunden – eine Feststellung, die sich später noch relativieren wird.

Aus dem Durchsuchungsbericht vom Freitag, den 14. Dezember 1951:
Als Ergebnis ist festgehalten:
»(…) *Tatwaffen oder zur Tat verwendete Werkzeuge wurden nicht gefunden. Im Schreibtisch wurden die Briefe ausgesondert und zu den Ermittlungsakten genommen, die für die weitere Untersuchung von Bedeutung sein können.* (Sie wurden scheinbar nicht zur staatsanwaltlichen Ermittlungsakte gegeben. Anm. d. Verf.)
An Bargeld wurden im Schreibtisch insgesamt 136,-- DM vorgefunden und als Wertgegenstand eine goldene Uhr, engl. Fabrikats. Diese Gegenstände wurden an Ort und Stelle belassen (…).

Von dem Weinglas, das auf dem großen runden Eßtisch stand (siehe Ziff. 8 des Berichtes über die TBA.), wurden mit Folie Fingerabdrücke genommen.

Sämtliche beweglichen Sachen wurden von ihrem Standplatz entfernt und der Raum eingehend nach Patronenhülsen abgesucht. Die Suche nach solchen Hülsen war ergebnislos.

Die Schlüssel zu den Räumlichkeiten wurden nach beendigter Durchsuchung Herrn Auer von der Stadtpolizei Starnberg übergeben.
Beginn der Durchsuchung: 13 Uhr, Ende: 17 Uhr.«

Eine verwechselte Einladung

Ingeborg Temple, geb. 1905, ist eine gute Freundin der Verstorbenen. Nach den Hinweisen von Frau Michlmayer soll sie möglicherweise der letzte Besuch bei Sonja am Mittwoch vor ihrem Tod gewesen sein.

Aus der Vernehmung vom Freitag, den 14. Dezember 1951:
Auch wenn sie mit Sonja seit Jahren eine Freundschaft gepflegt hat, bleibt ihr Wissen an der Oberfläche: Sie und Sonja lernten sich 1942 in München über ihre mittlerweile verstorbenen Ehemänner kennen. Beide Paare waren befreundet. Nach dem Tod der beiden Ehemänner im Jahr 1944 intensivierten die Witwen ihren Kontakt. Dies ging aber nicht so weit, dass sie persönliche Informationen, wie Namen über männliche Bekanntschaften austauschten. Allerdings konnte Frau Temple vereinzelt Namen aus Sonjas Bekanntenkreis nennen. Dessen Schwerpunkt soll in München gelegen haben.

Die Freundin weiß auch, dass Sonja ein sehr enges Verhältnis zu ihrer Nichte Ilse unterhielt. Diese arbeitet zurzeit in Sonthofen.

Inge Temple war nicht der vermutete letzte Gast an Sonjas Todestag: In Sonjas Wohnung kam die Zeugin zuletzt am 7. Oktober 1951; gesehen haben sich die Freudinnen das letzte Mal am 5. Dezember 1951 in Starnberg beim Einkaufen. Bei diesem Treffen versuchten die Frauen einen Termin für einen Besuch zu finden. Dies erwies sich wegen vieler anderer Verabredungen der beiden als schwierig. Im Raum stand der 13. Dezember, der wegen eines Krankenbesuchs der Zeugin scheiterte. Ein Besuch am 12. Dezember, wie von Sonja angenommen, wäre für Inge unmöglich gewesen. Denn an diesem Tag nahm sie, wie Mutter und Tochter Adlon, an der Bridgepartie im Bayerischen Hof in Starnberg teil.

Ingeborg Temple besitzt wenig Einblicke in Sonjas Umfeld – trotz Freundschaft. Immerhin ist sie über das Verhältnis zwischen Sonja und ihrer Vermieterin im Bilde. So sagt sie aus: »*Bei meinem Besuch am 7.10. bestand zwischen Adlons und Bletschacher noch ein gutes Einvernehmen, worauf die Frau Bletschacher immer einen besonderen Wert legte, weil sie in Frieden leben wollte. Nach meinem Wissen wurde der Rahmen der Höflichkeit gewahrt, aber zur näheren Freundschaft ließ sich Frau Bletschacher nicht herbei, um ihr Privatleben nicht preisgeben zu müssen.*«

Über Sonjas Männerbekanntschaften weiß sie wenig. Nähere Einzelheiten wie zum Beispiel über die Beziehung von Sonja zu dem von der Zeugin Michlmayer erwähnten Matthias kann die Freundin nicht nennen. Bekannt ist ihr lediglich, dass Sonja bei ihm Russischunterricht nahm und sich die beide nur in dessen und nicht in Sonjas Wohnung trafen. Überhaupt nicht eingeweiht ist Ingeborg Temple über persönliche Angelegenheiten. Sie verweist die Ermittler auf Sonjas Freundin Hedi Goth und die Nichte Ilse. Beide wüssten auch mehr über Sonjas Neigung zum Okkultismus.

Sonjas angeheiratete Familie kommt zur Polizei

Jedes Detail kann zu dem Täter oder der Täterin führen. Insofern sind die Informationen über Sonjas Lebenssituation aus Sicht ihrer angeheirateten Verwandtschaft wichtig. Der Schwager von Sonjas Mann Ludwig Bletschacher kommt am 14. Dezember 1951 von sich aus nach Starnberg, um bei der Polizei auszusagen. Begleitet wird er von einem von Sonjas Stiefsöhnen. Gustav Bamberger, geb. 1895, arbeitet als Geschäftsführer in München, seine Ehefrau ist die Schwester von Sonjas verstorbenem Ehemann Ludwig. Er hat Sonja schon seit 1937 aus der Zeit vor ihrer Eheschließung gekannt. Während Sonjas Ehe schlief der Kontakt zu ihr ein und intensivierte sich erst wieder ab Ende Mai 1945, als Sonja mittlerweile Witwe war.

Aus der Vernehmung der beiden am Freitag, den 14. Dezember 1952: Die Angaben des Schwagers machen Sonjas schwierige finanzielle Situation deutlich:

»(...) *Nach dem Tod ihres Mannes war sie noch relativ vermögend und lebte nach meinem Wissen in geordneten Verhältnissen. Sie mußte allerdings in den folgenden Jahren ihren Lebensunterhalt durch den Verkauf von Wertgegenständen bestreiten. Auch ich habe ihr ab und zu mit kleinen Geldbeträgen ausgeholfen. (...) Wenn sie sich in geldlichen Schwierigkeiten befunden hat, hat sie sich ab und zu um kleinere Darlehen an mich gewandt. Desöfteren äußerte sie sich, daß ich aus ihrer Verwandtschaft der Einzige sei, wo sie sich Hilfe erhoffen kann.*«

Gustav Bamberger nennt auch Namen von weiteren Bekannten Sonjas und kennt ihre Interessen: So erfahren die Kriminalbeamten, dass sie in München hauptsächlich mit den beiden Frau Frauen Hedi Goth und Elvira Leusmann befreundet war. Daneben hatte sie häufig Kontakt mit der Familie Schottenhamel, mit der sie über ihren Ehemann entfernt verwandt war. Von einer Familie Proeller in Augsburg erhielt sie jahrelang Lebensmittelgeschenke. Über Männerbekanntschaften weiß er nichts. Somit kann er auch nicht zur Identifizierung des Mannes mit den grauen Haaren beitragen. Er kannte Sonja als starke Raucherin, die aus seiner Sicht ein zurückgezogenes Leben geführt hat. Ihr Hauptgesprächsthema ihm gegenüber waren ihre okkultistischen Interessen. »*Sie erzählte uns, daß sie sich mit Tischerlrücken befaßte, wohl allein als auch in größerem Personenkreis*«.

Den letzten Kontakt hatte er zu Sonja am Telefon: »*Das letzte Mal habe ich am Dienstag, den 11.12.51 mit ihr telefonisch gesprochen. Sie hat vermutlich aus München angerufen. (...) Über ihre weiteren Pläne in München habe ich nichts erfahren. (...)*«

Ergänzt wird Gustav Bambergers Aussage von seinem Neffen, einem Sohn Ludwig Bletschachers. Viel Neues kann er nicht beitragen: Aus seiner Sicht kam seine Stiefmutter durch Herrn Matthias, den er persönlich nicht kennt, seit dem Jahr 1948 zum Okkultismus. Auf dessen Anregung hin habe sie sogar Russisch gelernt. Mehr weiß er über diesen Mann nicht. Ein ehemaliger Kriegskamerad seines Vaters namens Niedermayr soll seiner Stiefmutter einige Zeit nach dem Tod seines Vaters erfolglos einen Heiratsantrag gemacht haben. Den letzten Kontakt hatte der Stiefsohn zu Sonja am 29. November 1951.

Ein erster Verdacht bestätigt sich nicht

Die Fürstenfeldbrucker Kripo findet bei der Wohnungsdurchsuchung Briefe von dem knapp 30-jährigen F. Matthias an Sonja. Matthias lebte in den Jahren 1946 und 1947 in Starnberg und wohnt mittlerweile im Rheinland. In einem seiner Briefe kündigt er an, Sonja in der Zeit vom 26.8. bis 2.9. 1951 in Starnberg zu besuchen.

Ein Blitzfernschreiben der Kripo an den Niederrhein von Freitag, den 14. Dezember 1951:
»*Es wird gebeten, umgehend das Alibi des Matthias für die Zeit vom 11.12.51 bis heute genau zu überprüfen, da der Verdacht besteht, daß er die Bletschacher auch jetzt besuchte.*

Sollte der Verdacht der Täterschaft gegen ihn gegeben sein, so wird um Durchsuchung seiner Wohnung und Person, Sicherstellung seiner Kleidungsstücke und der Tatwaffe (vermutlich Taschenmesser oder ähnliches) sowie der Briefschaften mit der Ermordeten und gegebenenfalls um Festnahme des Matthias ersucht.

Bei einwandfreiem Alibinachweis wäre er kurz über sein Verhältnis zu der Ermordeten zu vernehmen.

Das Ergebnis wird sofort mittels FS (Fernschreiben, Anm. d. Verf.) *hierher erbeten.*«

Die Antwort der rheinländischen Kollegen kommt per Fernschreiben einen Tag später: Matthias Alibi erweist sich als lückenlos, er kommt als Täter nicht in Betracht.

Das letzte Mal besuchte er Sonja im August 1951.

Bringt die langjährige Freundin die Ermittler weiter?

Hedwig Goth, geb. 1914, lernte Sonja 1936 kennen, als diese noch unverheiratet und mit Ludwig Bletschacher liiert war; sie verstanden sich von Anfang an gut. Auch sie ist verwitwet und lebt seit 1946 bei ihrer Mutter in München. Die verstorbenen Ehemänner der beiden Frauen waren Jugendfreunde. Nach Kriegsende verband Hedi und Sonja das gemeinsame Schicksal als Offizierswitwen. Seit 1950 besuchte die Freundin Sonja sehr häufig, teilweise spontan und blieb bei ihr über Nacht in Starnberg. Hedi Goth ist der festen Überzeugung, dass Sonja ihr anvertraut hätte, falls es einen Freund oder sonstigen Bekannten in ihrem Leben gegeben hätte.

Aus der Vernehmung von Hedwig Goth am Samstag, den 15. Dezember 1951:
Immerhin kann sie Licht in Sonjas Männerbekanntschaften bringen und das Geheimnis um »Grauköpfchen« lichten:
»Die Frage nach Männerbekanntschaften der Frau Bletschacher kann ich dahingehend beantworten, daß ich bestimmt weiß, daß sie sehr zurückgezogen gelebt hat. Ein Freund des verstorbenen Herrn Bletschacher ist ein Herr Niedermeier, der hin und wieder die Frau Bletschacher in Starnberg besucht hat. Er besitzt aber kein Auto. Nach meinem Wissen hat er aber ein Kraftrad. Die Frau Adlon wollte immer wissen, wer der Herr ›Grauköpfchen‹ ist. Nach(dem) der Frau Bletschacher bekannt war, daß die Frau Adlon sehr neugierig ist, hat sie den Namen dieses Mannes ihr immer verschwiegen. Dieser Herr heißt Emil Ludwig, Inhaber oder Mitinhaber einer Baufirma in München. Durch ihre schlechte Vermögenslage war die Frau Bletschacher gezwungen, sich von Vermögenswerten zu trennen. Mir ist bekannt, daß er ihr Silbersachen und ähnliche Wertgegenstände, die ich aber nicht mehr weiß, abgekauft hat. Ludwig verfügt über einen PKW. Er besitzt einen Volkswagen und einen großen Mercedes, die er abwechslungsweise benützt.«

Auch über Sonjas Okkultismus weiß sie Bescheid: Hedwig Goth sagt aus, dass Sonja sich intensiv mit Okkultismus beschäftigte. Als Medium fungierte oft Herr Matthias, der ihr auch hin und wieder

Russischunterricht gab. Der Kontakt mit Matthias fand nur in seiner und nie in Sonjas Wohnung statt. Frau Goth bemerkte nicht, dass zwischen Sonja und dem deutlich jüngeren Herrn Matthias eine intime Beziehung bestand. Sonja unterstützte Matthias in den Jahren nach dem Krieg, als es ihm schlecht ging. Später zeigte er sich dafür erkenntlich.

Hedi liefert noch weitere Namen aus Sonjas Bekanntenkreis: Neben den erwähnten Personen nennt sie als Sonjas Bekannte deren Schwager Herrn Bamberger, einen Herrn Niedermayr, Frau Temple, Frau Leusmann und ein Fräulein Hartung aus Percha. Möglicherweise besuchten sie ihre Stiefsöhne in Starnberg. Befreundet war sie mit einer Familie Proeller aus Augsburg. Kontakte ergaben sich für Sonja auch aus ihrem Bemühen, an amerikanischen Kaffee und Zigaretten heranzukommen. Als Bezugsquellen kennt die Zeugin Frau Michlmayer und Sonjas Putzfrau Frau Richter.

Die Frage nach Sonjas letztem Besuch kann die Freundin leider nicht aufklären: Sie wundert sich über den nachlässig gedeckte Tisch beim Auffinden der Leiche. Denn wie alle anderen Zeugen kennt sie Sonja als ordentliche Frau, die auf einen »*hübsch gedeckten Tisch*« wert legte.
 Über eine gemeinsame Bekannte weiß Hedi Goth, dass Sonja am Dienstag, den 11. Dezember, nach München fuhr. Am Mittwoch musste sie jedoch wieder zu Hause sein, da sie Besuch erwartete. Als Besucherin bringt die Zeugin eine weitere Person ins Spiel: Es soll sich um Frau Hartung aus Percha gehandelt haben.
»*Wenn mir vorgehalten wird, daß ich am Mittwoch, den 12.12. nachmittags die Frau Bletschacher hätte besuchen sollen, so ist dies nicht richtig. Ich war das Letztemal von Freitag auf Samstag (7. zum 8.) bei ihr und habe sie ohne Nachricht gelassen. Ich habe ihr auch nicht geschrieben. Meiner Meinung nach hat Frau Bletschacher dies deshalb zur Michelmayer gesagt, damit diese nicht immer stundenlang in ihrer Wohnung sitzen bleibt.*«

Frau Goth selbst besuchte an dem besagten Mittwoch, den 12. Dezember 1951, und der darauffolgenden Nacht mit ihrem Verlobten einen Bekannten.

Elvira - eine weitere Freundin bei der Polizei

Unverzichtbar ist für die Ermittlungen, was die langjährige Freundin und ehemaligen Kollegin aussagt. Elvira Leusmann, geb. 1919, hat Sonja seit Mitte der 1930er-Jahre gekannt. Beide arbeiteten früher im Hutgeschäft Breiter in München zusammen. Elvira führt mittlerweile in München in der Kaufingerstraße einen Schreibwarenladen. Die Treffen zwischen den beiden Frauen fanden meistens in München statt. Elvira selbst will höchstens dreimal in Starnberg gewesen sein.

Aus der Vernehmung von Elvira Leusmann am Samstag, den 15. Dezember 1951:
Über die Art von Sonjas Männerbekanntschaften ist sie nur wenig informiert: Aus Elviras Sicht lebte die Verstorbene sehr zurückgezogen und pflegte wenig Männerbekanntschaften. Sonja erzählte ihr von Herrn Ludwig, einem Bekannten von Sonjas Mann, der diese öfter mit nach München nahm. Von einem intimen Verhältnis zwischen beiden geht sie nicht aus.

Sie weiß auch von der Bekanntschaft zu Herrn Niedermayer, ebenfalls ein Bekannter von Sonjas verstorbenem Mann. Diesen sah Elvira bei Sonja lange nicht mehr. Ihr ist bekannt, dass er vor Jahren Sonja einen Heiratsantrag gemacht hatte. Sonjas Ablehnung trübte die Freundschaft zwischen beiden jedoch nicht.

Über Herrn Niedermayr soll Sonja Herrn Matthias kennengelernt haben. Eine intime Beziehung zwischen beiden bestand nach Elviras Ansicht nicht. Sonja sah in den okkultistischen Sitzungen vor allem eine Möglichkeit, mit ihrem verstorbenen Mann in Kontakt zu treten.

»Nach meinem Wissen lebte die Frau Bletschacher in sehr bescheidenen Verhältnissen und bestritt ihren Lebensunterhalt hauptsächlich durch ihre Pension und durch den Verkauf ihrer Kleider und Stoffe. Auch Teppiche und Porzellan hatte sie in den letzten Jahren verkauft. Mir ist nicht bekannt, daß sie von Männern größere Geschenke oder gar Geld erhalten hat. Von Herrn Bamberger wurde sie nach ihren eigenen Erzählungen einige Male finanziell unterstützt.
Über ihre Bekanntschaften kann ich keine sachdienlichen Angaben machen. Daß sie einen Freund hatte, ist mir nicht bekannt. Auch aus den Erzählungen ihrer Freundin Frau Goth habe ich nie entnommen, daß sie

Männerbekanntschaften hatte. Als Bekannte der Frau Bletschacher kenne ich nur Frau Goth, Herrn Niedermayer, die Frau von Temple, Architekt Ludwig, einen Herrn Dr. Middelmann, Familie Pröller aus Augsburg, die beiden Stiefsöhne (...) und die Mutter Frau Karla Bletschacher.«

Durch Elvira erfährt die Polizei von Sonjas letzter Feier in München: Die Freundinnen trafen sich am Dienstag vor Sonjas Tod in München um 16.30 Uhr in Elviras Wohnung. Die beiden Frauen tranken zusammen Kaffee und besuchten am Abend einen gemeinsamen Bekannten in der Tivolistraße, den Autoverkäufer Herrn Rosenblüh. An der Gesellschaft nahmen noch Elviras Schwester und deren Verlobter teil. Da es nach dem gemeinsamen Abendessen sehr spät wurde, wollte man Sonja nach 23 Uhr nicht mehr nach Starnberg fahren lassen. Sonja konnte bei dem Gastgeber die Nacht auf dem Sofa im Wohnzimmer verbringen, während er die anderen Gäste mit dem Auto nach Hause brachte. Am nächsten Tag, Mittwoch, den 12. Dezember, kam Sonja morgens um 9.30 Uhr wieder in die Wohnung ihrer Freundin. Zusammen mit Elviras Schwester gingen die drei Frauen in die Maximilianstraße, wo sich Sonja verabschiedete. Sie musste noch etwas im Hotel Schottenhamel erledigen und dann sofort nach Starnberg fahren. Als Grund für ihre zeitige Rückfahrt gab Sonja an, dass sie am Nachmittag ein Fräulein Hartung zum Kaffee erwarten würde. Mehr kann die Zeugin über die Lebensweise von Sonja Bletschacher nicht beitragen.

Endlich mehr Licht in Sonjas Lebensumstände

Wer besitzt die zuverlässigsten Einblicke in Sonjas Leben? Zu den Personenkreis zählt sicherlich Sonjas Nichte Ilse, die seit 1945 bei ihrer Tante lebt. Die junge Frau arbeitet seit 9. November 1951 als Laborantin im Krankenhaus Sonthofen. Sie erscheint freiwillig in den Räumen der Starnberger Polizei und wird intensiv von dem Kripobeamten Bolzmacher befragt.

Aus der Vernehmung der Nichte am Samstag, den 15. Dezember 1951: Ihre Angaben verdeutlichen, dass Sonja ihre Nichte wie ein eigenes Kind betrachtete:

»Ich bin die Nichte der ermordeten Frau Sonja Bletschacher. Meine Mutter ist die Schwester der Verstorbenen. Schon in meinen Jugendjahren war ich viel bei meiner Tante Sonja Bletschacher. Ich wurde von meiner Tante wie ihr eigenes Kind behandelt. Sie hat (…) mir (…) viel Gutes erwiesen. Ich habe mich mit meiner Tante immer sehr gut verstanden. Sie war wie eine Mutter zu mir. Im Januar oder Februar 1945 kam ich ganz zu ihr. Seit dieser Zeit lebe ich mit ihr zusammen. Somit bin ich in die Lebensweise meiner Tante eingeweiht und kann deshalb auch über ihren näheren Umgang Aussagen machen.
Als ich zu ihr im Jahre 1945 kam, wohnten wir zusammen im Hause Reck in Percha. Im August 1948 sind wir nach Starnberg in die Max-Emanuelstraße 7 zu Frau Adlon verzogen.
Wie ich bereits ausführte, bin ich mit meiner Tante immer gut ausgekommen, habe nie mit ihr Streit gehabt. Auch gegenüber anderen Leuten war sie immer sehr entgegenkommend und hilfsbereit.«

Aufschlussreiche Informationen liefert Ilse auch über Sonjas Freundes- und Bekanntenkreis:
»Als ihre vertrautesten und intimsten Bekannten und Freunde kann ich die Frau Hedwig Goth, die Elvira Leusmann, Frau von Linsdorf-Tempel und einen gewissen Herrn Matthias benennen. Auch Herr Niedermayer war ein guter Freund des Hauses. Diese angeführten Personen haben sich auch meiner Tante gegenüber sehr anständig und entgegenkommend benommen.
Als Bekannte meiner Tante kenne ich eine Frau Dr. Heinzel, Frl. Hartung, Frl. Haug, die Verwandten ihres verstorbenen Mannes (Familie Schottenhamel), Herrn Bamberger, die beiden Stiefkinder (…), deren Mutter Klara Bletschacher und Herrn Architekt Ludwig. Herr Architekt Ludwig ist ein guter Freund des verstorbenen Herrn Bletschacher gewesen. Frau Dr. Heinzel und Frl. Hartung wohnen in Percha, Am Mühlberg, in zwei nebeneinander befindlichen Häusern. Frl. Haug wohnt in Starnberg in der Hch. Wielandstraße.
Meine Tante war außerdem sehr gut befreundet und stand auf dem ›Duz‹-Fuß mit der Familie Pröller in Augsburg-Steppach. Mit dieser Familie war meine Tante durch ihren Ehemann bekannt geworden.
Meines Wissens war meine Tante seit rund 20 Jahren mit der Arztfamilie Dr. Middelmann aus Gmund befreundet. Diese Freundschaft löste sich

aber in Unfrieden, und zwar durch den Matthias. Er hat bei den spiritistischen Sitzungen manchmal politische Dinge vorgebracht, wodurch die Familie Middelmann annahm, daß der Matthias in politischer Beziehung ein gefährlicher Mann sei. Wie dies mit dem Matthias wirklich war, daß weiß ich nicht genau und kann daher darüber keine bindenden Aussagen machen.
Richtig ist, daß dieser Matthias als Medium aufgetreten ist. Das kann ich aus eigener Wahrnehmung bezeugen. Anfänglich wollte meine Tante bei diesem Matthias die russische Sprache lernen. Aber sie kam durch ihn allmählich mit dem Okkultismus in Berührung. Daraufhin sind in unserer Wohnung in Percha solche Sitzungen abgehalten worden. (…) (E)s (war) in der Zwischenzeit so, daß die Tante in den Bann des Matthias geraten war und (sie) diese Sitzungen allein abgehalten haben. Ich habe aber nie bemerkt, daß es dabei zwischen ihnen zu Intimitäten gekommen ist. (…) Ich kann trotz eingehender Besprechung der Sachlage keinerlei Hinweise zum Täterkreis geben.«

Wie schon vorher Frau Michlmayer berichtet auch Ilse von einem mysteriösen Fremden, der in der Dunkelheit lauerte:
»Ich war am Sonntag, den 21.10.51, den Tag über in Tutzing zu Besuch. Ich fuhr mit dem Zug von Tutzing nach Starnberg zurück. Ich habe im Zug mich mit niemand unterhalten. Ich kam um 21.18 Uhr in Starnberg an und begab mich schnellen Schrittes nach Hause. Ich habe unterwegs niemand getroffen, mit dem ich mich noch unterhalten hätte. Von der Hanfelder Straße bog ich in die Max-Emanuelstr. ein, um nach Hause zu gehen. Als ich dabei die Einmündung der Hoh. Wielandstr. überquerte, sah ich vor mir an dem von der Besatzungsmacht beschlagnahmten 1. Haus oberhalb des Friedhofs einen Mann stehen. Dieser Mann zeigte mir den Rücken und er stand ruhig unter einer beleuchteten Laterne. Ich ging auf der gleichen Straßenseite, wo dieser Mann stand. Als ich fast bei ihm dort war, drehte er sich um, so daß ich ihn im Gesicht erkennen konnte. Dieser Mann schaute mich sehr beobachtend an. Ich hatte das Gefühl, daß dieser Mann sich verhielt, als wenn er auf jemand lauern würde. Ich hatte dieses Empfinden schon in dem Augenblick, wo er sich umdrehte, denn dabei hatte ich den Eindruck, als ob er mein Kommen erwartet hätte. Er schaute mich herausfordernd an, so daß ich vor ihm Angst empfand. Aber ich riß mich zusammen und blickte ihn genauso starr an. Beim Weitergehen ging

ich nun etwas langsamer, um auf diesen Mann achten zu können, denn ich habe (mich) ständig umgesehen. Dieser Mann ging mir nur langsam nach. Ich habe ihn dauernd beobachtet. Als mein Weg dunkler wurde, das durch den Lampenabstand bedingt war, bemerkte ich, daß dieser Mann mir nun schneller nachkam und sich von Baum zu Baum bewegte. Ich ging, beschleunigte mein Tempo ebenfalls. Meine Angst steigerte (sich) in gleichem Maße. Obwohl ich meine Hausschlüssel in der Manteltasche bereit hatte, läutete ich dann an der Gartentür sehr heftig, um meine Tante zu alarmieren und dadurch den Mann abzuhalten. Die Tante machte sich durch Rufen vom Balkon sofort bemerkbar. Unterdessen schloß ich rasch auf und warf die Tür hinter mir zu. Die Tante fragte mich dann in der Wohnung, wer denn dieser Mann gewesen sei, denn sie beobachtete, daß ein Mann sich im Garten bewegt hat. Sie will sogar gesehen haben, daß dieser Mann hinter mir in den Garten gekommen war und durch ihr Rufen zum Tor zurücklief und die Straße stadtauswärts gerannt sei. Nun erzählte ich meiner Tante das Erlebnis mit diesem Mann.
Am darauffolgenden Mittwoch – 24.10. – ging ich gegen 21 Uhr den gleichen Weg nach Hause. Ich war bei dieser Gelegenheit auch allein. Ich habe am gleichen Haus, aber auf der gegenüberliegenden Straßenseite im Dunkeln den gleichen Mann gesehen. Ich habe wieder den Eindruck gewonnen, daß er auf mich wartet. In meiner Angst ging ich schnell weiter, hörte aber, wie dieser Mann mir folgte. Es kam aber nach kurzer Zeit ein Auto uns nach. Durch den Lichtschein wurde ich geblendet, so daß ich nun den Mann trotz dem Licht nicht sehen konnte. Dagegen nahm ich durch den Lichtschein zwei Frauen wahr, die, zwar noch weit entfernt waren, aber mir entgegenkamen. Es gelang mir, das Haus unbelästigt zu erreichen. Seit dieser Zeit habe ich diesen Mann nicht mehr gesehen.
Beschreibung: etwa 45 Jahre alt, ca. 170 cm groß, mittelstark, dunkle Augen, schmales Gesicht, dunkles Sporthemd, mittelfarbigen Lodenmantel mit einer Rückensprungfalte, Halbschuhe.
Von dieser 2. Begegnung ab bin ich abends nur mehr in Begleitung nach Hause gegangen. Bei diesen späteren Heimwegen habe ich diesen Mann aber nicht mehr gesehen.«

Ein wichtiger Punkt für die Polizei: Wie gut weiß Ilse über das Intimleben ihrer Tante Bescheid?
»Es ist richtig, dass ich mit meiner Tante sehr gut lebte und deswegen

auch alles wußte, was innerhalb unserer Wohnung vorging. Wenn meine Tante in den letzten Wochen, also während meiner Abwesenheit in Sonthofen, eine Herrenbekanntschaft gemacht hätte oder einen Herrenbesuch aus früherer Zeit bekommen hätte, so hätte sie mir dies ganz bestimmt geschrieben. Ich kann dies deswegen mit Sicherheit sagen, weil ich an meiner Tante nie irgendein sexuelles Moment beobachten konnte. Die Aussage von Frau Adlon, daß sie in den letzten Wochen, also während meiner Abwesenheit, wiederholt einen Herrn beobachtet habe, der mit einem PKW gekommen sei und meine Tante besucht habe, halte ich für unglaubwürdig.
Ich (…) weiß (…), daß meine Tante sexuell seit dem Tode ihres Mannes entwöhnt war. Sie hatte zwar den Wunsch, einen Mann zu finden, der sie umsorgt und ihr ein angenehmer Ehemann wäre, bei dem auch finanzielle Angelegenheiten in Ordnung wären. Aus dieser Einstellung heraus halte ich es für ganz unmöglich, daß meine Tante sich für eine Gelegenheitsliebelei hergegeben hätte. Meine Tante war eine überlegende Frau, die genau wußte, was sie will. Sie hatte eine ganz reale Einstellung zum Leben.«

Den Widerspruch zwischen Sonjas Okkultismus und ihrer realistischen Lebenseinstellung kann Ilse auch nicht aufklären:
»Wenn mir nun aber entgegengehalten wird, daß meine Tante aber eine starke Einstellung zum Okkultismus hatte und somit meine Angabe im Widerspruch steht, so muß ich dazu erklären, daß meine Tante schon eine reale Lebenseinstellung hatte. Allerdings muß ich zugeben, daß sie zu diesen Dingen sich erst immer von ihren Geistern beraten ließ. Ich muss nun nochmals wiederholen, daß ich trotz aller Hinweise auf die Umstände, die zur Tat geführt haben können, nicht in der Lage bin, irgendeinen Tatverdacht auszusprechen.«

Nachgehakt!

Macht sie sich nur wichtig oder kann Frau Michlmayer neue Hinweise liefern, denen es nachzugehen gilt?

Aus einer erneuten Vernehmung von Maria Michlmayer am Dienstag, den 18. Dezember 1951:
Die Zeugin spart nicht mit Verdächtigungen. Fraglich ist jedoch, ob es sich wirklich um hilfreiche Informationen oder Gerede handelt: So bringt sie den Hausmeister Franz Riedl ins Spiel. Dieser arbeitete bei den in Starnberg stationierten Amerikanern und betreute eines der Nachbarhäuser der Adlons. Riedl kannte Sonja Bletschacher ebenfalls, da er ihr öfter amerikanische Zigaretten besorgte. Frau Michlmayer streut gegen Riedl einen unspezifischen Verdacht, ohne selbst konkret werden zu können. Ein Gärtner habe zu ihr gesagt, bei dem Mord an Sonja Bletschacher sofort an Riedl gedacht zu haben.

Ebenso stimmungs- und weniger faktenorientiert äußert sie sich über Ludwig Wolf, den Bruder von Sonja Bletschacher. Diesen sah sie zweimal im Jahr 1950 und er war ihr unsympathisch. Bei der Beerdigung seiner Schwester machte seine »*Haltung einen schuldbewussten Eindruck*« auf sie. Maria Michlmayer will vom Hörensagen wissen, dass am Tag des Mordes in der Max-Emanuel-Straße ein Mann im schäbigen Anzug mit Aktentasche auf und ab ging. Dieser soll sehr verstört gewirkt haben, sodass er wohl der Täter gewesen sei. Näheres wie beispielsweise die Uhrzeit weiß sie nicht.

Potential für die weiteren Ermittlungen besitzt jedoch Michlmayers Aussage, Sonja am Tattag bereits früher in Starnberg begegnet zu sein: Vor ihrem Besuch bei Sonja am Nachmittag des 12. Dezembers traf die Zeugin diese schon einmal gegen 12 Uhr in Starnberg in der Wittelsbacher Straße. Dort verabredete sie sich mit ihr für den Nachmittag.

Die Befragungen von anderen Personen bestätigen, dass Sonja am 12. Dezember in der Mittagszeit in Starnberg unterwegs war. Manchen fiel die Pflanze auf, die sie in einer Tasche trug. Auch ein ehemaliger Nachbar Sonjas aus Percha sah sie in seiner Mittagspause in Starnberg gegen 13 Uhr in der Wittelsbacher Straße. Er beobachtete, dass sie sich mit einer Frau unterhielt, die jedoch nicht Maria Michlmayer war. Die Frau trug einen schwarzen Hut mit grünem Band. Diese Frau wird die Polizei nie ermitteln.

Führt eine Spur in die leerstehenden Nachbarhäuser?

Es gibt Hinweise, dass das von den Amerikanern beschlagnahmte Haus Max-Emanuel-Straße 9 (Mil. Nr. 618) eine Zeit lang heimlich von unbekannten Personen bewohnt wurde. Daher überprüft die Starnberger Stadtpolizei das Haus am Dienstag, den 18. Dezember 1951. Sie findet in einem Zimmer im ersten Stock mehrere neue Vorhangstoffe mit Etiketten deutscher Firmen und stellt diese sicher. Es ergeben sich aber keine Anhaltspunkte, dass die Stoffe illegal ins Haus gebracht wurden und im Zusammenhang mit sich möglicherweise unberechtigt im Haus aufhaltenden Personen stehen. Überhaupt hat die Polizei diese beiden sogenannten Amerikaner-Häuser im Blick. Es stellt sich heraus, dass ein Wachdienst die seit Sommer leerstehenden Häuser nachts kontrolliert hat. Die Polizei recherchiert nach den Personen, die bei den Rundgängen eingesetzt waren. Vielleicht kommen irgendwelche geschäftlichen oder privaten Verbindungen zu Sonja ans Licht. Scheinbar verläuft dieser Ansatz im Sand. Die Polizei verweist in internen Notizen zwar auf Vernehmungsprotokolle der Wachmänner. Diese haben es aber nicht in die staatsanwaltschaftlichen Ermittlungsakten geschafft. In sonstigen Berichten der Polizei wird diese Spur auch nicht mehr erwähnt.

Später werden die Ermittler zumindest noch die Hausmeister der beiden von den Amerikanern beschlagnahmten Häuser in der Max-Emanuel-Straße 5 und 9 befragen.

Sonjas letzter Einkauf

Sonja ging am Tag ihres Todes nachweislich im Lebensmittelgeschäft Rieser in Starnberg einkaufen. Die Frage, wann Sonja in das Geschäft kam, wird noch für erhebliche Verwirrung sorgen.

Aus den Vernehmungen der Inhaberin Centa Rieser und ihrer Verkäuferin Käthe Miedl am Mittwoch, den 19. Dezember 1951:
Beide Frauen geben übereinstimmend an, dass Sonja Bletschacher am Mittwoch, den 12. Dezember, gegen 18 Uhr in dem Lebensmittelgeschäft einkaufte. Sowohl die Inhaberin als auch Käthe Miedl bedienten Sonja persönlich. Sonja war eine gute Kundin, die fast täglich etwas in dem Laden besorgte. Frau Miedl erinnert sich, dass Sonja aus der Stadt kam und den Laden in Richtung ihrer Wohnung verließ. Sonja kaufte zunächst ein Glas Honig, ein Glas Wermut und 50 Gramm Leberwurst. Nach der Bezahlung verlangte sie noch 50 Gramm Salami. Das Gespräch zwischen den Verkäuferinnen und ihrer Kundin bestand nur aus Belanglosigkeiten. Sonja äußerte sich auch nicht, ob sie noch Besuch am Abend erwarten würde.

Ungenaue, aber neue Einblicke der Haushaltshilfe

Besitzt Sonjas Haushaltshilfe Einblicke, die Sonjas Umfeld verborgen geblieben sind? Maria Richter, geb. 1906, lebt in Percha. Im Jahr 1948 arbeitete sie in Sonjas Perchacher Wohnung als Zugehfrau. Nach deren Umzug in die Max-Emanuel-Straße kümmerte sie sich weiterhin um Sonjas Haushalt. Sie kam jeweils donnerstags zwischen 9 und 16 oder 17 Uhr, verdiente 70 Pfennig pro Stunde und durfte bei Sonja mitessen.

Aus der Vernehmung am Mittwoch, den 19. Dezember 1951:
Da Maria Richter wegen einer Blinddarmoperation ab 30. November im Starnberger Krankenhaus lag, kam sie ein letztes Mal am 29. November in die Max-Emanuel-Straße. Nach ihrer Entlassung am 11. Dezember hatte sie keinerlei Kontakt mehr zu Sonja.
　Auch wenn sie wenig Konkretes aussagen kann, so hat sie doch manches mitbekommen:
»Während meiner Anwesenheit kam hin und wieder die Frau Goth aus München auf Besuch. Manchmal blieb die Frau Goth auch über Nacht bei Bletschacher. Was zwischen den beiden Frauen gesprochen wurde, ist mir unbekannt, denn die Frauen unterhielten sich im Wohnzimmer, während ich in der Küche arbeitete. Ihre Unterhaltung wurde so leise geführt, so daß ich auch keine Bruchstücke verstehen konnte. Bei mei-

nem Kommen an den Arbeitstagen habe ich nie feststellen können, daß viel Abwaschgeschirr vorhanden ist, oder eine Unordnung herrschte, die darauf schließen ließ, daß am vorherigen Abend irgendeine Feier stattgefunden habe. Die Frau Goth hatte nur immer ein kleines Handgepäck bei sich. Dieser Koffer war nur eigroß, um ihren Toilettenbedarf unterzubringen. Die Frau Goth kam immer alleine. Ich habe nie gesehen, daß sie in Herrenbegleitung gekommen ist. Mir ist nur bekannt, daß die Frau Goth in München wohnen soll. (…).«

Frau Richter, die auch als Zugehfrau in der Wohnung der Adlons arbeitet, berichtet der Polizei über Sonjas Kontakte in die »Amerikaner-Häuser«: Sonja verkehrte, so die Haushaltshilfe, mit zwei amerikanischen Familien des linken wie rechten Nachbarhauses, um dort Bohnenkaffee und amerikanische Zigaretten zu kaufen. Vermittelt wurde ihr der Kontakt in das linke Nachbarhaus von Maria Michlmayer und in das rechte von einem ihr nicht näher bekanntem Dienstmädchen. Nachdem diese beiden Familien seit Frühjahr 1951 ausgezogen waren, deckte Sonja ihren Bedarf anderweitig. Näheres weiß die Zugehfrau nicht. Sie beobachtete, dass Sonja bevorzugt amerikanische Zigaretten rauchte. Dabei war sie sehr verschwenderisch, rauchte sie kaum zur Hälfte und warf sie weg.

Die Frage nach den Türverhältnissen in der Max-Emanuel-Straße 7 ist für den Tatablauf relevant:
»*Ich weiß bestimmt, daß die innere Haustüre, die mit einem Schnappschloss versehen ist, immer zu war. Es kam zwar manchmal vor, daß ich die Tür offen fand, wobei diese von Hausinwohnern im Auge behalten worden ist.*«

Die Zeugin kann Hinweise zu Sonjas Bekanntenkreis geben: So bekam Frau Richter mit, dass Sonja gelegentlichen Frau Michlmayer einlud. Wie vertraut die beiden waren, vermag sie nicht sagen. Nicht entgangen ist der Haushaltshilfe, dass Frau Michlmayer bei Adlons übernachtete, wenn Sonja über Nacht nicht in ihrer Wohnung war. Da die Familie im Erdgeschoss sehr oft verreiste, fürchtete sich Frau Adlon allein im Haus. Über das Vertrauensverhältnis zwischen Adlons und Frau Michlmayer weiß Maria Richter nichts.

Die Haushaltshilfe beobachtete bei Sonja auch Besuche von Männern: »*Ich habe desöfteren einen gutaussehenden Herrn im Alter von etwa 60 Jahren, ca. 1,70 m groß, mittelkräftig, dunkelgrau-gemischtes Haar, rundes Gesicht, bartlos, unbekannte Augenfarbe, gepflegte Hände, aufrechten Gang* (gesehen), *er machte einen ernsten Eindruck. Dieser Mann trug Sommer und Winter einen bräunlichen Hut, einen dunklen Anzug (…)*«, dessen Farbe sie nicht benennen konnte, »(…) *im Sommer einen hellen und im Winter einen dunklen Mantel.*« Sie beobachtete, dass er immer ein schwarzes Auto fuhr. Über Nummer und Automarke weiß sie allerdings nichts; auch nicht von Blumen oder Geschenkpaketen. Der Mann kam meist gegen 10 Uhr vormittags für etwa eine Viertelstunde. Einen Namen kann sie nicht nennen.

Maria Richter entging auch nicht, dass Sonja zu Besuchen wegfuhr: Über die Fahrten nach München ist ihr allerdings kaum etwas bekannt. Mit Namen kann sie nicht dienen. Sie erinnert sich an eine Reise Sonjas im Sommer 1951 nach Augsburg, wo sie ihre Freundin Frau Proeller besuchen wollte. Frau Proeller selbst soll auch mehrmals bei Sonja für einige Tage sowohl in Starnberg als auch in Percha gewesen sein.

Sonjas Familie: Ein seltsamer Auftritt

Sonjas jüngere Schwester Luise, geb. 1907, ist zu Sonjas Beerdigung nach Starnberg gekommen. Beide haben mit Ludwig Wolf noch einen Bruder, zu dem Luise seit längerer Zeit keinen Kontakt mehr unterhält.

Luise ist seit Dezember 1938 mit Nikolaus, einem Chemiker, verheiratet. Das Ehepaar lebt in Kleve und hat zwei Töchter.

Aus dem gescheiterten Vernehmungsversuch von Luise
am Mittwoch, den 19. Dezember 1951:
Die Kripo versucht Sonjas Schwester während ihres Aufenthaltes in Starnberg zu vernehmen – vergeblich:
»*Ich verweigere jede Aussage, weil mein Bruder Ludwig eben zur Dienststelle kam. Ich habe vor ihm Angst und mache deshalb keine Aussage mehr. Ich reise sofort (…) zurück.*«

Luise verweigert sogar die Unterschrift unter dem Protokoll, weil sie die Anwesenheit ihres Bruders einschüchtert.

Sonjas Bruder gerät unter Verdacht

Luises Auftritt bei der Polizei bleibt nicht ohne Folgen für den älteren Bruder Ludwig Wolf, geb. 1902, der im Landkreis Traunstein lebt. Die Kripo bezieht ihn in die Ermittlungen ein, weil er als »*äußerst brutal*« gilt. Den Beamten wird zugetragen, dass seine Verwandten ihn fürchten und er mit seiner Schwester Luise verfeindet ist. Während eines langjährigen Aufenthalts in den USA soll er in »*Gangsterkreisen verkehrt haben.*« Mittlerweile arbeitet er in Garmisch-Partenkirchen »*bei den Amerikanern als Kellner*«.

Die Kriminaler aus Fürstenfeldbruck bitten in einem Fernschreiben vom Mittwoch, den 19. Dezember 1951, ihre Kollegen in Garmisch-Partenkirchen und Traunstein, Sonjas Bruder unauffällig zu überprüfen. Besitzt er ein Alibi für die Tatnacht? Was kann über ihn ermittelt werden?

Die Kollegen reagieren sofort und schon am nächsten Tag liegen die Antworten vor: Ludwig Wolf ist seit 20. Juli 1951 als Kellner im »Partenkirchener Hof« beschäftigt. Während seiner Arbeitstage wohnt er alleine in einer Dachkammer des Hotels. Am Tag des Mordes arbeitete er von 16 bis 24 Uhr im Hotel, bis ca. 1 Uhr erledigte er seine Abrechnung. Ob er danach in sein Zimmer ging, bleibt unklar. Dem Nachtportier des Hotels ist nicht bekannt, ob Wolf nach 1 Uhr das Hotel verließ. Grundsätzlich besteht für Wolf die Möglichkeit, nach Mitternacht über einen Hinterausgang das Gebäude zu verlassen. Außer dass Wolf als jähzornig gilt, ist bei seinem Arbeitgeber nichts Nachteiliges über ihn bekannt.

Mit seiner Frau wohnt Wolf im Landkreis Traunstein in der Gemeinde Schleching. Die Nachbarn wissen kaum etwas über Ludwig, da er sehr zurückgezogen lebt. Die Ehefrau von Wolf wird über ihn und seinen Aufenthalt am 12./13. Dezember nicht vernommen.

Sonjas Bruder kommt einer Vorladung zuvor

Ob aus freien Stücken oder weil er von den Erkundigungen über sich erfahren hat, ist unklar: Sonjas älterer Bruder kommt von sich aus nach Starnberg zur Polizei, um eine Aussage zu machen.

Aus der Vernehmung von Ludwig Wolf am Donnerstag, den 20. Dezember 1951:
Durch seine Aussage erfährt die Polizei erstmals vom familiären Beziehungsgeflecht zwischen seinen Eltern und Schwestern: Das Verhältnis von Ludwig Wolf zu seinen Eltern und Schwestern war und ist nicht einfach. Von 1919 bis 1933 lebte er in Amerika ohne Kontakt zu seiner Familie. Nach seiner Rückkehr 1933 entwickelte sich nur ein gutes Verhältnis zu seiner in Frankfurt lebenden Mutter und zu seiner Schwester Sonja. Die Beziehung zu seiner Schwester Luise, die er als faul und dünkelhaft beschreibt, ist schlecht. Dennoch brach der Kontakt zu seiner Mutter und Sonja wegen seiner zukünftigen Ehefrau ab. Von seiner Familie traf er nur Sonja wieder und zwar erst im März 1950 in Starnberg. Er wohnte für zwei Wochen bei ihr und seither verstanden sich die Geschwister gut. Ludwig besuchte Sonja manchmal und seine Schwester soll ihn auch bei wichtigen Entscheidungen um Rat gefragt haben. Seine Schwester Luise hat er nach langer Zeit erstmals bei Sonjas Beerdigung wieder getroffen. Sonja, so die Einschätzung des Bruders, empfand ihre Schwester Luise als herablassend und »großspurig« und hat dieser sogar verboten, ihre Starnberger Wohnung zu betreten.

Ludwig weiß von Sonjas Hang zum Okkultismus. Er machte ihr gegenüber keinen Hehl daraus, dass er davon nichts hielt. Stattdessen riet er ihr zu produktiver Arbeit. Trotz dieser esoterischen Ader beschreibt er seine Schwester als »realdenkende Frau«.

Auf Nachhaken der Polizei kommen Ludwigs aggressive Züge zum Vorschein:
»Es ist richtig, daß die Sonja und die Luise vor mir Respekt hatten. Es ist eine Sitte von mir, daß ich die Gerechtigkeit bis aufs Äußerste vertrete. Meinen Schwestern war bekannt, daß ich auch von drastischen Maß-

nahmen nicht zurückschrecke. Ich habe im Jahre 1933, als ich die Luise bei Mutter in Frankfurt aufsuchte, ausreichend geohrfeigt. Meine Mutter war in der Waschküche, kam mittags in die Wohnung, müde und erschöpft, um das Mittagessen herzurichten. Ich fragte meine Mutter, warum die Luise nicht den Haushalt versorge und ihr nicht hilft und bekam zur Antwort, daß die Luise nur mit dem Kind spazieren geht, aber ihr nie hilft. Ich stellte die Luise deswegen zur Rede und sie erklärte, daß mich das nichts angehe. Ich nannte sie ein faules Ding, ein Wort gab das andere und schließlich habe ich sie geohrfeigt. Der Lebenswandel der Luise hat mir nicht gepasst und bei einer Aussprache mit der Sonja, meinte diese, ich hätte nicht in die Welt hinaus gehen dürfen, sondern mich um die Familie kümmern müssen. (...) Diese Ohrfeigen der Luise wurden sowohl von der Sonja als auch von der Mutter als gut befunden. Im Gegensatz zu meiner Schwester Luise kam es zwischen der Sonja und mir nie zu Streitigkeiten. Die Sonja war eine tüchtige Frau, die für den Unterhalt der Mutter und bis zu ihrer Verheiratung auch für die Luise gesorgt* (hat).«

Das letzten Mal sahen sich die Geschwister Anfang November 1951, als Ludwig auf dem Rückweg von Garmisch nach Schleching bei Sonja zum Frühstück vorbeikam. Das Verhältnis zwischen Bruder und Schwester soll herzlich gewesen sein.

Kann Ludwig Licht in Sonjas Lebensumstände bringen, Geheimnisse lüften?
»*Auf die Frage nach dunklen Punkten im Leben meiner Schwester Sonja erkläre ich:*
Die Sonja war eine gutaussehende unterhaltsame und begehrenswerte Frau. Man kann ruhig sagen, daß sie auf die Männer Eindruck machte. Ich halte (es) demzufolge nicht für ausgeschlossen, daß sie mir unbekannte Liebhaber hatte. Es ist zutreffend, daß in meiner Gegenwart auch Herrenbesuche gekommen sind. An einen Herrn kann ich mich noch entsinnen, er hatte weiße Haare und ein gepflegtes Aussehen. Ich kann ihn aber nicht näher beschreiben, weil ich ihn nur einen Augenblick gesehen habe. Er ist dabei an mir vorbeigegangen. Es ist möglich, daß dieser Herr als ›Grauköpfchen‹ besprochen wird. Ob ein PKW von ihm benützt worden ist, das weiß ich aber nicht. An andere Herren, die nur besuchsweise kamen, kann ich mich aber nicht erinnern.

Mir ist auch bekannt, daß die Sonja mit vorsprechenden Handwerken manchmal derbe Sprüche machte. Es handelte sich hierbei um alltägliche Redensarten, die von beiden Seiten belächelt wurden. (...)«

Ludwig Wolf vermutet, dass über Sonjas Bett ein Spazierstock hing, in dem ein Totschläger versteckt war. Damit wollte sich seine Schwester gegen Einbrüche und Plünderungen schützen. Sicher ist er sich aber nicht und räumt ein, diesen selbst noch nicht gesehen zu haben.

Über Sonjas Finanzen ist ihr Bruder gut informiert. Er weiß, dass ihre monatliche Pension von 160 DM für 45 DM Monatsmiete und den Lebensunterhalt für sie und ihre Nichte Ilse nicht ausreichte. Um ihr Budget aufzustocken, verkaufte sie wertvolle Möbel, Teppiche und Schmuck. Die Namen von Käufern kennt er nicht.

Vom Freundeskreis sind Ludwig Wolf nur die bereits mehrfach genannten Freundinnen bekannt. Von Herrn Matthias oder anderen Männerbekanntschaften weiß er nichts. Er geht auch nicht davon aus, dass seine Schwester drogensüchtig oder im Rauschgifthandel verstrickt war. Dass seine Schwester in Spruchkammerverfahren als Belastungszeugin ausgesagt habe, hält er für ausgeschlossen.

Kann der Bruder als Verdächtiger ausgeschlossen werden?
»Ich kam am Tattag – Mittwoch, den 12.Dez.-, die vorhergehenden und die folgenden Tage bis zur Verständigung vom Mord nicht aus meiner Arbeitsstätte heraus. Für den 12.12. weist mein Stundenplan eine Beschäftigungszeit bis Mitternacht auf. Beim Verlassen und beim Betreten des Hotels muß ich grundsätzlich beim Pförtner vorbeigehen. Sämtliche Nebenausgänge sind verschlossen und die Schlüssel befinden sich beim Portier. Es gäbe nur die Möglichkeit, daß ich durch ein Parterr(e)fenster das Haus verlasse. (...) Ich kann mit gutem Gewissen versichern, daß ich mit der Tat nichts zu tun habe. Ich bin auch nicht in der Lage einen Hinweis auf das Tatmotiv und den Täterkreis zu geben. Nach besten Kräften werde ich mitarbeiten, um dieses Verbrechen aufklären zu können.«

Von Sonjas Tod erfuhr er von ihren Stiefsöhnen.

Sonjas Schwester belastet den Bruder

Sonjas Schwester Luise schickt ihren Mann Nikolaus, geb. 1906, in Kleve zur Polizei, um für sie ihre Angaben in Starnberg zu ergänzen.

Aus der freiwilligen Aussage von Nikolaus am Freitag, den 21. Dezember 1951:
Luises Mann versucht das seltsame Verhalten seiner Frau bei der Starnberger Polizei zu erklären. Er schiebt alles auf ihren Bruder: Er sagt aus, dass Sonjas Geschwister nach ihrer Beerdigung in Percha gemeinsam zu Fuß nach Starnberg zurück gingen und an einem in die Erde eingebauten keller- oder brunnenartigen Gebäude vorbeikamen. Ludwig Wolf soll plötzlich stehen geblieben sein, um auszutreten und seine Schwester Luise zum Weitergehen aufgefordert haben. Nikolaus hält es daher für möglich, dass es sich bei dem Gebäude möglicherweise um ein geheimes Versteck seines Schwagers für Wechselkleider und Mordwerkzeuge gehandelt haben könnte. Belastbare Anhaltspunkte für diesen Verdacht nennt er keine; außer, dass seine Frau in den folgenden Tagen mehrfach unterschiedliche Kleidung an ihrem Bruder bemerkt und sie auf dem gemeinsamen Heimweg eine unerklärliche, merkwürdige Angst vor ihrem Bruder gespürt habe. Auch habe sich Luise von ihrem Bruder Ludwig während ihres Besuchs in Starnberg auf eigenartige Weise verfolgt gefühlt.

Luises Aussageverweigerung bei der Polizei in Starnberg erklärt ihr Ehemann damit, dass während der Vernehmung plötzlich ihr Bruder im Verhörzimmer erschien. Luise habe dessen Rache befürchtet, wenn sie gegen ihn aussagen würde. Daher habe sie fluchtartig das Vernehmungszimmer ohne weitere Äußerungen verlassen und sei bald daraufhin abgereist.

Das Ehepaar traut dem Bruder die Tat eindeutig zu:
»*Aus den Erzählungen meiner Frau geht hervor, dass ihr Bruder sich schon in seiner frühen Jugend widersetzlich zeigte. Er verließ mit etwa 16 Jahren sein Elternhaus und fuhr als blinder Passagier nach Amerika. Mein Schwager besuchte weiterhin Frankreich und Schweden. Charakterlich wäre er wie folgt zu beurteilen:*

Sehr verwegen, vor keiner Tat zurückschreckend, jähzornig, bei Meinungsverschiedenheiten pflegt er seinen Standpunkt nie durch Worte zu vertreten, sondern wird sofort handgreiflich. Eigenartig ist es hierbei, dass er dem Gegenüberstehenden Kinnhaken verabreicht. Nach seinen Angaben will er gegenüber meiner Frau geäußert haben, dass er sich während seines Aufenthaltes in Amerika wiederholt an Schlägereien, Schießereien und dergleichen aktiv beteiligt hatte. (…) Bedingt durch die charakterlichen Eigenschaften meines Schwagers ist sowohl meine Frau als auch ich der Meinung, dass ihr Bruder, der Ludwig Wolf, meine Schwägerin getötet bezw. ermordet haben möge. Vermutlich hat mein Schwager meine Schwägerin in ihrer Wohnung aufgesucht und es dürfte aus materiellen bezw. ideellen Gründen zu einem Streit zwischen beiden gekommen sein, in deren Verlauf es zu Tätlichkeiten kam, die mit dem Tode meiner Schwägerin endeten.«

Noch kommt nicht alles auf den Tisch: Geliebter oder Freund?

Der verheiratete Diplomingenieur Karl Friedrich Ludwig, geb. 1893, alias »Grauköpfchen« aus München erscheint eine Woche nach Sonjas Tod freiwillig in Starnberg bei der Stadtpolizei, um eine Aussage zu machen.

Aus seiner Aussage vom Donnerstag, den 20. Dezember 1951:
Der Zeuge zeichnet von sich das Bild des fürsorglichen Freundes. Über den Beginn der Freundschaft sagt Ludwig folgendermaßen aus: Er lernte Sonja durch ihren Mann, Oberst Bletschacher, kennen. Allerdings bestand zu dem Ehepaar Bletschacher nur eine lose Bekanntschaft, da Ludwig sich häufig im Ausland aufhielt. Nach dem Krieg traf er Sonja in Starnberg wieder und besuchte sie öfters in ihrer Wohnung in Percha und später in Starnberg. Er half Sonja in ihrer finanziell schwierigen Situation beim Verkauf von Wertgegenständen und kaufte ihr selbst hin und wieder etwas ab. Außerdem bat Sonja ihn ab und zu um Rat wegen ihrer Nichte, sodass zwischen beiden eine Art Vertrauensverhältnis entstand.

Für die Tat findet er kein Motiv:
»(…) Während meiner Besuche konnte ich den Eindruck gewinnen, daß

Frau Bl.(etschacher) gar keine Feinde hatte. Frau Bl.(etschacher) war für mich eine äußerst intelligente Person, die durch ihre Art mit Menschen zu verkehren, sehr beliebt war. Als ich nun (…) von dem Mord Kenntnis erlangte, stand ich vor einem Rätsel. Ich zerbrach mir schon den Kopf, um irgendeinen Anhaltspunkt und eine psychologische Erklärung für die Tat zu finden. Meiner Meinung nach muß es sich bei dem Täter um eine Person gehandelt haben, der die Verhältnisse im Haus der Frau Bl.(etschacher) kannte. Die Einzelheiten der Tat wurden mir von Frau Leusmann erzählt. Mehr kann ich zur Sache nicht angeben.«

Er selbst bringt sich als möglichen Täter aus der Schusslinie: Ludwig gibt an, am 14. Dezember von der Tat erfahren zu haben. An diesem Tag kam er von einer dreitägigen Geschäftsreise zurück, auf der er von seiner Ehefrau und einem Kollegen begleitet wurde. Wo er sich befand und ob er eine intime Beziehung zu Sonja unterhielt, danach fragt der Starnberger Wachtmeister nicht.

Neue Einzelheiten aus Sonjas Leben

Viele Zeugen erwähnen als gute Bekannte von Sonja das Ehepaar Proeller aus Augsburg. Adolf Proeller, geb. 1893, und Ludwig Bletschacher waren seit 1944 Kriegskameraden gewesen. Nach dem Tod von Oberst Bletschacher blieb die Freundschaft zwischen den Proellers und Sonja bestehen. Vielleicht ergibt sich aus den Informationen des Ehepaars eine brauchbare Spur?

Aus der Vernehmung des Ehepaars Proeller in Augsburg am Freitag, den 21. Dezember 1951:
Die Proellers beschreiben Sonja als gutmütige und sehr hilfsbereite Frau. Das letzte Mal sahen sie diese im September 1951, als Sonja für eine Woche bei ihnen in Augsburg zu Besuch war. Über Sonjas Freundes- oder Bekanntenkreis oder ihre spiritistischen Neigungen liefern die Proellers keine neuen Erkenntnisse. Dennoch gibt es für die Ermittler auch neue Sichtweisen auf Sonjas Leben und Umfeld oder bisherige Aussagen werden bestätigt.

Die Proellers gewannen auch einen Eindruck über das Verhältnis zwischen Sonja und ihrer Nichte: Sie sagen aus, dass Sonja diese wie ein eigenes Kind behandelte. Adolf Proeller jedoch mag das Mädchen nicht, sie ist ihm unsympathisch. Im Frühjahr 1951 unternahm Ilse, so das Wissen des Ehepaars, in Begleitung von zwei bis drei weiteren Personen eine Auslandsreise u. a. nach Paris und Toulouse. Der Grund für die Reise erfuhr Proeller nicht, Sonja machte nur Andeutungen, dass es sich um eine große Sache handeln würde. Überraschenderweise war das Mädchen nach einigen Wochen wieder zurück. Nähere Hintergründe weiß der Zeuge nicht.

Durch Proellers Aussage kommen Neuigkeiten zu Sonjas Männerbekanntschaften ans Licht:

»Bereits im Jahre 1945 (…) habe ich zuverlässig erfahren, daß die Sonja mit einem amerikanischen CIC-Agenten ein Verhältnis hatte. In einem späteren Gespräch hat Sonja mir bzw. meiner Frau gegenüber dieses Verhältnis bestätigt und dieses als Fehltritt bezeichnet. Ob sie nun in der Folgezeit überhaupt und mit welchen Männern intimere Verhältnisse anknüpfte, ist mir nicht bekannt.«

Wie das Verhältnis zu Herrn Matthias war, können auch Proellers nicht klären. Von den wenigen Begegnungen mit ihm gewannen sie keinen schlechten Eindruck. Sonja bezeichnete Matthias Herrn Proeller gegenüber als »*das beste Medium der Welt*«. Zugleich weiß Proeller von einem ernsthaften Streit zwischen Sonja und einer befreundeten Frau Middelmann im Jahre 1948 wegen Matthias.

Ernsthaftes Interesse an Sonja vermutet Adolf Proeller bei dem Bauunternehmer Karl Ludwig. Er brachte Sonja einige Male Geschenke mit und Sonja selbst redete davon, dass er ihr den Hof machen würde.

Über Sonjas Lebensumstände ist Proellers bekannt, dass Sonja ihre Finanzen durch den Verkauf von Stoffen aufbesserte.

Außerdem weiß das Ehepaar von einer Waffe und einem Totschläger in Sonjas Wohnung:

»Bis zum Jahre 1945 hatte die Sonja eine Pistole, wahrscheinlich von ihrem Ehemann. Diese Waffe vergrub sie, als die Amerikaner kamen, bei einer späteren Ausgrabung – vermutlich 46 oder 47 – war diese Waffe total ver-

rostet und unbrauchbar. Was mit der Waffe geschehen ist, weiß ich nicht. Bekannt ist mir allerdings, daß die Sonja einen sogenannten Totschläger in der Form eines Gehstockes hatte. Ich sah ihn allerdings nur in ihrer Wohnung in Percha.«

Im gesamten Jahr 1951 will der Zeuge zusammen mit seiner Frau Sonja dreimal in Starnberg besucht haben. Sie kamen jeweils mit einem schwarzen Opel-Kapitän. Sonja öffnete nach dem Läuten nie ohne weiteres die Haustüre. Sie rief grundsätzlich vom Balkon herunter, wer da sei.

Auch Adolf Proeller muss ein Alibi liefern:
»(...) Ich war am Mittwochabend, den 12.12.51, in meiner Wohnung zusammen mit meiner Frau und meiner Schwägerin. Gegen 19 Uhr rief ich von meinem Büro, das (sich) in einem eigenen Gebäude 40 m vom Wohnhaus entfernt befindet und in dem auch mein Chauffeur wohnt, die Autovermietung Lenhart in Augsburg an und bat, mir für Donnerstag einen Leihwagen zur Verfügung zu stellen. Hinzufügen möchte ich noch, daß ich gelegentlich einer Geschäftsreise am 8.12.51 auf der Reichsautobahn, Ausfahrt Walddorf, südlich Heidelberg, einen tödlichen Autounfall hatte, bei dem eine Radlerin überfahren und mein Wagen schwer beschädigt wurde. Das Fahrzeug lenkte mein Chauffeur (...). Am Sonntag, den 9.12.51, abends 17 Uhr, kam ich wieder in Steppach an. Am Montag früh gab ich den beschädigten Wagen bei Opel-Haas in Augsburg in Reparatur. Am Dienstag, den 18.12.51, erhielt ich den Wagen instandgesetzt zurück.«

Adolf Proeller vermag keinen Hinweis zu einem Täter geben. Aufgrund seiner Kenntnisse aus der Presse und von Bekannten vermutet er, dass der Täter mit den örtlichen und persönlichen Verhältnissen von Sonja vertraut sein musste.

Fragen über Fragen - ohne Kriminaltechnik geht es nicht vorwärts

Die Ermittler haben mittlerweile Hypothesen über die Tat und den Ablauf aufgestellt. Nur: Welche führten weiter, welche erweisen sich als falsch? Dafür braucht man die Hilfe der Kriminaltechnik.

Die Fürstenfeldbrucker Beamten schicken an das Zentralamt für Kriminalidentifizierung und Polizeistatistik des Landes Bayern, dem Vorläufer des heutigen Landeskriminalamts, Proben von Material, das sie am Tatort gesichert haben. Dabei handelt es sich um folgende Beweismittel: »*Vergleichshaare der Toten, Haar von der Kleidung der Toten, 1 Kamm mit Haaren aus der Toilette der Toten, 1 Küchenmesser mit 12½ cm langer Klinge, 1 abgebrochenes Stuhlbein mit Blutspuren, Vergleichs-FA* (gemeint: Fingerabdrücke, Anm. d. Verf.), *1 FA-Folie von einem Rotweinglas, 1 blaue Wollweste mit schußartigen Beschädigungen, 2 Zigarettenstummel*«. Von den Ergebnissen des Zentralamtes hängt es ab, in welche Richtung die weiteren Ermittlungen fortzusetzen sind.

Aus dem Ersuchen um kriminaltechnische Untersuchung von Mordmaterial vom Freitag, 21. Dezember 1951:
In dem sechsseitigen Schreiben informieren die Beamten über den bisherigen Ermittlungsstand und formulieren ihre ersten Theorien. Sie grenzen den Zeitpunkt ein, in dem Sonja starb: Als Tatzeit nehmen sie eine Zeitspanne zwischen 18.30 und ca. 23.30 Uhr am 12. Dezember an. Dies ist der Zeitraum zwischen der vermutlichen Rückkehr Sonjas nach ihren angeblichen abendlichen Lebensmitteleinkäufen und der Heimkehr der beiden Adlons vom Bridge-Turnier. Da Elisabeth und Ottilie Adlon bei ihrer Ankunft zu Hause in Sonjas Wohnung kein Licht mehr sahen, geht die Polizei davon aus, dass Sonja bereits tot war.

Rätsel gibt ein mysteriöser Fremder auf, der Sonja vielleicht ausspähte: In einer Nachbarvilla fand man im 1. Stock einen Sessel an einem Fenster vor. Die Polizei hegt den Verdacht, dass es sich hierbei um einen Beobachtungsposten für das Tathaus handelt und dieser Posten erst kurz vor der Tat verlassen wurde. Neben diesem Platz stieß man auf einen Aschenbecher mit den beiden zur Untersuchung eingeschickten Zigarettenstummeln. Die Spur mit der Nachbarvilla taucht in den Ermittlungsakten an dieser Stelle zum ersten Mal auf. Um welches der beiden Nachbarhäuser es sich handelt, wie die Polizei auf diese Spur kam, dazu finden sich in den überlieferten Akten keine Hinweise.

Handelt es sich um zwei Täter mit persönlichen Motiven? Der Polizei fehlen immer noch Hinweise auf ein Tatmotiv und den Täterkreis.

Man hält jedoch zwei Täter für möglich. Zum einen weist die Tote Stichwunden auf. Zum anderen findet sich an der Leiche eine fast kreisrunde Verletzung. Aufgrund des Sektionsprotokolls und eines Loches in der Jacke der Toten kann es sein, dass auf Sonja entweder geschossen oder wahlweise mit einer breiten Stichwaffe tief eingestochen wurde. Die Polizei durchsuchte Sonja Wohnung zweimal erfolglos nach Patronenhülsen und eine Röntgenaufnahme von Sonjas Leichnam bildet kein Geschoss ab. Allerdings zeigt das Loch in der Jacke typische Schussmerkmale; die Beamten erhoffen sich von der Untersuchung des Jackenloches auf Pulverkörner Klarheit. Sollte es sich bei dieser runden Verletzung um eine Schusswunde handeln, ist Sonja mit zwei Waffen getötet worden. Für diesen Fall fragen sich die Kriminaler:

»*Warum bringt der Täter dem Opfer einerseits nur leichtere Verletzungen in die Brust mit einem kleinen Werkzeug (=Taschenmesser) und dann eine schwere Verletzung (=mit Stichwerkzeug oder Schusswaffe) bei? Es ist doch unlogisch, daß ein Täter während der Tat das Werkzeug wechselt. Das Opfer stand nach dem Befund des Tisches an diesem und richtete soeben Buttersemmeln her. Als Beweis dafür wird angeführt, daß zwar nur eine Semmel am Tisch lag, diese in der Mitte halbiert war, das Oberteil bereits bestrichen war und an der anderen Tischseite lag, während das Unterteil dort auf dem Tisch lag, wo am Bodenbelag die Blutspuren beginnen. Das zum Bestreichen der Semmel verwendete Tischmesser lag 2 m abseits und rechts vom Tisch, sein abgerundetes Ende war auf beiden Seiten noch mit Butter behaftet.*
Es kann nun so gewesen sein, daß das Opfer mit zwei Tätern zusammenkam. (…) Es kann sein, daß der mit dem Taschenmesser ausgerüstete Täter eine Frau ist. Aber die 2. Verletzung muss von einem kräftigen Mann ausgeführt sein, wenn es sich um eine Stichverletzung handelt.
(…) Wenn die (…) geschilderte Überlegung zutrifft, ergibt sich als Tatmotiv ein persönlicher Grund, dh. ein Eifersuchtsvorgang zwischen der Täterin und der Bletschacher oder irgendeine sonstige Angelegenheit, in der die Bletschacher und die Täterin Gegnerinnen waren. Bei dem Täter dürfte es sich dann um einen Mann handeln, der im gegebenen Zeitpunkt der Täterin zu Hilfe gekommen ist. Nachdem aber ein Werkzeug, wie es im 2. Fall gebraucht worden ist, im Haushalt Bletschacher nicht vorhanden ist, muß es vom Täter bereits in der Absicht des Mordes mit-

gebracht worden sein. Bei dem Tatmotiv und den Tätern handelt es sich aber nur um Vermutungen, die sich aus der Sachlage ergeben.«

Die enge Freundin Hedi Goth erneut über Sonja vernommen

Eine Woche nach ihrer Aussage bei der Starnberger Stadtpolizei lädt die Kriminalabteilung beim Präsidium der Landpolizei in München Sonjas Freundin Hedi nochmals vor. Jetzt liefert sie Informationen, die sie beim ersten Mal noch nicht angegeben hat.

Aus der 2. Vernehmung von Hedi Goth am Samstag, den 22. Dezember 1951:
Sie nennt die Namen weiterer Personen, die in Kontakt zu Sonja standen:
Seit Ende 1948 oder Anfang 1949 besuchte ein Dachdecker aus Starnberg, Erich Langenbruch, Sonja öfter in ihrer Wohnung. Die Beziehung erscheint für Hedi Goth aber weniger einen persönlichen, sondern vielmehr einen geschäftlichen Charakter besessen zu haben. Er kam zu Sonja, um ihr Einrichtungsgegenstände günstig abzukaufen. Hedi gewann den Eindruck, dass Erich Langenbruch Sonjas finanzielle Notlage ausnutzen wollte. Wie lange der Kontakt bestand, weiß die Freundin nicht.

Hedi kennt auch eine andere Seite an Sonja. Sie erlebte die Freundin nicht immer beherrscht, sondern auch enthemmt und spontan:
»*Am Freitag, den 7.12.51, fuhr ich nach Starnberg, um die Sonja zu besuchen. Gegen 16.30 Uhr suchte ich sie in ihrer Wohnung auf, sie war aber nicht anwesend. Ich hielt mich dann bei Frau Adlon auf und erst abends gegen 21.00 Uhr kam Sonja. Auf meine Frage, wo sie sich denn solange aufgehalten habe, sagte sie mir, sie wäre zum Kaffee bei Frl. Hartung in Percha gewesen. Sie war an diesem Abend (…) beschwingt, wie sie erzählte, hatte sie einige Schnäpse getrunken. Auf meinen Einwand, daß ich damit rechnete, sie würde an diesem Abend überhaupt nicht mehr kommen, sagte sie, daß hätte leicht passieren können.*«

Eine wichtige Frage: Kennt sie Sonjas Totschläger? An diesem besagten Abend übernachtete Hedi bei Sonja. Ob an Sonjas oberer Bettkante ein als Spazierstock getarnter Totschläger hing, kann sie nicht sicher sagen. Eine Woche davor hat sie diesen noch sicher gesehen, und sie ging davon aus, dass sich der Spazierstock immer am gleichen Platz befand.

Auch aus der Freundin Elvira Leusmann bringen die Münchner Beamten Neuigkeiten heraus

Am gleichen Tag wie Hedi Goth laden die Münchner Kripobeamten auch Sonjas Freundin Elvira noch einmal vor. Sie räumt ein, bei ihrer ersten Vernehmung in Starnberg den einen oder anderen wesentlichen Punkt vergessen zu haben.

Aus der 2. Vernehmung Elvira Leusmann am 22. Dezember 1952:
Elvira weiß nicht nur von intimen Beziehungen, sondern auch von Sonjas Todesahnung: Kurz nach dem Krieg, so Elvira, unterhielt Sonja ein Verhältnis mit einem amerikanischen CIC-Agenten namens Oskar, der sie fast täglich in ihrer Perchacher Wohnung besuchte. Wie lange diese Beziehung dauerte, kann Elvira nicht sagen. Ob Sonja noch zu weiteren Männern eine intime Beziehung in den letzten Jahren unterhielt, daran erinnert sie sich nicht. Mit Okkultismus beschäftigte sich Sonja erst seit dem Tod ihres Mannes. Herrn Matthias bezeichnete Sonja immer als Medium, doch später soll er diese Kraft angeblich verloren haben. Außerdem habe Sonja ihr schon vor zwei Jahren gesagt, sie würde eines unnatürlichen Todes sterben.

Über ihre letzte Begegnung mit Sonja einen Tag vor deren Tod gibt sie an:
»(...) *Sonja Bletschacher kam am Dienstag, den 11.12.1951, nach vorhergehendem Anruf gegen 16.30 Uhr in meine Wohnung. Sie war allein. Wir tranken zunächst gemeinsam Kaffee. Gegen 18.00 Uhr fuhren wir gemeinsam zu Herrn Ernst Rosenblüh, München, Tivolistr. 1/0, wo wir auf Einladung meiner Schwester (...) Tee tranken. Später kam auch noch der Verlobte meiner Schwester (...). Wie bereits bei meiner ersten Vernehmung am 15.12.51 angegeben, waren wir bis kurz vor Mitternacht in der Wohnung des Herrn Rosenblüh. Herr Rosenblüh selbst hat, nachdem ich, d. h. wir alle der Sonja von einer Heimfahrt nach Starnberg zu so*

später Stunde abgeraten haben, ihr eine Schlafgelegenheit in seiner Wohnung angeboten. *Ich erkläre ausdrücklich, daß Sonja zunächst unter allen Umständen heimfahren wollte, erst nach längeren Überlegungen sich dazu bereitfand bezw. einwilligte, in der Wohnung von Herrn Rosenblüh zu nächtigen. Herr Rosenblüh hat in dieser Nacht erst mich allein nach Hause gefahren. (…) In der Wohnung des Rosenblüh ist auch dessen Haushälterin (Maria) untergebracht. Die genannte hat am Morgen des 12.12.51 meiner Freundin noch ein Frühstück gerichtet. Am Vormittag des 12.12. kamen Sonja und kurze Zeit später meine Schwester in meine Wohnung. Später gingen wir dann gemeinsam in die Stadt. Ich wollte Sonja noch zum Essen einladen, sie sagte aber, sie müsse unbedingt heim, weil sie Frl. Hartung erwartete. Demzufolge verabschiedete sie sich gegen 11 Uhr von mir und meiner Schwester in meiner Wohnung. (…).*«

Nur oberflächliche Informationen besitzt Elvira über Sonjas Stoffhandel: Sie gibt an, dass Sonjas verstorbener Mann zu Lebzeiten während des Krieges Stoffe ballenweise aus Frankreich mit nach Hause brachte. Sonja verkaufte die Ware, um ihren Lebensunterhalt aufzubessern. Dass Sonja darüber hinaus noch Stoffe von einem Großhändler bezog, kann sich Elvira nicht vorstellen.

Zum Totschläger liefert die Zeugin jedoch Details:
»*Ich weiß, daß Sonja einen Spazierstock hatte, der in Wirklichkeit als Totschläger zu verwenden war. Rein äußerlich hatte er die Form eines Spazierstockes besonders hinsichtlich Länge und Griff. Die Farbe war braunschwarz. Diesen Spazierstock habe ich in der Wohnung in Percha bei meiner Freundin gesehen und auch selbst bei einer Gelegenheit genau betrachtet. Man konnte den Griff des Spazierstockes herausziehen. An diesem Griff war dann eine Spirale ungefähr in 30 cm Länge mit einer Kugel an der Spitze als Totschläger angebracht. Ich kann es heute nicht mehr genau sagen, aber es schwebt mir noch so vor, als wenn man die untere Spitze des Spazierstockes auch noch entfernen konnte und daß dann eine ca. 15 cm lange Stahlspitze sichtbar wurde. Wie diese Spitze genau aussah oder welchen Zweck sie hatte, kann ich auch nicht mehr sagen. Ich vermute, daß man auch diese Spitze verwendete, wenn man diesen Stock zum Gehen in Schnee und Eis verwendete. An diese Einzelheiten mit der Spitze kann ich mich heute wirklich nicht mehr genau erinnern. Es ist*

auch möglich, daß dies eine Art Messer war, das mir Sonja zeigte. Dunkel habe ich noch in Erinnerung, daß dieses Messer bezw. diese Spitze schmutzig oder verrostet war. Soweit ich mich noch erinnern kann, hatte Sonja diesen Totschläger hinter dem Kopfende ihres Bettes aufbewahrt, um sich gegebenenfalls damit verteidigen zu können. Sonja hat früher eine kleine Pistole besessen, die sie vermutlich, als die Amerikaner kamen, abgeliefert hat.«

Insiderwissen über die Verhältnisse im Haus Adlon

Die Wohnung im Erdgeschoss der Villa Adlon bewohnt seit 1. Juli 1951 ein kinderloses Ehepaar. Der Ehemann Willi Lenser, geb. 1919, geht freiwillig zur Polizei, um auszusagen. Da er beruflich viel unterwegs ist, vermag er wenig Konkretes anzugeben. Die Polizisten Auer und Bolzmacher befragen daher seine 14 Jahre ältere Ehefrau Hedwig Lenser, geb. 1905. Sie kennt Sonja und die Verhältnisse im Haus Adlon zwar erst wenige Monate, dennoch verbirgt sie ihre Sympathie für Sonja und ihre Abneigung gegen Ottilie Adlon nicht.

Aus der Vernehmung von Hedwig Lenser am Sonntag, den 23. Dezember 1951:
Streit und Beschimpfungen zwischen Ottilie Adlon und Sonja prägten die Atmosphäre im Haus:
»(…) *In den ersten zwei Monaten hatte ich mit sämtlichen Hauseinwohnern wenig Kontakt, da mein Mann während dieser Zeit tagsüber abwesend war, saß ich sehr häufig auf dem Balkon und sah dabei die Frau Bletschacher und ihre Nichte auf dem Balkon im zweiten Stock des Hauses.*
Mit Frau Adlon hatte ich hin und wieder gesprochen und mich mit ihr in freundschaftlicher Weise über belanglose Dinge unterhalten. Erwähnen möchte ich, dass mir Frau Adlon sen. schon vor meinem Einzug in das Haus erklärte, dass es zweckmäßig wäre, dass ich mit Frau Bletschacher nicht verkehre, da es eine unangenehme Mieterin sei. Dabei äußerte sie sich in sehr missliebiger Weise über Frau Bletschacher im Allgemeinen. Hierzu muss ich auch bemerken, dass ich persönlich schon des öfteren gehört habe und auch Zeuge war, dass sich beide gegenseitig beschimpften. Nach dem letzten stattgefundenen Streit, der etwa Mitte

Oktober gewesen sein dürfte, hat Frau Bletschacher auch nicht mehr mit Frau Adlon gesprochen. *Wenn zwischen den Beiden eine Verständigung notwendig war, so musste das Fräulein Elisabeth Adlon die Vermittlerin spielen. Bei dem bereits angeführten Streit sind sich auch beide in beleidigender Weise ziemlich nahegetreten. Dies war morgens, als Frau Bletschacher eine Decke über ihren Balkon ausschüttete. Frau Adlon äußerte sich dabei, dass sie ihren Dreck woanders ausschütteln könne. Worauf Frau Bletschacher sagte, es ist nicht so schlimm, denn sie schütten ja ihre Nachttöpfe über den Balkon. Es kam dann zu weiteren beleidigenden Äusserungen, wovon der Schlusseffekt war, dass die Adlon zu Frau Bletschacher sagte: ›Wer Sie sind, das weiss ganz Starnberg.‹ Frau Bletschacher wurde darüber sehr erbost, und sagte: ›Wenn ich wie Sie mit einem Fuß im Grabe stehen würde, würde ich mich schämen über alle Leute schlecht zu sprechen.‹ Diesen Schluss-Satz weiss ich nur noch sinngemäß. Hier möchte ich gleich bemerken, dass ich mich von Frau Adlon zurückzog, weil es mich persönlich abstiess, da sie über ihre eigenen Freunde schlecht sprach.«*

Frau Lenser weiß zwar von Sonja so gut wie nichts, ist aber von Anfang an von ihr beeindruckt:
*»Der Anlass zu einer näheren Bekanntschaft mit Frau Bletschacher war folgender: Wir mussten für 8 bis 10 Tage verreisen, hatten aber einen Schäferhund, der trächtig war, und da man täglich erwartete, dass er Junge bekam, erbot sich Frau Bletschacher, den Hund zu versorgen. Sie hat dies auch in rührendster Weise getan. Nachdem ich von der Reise zurückkam, habe ich mich persönlich bei ihr bedankt und kam aus diesem Grunde auch in ihre Wohnung. Dies war meines Wissens Mitte oder Ende Oktober. In oft längeren Unterhaltungen mit Frau Bletschacher stelle ich fest, daß sie eine sehr korrekte Frau war und in ihrem Verhalten und Wesen eine vollkommene Dame war.
Sie sprach fast nie über sich selbst, ich wußte von ihrem Vorleben gar nichts. Das Einzige, was sie von sich selbst erzählte, war der Tod ihres Mannes, der sie wahrscheinlich sehr tief ergriffen hatte. Dies vermute ich deshalb, weil sie öfters darüber sprach. Ich habe nie den Eindruck gehabt, daß Frau Bletschacher eine sogenannte leichtsinnige Frau war. Ihre Kleidung im Hause war sehr einfach, ich sah sie nie geschminkt oder auf Männerbesuche eingestellt. Hier muß ich bemerken, daß ich sie öfters*

beim An- und Auskleiden sah und ihre Unterwäsche fast in einem gewissen Kontrast zu ihrer äusseren Erscheinung war.«

Mit der Zeit bekam die Nachbarin einen Eindruck von Sonjas Männerbeziehungen:
»Sie sprach mir gegenüber nie von Männern. *Einmal öffnete ich einem Herrn, den ich schon vorher öfters beim Betreten und Verlassen des Hauses gesehen hatte, welcher wieder die Frau Bletschacher besuchte. (…) (Ich) sah ihn nie ohne Sonnenbrille. Die Sonnenbrille fiel mir dadurch auf, dass sie besonders gross war. (…) Diesen Herrn sah ich das letzte Mal am Tage von Allerheiligen vormittags um 10.00 Uhr. (…) Als ich mit Frau Bletschacher schon näher bekannt war, frug ich einmal, wie sie zu diesem (…) Herrn stünde. Sie sagte mir, er würde sie schon seit längerer Zeit mit Heiratsanträgen bedrängen, die sie aber abgelehnt hat, daß sie als Mensch zu sehr seine Eigenschaften kenne, und er daher für sie nicht infrage käme. Über die Art dieser Eigenschaften gab sie mir keine Auskunft. Sonst haben wir nie mehr über ihre Bekanntschaften gesprochen.*

An die Möglichkeit, dass sie mit einem weiteren Herrn intime Beziehungen unterhält, glaube ich nicht, da ich dies in irgendeiner Form bemerkt hätte. In den 5 Monaten, wo ich im Hause gewohnt habe, hat sie nur eine Nacht gefehlt und wenn sie nach München fuhr, dies (war) *höchstens im Monat einmal der Fall (…), war sie immer in Begleitung ihrer Nichte Ilse.*«

Frau Lenser kennt nur gute Eigenschaften von Sonja:
»*Mein persönlicher Eindruck über die Frau Bletschacher ist, dass sie keine Frau war, die man als mannstoll ansprechen kann, sondern dass sie eine Frau war, die nur für einen gewissen Mann zu haben war, der ihr hundertprozentig liegen musste.*
Sie hatte zwei Gewohnheiten, sie sprach von ihren Bekannten nie die Namen und nie was Schlechtes. Über alle Leute in ihrem näheren und entfernten Bekanntenkreis, versuchte sie immer das Gute hervorzuheben.«

Wie schon andere Zeugen spricht auch Frau Lenser Sonjas Todesahnung und mysteriöse Vorgänge in der Max-Emanuel-Straße 7 an:
»*Eines Nachmittags, als mein Mann verreist war, kam ich zu Frau Bletschacher. (…) Frau Bletschacher frug mich, ob ich an Geister glaube. Ich*

bestätigte ihr, dass ich für diese Sachen sehr empfänglich bin und da erzählte sie mir, sie würde ihren verstorbenen Mann öfters reden hören, aber nicht sehen. ›Ich brauche mich nicht mehr fürchten, ich weiß schon alles, was mir bevorsteht. Mein Mann sagte mir, dass ich nicht mehr länger wie 4 Jahre leben würde und dass ich kurz nach einer Wiederverheiratung sterben würde.‹ Auch behauptete sie, dass ihr Mann sie vor der Eingangstür des Hauses gewarnt hätte. (…)
Zwischenzeitlich war es schon ziemlich spät geworden und (ich) bat sie, mich in meine Wohnung hinunterzubringen, da ich mich fürchtete. Sie gab mir recht und behauptete, dass unsere Wohnung unheimlich sei und sie möchte nie in unserer Wohnung wohnen. Sie verschloss mir persönlich alle meine Rollläden und ich liess in der Wohnung alle Lichter brennen. (…) Es war 23.30 Uhr, weil ich dachte, hoffentlich schlafe ich noch vor Mitternacht ein. Plötzlich hörte ich ein Geräusch. Es war ganz deutlich zu hören. Kurz entschlossen nahm ich meine Decke unter den Arm und lief zu Frau Bletschacher. Ich fand sie noch angekleidet, ihre Nichte war dabei ins Bett zu gehen. Ich bat sie, mich unter allen Umständen bei sich zu behalten und sie bestätigte mir, auch das von mir wahrgenommene Geräusch gehört zu haben. Bei dieser Gelegenheit sah ich zum ersten Mal ein fast neues Beil, Stielgrösse ca. 35 cm. Frau Bletschacher sagte mir, das wäre für sie eine Sicherheit. Das Beil war neuwertig. Die Wohnungstür (Es muss die Zimmertüre gemeint sein, da das Dachgeschoss keine separate Wohnungstür besaß, Anm. d. Verf.) verschloss sie nicht, denn als wir schon im Bett lagen, kam nochmals ihre Nichte herein. Wir schliefen bei offener Balkontür und sie erklärte mir, dass sie Winter wie Sommer mit geöffneter Balkontür schliefe. (…)
In der Früh ging ich dann gegen 8.00 Uhr in meine Wohnung zurück. Als mich Frau Bletschacher gegen 8.30 Uhr rief, zeigte sie mir an der Hauswand knapp neben ihrem Balkon einen riesengroßen Vogel, wie ich ihn noch nie gesehen habe. Sie stiess mit einem Besenstiele an diesen Vogel, und er flog weg. Wir glaubten dadurch die Erklärung für das nächtliche Geräusch gefunden zu haben.
Hier fällt mir auch ein, dass mir auch einmal Frau Adlon erzählte, sie wäre einmal mitten in der Nacht aufgewacht, weil sie draussen, es schien ihr vom Garten zu kommen, von einer starken Taschenlampe angeleuchtet worden sei.«

Und immer wieder interessiert sich die Polizei für Sonjas Besuche, egal ob Männer oder Frauen. Doch weiterführende Angaben über Männerbesuche kann Frau Lenser nicht machen. Sie erinnert sich lediglich an Sonjas Stiefsohn, einen jungen Mann Anfang Dreißig:
»*Von Damenbesuchen weiss ich nur von ihrer Freundin mit dem Vornamen Hedi, die zu ihr den Sommer über übers Wochenende gekommen ist und auch einmal eine Woche bei ihr gewohnt hat. Ausserdem benenne ich (...) Frau Maria, die täglich zu Frau Bletschacher auf Besuch kam, obwohl beide Frauen unterschiedlich im Charakter und Person waren. Ich frug mal Frau Bletschacher darüber, da antwortete sie mir, solche Leute wie Frau Maria möchte sie nicht als Feinde haben. Ich kenne Frau Maria nur flüchtig und hatte den Eindruck als sensationssüchtiges Klatschweib.*«

Letztlich verweist Frau Lenser die Beamten auf Ilse, die am besten Bescheid wissen müsste:
»*Ihre Nichte Ilse kannte ich als ein verschlossenes, wohlerzogenes Mädchen die mit ihrer Tante auf sehr gutem Fusse stand und von dieser auch über alles geliebt wurde. Ich habe den Eindruck, dass Fräulein Ilse so ziemlich über das Leben ihrer Tante unterrichtet sein dürfte. Sie dürfte auch die einzige Person sein, die wichtige Aufschlüsse geben könnte.*«

Die Nachbarin bestätigt auch manche Gewohnheiten der Adlons:
»*Mir ist bekannt, dass Frau Adlon jeden Mittwoch zum Bridgespielen ging. Sie ging immer kurz vor 14.00 Uhr aus dem Haus und kam verschiedentlich spät nach Hause. Ihr Heimkommen war immer zwischen 20.00 und 23.00 Uhr. Sie wurde immer von ihrer Tochter abgeholt und wenn ihre Tochter krank war, auch von Frau Maria.*«

Die Polizei lässt nicht locker und fragt wiederholt nach Sonjas Sexualleben:
»*Wie ich bereits angab, hat mir die Bletschacher von sexuellen Dingen nie etwas erzählt.*
Auf besonderes Befragen möchte ich jedoch erwähnen, dass mir auffiel und mich auch komisch berührte, weil die Frau Bletschacher ihr Nachthemd immer am Balkon sichtbar auf einem Draht aufhängte. Es blieb oft den ganzen Tag über heraussen. Ob dies nur eine Gewohnheit war oder eine Bedeutung hatte, kann ich nicht sagen. Hierbei muss ich erwähnen, dass

dies nicht nur im Sommer war, sondern auch im Herbst als es schon kühler wurde.«

Als suspekt empfindet die Mieterin Elisabeth Adlon:
»Mit der Tochter der Hausfrau, Fräulein Elisabeth Adlon, kam ich öfters in ein kurzes Gespräch. Wir unterhielten uns auch oft in italienischer Sprache, weil sie früher angeblich mit einem Italiener verlobt gewesen sein soll.

An einem Mittwoch – Nachmittag, Frau Adlon war wie immer beim Bridge, Frau Bletschacher war nicht zu Hause, kam Elisabeth zum ersten Mal in meine Wohnung. Wir tranken zusammen Kaffee und sie erzählte mir 2 ½ Stunden von ihren sexuellen Erlebnissen mit Männern. Sie erzählte mir von 3 oder 4 Männer (...) bis in die kleinsten Details. Hier muss ich erwähnen, dass diese Erzählungen mich unangenehm berührten, da ich sie doch nur flüchtig kannte und sie mir aber Sachen erzählte, die für eine ledige Person kompromittierend erschienen. (...) Plötzlich hatte ich ein Angstgefühl, weil das Schauen von Fräulein Elisabeth mich an eine Irre erinnerte. Ich sprang unwillkürlich von meinem Sessel auf und in diesem Moment kam auch Frau Hauptmann, die bei mir etwas abholen wollte. Fräulein Elisabeth verliess mich sofort und sie fuhr anschließend nach München.

Ich möchte auch erwähnen, dass ich mich auch damals meinen Mann gegenüber äusserte, ich möchte mit der Elisabeth nicht mehr allein sein, da ich das Gefühl hatte, sie könnte mich erwürgen.
Auch habe ich das Gefühl, dass die Elisabeth in (...) irgendwelche verdrängten Komplexe hatte. Ihr Wesen war fast unnatürlich ruhig. (...)
In diesem Punkten dürften vor allen Dingen sachdienliche Angaben machen können, Frl. Hartung, frühere Wohnungsinhaberin der Frau Bletschacher, Dr. Hoffmann, täglicher Gast der Familie Adlon, und wiederum Frau Maria, die meines Wissens öfters bei Adlons geschlafen hat. Ferner dürfte eine 72jährige Damen, meines Wissens nach mit dem Namen Laurenz, die den Sommer über bei Frau Adlon länger wohnte, in diesen Punkten nähere Angaben machen können. Auch Fräulein Ilse dürfte die Anschrift dieser Person bekannt sein.«

Die Kripo hakt nochmals wegen der Übernachtung bei Sonja nach. Bei dieser Gelegenheit ist der Nachbarin das Beil in Sonjas Zimmer aufgefallen:

»*Bei diesem gemeinsamen Schlafen lag die Frau Bletschacher an der Vorderkante des Bettes und ihr Kopf zeigte zum Fenster. Ich schlief an der Wandseite und meine Beine zeigten zum Fenster. Jede von uns hatte eine eigene Steppdecke und wickelte sich in diese ein, sodass eine körperliche Berührung nicht stattfinden konnte. Ich war ausserdem noch bekleidet mit einer langen grünen Cordhose und einem Wollpullover. Ich versichere allen Ernstes, dass die Frau Bletschacher keinerlei Annäherungsversuche unternommen hat.*

Ich weiss bestimmt, dass dieses Beil in dem freien Raum zwischen der Kredenz und dem braunen Polstersessel an der Wand lehnte. Ich weiss weiterhin bestimmt, dass dieses Beil nicht versteckt war. Es ist mir ausserdem erinnerlich, dass dieses Beil nicht mit dem Eisenteil, sondern dem einem Stielende am Boden aufstand und schräg zur Wand gestellt war. Der Stiel war von ganz heller Farbe und die Schneide war hell glänzend. Es sah aber nicht aus, als ob es frisch aus dem Laden gekommen wäre, sondern man kann sagen, dass es anscheinend nur ganz wenig benützt worden ist. Es handelt sich um ein leichteres Beil, dass eine Frau leicht handhaben kann.

Dieses Beil habe ich beim Übernachten ganz bestimmt gesehen, ob ich es bei meinen weiteren Besuchen gesehen habe, kann ich nicht mehr mit Bestimmtheit sagen.«

Hinsichtlich des Totschlägers kann die Nachbarin nicht weiterhelfen: »*Ich hab in der Wohnung der Frau Bletschacher nie einen Spazierstock gesehen, ebenso ist mir auch das Vorhandensein eines Schürhakens nicht erinnerlich.*«

Zu den Adlons befragt, prägen für Frau Lenser die lautstarken und tyrannischen Ausbrüche von Ottilie Adlon gegenüber ihrer Tochter das Klima im Haus:
»(...) *Aus Äusserungen der Frau Adlon ist mir (...) bekannt: ›Du gehörst in eine Anstalt, Du machst mich vollkommen krank, wegen Dir habe ich mein Herzleiden.‹ Ich weiss auch, dass sie zur Frau Bletschacher hinaufgerufen hat: ›Sehen Sie, daß ist doch kein Mädchen, daß ist doch ein Narr.‹ Frau Bletschacher nahm Elisabeth immer in Schutz.*«

Die erste Zwischenbilanz der Kripo

Am zweiten Weihnachtsfeiertag, 14 Tage nach Auffinden der Leiche von Sonja Bletschacher, fasst Kriminaloberkommissär Bolzmacher die bisherigen Erkenntnisse zusammen. Die daraus gezogenen Schlussfolgerungen und Hypothesen der Beamten zeigen vor allem: Sie sind von einer heißen Spur noch weit entfernt.

Aus der Aktenvormerkung vom 26. Dezember 1951:
Wer hatte Sonja als Letztes gesehen? Dazu hält der Bericht fest: »(...) *Maria Michelmayer* (hat) *die ermordete Bletschacher am Mittwoch, den 12.12.51, in den Nachmittagsstunden in ihrer Wohnung besucht* (...) *und* (ist) *dort gegen 17.30 Uhr weggegangen* (...). *Auf Grund der Ermittlungen ergibt sich aber, daß die Bletschacher anschließend nochmals ihre Wohnung verlassen hat, um in Starnberg im Lebensmittelgeschäft Rieser einzukaufen und sie dort um 18 Uhr herum eingetroffen ist.* (...). *Die Bletschacher ließ sich von der Rieser 50 g Leberwurst und von der Miedl 1 Glas Honig und 1 Flasche Wermutwein geben. Nachdem die Bletschacher diese Waren im Wert von 4,52 DM bezahlt und an sich genommen hatte, ließ sie sich nachträglich noch von der Rieser 50 g Salamiwurst im Wert von -,37 DM verabreichen. Die Miedl will bestimmt bemerkt haben, daß die Bletschacher aus der Stadt* (Starnberg) *kommend aufs Geschäft Rieser zugegangen und nach ihrem Einkauf in Richtung zu ihrer Wohnung weggegangen ist. Zur Wegstrecke vom Geschäft Rieser bis zur Wohnung Bletschacher sind etwa 8–10 Minuten erforderlich, so daß die Bletschacher ungefähr um 18.15 Uhr in ihrer Wohnung eingetroffen ist.*«

Beweiskraft besitzen für die Kripo die Salami und die Leberwurst: »*Beachtlich ist der getrennte Einkauf der Leber- und der Salamiwurst. Wenn die Bletschacher Besuch erwartet hätte, dann würde sie die beiden Wurstsorten bestimmt in einem Zug verlangt haben. Nachdem sie aber die Salamiwurst sich erst nach der Bezahlung ihres Gesamteinkaufes aushändigen ließ, muß angenommen werden, daß sie in einem wählerischen Augenblick sich noch nachträglich zum Kauf der Salamiwurst entschlossen hatte. Aus diesem Vorgang darf als beweiserheblich abgeleitet werden, daß die Bletschacher an diesem Mittwochabend – 12.12.51 – k e i n e n Besuch erwartet hat.* (...)«

Der Zustand der Leiche erschwert es, einen möglichen Täterkreis einzugrenzen:

»(…) *Bei der Tatbestandsaufnahme wurden bei der äußeren Besichtigung der Leiche 4 Platzwunden über dem linken Auge an der Schädeldecke (…) festgestellt. Es mußte angenommen werden, daß es sich um Werkzeugwunden handelt, während bei der Quetschung am linken Unterkiefer ein Faustschlag für wahrscheinlich angesehen wurde. Diese Feststellungen wurden gemacht, als die Leiche noch unverändert im Tatzimmer lag. (…)*
Diese Werkzeug-Verletzungen geben zu der Annahme Anlaß, daß sie nicht durch starke Wucht verursacht wurden. Dem widersprach aber die Quetschung am linken Unterkiefer, die auf eine kräftige Faust hindeutete. Der daraus entstandene Widerspruch mußte im Verlauf der Ermittlungen ständig beachtet werden, weil dadurch sowohl eine Frau, als auch ein Mann in den Täterkreis einzubeziehen waren.«

Aus der Art und Weise des gedeckten Tisches schlussfolgert die Polizei:

»*In der Tatbestandsaufnahme ist (…) der Zustand des Eßtisches beschrieben und anschließend fotografisch festgehalten worden. Dazu war in den Ermittlungen festzustellen, daß dieser Zustand des Tisches nicht zum Umgangston der Ermordeten paßt. Auch wenn sie alleine Kaffee getrunken hat, hat sie ihren Tisch immer so sauber und gefällig gedeckt, als ob sie Besuch erwarte. Es konnte also nicht sein, daß die Bletschacher gerade mit dem Abendessen beschäftigt war, als sie vom Täter überrascht wurde, sondern sie hat zum Abendessen gerade die Vorbereitungen dazu getroffen. Außerdem stand sie vor dem Tisch, während ihr Sitzplatz an der Gegenseite war. Dieser Sitzplatz war durch den davorstehenden Tisch nicht benützbar, denn der Tisch stand zu dicht am Stuhl. (…)*«

Auch die Buttersemmel liefert Hinweise auf das Geschehen:

»*In der Tatbestandsaufnahme ist eine Semmel genannt, die in den Ober- und Unterteil halbiert war. Das Herumliegen dieser beiden Semmelteile berechtigt aber zu dem Schluß, daß sie mit dem Kommen des Täters in Zusammenhang stehen. Beide Teile sind mit Butter bestrichen. Das Oberteil liegt schräg am gegenseitigen Tischrand und dicht daneben liegen 2 Scheiben Salamiwurst, die den Eindruck erwecken, als ob sie herabgefallen wären. Das Semmel-Unterteil befindet sich in der Nähe der Tisch-Vorderkante. Das zum Bestreichen der Semmel verwendete Tischmesser (...) liegt abseits am Boden.*

Der Unterteil der Semmel und dieses Tafelmesser stehen mit dem Beginn der Mordtat unbedingt in einem engen Zusammenhang. Es ist mit Sicherheit anzunehmen, daß hier als Folge eines heftigen Wortwechsels oder des Angriffs durch den Täter die Frau Bletschacher das Messer weggeworfen hat, um freie Hand zur heftigen Gegenrede oder zur Abwehr des beginnenden Angriffs zu haben.«

Aus dem Zustand des Zimmers lässt sich der Kampf zwischen Sonja und dem Täter rekonstruieren:
»Nachdem am Tisch keine Veränderungen eingetreten sind, muß sich der Kampf zwischen dem Täter und seinem Opfer im Mittelteil des Zimmers zugetragen haben. Diese Vermutung ist dadurch gerechtfertigt, daß das Rotweinglas am Tisch nicht umgefallen sein kann, denn sonst hätte ein Rotweinflecken in der weißen Tischdecke vorhanden sein müssen. Es sind aber auch an den anderen Möbelstücken und am Bett keine Veränderungen festzustellen gewesen.

Die Blutspuren am Bodenbelag aber weisen darauf hin, daß die Verletzungen dann verursacht wurden, als die Bletschacher doch noch verhältnismäßig am Tisch gestanden hatte.

Daß zwischen dem Täter und seinem Opfer ein Kampf stattgefunden haben muß, beweist der Zustand der Teppiche, denn sie sind etwas zusammengeschoben und weisen Falten bis zu 5 cm Höhe auf.

In (...) der TBA (Tatbestandsaufnahme, Anm. d. Verf.) ist darauf hingewiesen, daß zwischen dem großen und dem kleinen Blutflecken ein Zwischenraum von 45 cm gegeben ist. Bei der Feststellung dieses Maßes war der Zustand des Bodenbelages unverändert. Es ist unwahrscheinlich, daß der Täter nach der Tat sein Opfer über diesen Zwischenraum hinweggezogen hat. Dazu bestand für ihn nach der Sachlage gar keine Veranlassung. Es ist dagegen eher anzunehmen, daß die Frau Bletschacher sich noch über diesen Zwischenraum hinweggeschleppt hat, um den Versuch zu machen, an die Balkontür zu kommen, diese zu öffnen und um Hilfe zu rufen. Dazu war sie aber nicht mehr fähig und sie starb an dieser Stelle, wo sich nach der Tatentdeckung der kleinere zweite Blutflecken befand. Wie lange die Schwerverletzte bis zum Todeseintritt an dieser Stelle gelegen hat, das kann nicht gesagt werden. Beachtlich ist die ausgestreckte Lage der Leiche bei ihrer Auffindung.«

Die Befragungen von Ottilie und Elisabeth Adlon erscheinen bis jetzt als unbefriedigend:
»Die Hausbesitzerin Ottilie Adlon wurde unmittelbar nach der Tatbestandsaufnahme vernommen. (…) Sie konnte aber angeblich keine Angaben darüber machen, aus welchem Motiv die Bletschacher ermordet wurde und wer als Täter in Frage kommen könnte. Ihre Angaben wurden von ihrer Tochter Elisabeth bestätigt, so daß auf ihre Vernehmung bis jetzt nicht eingegangen wurde, denn sie kann – nach dieser Darstellung – zur Tatausführung nichts Wesentliches angeben.«

Insgesamt wird Ottilie als geschwätzig und nicht vertrauenswürdig eingeschätzt:
»Zu der Aussage der Ottilie Adlon war aber anderwärts festzustellen, daß die Ermordete sich vor der Ottilie Adlon sehr zurückgehalten hat, weil die Hausbesitzerin nicht nur sehr neugierig war, sondern auch ihr Wissen um andere Personen in ihrem vertraulichen Bekanntenkreis in allen Einzelheiten preisgegeben hat. Die Ottilie Adlon nennt einen männlichen Besucher der Bletschacher deshalb ›Grauköpfchen‹, weil sie trotz aller Bemühungen nie erfahren konnte, wer dieser Mann war. (…) Frau Adlon hatte die Vermutung, daß es sich um einen verheirateten Mann handle, dessen Besuche geheim bleiben sollen. (…) Dieser Mann wurde als der Dipl. Ing. Friedrich Ludwig, 58 Jahre alt, festgestellt. Er meldete sich als Zeuge (…) bei der Stadtpolizei Starnberg und wurde vernommen (…). Er schildert seine Beziehungen zur Frau Bletschacher in glaubwürdiger Weise, jedoch wird auch er noch überprüft werden. (…)«

Ein Ermittlungsansatz wird bereits aussortiert. Sonjas Aufenthalt in München am 11. Dezember gilt als unverdächtig:
»Es ist als erwiesen anzusehen, daß diese Reise mit dem Mörder nicht in Zusammenhang steht.«

Ins Visier der Ermittler rückt Maria Michlmayer. Hält sie Informationen über Adlons zurück?
»Die Maria Michelmayer ist über die Gepflogenheiten der Haushaltungen

Adlon und Bletschacher weit mehr sehr gut unterrichtet, als sie bei ihren Vernehmungen (...) angegeben hat. Aus diesem Anlaß ist sie neuerdings einer eingehenden Vernehmung zu unterstellen. Vor allem ist ihr Wissen über die Familie Adlon von besonderer Bedeutung, denn sie muß nach der Sachlage darüber informiert sein, daß die Tochter Elisabeth Adlon in geistiger, gesundheitlicher und sexueller Beziehung nicht einwandfrei ist. Beachtlich ist, daß die Michelmayer für die Zeit ihres Weggehens bei der Bletschacher noch kein einwandfreies Alibi erbracht hat.«

Eine entscheidende Frage ist offen – das Motiv:
»Schon bei der Tatbestandsaufnahme ergab sich, daß weder ein Raubmord noch ein Sexualmord verübt wurde. Aus diesem Grunde ist nach einem Motiv zu forschen, daß die engeren Beziehungen zwischen dem Täter und seinem Opfer aufzeigt. Dazu ist beachtlich, daß von Anfang an als feststehend angenommen werden konnte, daß die Haustür ständig unter Verschluß und unter Aufsicht gehalten worden ist. Diese Anordnung der Frau Ottilie Adlon wurde deshalb streng beachtet, weil die Inwohner ängstliche Naturen sind.«

Für die Kripo steht fest, dass der Täter aus dem Umfeld von Sonja kommen muss:
»Somit muß es sich beim Täter um eine Person handeln, die mit den Örtlichkeiten und Gepflogenheiten des Hauses Adlon und der Wohnung Bletschacher bestens vertraut ist. Es ist weiterhin beachtlich, daß die Frau Bletschacher am Tatabend allein im Hause anwesend war und einen Fremden den Zutritt zum Haus nicht gestattet hätte. Nach der Lebenseinstellung der Ermordeten ist dies mit aller Sicherheit anzunehmen. Allmählich begründete sich die anfängliche Vermutung, daß der Täter aus der nächsten Umgebung der Bletschacher zu suchen ist.«

Die Werkzeuge in Sonjas Wohnung:
»Die im Erdgeschoß des Hauses Adlon wohnende Familie Lenser konnte am 22.12.51 angetroffen werden. Hier wurde nun zum ersten Mal in Erfahrung gebracht, daß in der Wohnung Bletschacher ein fast neues kleines Handbeil mit etwa 35 cm Stiellänge vorhanden war.
Im Tatzimmer befindet sich an der Innenseite der Tür ein Kleiderrechen. Auf diesem lag in waagrechter Stellung ein gerader, spitzer Schürhaken.

Die Frau Adlon hat davon gesprochen, wobei von ihrer Tochter Elisabeth eingewendet wurde, daß dies nicht zutreffe. Die Frau Lenser gab am 22.12.51 darüber eine klare Darstellung. Bei ihrer Vernehmung am 23.12.51 konnte sie im Protokoll darüber nicht mehr die umfassende Aussage v. 22.12. wiederholen. Sie wandte auf Befragen ein, daß sie so aufgeregt sei und wenn noch mehrere Tage vergehen, wisse sie dies überhaupt nicht mehr. Bei der Frau Lenser handelt es sich, wie sie sich selbst bezeichnet, um eine außergewöhnlich sensible Frau, die außer ihrer Feinfühligkeit auch noch ungewöhnlich ängstlich ist. (…) Ihre Aussage über die Elisabeth Adlon erscheint von besonderer Bedeutung hinsichtlich des Sexuallebens der Elisabeth Adlon.«

Eine besondere Rolle nahm in den Ermittlungen auch Sonjas sogenannter Totschläger ein. Obwohl die Kripo die Wohnung durchsucht hatte, fanden diesen nicht die Polizisten, sondern Sonjas Nichte Ilse:
»Inzwischen wurde von der Ilse (…), der Nichte der Ermordeten, auch der Spazierstock, in dem ein Totschläger verborgen ist, aufgefunden. Er lag im Unterteil des Kleiderschrankes, der vor der Wohnung im Flur steht. Es kann nur so sein, daß er vom Täter dorthin verbracht wurde. Das hohle Unterteil des Stockes weist an der Verbindungsstelle zum Griffstück einen ganz frischen Sprung auf. Dieser Spazierstock wurde unverändert sichergestellt und dem Zentralamt (in) München zur Überprüfung auf Fingerabdrücke und Untersuchung und Begutachtung des Alters des frisch erscheinenden Sprunges übergeben. Das Gutachten steht hierüber noch aus und wird nach seinem Eingang nachgereicht.«

Nach rund 14 Tagen Ermittlungen ist sich die Polizei nicht sicher, nach welcher Art von Täter sie suchen soll:
»Im Bericht der KASt. Fbruck vom 21.12.51 an das Zentralamt München ist bereits zum Ausdruck gebracht worden, daß zwei Personen als Täter vermutet werden. Einerseits eine Frau in Bezug auf die Vielzahl von Bruststichen von nicht allzu großer Tiefe, die dadurch auf keine große Körperkraft hinweisen. Andererseits ein Mann, der den Stich an die Achselhöhle gegen die Halswirbel zu mit großer Wucht ausgeführt haben muß.
Hinsichtlich des Hiebwerkzeuges auf den Kopf mußte die Vermutung auf

den Täter und aufs Werkzeug offen bleiben, weil ein Werkzeug sowohl nach seiner Beschaffenheit als auch nach seiner Handhabung verschiedenartige Verletzungen hervorrufen kann.«

Die Kripo geht momentan davon aus, dass sich die Tat folgendermaßen abgespielt haben könnte:
»*Nachdem nun aber feststeht, daß ein kleines Handbeil und ein spitzer Schürhaken im Tatzimmer vor der Mordausführung vorhanden waren, somit der Täter dieses Werkzeug vorfand und nicht mitzubringen brauchte, ergibt sich nun folgende Überlegung zur Tatausführung:*
Die Frau Bletschacher ist in ihrem Zimmer von ihrem Mörder überrascht worden. Sie stand am Tisch und schnitt sich die Buttersemmel zurecht. Während dieses Vorgangs kam der Täter, der sich zweifellos selbst Einlaß zum Haus verschafft hatte zur Bletschacher ins Zimmer. Hierbei ist beachtlich, daß vom Erdgeschoß bis zur Wohnung Bletschacher im 2. Stock viele Stufen knarzen und ein ungehörtes Heraufkommen nicht möglich erscheint. Vor allem die obere Hälfte der Treppen zwischen dem 1. und 2. Stock knarzen so laut, daß es von der Frau Bletschacher unbedingt gehört werden mußte. Wenn die Frau Bletschacher hierbei zur Treppe gesehen hätte, hätte sie ihr Tischmesser aber bestimmt auf den Tisch gelegt. Es muß also doch so gewesen sein, daß der Täter laut kam und es sich den Umständen nach um eine Person gehandelt hat, die der Bletschacher schon am Schritt bekannt war.
Es besteht weiterhin die Möglichkeit, daß der Täter auf dem Sessel Platz genommen hat, der bei der Tatbestandsaufnahme (...) umgeworfen angetroffen wurde.
Was aber zwischen dem Täter und seinem Opfer bis zur Tatausführung gesprochen wurde und geschehen ist, ist nicht bekannt. (...)
Aber zweifellos brachte der Täter ein kleineres Messer mit, mit dem er dann zur gegebenen Zeit auf sein Opfer eingestochen hat.
Hinsichtlich des Sessels kann es aber auch so gewesen sein, daß sofort beim Betreten des Zimmers der Täter auf sein Opfer eingedrungen ist, das Opfer diesen Stuhl zwischen sich und den Täter zu bringen versucht hat, um dadurch einen Abstand zu gewinnen.
In der Abwehr holte die Frau Bletschacher vermutlich diesen Spazierstock vom Kopfende ihres Bettes, wobei sie aber keine Zeit mehr hatte, den Totschläger freizumachen. Wohl im gleichen Augenblick griff der Täter nach

dem ihm bekannten Handbeil und schlug auf den Kopf der Frau Bletschacher ein. Das Aussehen dieser Kopfwunden rechtfertigen die Annahme, daß die Schläge nicht mit großer Wucht geführt wurden (...).
Als Frau Bletschacher schwerverletzt – oder vielleicht schon sterbend – auf dem Teppich lag, stieß ihr der Täter den Spitzen Schürhaken in die Achselhöhle. Hierzu muß aber der Täter mit Kräften tätig gewesen sein. Nach der Tat verließ der Mörder die Wohnung auf dem gleichen Weg wie er gekommen war. Er hat auch das Licht in der Wohnung Bletschacher ausgelöscht, denn zur Tatzeit muß das elektr. Licht eingeschaltet gewesen sein und nach der Bekundung der Ottilie Adlon war bei ihrem Heimkommen gg. 23.30 Uhr im Zimmer der Bletschacher kein Licht zu sehen. Diese Aussage wird auch von der Elisabeth Adlon, die mit ihrer Mutter nach Hause kam, bestätigt.
Beim Verlassen des Tatortes hat der Täter sowohl das Tatbeil, als auch den Schürhaken mitgenommen. Für die Tatsache, daß der Täter den Spazierstock der Bletschacher in den Kleiderschrank des Opfers gelegt hat, ist keine Begründung und keine Vermutung vorhanden. Beachtlich ist aber, daß aus diesem Schrank ein schwerer Tuchmantel der Ilse (...) fehlt und alle bisherigen Nachforschungen nach seinem Verbleib (Schneiderin?) erfolglos waren.«

Auch wenn die Verdachtsmomente dürftig sind, hält die Kripo zwei Frauen als Tatverdächtige für möglich:
»Nachdem hinsichtlich dieser Bruststiche bereits bei der Tatbestandsaufnahme die Vermutung auftrat, daß diese Stiche von einer Frau geführt sein können, ist nun auch zu Recht zu vermuten, daß die Hiebe auf den Kopf mit diesem kleinen Handbeil mit geringer Kraft geführt wurden und deshalb ebenfalls auf eine Frau als Täter hinweisen. Die Stichverletzung mit dem Schürhaken muß demzufolge auch von einer Frau verursacht worden sein und es ist als Beweggrund zu diesem Stich die Angst vor Entdeckung anzunehmen.
Somit rechtfertigen die stummen Zeugen der Tat den Verdacht, daß als Mörderin eine Frau in Frage kommt. Unter Würdigung der Gesamtverhältnisse sind somit in den Täterkreis einzubeziehen:
1. Michelmayer, Maria, die mit der Ermordeten freundschaftlich verkehrte, ihre Lebensweise und ihre Wohnungsausstattung gut kennt. Sie ist eine kräftige und resolute Frau, die bei der Verletzung ihres Ehrgefühls

sich energisch zur Wehr setzt. *Der Beweis dafür ist bereits erbracht, denn sie hatte nach der Mordtat mit der Ottilie Adlon eine sehr heftige Auseinandersetzung, wobei auch harte Worte fielen. Auf Grund ihrer Veranlagung darf ihr auch unterstellt werden, daß sie zur gegebenen Zeit vor Tätlichkeiten nicht zurückschreckt. Vor allem ist ihr Alibi für die Zeit nach dem Weggehen aus der Wohnung Bletschacher noch ganz eingehend zu überprüfen. Vor wenigen Wochen äußerste sie sich in ihrem Bekanntenkreis, daß sie der Polizei nicht alles sage. Dies erweckt den Verdacht, daß sie bewußt etwas verschweigt. Ihr Verhältnis und ihr Wissen über Adlon und Bletschacher ist eingehend zu überprüfen. Was ist am Nachmittag des Tattages (…) in der Wohnung Bletschacher gesprochen worden? War vom Sterben die Rede? Im Zuge dieser Vernehmung ist auf die mögliche Schuld der Michelmayer besonders zu achten.*
2. Adlon, Elisabeth, die ebenfalls oft in die Wohnung der Bletschacher gekommen ist und wie die Michelmayer orientiert ist. Sie trat bei Hausstreitigkeiten zwischen ihrer Mutter Ottilie Adlon und der Frau Bletschacher als Vermittlerin zur Herstellung des Hausfriedens auf.
Sie ist groß und kräftemäßig der Bletschacher überlegen. Bei ihr ist vor der entscheidenden Vernehmung zur Schuldfrage noch eingehend das Alibi für die Tatzeit zu prüfen. Sie soll um 16 Uhr des 12.12.51 die Bridge-Partie verlassen haben, um ins Kino zu gehen. Zum Abendessen – gg. 19.45 h – kam sie mit etwas Verspätung zur Bridge-Partie in den Bayer. Hof zurück in Starnberg zurück.
Zu ihrer Vernehmung ist die Aussage der Hedwig Lenser beachtlich, denn diese bekundete, daß die Elisabeth Adlon ihr einmal von ihren sexuellen Erlebnissen mit Männern erzählt hat, wobei die Mitteilerin den Eindruck einer Irren erweckt habe, so dass Frau Lenser vor der Elisabeth Adlon Angst empfunden hat.
In dieser Richtung werden die weiteren Ermittlungen fortgesetzt.«

In einem Nachtrag stellt der Bericht Mutmaßungen zu den Motiven an. Viel Belastbares gibt es noch nicht:
»(…) *Für das Tatmotiv der Michelmayer kann bis jetzt noch keine Begründung gegeben werden. Der Verdacht gegen sie richtet sich lediglich auf Grund ihres Allgemeinverhaltens, das erkennen läßt, daß sie Dinge*

verschweigt, die für die Ermittlung von besonderer Bedeutung sind. Für dieses Verschweigen muß sie aber besondere Gründe haben. Es ist zu vermuten, daß diese Gründe mit der Tat im engen Zusammenhang stehen und daher ist es gerechtfertigt, daß die Michelmayer in den Täterkreis einbezogen wird.

Der Elisabeth Adlon ist zu unterstellen, daß sie entweder in einem sexuellen Komplex die Frau Bletschacher als Nebenbuhlerin betrachtete oder durch die Schilderung sexueller Erlebnisse, bei denen sie in Ausschweifungen ausartete, von der Frau Bletschacher energisch zurechtgewiesen wurde und dadurch einen Wutanfall erlitt oder in einen Zustand von Irrsein geriet und in diesem Zustand die Frau Bletschacher ermordet hat.«

Die Polizei geht in ihren Mutmaßungen sogar so weit, einen Mann als Täter auszuschließen:

»*Aus folgender Erwägung ist anzunehmen, daß kein Mann als Täter in Frage kommt: hier müßte den Umständen nach eine Sexualangelegenheit das Motiv sein. Zumindest wäre die Kleidung der Frau Bletschacher an der Brust oder in der Geschlechtsumgebung verändert oder beschädigt worden. Ein Mann würde diese Frau mit einem Würgegriff kampfunfähig gemacht haben. Davon war aber nichts festzustellen. Ebenso erscheint es unwahrscheinlich, daß ein Mann dieser Frau diese Vielzahl von Bruststichen beibringt. In diesem Falle würden wenige, aber kräftige Stiche der Frau Bletschacher beigebracht worden sein.«*

HINTERGRUND: DIE ERMITTLUNGSBEHÖRDEN

Als am Vormittag des 13. Dezembers 1951 die Leiche von Sonja Bletschacher entdeckt wurde, informierte der Paketzusteller sofort die Starnberger Stadtpolizei.

Wer war für die Ermittlungen zuständig?

Was die beiden Oberwachtmeister der Stadtpolizei vorfanden, ließ auf ein Kapitalverbrechen schließen. Daher bat der Starnberger Bürgermeister unverzüglich die staatliche Polizei, die Ermittlungen zu übernehmen und wandte sich an die zuständige Kriminalaußenstelle Fürstenfeldbruck der Landpolizei von Oberbayern. Keine Stunde später wurde die Staatsanwaltschaft München II informiert. Um 14 Uhr trafen zwei Kriminalbeamte aus Fürstenfeldbruck in der Max-Emanuel-Straße 7 ein. Unterstützung erhielten diese wenige Tage später von Beamten der Kriminalabteilung beim Präsidium der Landpolizei von Bayern aus München. Im Laufe der Ermittlungen wurde immer wieder das Zentralamt für Kriminalidentifizierung und Polizeistatistik eingeschaltet, das ab 1953 in Landeskriminalamt umbenannt wurde.

Mit der Bearbeitung des Falles waren somit vier Polizeidienststellen und die Staatsanwaltschaft München II befasst – für einen Außenstehenden unübersichtliche Zuständigkeiten. Die Erklärung für diese Situation liegt in der Organisation der bayerischen Polizei nach dem Zweiten Weltkrieg.

Die Polizei in Bayern ab 1945

Mit ihrem Einmarsch in Bayern im Frühjahr 1945 machten sich die amerikanischen Befreier sofort daran, die Polizei zu zerschlagen. Die örtlichen Polizeichefs wurden verhaftet und durch möglichst wenig belastete Fachleute ersetzt. Das Kommando über die Polizei lag nicht mehr in deutscher Hand, sondern beim örtlichen Public Safety Officer der US-Armee. Die Besatzer inhaftierten die Leiter der einzelnen Polizeiabteilungen und eine Vielzahl von Polizeibeamten. Dabei ging man nicht immer nach einheitlichen Kriterien vor. Ziel der Amerikaner war es, v.a. möglichst viele SS-Angehörige und Beamte der Gestapo zu internieren. Zugleich wurden die Beamten der uniformierten Schutzpolizei entwaffnet. Die konkrete Polizeiarbeit musste daher zunächst die amerikanische Militärpolizei leisten. Nachdem bereits in den letzten Kriegsjahren in Deutschland parallel zu Zerstörung, Mangel und gesellschaftlichen Auflösungserscheinungen die Kriminalität gestiegen war, weitete sich diese nach Kriegsende zur Massenkriminalität aus. Dem war die Militärpolizei alleine nicht gewachsen. Um rechtsfreie Räume zu vermeiden, musste die Besatzungsmacht sofort handeln. Bayerische Hilfspolizisten wurden zunächst unbewaffnet mit auf Streife geschickt. Diese rekrutierte man aus nicht festgenommenen Schutzpolizisten und bisher polizeiexternen Männern.

Diese sofortigen und einschneidenden Maßnahmen gegen die Polizei erklären sich aus dem zentralen Motiv der Amerikaner, dem Nationalsozialismus in Deutschland jeglichen Boden zu entziehen. Daher sollten u.a. alle Organisationen und Institutionen in Deutschland aufgelöst werden, auf die sich das NS-Regime gestützt hatte. Eine zentrale Rolle zur Durchsetzung und Aufrechterhaltung des Unrechtsstaates in Deutschland spielte ab 1933 die Polizei:

Exkurs in die NS-Zeit

Seit 1933 wurden die Kompetenzen für die Polizeiorganisationen der Länder beim Reich zentralisiert und 1936 unterstanden alle Polizeisparten in Deutschland Heinrich Himmler als Chef der Deutschen Polizei im Reichsinnenministerium. Zentrale Funktionen über alle Dienststellen der 1933 gegründeten Politischen Polizei, ab 1936 in Geheimen Staatspolizei (Gestapo) umbenannt, übte das preußische Geheime Staatspolizeiamt aus. Es war zunächst abgetrennt von allen anderen Polizeisparten.

Auch die Kriminalpolizei wurde von der Schutzpolizei unabhängig, eigenständig und reichsweit organsiert. Zunächst unterstanden ab 1936 alle Kriminalpolizeistellen in Deutschland dem preußischen Landeskriminalamt, aus dem 1937 das Reichskriminalpolizeiamt hervorging. Ab 1938 fasste man die verschiedenen Polizeisparten im Innenministerium in zwei getrennten Hauptämtern zusammen: einem für die Ordnungspolizei und einem Hauptamt für die Sicherheitspolizei.

Dem Hauptamt Sicherheitspolizei waren ab 1938 die Kriminalpolizei und die Geheime Staatspolizei eingegliedert.

Allgemein bekannt ist das berüchtigte Wirken und die zunehmende Radikalisierung der Gestapo bei der Ausschaltung von politischen Gegnern und die Mitwirkung in der Maschinerie des Holocausts. Weniger im Bewusstsein dagegen ist die Verstrickung der Kriminalpolizei: Nach dem Krieg zeichneten viele Angehörige der Kriminalpolizei das Bild der unpolitischen, »sauberen« Kripo, die möglichst Abstand zur berüchtigten Gestapo hielt. Beamte mit dieser Haltung gab es ohne Zweifel auch, doch von der Rolle der Kripo als Institution und vieler ihrer Beamten im nationalsozialistischen Unrechtsstaat zeigt sich ein anderes Bild:

Lag der Schwerpunkt der Gestapo in der Ausschaltung von Gegnern, Kritikern oder unliebsamen Personen des Regimes welcher Art oder Geschlechtes auch immer, bestand die Aufgabe der Kripo in der sogenannten Kriminalprävention. Hierfür hatten Kriminalisten in Deutschland bereits vor der Machtergreifung erbbiologisch dominierte Konzepte zum Umgang mit sogenannten Berufsverbrechern entwickelt, die unter den Bedingungen eines Unrechtstaates mit immer größerer Radikalität umgesetzt werden konnten. Dies führte zur Internierung von Berufsverbrechern, festgelegt durch die Kriminaldienststellen, ohne gerichtliche Urteile, Kontrolle, Überprüfungen. Die Polizei gab sich dafür ihre eigenen Erlasse, anhand derer Menschen in die Konzentrationslager eingeliefert wurden. Im Zweiten Weltkrieg verstärkte sich diese Praxis zunehmend und man weitete die Maßnahmen auf sogenannte Asoziale aus. Der Begriff wurde dynamisch für abweichendes Verhalten angewandt und konnte abhängig von der jeweiligen Kriminaldienststelle unterschiedlich ausgelegt werden; je nachdem, welche Personen in einer Stadt als auffällig galten und in welchem Maße sie der Kripo »Arbeit« machten. Unverheiratet, jung, weiblich, ein prekäres Elternhaus und zu viele vermutete Sexualkontakte konnte unter Umständen eine Frau als Prostituierte ins KZ bringen.

Der Zweite Weltkrieg, vor allem seit die Phase der deutschen Kriegserfolge beendet war, führte dazu, dass sich die Beamten der Kripo immer weiter in die Verbrechen des NS-Regimes verstrickten. Mit zunehmender kriegsbedingter Kriminalitätsentwicklung weitete sich nicht nur die Praxis der willkürlichen vorbeugenden KZ-Internierungen aus. Im Krieg mit seinen Zerstörungen radikalisierte sich die NS-Herrschaft immer brutaler und gesellschaftliche wie staatliche Strukturen begannen sich allmählich aufzulösen. Dies brachte neue kriminalisierte Verhaltensweisen und Delikte hervor, die es in der Vergangenheit in dieser Art noch nicht gegeben hatte, wie z. B. das Hören von ausländischen Nachrichtensendern oder Zweifel am Kriegsausgang. Zugleich wurde die Personaldecke bei den Kriminaldienststellen dünner. Denn Beamte wurden zu Einsatzkommandos abkommandiert, die während des Krieges hinter der Front Zivilisten wie beispielsweise »Juden«, »Zigeuner« und »Partisanen« erschossen. Ebenso setzte man Kripobeamte bei der Gestapo oder der Geheimen Feldpolizei der Wehrmacht in den eroberten Gebieten ein. Hier spürten sie nicht nur Kriminalität oder Deserteure in den eigenen Reihen auf. Sie beteiligten sich auch beispielsweise an der Deportation und Ermordung von als »Juden« kategorisierten Menschen. In manchen annektierten Gebieten zog man Beamte aus dem Reich heran, um dort neue Kripostellen aufzubauen oder um im Rahmen der Sicherheitspolizei die Arbeit von einheimischen Kriminalbeamten zu überwachen.

Eine neue Dimension erreichte die sogenannte Verbrechensprävention der Kriminalpolizei Ende 1942, als das Reichskriminalpolizeiamt Heinrich Himmler vorschlug, die deutschen »Zigeuner« in die Konzentrationslager zu deportieren. Im Januar befahl das Amt seinen Kripostellen, die Deportationen nach Auschwitz durchzuführen, und im März 1943 setzten diese den Befehl um.

Auch das oben erwähnte, nach dem Krieg gerne gezeichnete Bild von der Distanz der Kripo zur Gestapo entpuppte sich als Mythos. Nähe und Überschneidungen ergaben sich schon aus der organisatorischen Integration von Kripo und Gestapo und wurde ab 1939 noch verschärft. Jetzt wurden diese beiden Polizeisparten dem Reichssicherheitshauptamt, einer Organisationseinheit der SS, unterstellt. Somit waren sie mit dem Sicherheitsdienst (SD), dem Nachrichtendienst der SS, verbunden. Dahinter stand der seit Mitte der 1930er-Jahre bestehende Anspruch, dass Gestapo, Kripo und SD zu einem nationalsozialistischen Staatsschutzkorps verschmelzen sollten und die einzelnen Beamten als Mitglieder der SS zwischen den drei Bereichen wechseln konnten. Dementsprechend wurden ab 1936 die Kommissare der Gestapo und der Kripo auch in gemeinsamen Kursen ausgebildet, auch wenn die Laufbahnen getrennt blieben. Obwohl dieser Anspruch nur in Ansätzen verwirklicht wurde, kam es zumindest bei kleinen Gruppen dieser beiden Polizeisparten zu einem Austausch. Vor allem wechselten Kripobeamte zur neu gegründeten Gestapo, auch wenn es bei einem Teil möglicherweise gegen deren Willen geschah. Außerdem bewirkten die sich stetig verändernde Gesetzeslage, dass sich die Zuständigkeiten zwischen diesen beiden Polizeisparten überschnitten. So arbeitete beispielsweise die Kripo der Gestapo zu, weil eine fahrlässige Körperverletzung plötzlich als Wehrkraftzersetzung zu behandeln war. Die These von der sogenannten unpolitischen Kriminalpolizei geriet auch dadurch ins Wanken, dass nach 1936 Kriminalbeamte in die SS aufgenommen wurden und einem ihren Polizeidienstgrad entsprechenden SS-Dienstrang verliehen bekamen. Die Nachkriegsbehauptung, dies sei automatisch ohne ihr Zutun erfolgt, verwischt dabei, dass der Eintritt der Kriminalbeamten in die SS bis 1945 freiwillig war. Außer auf Beförderungsmöglichkeiten zu verzichten, hatte der einzelne keine Repressalien zu befürchten. Nach dem freiwilligen Eintritt in die SS erfolgte dann allerdings die Verleihung eines SS-Dienstranges automatisch. Richtig war auch, dass in den besetzen Gebieten den sonst zivil gekleideten Kriminalbeamten das Tragen einer Uniform vorgeschrieben war. Daher wurde ihnen ein SS-Rang übertragen, auch wenn sie selbst nicht der SS angehörten.

Zurück in die Zeit ab 1945

Vor diesem Hintergrund standen die Amerikaner bei ihrem Einmarsch vor einer mehrfachen Herausforderung: Die bisherigen zentralistischen Strukturen der Polizei als Teil des nationalsozialistischen Machtapparates mussten zerschlagen und Beamte entlassen werden. Zugleich war eine neue Polizei so schnell wie möglich wieder aufzubauen. Dabei hatte sie jetzt veränderte Funktionen im Sinne der amerikanischen Vorstellungen zu erfüllen: Ihre Aufgaben sollten nur noch auf die für sie typischen Polizeifunktionen reduziert sein, wie der Schutz von körperlicher Unversehrtheit, Leben und Eigentum, die Aufrechterhaltung von Recht und Ordnung sowie die Aufklärung und Vorbeugung von Verbrechen. Bisherige in Deutschland bei der Polizei liegende Aufgaben der sogenannten Verwaltungspolizei wurden an andere öffentliche Stellen abgetreten. Dorthin verlagerten sich jetzt z. B. die Angelegenheiten im Bereich des Bauens, Feuerschutzes, Meldewesens oder des sogenannten Ausländerwesens.

Für den Neuaufbau der Polizei in Bayern orientierten sich die Amerikaner an ihrem eigenen Polizeisystem mit einer starken Dezentralisierung. Damit wollte man eine erneute Instrumentalisierung der Polizei wie im »Dritten Reich« verhindern. Polizeiorganisationen sollten nun vorrangig bei den Kommunen eingerichtet werden. Gemeinden mit mehr als 5000 Einwohner wurden verpflichtet, eine eigene Gemeindepolizei aufzustellen. Kommunen mit weniger Einwohnern war dies freigestellt. Für die, die keine eigene Polizei unterhielten, übernahm die neu gegründete Landpolizei die Aufgaben. Diese war zunächst ebenfalls auf der Ebene der Regierungsbezirke dezentral organisiert, durfte sich aber ab 1946 bayernweit zusammenschließen. In dieser neuformierten Polizeistruktur wurde die Kriminalpolizei wieder mit der uniformierten Schutzpolizei unter einem Dach vereint und die frühere Abtrennung aufgehoben. Diese von den Amerikanern geschaffene Polizeistruktur ging 1949 / 1950 in deutsche Zuständigkeit über.

In der Folge davon erließ der Freistaat Bayern 1952 ein Bayerisches Organisationsgesetz. Es räumte auch den größeren Gemeinden das Recht ein, ihrer Polizeiaufgaben auf den Staat zu übertragen. Da der Unterhalt einer Polizei u. a. auch eine hohe finanzielle Belastung darstellte, machten immer mehr Kommunen von dieser Möglichkeit Gebrauch. 1975 wurde mit München die letzte kommunale Polizei verstaatlicht. Die Landpolizei wurde nun in Landespolizei umbenannt.

Und damit wird es verwirrend. Zwischen 1920 und 1935 existierte in Bayern nämlich die sogenannte Bayerische Landespolizei: ein kasernierter Polizeiverband, ähnlich der Bereitschaftspolizei, der militärisch organisiert war und 1935 in der Wehrmacht aufging. Unter dem Begriff Landespolizei fallen somit zwei zeitlich und organisatorisch zu unterscheidende Polizeiorganisationen: Einmal die militärisch geprägte Polizeieinheit der 1920er- und 1930er-Jahre. Und später die Polizei in Bayern seit 1975, in der die nach dem Krieg geschaffenen Strukturen der Stadt- und Gemeindepolizei sowie der Landpolizei aufgingen.

Die Landpolizei von Bayern

Schon im Sommer 1945 machte die US-Armee Michael von Godin zum Chef der Landpolizei für Oberbayern. Für ihn sprach aus Sicht der Amerikaner einiges: Im Jahr 1896 geboren nahm er als junger Offizier am Ersten Weltkrieg teil und wurde 1920 bei der damaligen Bayerischen Landespolizei übernommen. Er befehligte diejenige Einheit der Landespolizei, die am 9. November 1923 den Marsch der Nationalsozialisten am Odeonsplatz durch Schüsse stoppte. Im Jahre 1926 schied er aus der Landespolizei aus, offiziell aus gesundheitlichen Gründen. Allerdings war er keine einfache Persönlichkeit und lies sich im Dienst einige Verfehlungen und Beleidigungen Untergebener zu Schulden kommen. Nach der Machtergreifung verhafteten ihn die Nationalsozialisten im Mai 1933 auf der Heimfahrt von seinen Schwiegereltern in Steingaden zu seinem österreichischen Wohnsitz in Tirol. Er kam bis Februar 1934 im Münchner Polizeipräsidium in Schutzhaft. Anfang März 1934 erlaubten die Nationalsozialisten Godin wieder die Ausreise nach Österreich und strichen ihm die Versorgungsbezüge. Noch kurz vor dem Anschluss Österreichs gelang ihm im März 1938 die Flucht in die Schweiz. Dort kooperierte er mit dem späteren CIA-Direktor Allen Dulles in Bern. Dieser war während des Zweiten Weltkriegs Gesandter des amerikanischen Nachrichtendienst OSS (Office of Strategic Services) in der Schweiz. Die Nationalsozialisten bürgerten Godin im Jahr 1940 aus. Am 6. Juni 1945 kehrte er zusammen mit dem späteren Bayerischen Ministerpräsidenten Wilhelm Hoegner nach München zurück. Im Sommer 1945 setzte ihn die Militärverwaltung als Chef der Landpolizei für Oberbayern ein und ernannte ihn 1946 zum Chef des jetzt zentralen Präsidiums der Landpolizei von Bayern, das allen Landpolizeieinrichtungen in Bayern übergeordnet war. Dieses leitete er bis 1959, wenn auch nicht unumstritten in seiner Amtsführung.

Man darf dabei nicht vergessen, dass Godin als Mitglied der Bayerischen Landespolizei in der Weimarer Republik einer Polizeiorganisation angehört hatte, die sich nicht primär demokratischen Strukturen verpflichtet fühlte. Sie verhielt sich in der Weimarer Republik zwar weitgehend staatstreu, doch viele ihrer Angehörige standen der Demokratie mit innerer Distanz gegenüber. Unter Godins

Führung besetzten nun frühere Mitglieder dieser ehemaligen Landespolizei aus den 1920er-Jahren zum Teil führende Positionen in der jetzt nach Kriegsende neugegründeten Landpolizei.

1946 wurden die verschiedenen Landpolizeipräsidien der Regierungsbezirke zu einer zentralen Landpolizei von Bayern mit folgendem Aufbau zusammengefasst: An der Spitze der bayernweiten Behörde stand das Präsidium der Landpolizei von Bayern mit dem Präsidenten. Das Präsidium gliederte sich in drei Abteilungen, u. a. eine eigene Kriminalabteilung. Unterhalb des Präsidiums gab es in jedem Regierungsbezirk einen Chef der Landpolizei für diesen Bezirk, dem mehrere Bezirksinspektionen unterstellt waren. Darunter standen die Landpolizeiposten.

Die Organisation der Kriminalpolizei

Aufgrund der schon seit Kriegsende zunehmenden Massenkriminalität entstand die schwierige Situation, neben der uniformierten Polizei dringend wieder eine Kriminalpolizei zu benötigen. Diese wurde nach amerikanischen Vorgaben dezentral organisiert. Zugleich konnte man nicht einmal mehr auf Reste der vergangenen streng zentralistischen Strukturen zurückgreifen. Denn diese waren mit Kriegsende komplett zerschlagen worden. Im Gegensatz zur NS-Zeit wurde die Kriminalpolizei jetzt unter dem Dach der Landpolizei aufgebaut und somit wieder mit der Schutzpolizei organisatorisch vereint. Da nur auf wenige politisch nicht belastete Beamte zurückgegriffen werden konnte, sollten sich in den ersten Monaten nach Kriegsende die neuen Kriminalstellen nur um schwere Kriminalität kümmern. Kleinere bis mittlere Delikte bearbeiteten die uniformierten Schutzpolizisten. Die Besatzungsmacht schuf jedoch schon im Juli 1945 die Voraussetzung für ein gesamtbayerisches Landesamt für Verbrechensidentifikation, Polizeistatistiken und Polizeinachrichten (ab 1946 Zentralamt für Kriminalidentifzierung und Polizeistatistik des Landes Bayern, ab 1953 Landeskriminalamt), um die Landpolizei bei der Kriminalitätsbekämpfung zu unterstützen. Zusätzlich wurde im September 1945 beim Chef der Landpolizei für Oberbayern eine eigene Kriminalstelle eingerichtet, die bei acht Landpolizeiinspektionen sogenannte Kriminal-Außenstellen unterhielt. Diese Außenstellen mit mindestens drei, je nach Sicherheitslage bis zu sechs Beamten waren für mehrere Bezirke zuständig. Ein Beispiel ist die Kriminalaußenstelle Fürstenfeldbruck, die im Fall Sonja Bletschacher von der Starnberger Stadtpolizei eingeschaltet wurde. Jeder Landpolizeiposten und jede Außenstelle hatten die Kriminaldienststelle beim Chef der Landpolizei von einem Verbrechen zu unterrichten. Dort wurde über die Bearbeitung des Falles entschieden und die Ermittlungsarbeit überprüft. Mit der Gründung des Präsidiums der Landpolizei von Bayern wurde auch die Kriminalpolizei landesweit einheitlich organisiert. 1950 wies das Innenministerium an, dass die Sachgebiete Fahndung, Technik und Beratung an das Zentralamt abgetreten werden sollten, das 1953 in Bayerisches Landeskriminalamt umbenannt wurde. Die Kriminalbeamten des Präsidiums der Landpolizei wurden dorthin später dauerhaft versetzt.

Zu den Aufgaben der Kriminaldienststellen zählte auch die Unterstützung der kommunalen Polizeien. Nach den Dienstvorschriften waren die staatlichen Dienststellen sogar verpflichtet, sich in Gemeinden mit eigener Polizei bei der Strafverfolgung zu beteiligen. Voraussetzung war, dass der Chef der kommunalen Polizei, in der Regel der Bürgermeister, diese darum ersuchte.

Grundlagen und weiterführende Hinweise

Quellen:

BayHStA, LEA 1223 (Michael von Godin).
BayHStA, MInn 99454 (Personalakte Godin).
BayHStA, MInn DS 652.
BayHStA, Nachlass Godin.
BayHStA, OMGB 13/093-2/020.
BayHStA, Offizierspersonalakten 57826.
StAM, BezA/LRA 198291.
StAM, PolDir. 17935 (Personenakte Godin).

Literatur:

12 Jahre Bayerische Landpolizei. München 1957.

Biernath, Manfred: Die Bayerische Polizei; Geschichte, Sozialstruktur und Organisation, Hochschulschrift 1977.

Canoy, Jose Raymund: The discreet charm of the police state. The Landpolizei and the transformation of Bavaria 1945–1965. Leiden 2007.

Diener, Eveline: Das Bayerische Landeskriminalamt und seine »Zigeunerpolizei« (1946 bis 1965). Kontinuitäten und Diskontinuitäten der bayerischen »Zigeunerermittlung« im 20. Jahrhundert. Frankfurt am Main 2021. Enthält eine aktuelle und umfassende Literaturliste zum Thema Polizei in der Nachkriegszeit.

Fürmetz, Gerhard: Bayerische Landespolizei, 1920–1935, publiziert am 04.12.2006; in: Historisches Lexikon Bayerns, URL: www.historisches-lexikon-bayerns.de/Lexikon/Bayerische_Landespolizei,_1920-1935 (abgerufen 8.6.2022).

Geschichte der Bayerischen Polizei, URL: www.polizei.bayern.de/wir-ueber-uns/geschichte/index.html (abgerufen 8.6.2022).

Kosyra, Herbert: Die deutsche Kriminalpolizei in den Jahren 1945–55. Ein Beitrag zur Problematik des Wiederaufbaus in der Bundesrepublik im ersten Jahrzehnt nach dem Zweiten Weltkrieg. St. Michael 1980.

Volkert, Wilhelm; Bauer, Richard: Handbuch der bayerischen Ämter, Gemeinden und Gerichte 1799–1980, München 1983.

Wagner, Patrick: Hitlers Kriminalisten. Die deutsche Kriminalpolizei und der Nationalsozialismus zwischen 1920 und 1960. München 2002.

DAS BLICKFELD DER POLIZEI ERWEITERT SICH

AUF EINEN BLICK

DAUER DER ERMITTLUNGSPHASE: 27. Dezember 1951 bis 8. Januar 1952; knapp zwei Wochen.
SCHWERPUNKTE: Alibiüberprüfungen; Details zu Sonjas Lebensumständen; erneute Befragungen bisheriger Zeugen; Vernehmungen von Personen in entfernterem Kontakt zu Sonja.
ES SAGEN AUS, Z. B.: die frühere Mieterin im Haus Adlon Anneliese Hartung; Sonjas Nichte Ilse; der Hausmeister eines Nachbarhauses Franz Riedel; Karolina Bletschacher als Ex-Frau von Sonjas Ehemann; Sonjas Stiefsohn Rudolf Bletschacher; Eugen Niedermayr als Jugendfreund von Sonjas Ehemann; die Vermieterin Ottilie Adlon; der Paketzusteller Franz Weber; die Bekannte der Adlons Erna Benecke; der Ingenieur Karl Ludwig als ein Freund Sonjas.

Insgesamt nehmen der Druck und das Arbeitspensum für die Ermittler nochmals zu. Neue Aussagen bringen manche bisherigen Annahmen ins Wanken. Die Alibis der bisher befragten Zeugen müssen überprüft werden: So erhoffen sich die Beamten z. B. von den Teilnehmern und den Angestellten der Bridge-Runde im Bayerischen Hof oder den Kinobetreibern in Starnberg Aufschlüsse über das Alibi von Elisabeth Adlon. Auch die Besucher der letzten Abendgesellschaft, bei der Sonja in München vor ihrem Tod zu Gast war, werden nochmals befragt. Alle Alibis bestätigen sich.

Außerdem geht die Kripo jeder Person nach, die Zeugen im Zusammenhang mit Sonja Bletschacher nennen. Daneben überprüft die Polizei Hinweise über Ortsfremde, wie beispielsweise die Spur eines auswärtigen Versicherungsvertreters, der damals in Starnberg Haustürgeschäfte betrieben hat.

Zugleich ermitteln die Beamten jetzt in den umliegenden Häusern und bei Personen, die zu Sonja in nur losem Kontakt standen. Hartnäckig verfolgen die Ermittler die Frage intimer Männerbekanntschaften. Es kristallisiert sich immer mehr heraus, dass Sonja vielfältige Beziehungen pflegte und dies teilweise zu verbergen suchte.

Unterstützung erhofft sich die Polizei seit Ende Dezember von Presseaufrufen, die jedoch kaum auf Resonanz stoßen. Hinzu kommt, dass die Ergebnisse der medizinischen und kriminaltechnischen Untersuchungen nur sehr schleppend und verzögert eintreffen. Gerade diese wären wichtig, um entscheidende Fragen zu klären.

Auch wenn die Polizisten erst einmal auf der Stelle treten, kristallisieren sich in dieser Ermittlungsphase zwei neue Personen als aussichtsreiche Verdächtige heraus.

Auch Kriminaltechnik und Medizin führen nicht weiter

Fünf Tage, nachdem Sonjas Nichte Ilse den als Spazierstock getarnten Totschläger am 22. Dezember 1951 in der Wohnung gefunden hat, lässt die Kripo beim Zentralamt für Kriminalitätsidentifizierung und Polizeistatistik (heute Landeskriminalamt, Anm. d. Verf.) untersuchen. Noch vor Weihnachten äußert sich der Landgerichtsarzt zur unklaren Wunde an Sonjas Leiche.

Aus den Untersuchungen des Totschlägers und Sonjas Leiche vom Donnerstag, den 27. und Sonntag, 23. Dezember 1951:
Das Zentralamt macht sich sofort an die Arbeit und antwortet noch am gleichen Tag:
»Von dem überbrachten Spazierstock konnten keine brauchbaren TO.-- Fingerspuren gesichert werden.«

Bereits früher untersuchte man die eingeschickte Zigarettenschachtel und teilte in der Antwort mit, dass es an der Zigarettenschachtel ebenfalls keine verwertbaren Spuren gibt.

Stich- oder Schusswunde? In dieser zentralen Frage gibt es endlich eine Klarheit: Am 23. Dezember 1951 stellt der Landgerichtsarzt fest, dass eine bei der Leichenöffnung nicht klar als Stich- oder Schusswunde einzuordnende Verletzung Sonjas wohl als Stichverletzung zu betrachten sei. Denn im Rahmen einer Röntgenuntersuchung der Leiche nach einem Fremdkörper wurde kein Geschoss gefunden.

Neues aus dem Innenleben der Max-Emanuel-Straße 7

Anneliese Hartung, geb. 1913, war von 1940 bis 1948 Sonjas Vormieterin in der Max-Emanuel-Straße. Wenn auch keine Freundin, so sieht sie sich als gute Bekannte von ihr. Die Bekanntschaft bestand, seitdem Sonja als ihre Nachmieterin im Haus Adlon eingezogen war.

Aus der Vernehmung am Donnerstag, den 27. Dezember 1951:
Den Tattag verbrachte Anneliese Hartung zu Hause. Sie hatte Sonja an diesem Tag nicht besucht. Auch ihre Aussagen zeichnen ein Bild von Elisabeth Adlon als einer Frau mit auffälliger Persönlichkeit:
»(...) *Ich kenne die Elisabeth seit ihrem 20-ten Lebensjahr. Sie ist von ihrer Mutter teilweise verzogen worden, denn sie wurde nicht zur praktischen Hausarbeit angehalten. Wann die Elisabeth aber von sich aus eine Arbeit begonnen hat, so war dies bestimmt verkehrt und die Frau Adlon hat sie dann geschimpft. Ich habe das Empfinden, daß sie von Natur aus in praktischen Dingen ungeschickt veranlagt ist. Geistig erschien sie mir gesund, aber etwas weltfremd. Nach meinem Empfinden hat sie einen Hang dafür, ungefragt über ihre sexuellen Erlebnisse zu erzählen. Zu mir hat sie aber in dieser Beziehung von Männern, die in der Umgebung von Starnberg wohnen, nichts erzählt. (...) Von der Frau Bletschacher weiß ich, (...), daß die Elisabeth der Frau Lenser, die im Erdgeschoß (...) wohnt, ihre sexuellen Erlebnisse erzählt hat. Es ist mir ein hysterischer Anfall der Elisabeth aus den Kriegsjahren bekannt, wobei sie sich äusserte, ›sie will jetzt auch einen Mann haben und auch leben‹. (...) Die Elisabeth hatte manchmal auch komische Anwandlungen, in denen sie irgendeinen Gegenstand unbegründet so lange hin- und herbewegte, bis man sie fragte, was sie denn wolle, oder daß sie plötzlich von selbst aufhörte. Auf Befragen konnte sie zu diesen Tätigkeiten keinerlei Grund angeben. Es ist richtig, daß ich die Elisabeth (...) als eine (...) unbefriedigte Frau*

ansehe. Ich muß aber gleichzeitig bemerken, daß die Elisabeth niemanden hatte, den sie sich anvertrauen konnte. Darunter hat sie sehr gelitten. Ich hatte immer das Gefühl, daß die Elisabeth ein ganz anderer Mensch wäre, wenn sie einen Mann um sich hätte. Aber nach meinem Empfinden wird es keinen Mann geben, der sich mit der Lebensfremdheit der Elisabeth abfinden kann. Ob die Elisabeth auf Selbstbefriedigung ausgeht oder lesbische Anwandlungen hat, kann ich nicht sagen.«*

Auch wenn sie nur eine Bekannte ist, hat sich Anneliese eine Meinung zu Sonjas sexueller Orientierung gebildet:
»Die Trauer der Frau Bletschacher um ihren verstorbenen Mann halte ich für eine Pietätsangelegenheit. Ich bin auch davon überzeugt, daß sie Männern gegenüber nicht abgeneigt war, denn sie war eine gesunde, temperamentvolle Frau. Ich glaube aber auch daran, daß die Frau Bletschacher einen Hang zum Lesbischen hatte (…). Diese Meinung leite ich davon ab, weil sie in einem Sommer (1951) einmal bemerkte, daß ich eine schöne glatte Haut hätte. In diesem Zusammenhang erzählte sie auch, daß ihre Freundin Elvira auch eine glatte Haut hätte. (…) Aus diesem Zusammenhängen habe ich empfunden, daß sie (einen) *lesbischen Hang hat. Irgendwelche aggressiven Worte oder Anwandlungen hatte sie aber nicht.«*

Über Sonjas Männerbekanntschaften kann Anneliese Hartung keine Angaben machen, geschweige denn Namen nennen. Auch über Sonjas Bekanntenkreis kommen von ihr keine neuen Erkenntnisse. Doch auch ihr sind Sonjas penible Gewohnheiten aufgefallen:
»Ich halte es für ausgeschlossen, daß ein erwarteter Besucher einen unsauberen Tisch vorfindet, ich halte es weiterhin für ausgeschlossen, daß sie eine fremde Person ohne weiteres in das Haus hereingelassen hätte. Ausserdem halte ich es für ausgeschlossen, daß sie einen Besuch eingeladen hätte, ohne vorher ihren Tisch in Ordnung zu bringen.«

Weitere Informationen über Sonjas Leben besitzt die Zeugin nicht, sodass sie auch keinen Hinweis auf ein Tatmotiv oder den Täterkreis geben kann.

Details aus Sonjas Leben: ein verheirateter Geliebter als Spur?

Sonjas Nichte Ilse wird erneut ins Starnberger Rathaus vorgeladen und fast fünf Stunden von den Münchner Kripobeamten Feldmann und Thaler zu Sonja, ihrer Familie und den Lebensumständen intensiv befragt. Wie schon früher andere Zeuginnen liefert sie jetzt neue Details zu Sonjas Leben, die bei ihrer ersten Aussage noch nicht zur Sprache kamen.

Aus der zweiten Vernehmung von Ilse am Donnerstag, den 27. Dezember 1951:
Ilse bestätigt, dass zwischen Sonja und dem Amerikaner Oskar seit 1945 ein intimes Verhältnis bestand:
»*Ich weiß, daß meine Tante im Herbst einen amerikanischen CIC Beamten durch die Frau Temple kennenlernte. Dieser hieß mit dem Vornamen ›Oskar‹. Sein weiterer Name ist mir nicht bekannt. Er war sehr oft bei meiner Tante, manchmal bis in die späten Nachtstunden. Ich wurde bei diesen gelegentlichen Besuchen veranlaßt, mich in mein Schlafzimmer zurückzuziehen. Aus dem Verhalten meiner Tante schließe ich, daß sie mit diesem Amerikaner intime Beziehungen hatte. Mir gegenüber sagt sie nur, daß sie den Genannten gernhabe und sich mit ihm sehr gut verstehe. Dieser Mann verließ Anfang des Jahres 1946 Deutschland wieder. Ich habe nicht bemerkt, daß noch ein Briefwechsel nachträglich stattfand. Ich habe ihn auch nie wieder gesehen.*

Daß er einmal von Berlin aus später angerufen haben soll, stimmt nicht, ich weiß dies ganz bestimmt. Wenn dies meine Tante anderen Personen gegenüber vorgegeben hat, so nur deshalb, um ihre Theorie vom ›Tischerlrücken‹ glaubhaft zu machen.«

Neuigkeiten erfährt die Polizei über »Grauköpfchen« Karl Ludwig. Ilse nennt die wahren Motive für Ludwigs Besuche:
»*Wenn ich weiterhin über den tatsächlichen Grund der Besuche des Herrn Ludwig bei meiner Tante und mir gefragt werde, so erkläre ich: Als ich nach Starnberg bzw. Percha kam, war meine Tante mit Herrn Ludwig bereits befreundet. Grund zu dieser Freundschaft dürfte die Bekanntschaft des Herrn Ludwig mit dem verstorbenen Mann meiner Tante gewesen sein. (...) Er machte sowohl meiner Tante als auch mir Geschenke*

und er kam uns wie ein sogenannter Wohltäter entgegen. Ich weiß auch, daß meine Tante ab und zu Bargeldbeträge in Höhe von bis zu 100 Mark von ihm erhielt. Manchmal waren es auch nur 20 Mark und er erwähnte, wir sollten uns dafür mal ein gutes Essen kaufen. Als Geschenke brachte er meist Eßwaren, wie z. B. Schinken, Butter, Keks, Wein, Schokolade. Im Durchschnitt ist Ludwig wöchentlich einmal zu uns gekommen, ich möchte damit sagen, daß seine Besuche unregelmäßig waren, er blieb mal 14 Tage aus und kam auch mal 2 mal in der Woche.
Über die näheren Beziehungen des Herrn Ludwig zu meiner Tante befragt, glaube ich als sicher annehmen zu dürfen, daß es zu keinem intimen Verhältnis der beiden kam. Ich weiß, daß Zärtlichkeiten, wie Küsse, anfangs ausgetauscht wurden, ich berichtige, es war so, daß eigentlich der Herr Ludwig meiner Tante gegenüber zudringlich werden wollte, was meine Tante jedoch abwehrte. Sie wollte immer meine Anwesenheit bei Besuchen des Ludwig mit dem Bemerken, er würde sonst zudringlich. (...)«

Thema der Vernehmung ist auch Ilses frühere Frankreichreise. Die junge Frau klärt über deren harmlose Hintergründe auf: Anfang 1951 unternahm sie mit einem früheren Schulfreund namens Hans diese Auslandsreise. Zum einen besuchten sie die Schwester des Freundes im Saarland. Zum anderen versuchten sie, eine Arbeit in Spanien oder Frankreich zu finden. Außerdem sprach ihre Tante Sonja immer wieder von einem bevorstehenden Krieg und hielt einen längeren Auslandsaufenthalt für sinnvoll. Sie fuhren im Februar 1951 nach Paris und Toulouse. Nachdem es ihnen nicht gelungen war, nach Spanien einzureisen, kehrten sie wieder zurück und kamen Anfang Mai in Starnberg an. Ilse gibt der Polizei die Namen ihrer Hotels an. Anderslautende Versionen über die Reise, so das Mädchen, stimmen nicht und waren von ihrer Tante nur als Ausreden in Umlauf gebracht worden.

Ilse beschreibt auch die Lebensumstände und die alltäglichen Abläufe in Sonjas Haushalt:
»Auf Frage: Ich pflegte mit meiner Tante gewöhnlich vor 22 Uhr schlafen zu gehen. In letzter Zeit ist es jedoch vorgekommen, daß meine Tante mitunter etwas länger aufblieb, weil sie für Weihnachten strickte.
Auf Vorhalt der Aussage von Frau Adlon (...) wonach im Zimmer meiner

Tante sehr oft noch nach 1 Uhr das Licht gebrannt haben soll, erkläre ich, dass meine Tante mitunter über Nacht die Wandlampe länger brennen ließ. Durch das lange Zusammenwohnen mit meiner Tante kann ich jedoch mit Sicherheit behaupten, daß sie niemals einem Unbekannten auf zweimaliges Läuten hin ohne weiteres die Hauseingangstür im Erdgeschoß öffnete, es sei denn, daß sie einen Besuch erwartete oder mit Sicherheit annahm, daß ein Bekannter läutete. In solchen Fällen rief sie dann nicht vom Balkon aus herunter, (…) wer gekommen sei. Ich weiß auch Fälle, wo meine Tante, nachdem auf ihr Rufen keine Antwort kam, heruntarging und die Tür öffnete. Die Gepflogenheiten meiner Tante in den letzten Wochen vor der Tat, weiß ich natürlich nicht, da ich seit 9. Nov. 51 in Sonthofen bin.«

Die Beamten konfrontieren Ilse mit den Verdächtigungen gegen ihren Onkel, Sonjas Bruder: Sie weiß von den Beschuldigungen ihrer Mutter gegen Ludwig Wolf, der Mörder von Sonja zu sein. Diesen Verdacht hält sie für abwegig. Dagegen empfindet sie das Verhalten ihrer Mutter während deren Aufenthalt in Starnberg als sehr eigenartig. So soll diese nicht nur ständig wegen Nebensächlichkeiten geweint, sondern sogar die eigene Tochter mit »Sie« angesprochen haben. Sie machte auf Ilse einen »*vollkommen irren Eindruck*«.

Ilse erwähnt den Dachdecker Erich Langenbruch und hält ein intimes Interesse an Sonja für möglich:
»*Auf Frage: Ein Erich Langenbruch, der von Beruf Dachdecker ist und in Starnberg wohnt, kam in den Jahren 1949 und 50 hin und wieder zu meiner Tante. Meine Tante verkaufte ihm ein Hemd, einen elektr. Warmwasserboiler und einen Stoff. (…) Sie hatte sich mit dem Genannten geduzt, dies sollte aber vor der Öffentlichkeit geheim bleiben. Ebenso sollte niemand wissen, dass er meine Tante besuche. So nützte er auch immer die Gelegenheit aus, wenn niemand im Hause war, um die Tante zu besuchen. Obwohl mich meine Tante nicht in ihre Angelegenheiten mit Langenbruch einweihte, konnte ich doch so viel erfahren, daß Langenbruch Kommunist ist und ihr auch eine bestimmte politische Meinung aufoktroyieren wollte. Meine Tante ging auch anfangs auf seine Pläne, sie zu seiner politischen Meinung zu bringen, ein, schon aus dem Grund, weil meine Tante sich*

vor den Russen fürchtete und glaubte, ihn als gefährlichen Mann für sich gewinnen zu müssen. Mit Beginn des Jahres 1951 habe ich Langenbruch bei meiner Tante nicht mehr gesehen. Ich glaube, meine Tante hat sich deshalb von ihm zurückgezogen, weil sie sich von ihm ausgenützt fühlte und er ihr gewisse materielle Versprechungen machte, die er nie hielt. Ich nehme an, daß er sich der Tante auch nähern wollte, und sie ihn aus diesem und anderen Gründen als lästig empfand. (…)«

Den Umgang mit Elisabeth Adlon empfindet auch Ilse als schwierig: Ihr ist bekannt, dass die Leute Elisabeth für psychisch auffällig halten. Sie beobachtete selbst, wie Elisabeth beispielsweise mehr als eine Stunde in der Toilette ununterbrochen das Fenster öffnete und schloss. Von einem ausgesprochenen Streit zwischen Elisabeth und ihrer Tante weiß Ilse nichts, allerdings kam es zu Meinungsverschiedenheiten, wenn sich Elisabeth in Sonjas Angelegenheiten einmischen wollte. Sonja nahm gegenüber Elisabeth kein Blatt vor den Mund und äußerte einmal, *»wenn sie so weitermache, lande sie doch noch im Irrenhaus«.*

Wenig helfen kann die junge Frau bezüglich Messer, Beile oder sonstiger Selbstverteidigungsgegenstände in Sonjas Wohnung: Sie weiß lediglich von einem Schürhaken in der Küche, nichts jedoch von einem Handbeil. Dies muss erst nach ihrem Weggang nach Sonthofen am 9. November 1951 in die Wohnung gekommen sein. Darüber hinaus vermisst sie ein Küchenmesser mit einem schwarzen Griff, einer 10–12 cm langen und ca. 1,5 cm breiten, leicht angespitzten Klinge.

Zu Sonjas Wesenszügen und möglichen Heiratsabsichten befragt, liefert Ilse keine spektakulären Neuigkeiten:
»In seltenen Fällen, wenn sich die Tante sehr erregte, konnte sie in cholerischer Art aufbrausen und dann unverblümt ihrem Gegenüber die Meinung sagen. Sie konnte in solchen Fällen auch verletzend werden.
Die Wechseljahre hatten sich bei meiner Tante noch nicht eingestellt. (…) Irgendeine Veränderung in ihrem fraulichen Wesen ist mir an ihr nicht aufgefallen.
Es ist mir vollkommen unbekannt, dass meine Tante in den letzten Jahren von irgendeiner Seite ein Heiratsangebot erhalten hätte, es sei denn einmal

vor ca. 2–3 Jahren von Herrn Eugen Niedermeier, München, der sie aber in keiner Form drängte.«

Was hat es mit den Nachbarhäusern in der Max-Emanuel-Straße auf sich?

Die beiden Nachbarhäuser links und rechts von der Villa Adlon gehören zu den Häusern, die von der amerikanischen Besatzungsmacht zur eigenen Nutzung beschlagnahmt wurden. Das rechte Haus wurde bis Februar 1951, das andere Haus bis Sommer 1951 von Amerikanern bewohnt, seitdem stehen jetzt beide leer.

Aus der Vernehmung von Franz Riedel am Freitag, den 28. Dezember 1951:
Franz Riedel, geb. 1915, arbeitet seit 1946 für die US-Besatzungsmacht. Er ist seit Februar 1949 als Hausmeister für einige von den Amerikanern beschlagnahmten Häuser in Starnberg angestellt, so z. B. für das Haus Nr. 9 in der Max-Emanuel-Straße. Für dieses leerstehende Haus besitzt Riedel keinen Schlüssel, er kümmert sich nur um den Garten. Amerikanische Soldaten überprüften regelmäßig das leerstehende Haus. Dies geschah auch zwischen dem 5. und 10. Dezember 1951. Außerdem bewachte ein Wachdienst alle beschlagnahmten Häuser bis 1. Dezember 1951 in der Nacht und lief die Anwesen zwischen 18 Uhr abends und 8 Uhr morgens ab.

Trotz dieser Maßnahmen informierten Anwohner Riedel über mysteriöse Vorgänge im leerstehenden Haus Nr. 9:
»Ende November oder anfangs Dezember 51 machte mich die Gräfin Giersdorf bzw. ihr Dienstmädchen Gisela darauf aufmerksam, daß im Haus 618 (das war die amerikanische Bezeichnung für das rechte Nachbarhaus in der Max-Emanuel-Straße Nr. 9, Anm. d. Verf.) *etwas nicht stimmt. Es soll ein Essensgeruch aus dem Haus wahrgenommen worden sein. Ich bin daraufhin unverzüglich um das Haus 618 herumgegangen und stellte fest, daß im 1. Stock ein Fensterstock offen steht. Es handelt sich um das Fenster in der SW-Ecke des Vorbaus. Es zeigt zum Haus Adlon. Ich habe dies unverzüglich dem Chef Agate (...) gemeldet. Nachdem ich es gemeldet hatte, habe ich mich um dieses Fenster nicht*

mehr gekümmert und weiß daher nicht, wann ob und von wem es zugemacht worden ist.«

Die beiden Adlons und Sonja Bletschacher versorgten sich aus den Nachbarhäusern mit amerikanischen Luxusgütern: Bei den drei Frauen waren amerikanische Zigaretten und Kaffee sehr beliebt.

Am 3. März 1952 vernimmt Oberkommissär Bolzmacher einen weiteren Hausmeister, der die Häuser Max-Emanuel-Straße 5 und 9 von Juni 1949 bis etwa Mai 1950 betreute. Er kannte die Adlons und Sonja Bletschacher nur flüchtig. Nach Sonjas Tod erfuhr er, dass sie eine Offizierswitwe war. Aus seiner Sicht führte Sonja auch ein gutes Leben, sie arbeitete nicht. Außerdem war vor dem Haus öfter ein Auto zu sehen. Da nichts über ein Motiv für das Verbrechen bekannt war, reimte er sich eine eigene Theorie zusammen: Möglicherweise gehörte Sonjas Mann zur Abwehr der Wehrmacht und sie pflegte noch Kontakt zu diesen Kreisen. Der Zeuge betont dabei ausdrücklich, dass es sich nur um seine persönlichen Vermutungen handelt, für die er keinerlei Beweise hat. Diese Vermutung hat er jedoch mit Bekannten geteilt.

Grundstück der Villa Adlon mit Nachbarhaus

Eine benachteiligte Ex-Frau als Täterin?

Vor der Ehe mit Sonja war Ludwig Bletschacher bereits zweimal verheiratet: von 1922 bis 1926 mit Ilonka und von 1927 bis 1936 mit Karolina (Karla) Bletschacher, geb. 1901. Aus Karolinas und Ludwigs Ehe sind zwei Söhne hervorgegangen, der 1927 geborene Rudolf sowie sein 1930 geborener Bruder, Ludwigs einzige Kinder.

Aus der Vernehmung von Karolina (Karla) Bletschacher am Mittwoch, den 2. Januar 1952:
Nach Einschätzung von Karla Bletschacher war Sonja nur ein Grund für die Scheidung: Die Beziehung zwischen Sonja und Ludwig soll zwar bereits während der Ehe bestanden haben. Karolina Bletschacher räumt aber ein, dass sie beide schuldig am Scheitern der Ehe waren, ihr Mann jedoch aus Rücksicht auf sie und die Söhne die Schuld allein auf sich nahm. Auch nach der Scheidung sorgte Ludwig Bletschacher für seine geschiedene Frau und die Kinder. Er verpflichtete sich, bis zu ihrer Wiederverheiratung oder Volljährigkeit der Kinder 220 bis 250 Mark monatlich zu zahlen und tat dies regelmäßig.

Die Heirat von Sonja und Ludwig bedeutete für Karla jedoch einen tiefen Einschnitt:
»*1940 heiratete mein ehem. Mann die Sonja (…). Von diesem Zeitpunkt an bzw. einige Monate später reduzierte sich der monatl. Betrag, den ich (…) erhielt, auf insgesamt 180 Mark. Bis (…) drei Monate nach dem Tod meines ehem. Mannes erhielt ich laufend die monatliche Unterstützung. Seit (…) Mai 1951 erhalte ich zum ersten Mal wieder eine Unterstützung vom Staat. Ich erhielt für mich persönlich als Wehrmachtshinterbliebene ab Mai 1951 eine Abschlagszahlung von monatl. 25 Mark. (…) Mit Anordnung der Oberfinanzdirektion München (…) wurde die Abschlagszahlung für mich auf monatl. 140 Mark festgesetzt. (…)*«

Sonja und ihrer Vorgängerin gelang trotz Differenzen, aus Karlas Sicht, ein umgängliches Verhältnis:
»*Anlässlich des Todes meines Mannes im Jahre 1944 kam es bei der Nachlaßregelung zu einer Differenz zwischen mir und Sonja. Der Grund (…)*

war, daß ich im Interesse der Ansprüche meiner Kinder einen Rechtsanwalt nahm, anstatt die Angelegenheit mit Sonja persönlich zu regeln. Diese Differenz war nicht ernsthafter Natur und war bald wieder beigelegt.
Bei dieser Gelegenheit möchte ich betonen, daß ich sowohl mit meinem verstorbenen Mann Ludwig wie auch mit seiner späteren Frau Sonja auch nach meiner Scheidung stets im guten Einvernehmen stand. Dies zeigt sich auch darin, daß wir uns des öfteren gegenseitig besuchten und Geschenke machten. Auch meine beiden Söhne standen mit Sonja in einem freundschaftlichen Verhältnis.
Bei der Nachlaßregelung wurde entschieden, daß meine Söhne Wäsche und Bekleidungsstücke und je ein Möbelstück erhielten. (...) Ich selbst hatte seinerzeit keine Ansprüche gestellt und erhielt auch nichts aus dem Nachlaß meines Mannes. (...)
Durch die Oberfinanzdirektion München wird Sonja davon Kenntnis erhalten haben, daß mir der genannte Teil der Pension zugesprochen wurde (...). Wegen dieser Tatsachen ist es zwischen Sonja und mir zu keinem Zeitpunkt zu einer Aussprache, geschweige denn zu einer Differenz gekommen.
Soviel ich mich erinnern kann, habe ich Sonja Ostern 1950 zum letzten Mal anläßlich eines Besuches bei ihr gesehen und gesprochen. (...)
Es ist in keiner Form an mich herangetragen worden, daß mir die Sonja wegen der Auszahlung eines Teiles der Pension an mich irgendwie gram sei.«

Für die Ermittlungen ist natürlich die Frage entscheidend: War trotz allen Bemühens die Ex-Frau eifersüchtig auf Sonja? Karolina gibt an, dass sie die Scheidung von ihrem Mann bis heute bereue. Denn sie habe ihn nach der Trennung noch gern gehabt. Die Heirat mit Sonja habe sie unangenehm berührt, auch wenn sie mit der Aussicht auf eine Beziehung zur ihrem Mann bereits abgeschlossen hatte. Dennoch betont sie, keinerlei Hass für Sonja empfunden zu haben. Im Gegenteil! Die Haltung zwischen beiden charakterisiert sie als im gewissen Sinne kameradschaftlich und fair. Dies war ihr allein schon deshalb wichtig, da sie ein freundschaftliches Verhältnis ihrer Söhne mit Sonja nicht behindern wollte.

Eine wichtige Rolle spielt für die Kripo die Witwenversorgung der beide Frauen. Ohne Widerstand verzichtete Sonja offenbar nicht auf das Geld:

»*Auf Frage: Gelegentlich einer Vorsprache im Oberfinanzpräsidium München, Sachbearbeiter Ganzenmüller, hat dieser mir gegenüber erwähnt, daß Sonja die Witwenbezüge in voller Höhe allein für sich beanspruchen will und sie sich jedenfalls gegen die Abzweigung eines gewissen Teilbetrages wehre. Einzelheiten und die Begründung des Vorbringens Sonja in dieser Beziehung sind mir nicht bekannt. Ich hätte somit auch daraus folgernd keinerlei Haßgefühle gegen Sonja hegen können.*«

Besitzt Karla ein wasserdichtes Alibi? Seit Mai 1945 übt sie den Beruf einer selbständigen Heilmasseuse aus. Nach ihren Angaben behandelte sie am Vormittag des Tattages Patienten in ihrer Wohnung in München, am Nachmittag erledigte sie ihren Haushalt. Am Abend will sie bei einem Patienten, Dr. Steigerwald, gegen 20 Uhr einen Hausbesuch in München gemacht haben und kurz vor 21 Uhr in ihre Wohnung zurück gekehrt sein. Diese habe sie daraufhin nicht mehr verlassen und sei gegen 22 Uhr schlafen gegangen. Ihr jüngerer Sohn war zur gleichen Zeit mit ihr zu Hause.

Der genannte Patient Dr. Steigerwald wird einen Tag später befragt. Nach seiner Erinnerung und den Eintragungen in seinem Terminkalender hat Karolina Bletschacher ihn nicht am 12. Dezember, sondern einen Tag davor behandelt.

Das Beziehungsgeflecht zwischen Sonja, ihrem Mann und dessen Familie

Die Münchner Ermittler Thaler und Feldmann fahren nach Garmisch, um Rudolf, geb. 1927, den ältesten Sohn von Sonjas Mann zu vernehmen. Nach der Scheidung seiner Eltern im Jahr 1936 lebte er bis zu seinem Auszug mit seinem jüngeren Bruder bei seiner Mutter Karolina.

Aus der Vernehmung von Rudolf Bletschacher am Freitag, den 4. Januar 1952:
Das Vorleben seiner Eltern und seiner Stiefmutter scheint sehr freizügig gewesen zu sein:
»(...) so viel ich aus Erzählungen meiner Mutter weiß, hatte die spätere dritte Frau meines Vaters, Sonja (...), Anfang der Zwanzigerjahre mit einem gewissen Dr. Praun ein intimes Verhältnis. Sie war damals eine Art Schönheitstänzerin. Dr. Praun war ein Kriegskamerad meines Vaters gewesen und kam in den Jahren 1925 und 1926 in Kontakt mit meiner Mutter. Zu dieser Zeit dürfte das Verhältnis zwischen Praun und der Sonja bereits wieder gelöst worden sein. Es kam in den folgenden Jahren, vermutlich 1932, zu einem intimen Verhältnis zwischen meinem Vater und der neuen Freundin des Dr. Praun, einer gewissen (...) Bauernschmidt(...). Auf der anderen Seite war meine Mutter mit dem Dr. Praun liiert, u. a. machte sie mit ihm 1935 eine längere Reise nach Südafrika. Das Verhältnis meines Vaters mit der Bauernschmidt dauerte ungefähr bis zur Scheidung. Im Jahre 1935 lernte mein Vater durch meine Mutter die Sonja Wolf, seine spätere dritte Frau, kennen. Mein Vater heiratete die Sonja 1940.«

Auch der Sohn beschreibt das Verhältnis zwischen Ludwig und Sonja zu seiner früheren Familie als zwar schwierig, aber bemüht: Sein Vater und Sonja ließen den Kontakt zur geschiedenen Frau Karolina Bletschacher nicht abreißen. Nach anfänglichen Spannungen besuchten sich Karolina und Sonja hin und wieder. Auch nach Ludwigs Tod trafen sich beide Frauen noch zwei- oder dreimal. Obwohl Karolina die Scheidung von Ludwig wollte, liebte sie ihn in den Augen ihres Sohnes immer noch. Bis zur Hochzeit mit Sonja machte sie sich Hoffnungen, Ludwig wieder zu heiraten.

Auch wenn Karolina Sonja vorwarf, ihren Söhnen den Vater weggenommen zu haben, legte sie ihnen nichts in den Weg, ihren Vater und Sonja zu besuchen:
»In den Jahren 1943 und 1944 war ich mehrere Monate in Percha bei meinem Vater und hatte hier besonders Gelegenheit die Sonja richtig kennen zu lernen. Meine Verbindung zu Sonja war bis zuletzt ungetrübt. Auch in den

letzten Jahren, also nach dem Tod meines Vaters, habe ich sie jährlich 2 oder 3mal in ihrer Wohnung besucht. Letztmals war dies im September 1951. Seitdem habe ich sie nicht mehr gesehen.«

Über Sonjas Intimleben weiß der Stiefsohn wenig Konkretes: Rudolf ist Sonjas Kontakt zu Herrn Matthias bis ca. 1948 und einem amerikanischen Offizier im Jahr 1945 bekannt. Ihm fiel allerdings auf, dass Sonja in den letzten Jahren vor allem Frauen als Bekannte suchte, denn bei seinen Besuchen habe er ständig Frauen in Sonjas Wohnung angetroffen. Dabei gewann er den Eindruck, dass die Frauen »*zärtlich untereinander*« waren.

Was weiß Rudolf über die Auseinandersetzung der zwei Ehefrauen, als es um Geld und Wertgegenstände ging?

»*Auf Frage: Ob es in den letzten Jahren besonders aber im Jahre 1951, zwischen meiner Mutter und der Sonja Schwierigkeiten wegen des Anteils an der Witwenrente gab, weiß ich nicht. Lediglich bei der Nachlaßregelung anlässlich des Todes meines Vaters bestanden Differenzen. Diese hatten ihren Grund darin, daß wertvolle Schmuckstücke meines Vaters, z. B. goldene Uhr, Ringe usw., nicht mehr aufzufinden waren. Sonja gab an, dass die Wertsachen von plündernden Polen gestohlen worden seien. Meine Mutter nahm sich zur Regelung der Angelegenheit einen Rechtsanwalt, was ihr die Sonja verübelte. Der Schmuck ist nicht mehr aufgetaucht. Die Erbschaftsangelegenheit wurde schließlich im guten geregelt.*«

Rudolfs Alibiüberprüfung für den 12. Dezember ergibt, dass er für den Zeitraum von 20 bis 22 Uhr einen Besuch im Kino mit seiner Frau vorweisen kann.

Anonyme Beschuldigungen gegen die Ex-Frau

Eugen Niedermayr, geb. 1889, und Ludwig Bletschacher kannten sich seit ihrer Schulzeit. Nachdem sie sich aus den Augen verloren hatten, trafen sie sich nach dem Ersten Weltkrieg wieder. Ludwig war zu diesem Zeitpunkt mittlerweile einmal geschieden.

Eugen mag Karolina nicht. Er beschuldigt sie zunächst in einem anonymen Brief bei der Polizei, mit Sonjas Tod in Verbindung zu stehen. Dies räumt er bei einer offiziellen Vernehmung durch die Kripo ein.

Aus der Vernehmung von Eugen Niedermayr am Freitag, den 4. Januar 1952:
Er gibt Karolina die Schuld am Scheitern der Ehe mit Ludwig: »*Die zweite Frau kenne ich seit ungefähr 1934. Die Ehe war damals schon nicht gut, man kann sagen unglücklich. Frau Karla* (Abkürzung für Karolina, Anm. d. Verf.) *Bl. war ausgesprochen hysterisch – sie hatte ihren Mann einmal ins Gesicht geschlagen, daß er so aussah, daß er nicht in den Dienst gehen konnte. (…) Frau Karla Bl. war an der Ehescheidung schuldig. Sie hatte u. a. mit einem Dr. Praun ein Verhältnis, mit dem sie eine Afrika-Reise machte. Der Grund der häuslichen Zwistigkeiten war bei ihr zu suchen. Der Grund, warum sie sich immer so hysterisch aufführte, war nicht klar zu erkennen. Ludwig Bl. war mit Sonja schon vor der Scheidung bekannt. Bl. ist dann von seiner zweiten Frau weggezogen und hat getrennt gelebt. (…)*.«

Auch nach Ludwigs Tod verlor er die beiden Witwen nicht aus den Augen: Karolina Bletschacher sah er erst 1947 durch Zufall in München wieder. Er kam wegen einer geschäftlichen Angelegenheit in das Haus, in dem auch Karolina wohnte. Mit Sonja pflegte er nach Ludwigs Tod freundschaftlichen Kontakt. Er unterstützte sie zweimal finanziell und versuchte für Sonja Wertgegenstände zu verkaufen. Er erlebte Sonja als sehr zurückgezogen, anspruchslos und gute Hausfrau. Zuletzt sah er sie im Oktober 1951. Eugen Niedermayr weiß von Sonjas Hang zum Okkultismus. Er kennt auch Herrn Matthias.

Die Tötung Sonjas traut er Karla eindeutig zu, weshalb er sich zunächst anonym an die Polizei gewandt hat. Er räumt ein:
»*Das anonyme Schreiben stammt von mir, in dem die Polizei auf Karla im Zusammenhang mit der Tat aufmerksam gemacht wird. Karla wäre auf Grund ihres Benehmens in ihrer Ehe mit Ludwig Bl. meiner Ansicht nach schon fähig, eine Affekthandlung zu begehen.*

Anlaß zu meiner Anzeige war, die Polizei auf eine Fährte hinzuweisen. Ich würde Karla diese Tat zutrauen. Karla war seinerzeit bei der Beerdigung von Ludwig Bl. Sie hat sich dabei sehr in den Vordergrund gedrängt. Sie ging mit in der ersten Reihe der Leidtragenden. Karla dürfte eine große Wut auf die dritte Frau von Ludwig Bl. haben. Ich glaube schon, daß die beiden Frauen, rein äußerlich gesehen, miteinander freundschaftlich verkehrten bis zu dem Zeitpunkt, da die Rentenauszahlung (Pensionsbezüge) *akut wurde. Seit dieser Zeit ist eine große Spannung zwischen den beiden Frauen gewesen, da Sonja beim Oberfinanzpräsidium durchsetzen wollte, daß sie allein die Rentenbezüge bekomme. Der diesbezügliche Schriftsatz, den ich Sonja seinerzeit aufsetzte, dürfte bei den Akten des Oberfinanzpräsidiums sein. Sonja hat Karla das Drittel, das ihr zugesprochen wurde, mißgönnt. Sonja war von sich aus bestrebt, die Pensionsbezüge ganz allein für sich zu behalten. Anlaß zu dem Schriftsatz an das Oberfinanzpräsidium gab ich.«*

Es ist nicht zu übersehen, wie eindeutig Ludwigs Schulfreund auf Sonjas Seite steht: Eugen Niedermayr gibt bei der Vernehmung unumwunden zu, dass ihm Karla sehr unsympathisch ist. Seinem Freund Ludwig gegenüber will er diese sogar als »*Saumensch*« bezeichnet haben. Sonja dagegen hält er für einen guten Menschen. Er charakterisiert sie als verschlossen und sehr vorsichtig, die kaum etwas von sich preisgab. Um Karlas und Ludwigs Kinder soll sich Sonja sehr bemüht haben, v. a. als sie mit ihrem Mann noch in München lebte.

Elisabeth Adlon immer mehr im Visier: Wo war sie am Abend des Mordes?

Maria Hermann, geb. 1909, besitzt in Starnberg ein Geschäft für Molkereiprodukte. Durch ihren Lebensmittelausfahrer und verschiedene Kunden erfuhr sie am 14. Dezember 1951, dass Sonja Bletschacher in ihrer Wohnung ermordet wurde.

Aus der Vernehmung am Samstag, den 5. Januar 1951:
Die Angaben der Zeugen bringen Elisabeths bisheriges Alibi ins Wanken:

»Im Geschäft habe ich (...) durch Kunden erfahren, daß zur Zeit der Tat – die am Mittwoch abends gegen 19.00 bis 23.00 Uhr gewesen sein soll – niemand im Hause war. (...) Durch die Kundschaft habe ich auch erfahren, daß an diesem Abend – gemeint ist der Mittwochabend – die Familie Adlon (Frau und Tochter) beim Bridge im Bayerischen Hof waren. Bei diesem Gespräch ist mir aber sofort aufgefallen, daß dies nicht ganz zutreffend sein kann, weil ich am Mittwoch, den 12.12.51, das Frl. Adlon in meinem Geschäft gesehen habe. An die Uhrzeit kann ich mich allerdings nicht mehr erinnern. Ich weiß nur, daß es schon dunkel war. Es war nach meinem Wissen kurz vor Ladenschluß, was etwa gegen 18 Uhr 45 gewesen sein dürfte.
Daß das Frl. Adlon an diesem Tag tatsächlich in meinem Geschäft war, weiß ich deshalb bestimmt, weil ich an diesem Nachmittag – es war der Mittwochnachmittag – allein im Geschäft war, da meine Verkäuferin Ausgang hatte. Dies kann ich mit hundertprozentiger Sicherheit sagen, weil ich weiß, daß unsere Verkäuferin auf das Kind unseres Ausfahrers, der an diesem Mittwoch zusammen mit meinem Mann nach München fuhr, aufpasste.
Als Frl. Adlon zu mir in den Laden kam, war leider niemand im Geschäft, so daß ich hierfür keine weiteren Zeugen benennen kann. Ich kann mich heute leider nicht mehr erinnern, was Frl. Adlon an diesem Mittwochabend im Geschäft einkaufte. Das Frl. Adlon habe ich an diesem Tag zum Letztenmal in meinem Geschäft gesehen. Ich glaube auch, daß sie während meiner eventuellen Abwesenheit nicht im Geschäft war.
Wie das Frl. Adlon an diesem Mittwochnachmittag gekleidet war, kann ich heute nicht mehr angeben. Mehr kann ich zur Sache nicht mehr angeben.«

Elisabeth und der Leichenfund: Der Eindruck des Posters

Die Ermittler befragen den Paketzusteller Franz Xaver Weber, geb. 1911, nochmals eingehend darüber, wie sich die Entdeckung von Sonjas Leiche im Haus Adlon abgespielt hat.

Aus der Vernehmung von Franz Weber am Montag, den 7. Januar 1952:
Zum ersten Kontakt mit Mutter und Tochter Adlon kam es an der Haustüre:
»*Ich habe an der Gartentür, die nicht zu war, einmal geläutet und ging auf dem Gartenweg auf das Haus zu. Daß ich bei Bletschacher zweimal läuten sollte, habe ich nicht gewußt. Als ich am Treppenaufgang angekommen war, kam die Frau Adlon aus dem Hausinnern zum Vorschein. Auf die Frage der Frau Adlon, wo ich hin wolle, entgegnete ich, daß ich für Frau Bletschacher ein Nachnahmepaket habe. Frau Adlon sagte daraufhin wörtlich:* ›*Ich habe die Frau Bletschacher heute noch nicht gesehen. Wir sind spät nach Hause gekommen und haben länger geschlafen. Wir waren im Bayerischen Hof mit der Frau Bürgermeister Süskind und noch mehreren anderen Damen beim Bridgespiel und sind erst um halb zwölf Uhr (23.30 Uhr) nach Hause gekommen. Es kann möglich sein, daß die Frau Bletschacher noch schläft oder schon weggegangen ist. Gehört haben wir sie noch nicht.*‹ *Zu dieser Zeit stand die Frau Adlon immer noch auf der Haustürschwelle und ich stand auf dem Vorplatz am Haustreppenaufgang. Von diesem Standplatz aus rief sie den Namen ihrer Tochter und forderte diese auf nachzuschauen, ob die Frau Bletschacher noch schläft oder schon fortgegangen ist. Am Ton und am Verhalten der Frau Adlon ist mir nichts aufgefallen. Die Frau Adlon ist mir nur vom Sehen flüchtig bekannt. Ich kann daher nicht beurteilen, ob die Frau Adlon bei ihrem Zusammentreffen mit mir irgendwie verändert war. Die Tochter Adlon antwortete, daß sie nachschaue. Die Tochter Adlon ist mir überhaupt nicht bekannt.*«

Als Elisabeth Adlon in Sonjas Wohnung hochging, bekam er Folgendes mit:
»*Von meinem Standplatz aus hörte ich, daß nun jemand vom ersten zum zweiten Stock hinaufgeht. Oben angekommen, hörte ich, daß jemand den Namen Bletschacher gerufen hat. Ich konnte erkennen, daß dieses Rufen von der Person erfolgte, die hinaufgegangen war. Ich hörte dann, wie diese Person oben sagte:* ›*Da ist sie nicht.*‹ *Ich vermute, daß die Tochter dabei in das kleine Schlafzimmer hineingeschaut hat; ich möchte dazu bemerken, daß ich mich nachträglich überzeugt und dabei festgestellt habe, daß das kleine Schlafzimmer zur Wohnung gehört.*

Nun hörte ich die Tochter einige Schritte gehen, vermutlich ging sie auf den anderen Raum zu. Es war nun so, als wenn die Tochter zu sich selbst folgende Worte sagen würde: ›Da muß etwas geschehen sein, da ist was passiert.‹ Im gleichen Atemzug aber rief sie laut: ›Kommen Sie bitte schnell herauf. Aber Mutter bleib Du unten, es ist nichts für Dich.‹ Den 2. Satz hat sie mehrmals gesagt. Ich wußte zwar nicht, was los war, aber eilte doch schnellstens die Treppe hinauf.«

Sein erster Eindruck von Elisabeth – sie zitterte:
»Auf dem Vorplatz der 2. Stockwohnung traf ich nun mit der Tochter Adlon zusammen. Bei dieser Gelegenheit habe ich sie erstmals gesehen. Sie machte auf mich den Eindruck, als ob sie etwas Schreckliches gesehen habe. Sie machte einen erschrockenen Eindruck und zitterte. Ins Wohnzimmer Bletschacher hatte ich keinen Blick, weil die Tür angelehnt oder zu war. Sie sagte zu mir: ›Die Frau Bletschacher liegt am Boden, schauen Sie doch nach ihr.‹ Dazwischen sagte sie aber immer wieder: ›Mutter, bleib Du unten.‹ Später sagte mir die Tochter, daß ihre Mutter schwer herzkrank sei und sie deswegen nicht heraufkommen soll.«

Als der Poster die Tür zum Wohnzimmer öffnete, sah er sofort, was los war:
»Ich öffnete nun die Zimmertür und blieb auf der Türschwelle stehen. Da sah ich nun die Frau Bletschacher im Rauminneren auf dem Boden liegen. Ich habe sofort erkannt, daß die Frau tot ist. Ich fragte die Tochter, die neben mir auf der Türschwelle stand, nach einem Telefon, weil ich sofort die Polizei verständigen wollte. Im Haus war kein Telefon und so kam ich auf den Gedanken, vom Café Angerer aus anzurufen. Ich wußte aber auch, daß der Nachbar Kuppi ein Telefon hat und habe dann auch von dort aus die Stadtpolizei angerufen.«

Auch Ottilie Adlon reagierte aufgeregt:
»Auf dem Weg vom 2. zum 1. Stock, gemeinsam mit der Tochter, kam uns die Frau Adlon entgegen und fragte nun in aufgeregtem Zustand, was denn passiert sei. ›Ist die Frau Bletschacher tot, oder was?‹, waren die Worte der Frau Adlon. Die Tochter berührte ihre Mutter mit der Hand an der Schulter und sagte: ›Freilich ist sie tot.‹ Sie war dabei

noch sehr aufgeregt und im gleichen Zusammenhang sagte die Tochter: ›Mutter, in dem Haus bleib ich nicht mehr, das verkaufen wir.‹ Die Frau Adlon sagte nun: ›Das ist ja furchtbar, das ist ja wie im Hause de Osa, die bringen uns ja alle um.‹ (Die Familie von Fritz de Osa wurde in der Nacht zum 11.9.1951 von ihrem Hausmeister ermordet. Dann legte der Mörder selbst Hand an sich. Anm. d. Verf.) *Mittlerweile kamen wir dann zum 1. Stock zurück, bezw. wir kamen bis ins Erdgeschoss herunter. Unter dem Heruntergehen sagte die Frau Adlon zu ihrer Tochter: ›Ich habe dir doch gestern gesagt, daß ich jemand über den Zaun springen sah und Du hast gesagt, ich sehe Geister.‹ Die Tochter aber wollte ihrer Mutter das vom Hinüberspringen über den Zaun ausreden. Sie wollten mich nicht weglassen, weil sie Angst hatten, es könnte noch jemand im Haus sein.«*

Bis zum Eintreffen der Polizei traute sich niemand, im Haus zu bleiben: *»Sie gingen mit mir vors Haus und blieben vor der Haustür stehen, während ich zu Kuppi ging, um die Polizei zu verständigen. Bei meiner Rückkehr waren beide Frauen noch vor der Haustür also an dem Platz, wo ich sie verlassen hatte. Ob sie inzwischen aber doch im Haus waren, das weiß ich nicht; bemerkt habe ich jedenfalls davon nichts. Ich blieb dann an der Gartentür stehen, bis die Polizei eintraf. Die 2 Frauen sind bis zum Kommen der Polizei an ihrem Platz vor dem Haus ebenfalls stehengeblieben. Nach Ankunft der Polizei ging ich mit den 2 Pol.Beamten nochmals ins Haus zum Tatzimmer. Bei uns war auch die Tochter Adlon bei diesem Hinaufgehen. Dann verließ ich, ohne das Zimmer betreten zu haben, das Tathaus, um meiner postalischen Tätigkeit wieder nachzugehen. Mehr kann ich nicht angeben.«*

Das Nachnahmepaket der Firma Beck im Wert von 15 DM wurde am 14.12.1951 in Anwesenheit von zwei Zeugen geöffnet. Es beinhaltete einen Damenknirps.

Bisherige Ermittlungsergebnisse geraten ins Wanken

Ottilie Adlon erscheint unangekündigt bei der Stadtpolizei Starnberg und macht Angaben, die die bisherigen Ermittlungen über Sonjas Tagesablauf vor ihrer Ermordung in Frage stellen.

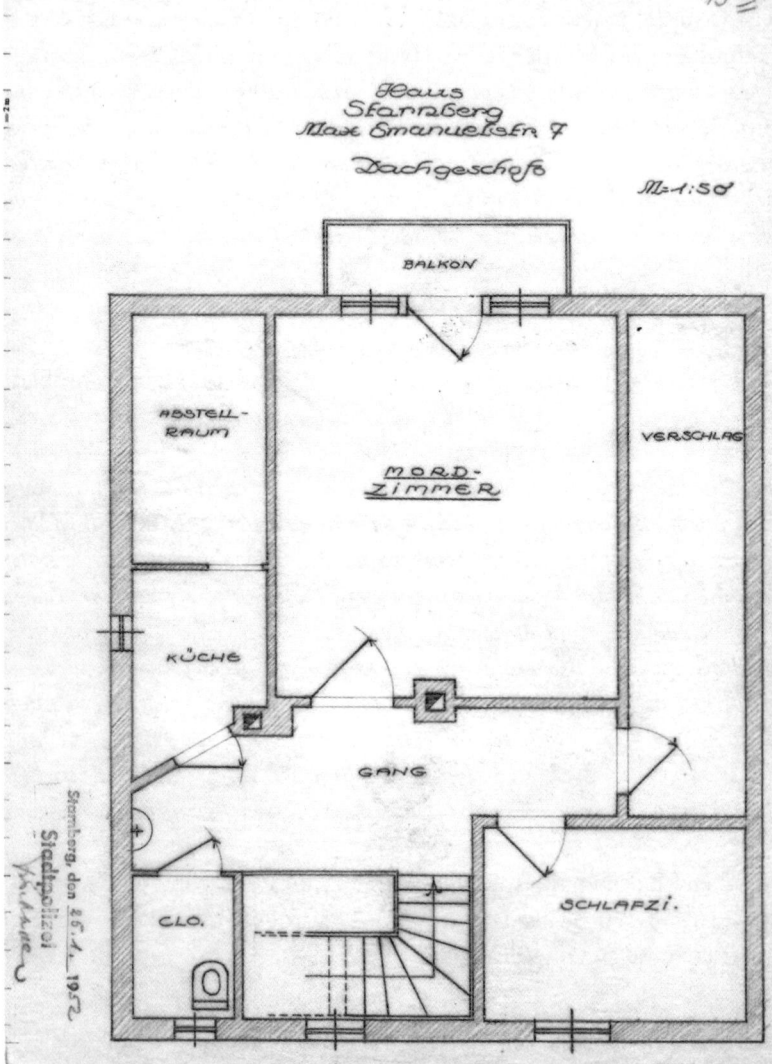

Handgezeichneter Grundriss der Wohnung von Sonja Bletschacher

Aus der Vernehmung von Ottilie Adlon am Montag, den 7. Januar 1952:
Durch Ottilie Adlons Aussage entsteht Verwirrung, zu welcher Tageszeit Sonja ihre letzten Einkäufe in Starnberg am Tag ihres Todes erledigte. Mittags oder abends? Ottilie Adlon informiert die Polizei, dass sie sich mit ihrer Tochter am 14. oder 15.12.1951 im Lebensmittelgeschäft Rieser mit der Inhaberin über den Mord an Sonja Bletschacher unterhalten habe. Nach bisherigem Ermittlungsstand soll Sonja im Lebensmittelgeschäft am Abend des 12. Dezembers einkaufen gewesen sein. Zu Frau Adlon soll Frau Rieser nun etwas geäußert haben, was dieser Annahme widerspricht:

»*Ich kann mich ganz genau erinnern, daß mir die Frau Rieser sagte, die Bletschacher habe bei ihr mittags eingekauft. Dies wird auch meine Tochter bezeugen können. Ich möchte hier ausdrücklich bemerken, daß Frau Rieser sagte, sie habe nur 50 gr. Leberwurst und 50 gr. Salami gekauft. Von einem Glas Honig und einer Flasche Wermut war überhaupt keine Rede. Somit kann sie abends – das heißt gegen 18 Uhr – nicht mehr bei Rieser eingekauft haben. Die Frau Michlmayer hatte mir nämlich gesagt, daß die Bletschacher am Abend gegen 18 Uhr* (Mittwochabend) *bei Rieser eingekauft haben soll. Dabei soll sie ein Glas Honig und 1 Flasche Wermut mitgenommen haben. Dies widerspricht sich aber mit den Angaben der Frau Rieser mir gegenüber. Nach meiner Meinung war es eine Täuschung von Seiten der bei Rieser angestellten Verkäuferin, die diese Behauptung aufgestellt haben soll.*«

Nach diesem Gespräch mit Frau Rieser ermittelte Ottilie auf eigene Faust. Davon berichtet sie den Beamten:
»*Ich habe heute, den 7.1.51 mittags gegen 12 Uhr mit Frau Rieser gesprochen. Dabei hat sie mir bestätigt, daß die Frau Bletschacher am Mittwoch, den 12.12.51, gegen 12 Uhr bei ihr einkaufte. Ein Glas Honig und eine Flasche Wein hat sie aber dabei bestimmt nicht gekauft. Die Frau Rieser bestätigte mir auch, daß sie nie behauptet habe, die Frau Bletschacher hätte am Abend des 12.12.51 noch bei ihr eingekauft. Als ich dann nach der Verkäuferin frug, die diese Behauptung aufgestellt hatte, sagte mir Frau Rieser, daß diese entlassen sei.*
Ich mache diese Angaben heute deshalb, damit die Polizei wegen dem an-

geblich gekauften Honig und der Flasche Wein nicht irre geführt wird und dabei unnötige Zeit versäumt.«

Die Polizei nutzt das Gespräch für weitere Klärungen. Wie sah es beispielsweise mit dem Abschließen der Gartentüre aus?
»(...) Es war üblich, daß wir und die Frau Bletschacher, nicht aber die Ilse, die Gartentür ordnungsgemäß zumachten. Seit der Abwesenheit der Ilse ist mir beim Heimkommen von den Bridge-Partien aufgefallen, daß die Gartentür niemals richtig zu war.
Daß die Frau Michlmayer an diesem 12.12.51 nachmittags bei Frau Bletschacher auf Besuch war, ist allgemein bekannt. Ich weiß aber, daß die Frau Michlmayer die Gartentür immer richtig zugemacht hat. Aus dem Nichtverschlossensein der Gartentür bei meinem Heimkommen von den Bridge-Partien schließe ich, daß jemand die Türe in der Hand hatte, der mit dem Umgang nicht vertraut war. Daraus ergibt sich zwangsläufig, daß es sich um einen Besuch der Bletschacher handeln mußte, weil im Haus sonst niemand war.
Die Frau Michlmayer hat mir nach der Tat erzählt, daß die Frau Bletschacher an diesem Nachmittag gesagt habe, daß sie Angst habe. Sie erwarte einen Besuch. Die Michlmayer sollte ihren Hund da lassen, den sie aber nicht bei sich hatte. Ich kann nicht verstehen, warum die Frau Michlmayer an diesem Nachmittag deshalb nicht bei ihr geblieben ist, oder wenn sie unerwünscht war, wenigsten in ihrer Nähe.« (...)

Ein »beweiserheblicher Widerspruch« zwingt zu sofortigem Handeln

Nach Ottilies Aussage geht die Kripo den nun im Raum stehenden Widersprüchen unverzüglich nach.

Aus dem internen Vermerk von Oberkommissär Bolzmacher vom Mittwoch, den 9. Januar 1952:
Hat Ottilie die Zeugen verrückt gemacht?
»Durch die Aussage der Frau Adlon war nun ein beweiserheblicher Widerspruch entstanden, der sofort geklärt werden musste. Die anschließend befragte Zeugin Rieser erklärte, daß sie durch die Rede der Frau Adlon heute Mittag – 7.1.52 – fast schwankend geworden sei. Nach reiflicher Überlegung aber kann sie ihre Angabe, daß die Frau Bletschacher am 12.12.51

abends in ihrem Laden war, aufrechterhalten. Als weiteren Beweis bot sie unverzüglich ihre 2 Hausgehilfinnen an, zu denen sie am Tag der Mordentdeckung – 13.12. – in dem Sinne gesprochen habe, daß die ermordete Frau ›gestern Abend noch bei uns eingekauft hat‹. Anschließend wurden die beiden Hausgehilfinnen befragt. Im Laufe der Schilderungen brachten sie den Ausdruck ›gestern Abend‹ in dem von Frau Rieser geäußerten Sinne vor. Aus diesem Grunde wurden die beiden Zeuginnen nur dazu, also auszugsweise, vernommen, weil die Worte ›gestern Abend‹ als beweiserheblich anzusehen sind. Die beiden Zeuginnen kamen mit der Zeugin Rieser nicht mehr zusammen und wurden auch getrennt vernommen. Somit steht der Ausdruck ›gestern Abend‹ einwandfrei fest. Es besteht also kein Zweifel darüber, daß die Frau Bletschacher am 12.12.51 abends bei dieser noch eingekauft hat.«

Frau Rieser legt auch einen scheinbar eindeutigen Beweis für Sonjas Abendeinkauf vor:
»Die Frau Rieser bietet als weiteres Beweismaterial den Tageszettel ihrer Registrierkasse an, der am 8.1.52 erst vom Buchprüfer beschafft werden muß. Es wird eine Photokopie angefertigt. Aus der Länge des Streifens und dem Eintrag der beiden Beträge (…) ergibt sich einwandfrei die Tageszeit des Einkaufes der Frau Bletschacher am 12.12.51. (…)
Von Frau Rieser wurde am 7.1.52, wie bereits erwähnt, der Belegstreifen ihrer Registrierkasse vom 12.12.51 zur Verfügung gestellt. Es wurde davon eine Fotokopie angefertigt, aus der sich ergibt, daß die Frau Bletschacher nicht am Mittag, sondern tatsächlich erst in den Abendstunden diesen Einkauf getätigt hat. Die registrierten Beträge von 4,52 und -,33 DM sind in der Photokopie gekennzeichnet. (…).«

Ottilie ist offensichtlich komplett widerlegt:
»Die Frau Rieser wurde nochmals über die Zusammensetzung der Beträge befragt. Sie machte folgende Angaben:
Wermutwein 2,25 DM
Honig 1,90 DM
Salami -,37 DM
Sa. 4,52 DM = 1. Betrag.
Leberwurst -,33 DM = 2. Betrag.
Die Aussagen von Rieser und Miedl (…) sind also dahingehend zu be-

richtigen, daß sich die Frau Bletschacher zuerst die Salami und dann erst die Leberwurst aushändigen ließ. Auf Grund dieser Feststellungen sind die Angaben der Zeugin Ottilie Adlon vom 7.1.52 widerlegt. Die Bletschacher hat ihren Einkauf nicht in den Mittag-, sondern in den Abendstunden betätigt.«

Die Adlons im Visier: Einblicke in das Mutter-Tochter-Verhältnis

Eine Bekannte der Adlons, Erna Benecke, geb. 1918, kennt Mutter und Tochter seit 1948. Elisabeth verbrachte seit Oktober 1951 regelmäßig die Mittwochnachmittage bei ihr, wenn die Mutter beim Bridge-Spiel war. Ab 20 Uhr gesellte sich oft noch Ottilie dazu und die beiden blieben bis etwa 22.30 Uhr. Mittlerweile kam Elisabeth auch an fast jeden anderen Tag zu Erna Benecke, sodass diese kaum noch Zeit mit ihrem Mann allein verbringen konnte. Das wurde Frau Benecke zu viel. Im Dezember 1951 zog sie sich daher von Elisabeth zurück.

Aus der Vernehmung von Erna Benecke am Dienstag, den 8. Januar 1952:
Ihr sind die Gewaltausbrüche von Ottilie gegenüber Elisabeth und deren zwanghaft erscheinende Handlungen aufgefallen:
»Mir ist bekannt, dass zwischen Tochter und Mutter Adlon häufig harte Worte fallen. Ich weiß auch, daß Frau Adlon ihre Tochter häufig schlägt. Die Schläge erfolgen mit den Händen auf den Kopf und ins Gesicht, wobei die Mutter die Tochter auch anspuckt. Die Tochter hat aber noch nie zurückgeschlagen und auch noch nie abfällige Antworten gegeben. Dadurch leidet die Elisabeth an Zwangsneurose. (…) Sie macht undefinierbare Bewegungen z. B. Tür auf- und zumachen, hin- und herlegen einer Schachtel, bewegen von Büchern und anderes. Sie braucht auch zum Ankleiden bis zu 3 Stunden usw. Erst auf Anruf bemerkt sie dann ihr Verhalten und stellt es ein. Dies ist meines Erachtens kein gefährlicher Zustand, denn sie weiß, was sie tut, kann aber ohne Aufforderung durch eine andere Person diesen Vorgang aus eigenem Entschluß nicht beenden. Richtig ist, daß die Mutter bei solchen Vorkommnissen ihre Tochter mit Ausdrücken ›Irr‹ und ›Idiot‹ bezeichnet. Solche Ausdrücke habe ich schon sehr oft gehört.«

Auch über Elisabeths intime Beziehungen weiß die Bekannte Bescheid:
»*Es ist unzutreffend, daß die Elisabeth auch mir gegenüber von ihren sexuellen Erlebnissen mit Männern erzählt hat. (...) Sie hatte (...) einen Verlobten (...) in Starnberg. Von diesem Mann erzählte sie mir, daß er in erotischen Dingen egoistisch gewesen sei. Vor etwa 1 Jahr soll dieses Verlöbnis gelöst worden sein. Dann soll sie es mit einem verheirateten Mann, der ein Auto besaß, gehabt haben.*«

Sonja Bletschacher, die Frau Benecke seit 1948 gekannt hat, erzählte der Zeugin beim Einkaufen, dass diese ihr »*tolle Männergeschichten*« über Elisabeth erzählen könnte. Außerdem wolle Frau Adlon ihre Tochter nach längerer Zeit ohne Beziehung an einen verheirateten Hausmeister verkuppeln.

Insgesamt hält Erna Elisabeth für ungefährlich und sieht in ihrem Verhalten einen Erziehungsfehler der Mutter. Beachtlich findet sie, dass Elisabeth sich scheinbar nie gegen die Schläge und Beschimpfungen wehrt. Außerdem soll sich Elisabeth gut mit Frau Bletschacher verstanden haben. Frau Benecke lehnt es vor der Polizei ab, Details u. a. über Elisabeths sexuelle Erzählungen zu äußern. Dazu ist sie nur mündlich bei einer richterlichen Befragung bereit.

Geliebter Sonjas? Besitzt Karl Ludwig ein Motiv?

Ilse hat Ende Dezember ausgesagt, dass Karl Ludwig, alias Grauköpfchen, nicht nur ein Freund oder Bekannter Sonjas war. Er hatte intime Absichten, die von Sonja angeblich nicht erwidert wurden. Knapp zwei Wochen später lädt die Kripo den in Kempfhausen wohnenden Ingenieur vor.

Aus der Vernehmung von Karl Ludwig am Dienstag, den 8. Januar 1952:
Zentral für die Ermittler ist natürlich die Frage nach seinem Alibi: »*(...) Vom Dienstag, den 11.12.51, bis Donnerstag, den 14.12.51, war ich auf einer Dienstreise und zwar in Lahr und Freiburg. In der Nacht vom 12./13.12.51 – Mittwoch auf Donnerstag – habe ich entweder im Hotel*

Lahrer-Hof in Lahr oder aber in einem Hotel in der Nähe des Bahnhofes in Freiburg mit meiner Frau übernachtet. Der in meinem Geschäft tätige Ob. Ing. Kastner begleitete mich ebenfalls auf meiner Dienstreise. Er übernachtete auch jeweils in dem gleichen Hotel wie meine Frau und ich. Ob ich nun am Mittwoch, den 12.12.51, im Verlauf des Tages in Freiburg oder in Lahr Baustellen besichtigte bezw. Verhandlungen in Freiburg über Bauprojekte führte, kann ich im Augenblick nicht mit Bestimmtheit sagen. Ich werde jedoch nach Rücksprache mit Ob. Ing. Kastner bezw. mit meiner Frau, den genauen zeitlichen Verlauf meiner Dienstreise festlegen können.

Am Donnerstag, den 13.12.51, kam ich mit meinem Fahrzeug, es ist dies ein schwarzer Mercedes 220 S, den ich selbst steuere, nach München zurück und fuhr dann etwa gegen 20 Uhr nach Kempfenhausen in meine Wohnung. Es ist richtig, daß mir in meinem Betrieb noch gesagt wurde, ich solle Frau Leusmann anrufen, ich bin aber an diesem Abend nicht mehr dazugekommen. Erst am folgenden Vormittag, Freitag, den 14.12.51, erfuhr ich durch den von Frau Leusmann erbetenen Anruf, daß Sonja Bletschacher ermordet wurde.«

Freundschaft oder intimes Verhältnis? Der Zeuge schweigt:
»*Auf Frage*
(Die Frage lautet: Hatten Sie zu der Sonja Bletschacher freundschaftliche oder intime Beziehungen?)
Es ist richtig, daß ich zur Sonja Bl. freundschaftliche Beziehungen hatte, über die Frage der intimen Beziehungen, möchte ich nichts aussagen.«

Wie liefen seine Besuche bei Sonja ab?
»*Auf Frage: Bei meinen Besuchen bei der Sonja Bl. habe ich lediglich Bekannte angetroffen. (…) Völlig fremde Personen traf ich nie bei ihr an. Meine Besuche bei Sonja Bl. fanden immer zu unregelmäßigen Zeiten statt, es war nicht so, daß z. B. der Mittwoch als besonderer Besuchstag für mich galt.«*

Eine aktualisierte Zwischenbilanz der Kripo

Um die Ermittlungen gegen zwei Verdächtige voranzutreiben, benötigt die Kripo einen richterlichen Durchsuchungsbefehl des Amtsgerichts Starnberg.

Aus dem Schreiben an den Ermittlungsrichter des Amtsgerichts vom Dienstag, den 8. Januar 1952:
Aufgrund der vorausgegangenen Ermittlungen konkretisiert die Kripo ihre Mutmaßungen über den Kreis an potentiellen Tatverdächtigen.

Eine Person scheidet aus dem Kreis der Verdächtigen wieder aus:
»*Im Zuge des umfangreichen Ermittlungsverfahrens konnte eine Reihe von Personen, die auf Grund ihres Umgangs mit der Ermordeten als bedingt tatverdächtig erschienen, aus dem Täterkreis und damit aus dem Tatverdacht ausgeschieden werden.*
Nach dem gegenw. Stand der Ermittlungen hat der von Anfang an bestehende Verdacht sich verstärkt, daß es sich beim Täter um eine Person handeln muß, die mit der ermordeten Bletschacher in einem engen Kontakt gestanden hat. Diese Verdachtsgründe wurden bereits am 26. 12. 51 aktenkundig gemacht (...).
Heute ist dazu festzustellen, daß die Belastungsmomente gegen Maria Michlmayer nicht mehr mit Sicherheit aufrecht erhalten werden können, weil inzwischen festzustellen war, daß die Michlmayer eine schwatzhafte Person ist, die überall von ihrem Erlebnis des Mordvorgangs erzählt und überall eine andere Sachdarstellung gibt. Im Verlauf der weiteren Ermittlungen wird aber auf ihre Person geachtet und zeitgerecht eine neuerliche eingehende Vernehmung durchgeführt.«

Stattdessen verfestigt sich der Verdacht gegen Elisabeth Adlon für die Kriminalbeamten:
»*Dagegen hat sich der Tatverdacht gegen die berufslose, ledige Elisabeth Adlon, geb. 10.7.1920 Berlin, wohnhaft Starnberg, Max-Emanuelstr. 7/I (=Tathaus), weiterhin verstärkt. Die Zeugenaussagen, die sehr vorsichtig gemacht wurden, lassen vermuten, daß die Elisabeth Adlon geistigen Komplexen unterliegt. Nachdem auch ihr Alibi für die Tatzeit nicht einwandfrei ist, muß sie in den Täterkreis einbezogen werden. Obwohl sie sich mit der Ermordeten gut verstanden haben will, wurde sie aber bei*

Schilderungen sexueller Vorgänge abgewiesen. Es ist deshalb nicht von der Hand zu weisen, daß die Adlon in einem Wutanfall sich an der Bletschacher vergangen hat und in einem geistigen Minderwertigkeitszustand den Mord ausgeführt hat.«

Einen wichtigen Schlüssel für die Aufklärung sehen die Ermittler in Sonjas Verhältnis zu Männern:

»Die Ermittlungen haben weiterhin ergeben, daß die Ermordete mit vermögenden Männern Umgang hatte. Ob aber das sexuelle oder das finanzielle Problem hierbei in den Vordergrund getreten ist, läßt sich nicht beurteilen, sondern nur vermuten, denn die Zeugen wollen darüber keine bestimmten Wahrnehmungen gemacht haben. Obwohl aber die Ermordete nur in den ersten Gesellschaftskreisen verkehrte, war doch in Erfahrung zu bringen, daß sie sich auch mit einfachen Männern abgegeben hat. Hierbei wurde zwar beobachtet, daß die Ermordete den Männern schöne Augen machte, aber von Intimitäten wurde nichts wahrgenommen.«

Ins Visier gerät daher der Dachdecker Erich Langenbruch. So führt der Bericht aus:

»In diesem Zusammenhang ist aufgefallen, daß die Frau Bletschacher stille Beziehungen zu dem Erich Langenbruch, geb. 7.12.02 Schelm/Westf., wohnhaft in Starnberg, (...), hatte. Welches Motiv diesen Beziehungen aber zu Grunde lag, kann bis jetzt nicht gesagt werden. Er soll mit ihr wegen Ankaufs von Wertgegenständen aus dem Einrichtungsbestand der Ermordeten in Verbindung gestanden haben. Auffallend ist, daß er im Kreis der Zeugen nur ganz wenig bekannt ist, während vor allem die Michlmayer über alles genau orientiert sein will. Aus diesem Anlaß wird in den nächsten Tagen Langenbruch einem polizeilichen Verhör unterzogen, wobei insbesondere auf sein Alibi eingegangen werden muß.«

Ohne Hausdurchsuchungen geht es daher aus Sicht der Ermittler nicht:

»Da nach den eingehenden Vernehmungen von Langenbruch und Elisabeth Adlon unverzüglich eine Durchsuchung aller Räume, die ihnen zugänglich sind, vorgenommen werden muß, um die Beseitigung der bei ihnen evtl. vorhandenen Beweismittel, nämlich 1 Taschenmesser, 1 Stichwerkzeug von ca. 25 cm Länge und 1 kl. Handbeil, zu verhindern, wird *das Amtsgericht Starnberg um die Anordnung der erforderlichen Durchsuchung gebeten, um allen strafprozessualen Bestimmungen gerecht zu werden. (…) Der Zeitpunkt dieser Durchsuchungen ist noch nicht bestimmt; sie erfolgen aber sicher im Verlauf der kommenden Tage.«*

STEHT DER DURCHBRUCH KURZ BEVOR?

AUF EINEN BLICK

DAUER DER ERMITTLUNGSPHASE: 9. Januar bis 12. März 1952; zwei Monate.
SCHWERPUNKTE: Ermittlungen gegen zwei Hauptverdächtige; Intensivierung der Nachforschungen zu Sonjas Vergangenheit, Lebensgewohnheiten, Persönlichkeit und Beziehungsleben.
ES SAGEN AUS, Z.B.: die frühere Freundin Sonjas Eva Middelmann; Elisabeth Adlon, Tochter der Vermieterin; die Starnberger Kinobesitzer Anni und Hans Kürzinger; Heinz Kuppi aus der Nachbarschaft; die Angestellte im Hotel Bayerischer Hof Else Rosenkessel; Maria Michlmayer als eine Bekannte Sonjas; Sonjas Freund Karl Ludwig; der Starnberger Dachdecker Erich Langenbruch und seine Frau Therese; der Automechaniker in Starnberg Franz Völkl; die Starnberger Ladeninhaberin Maria Hermann; Elisabeth Adlons Ex-Geliebter Walter Klepsch; die Nachbarin von gegenüber Else Lürmann; Sonjas Haushaltshilfe Maria Richter; Sonjas Nichte Ilse; Sonja angeheiratete Schwägerin Berta Bletschacher; Otto Praun als ehemaliger Geliebter Sonjas und Bekannter ihres Mannes; Ilses Freund Hans; Emilie Schottenhamel als eine angeheiratete Cousine Sonjas; die Sonthofener Ärzte Dr. Lohmüller und Dr. Trautwein; Ilses Vermieterin in Sonthofen Wilhelmine Goldberg; die Starnberger Ladenbesitzerin Johanna Zimmerman; Ottilie Adlons früherer Vermögensverwalter Hubert Dericks; Karla Bletschacher als Ex-Frau von Sonjas Mann.
ERWÄHNT WIRD: ein mysteriöser Unbekannter.

Schon die Liste der Befragungen legt nahe, dass sich dieses Stadium der Ermittlungen als die dichteste, intensivste und anstrengendste Phase entwickeln wird. Für die Beamten tun sich in kurzer Zeit eine Fülle von Spuren in unterschiedliche Richtungen auf. Anfang Januar zeichnen sich als vielversprechende Spuren der Verdacht gegen den Dachdecker Erich Langenbruch und Elisabeth Adlon ab. Gegen den Dachdecker wird ab 10. Januar ein intensiver Ermittlungsdruck aufgebaut. Bei Elisabeth Adlon lassen sich die Kriminalbeamten mehr Zeit. Sie weiten zunächst die Befragungen in ihrem Umfeld aus, um weitere Informationen zu sammeln. Erst danach folgt ihre erste ausführliche Vernehmung sowie eine Hausdurchsuchung. Gerade bei Elisabeth Adlon muss die Kripo darum kämpfen, alle von ihr benötigten Informationen beschaffen zu können, nicht immer erhält sie alle gewünschten Befugnisse.

Das Tatmotiv ist weiterhin unklar und die Polizei geht jedem noch so unbestimmtem Hinweis nach. Selbst über die Witterungsverhältnisse in der Tatnacht und dem Tag der Leichenauffindung, an dem von einer zwei Zentimeter hohen Schneedecke auszugehen war, informieren sie sich bei der Bayerischen Wetterdienststelle. Die Zeugenaufrufe der Polizei in den Medien bringen zwar kaum eine Resonanz, dafür melden sich Personen, die sich berufen fühlen, über die Eigenschaften oder die Verhältnisse v. a. der Adlons Auskunft zu geben.

Immer wieder erreichen die Polizei von außen Hinweise, die neue Verdächtige ins Spiel bringen. Dabei ist Wichtigtuerei von ernstzunehmenden Spuren, Gerede von Informationen nicht eindeutig zu unterscheiden. So beispielsweise wenn Maria Michlmayer behauptet, Ottilie Adlon habe sich die Villa durch Testamentsfälschung erschlichen. Nachforschungen der Kripo beim Grundbuchamt belegen dagegen zweifelsfrei den Kauf.

In ihren regelmäßigen Berichten an die Staatsanwaltschaft über neue Spuren müssen die Ermittler meist einräumen, dass viele Personen »*aus dem Kreis der Verdächtigen*« auszuschließen sind. Mittlerweile untersucht die Polizei auch Personen, die im Zusammenhang mit anderen Straftaten, wie z. B. Einbrüche, stehen. Doch auch dies führt zu keinem Täter. Und alle bisherigen Personen mit fraglichem Alibi werden als grundsätzlich tatverdächtig erneut überprüft. Dies betrifft z. B. Karolina Bletschacher.

Manche der Befragten berichten von Gegenständen in Sonjas Wohnung, die bei der Hausdurchsuchung nicht auffindbar waren und zum Teil als Tatwaffe in Frage kommen könnten, wie z. B. Sonjas Handbeil. Dessen Verbleib können die Ermittler lückenlos aufklären und einen Bezug zum Verbrechen eindeutig ausschließen. Wieder löst sich eine mögliche Spur im Nichts auf. Leider tragen die erhofften Ergebnisse der Kriminaltechnik wenig zur Lösung des Falles bei. Sie werfen zum Teil weitere neue Fragen auf. Die Ermittler setzen auch ihre Recherchen über das Verhältnis zwischen dem Opfer und den Adlons sowie Sonjas Person und ihr Intimleben fort. Gerade zum letzten Punkt schält sich allmählich ein klares Bild heraus. Hinzu kommt, dass die als gesichert angenommenen Kenntnisse über die Tageszeit von Sonjas letzten Einkäufen erneut ins Wanken geraten.

Bei der Vielzahl von Spuren und Aktivitäten der Polizei bis März 1952 ist endlich auf einen Durchbruch bei der Aufklärung des Verbrechens zu hoffen.

Das war bisher über Sonja nicht bekannt

Eva Middelmann, geb. 1909, aus Gmund am Tegernsee war bis 1948 mit Sonja, phasenweise sogar sehr eng, befreundet. Als Sonja bei Dritten über die Zeugin schlecht redete, brach sie den Kontakt ab. Eva erinnert sich, Sonja im Jahr 1937 kennen gelernt zu haben, als diese schon ein Verhältnis mit Ludwig Bletschacher unterhielt. Auch mit dem Ehepaar Bletschacher verkehrte sie und bekam sehr intime Einblicke. Was sie aussagt, ist in dieser Deutlichkeit den Ermittlern noch nicht bekannt.

Aus der Vernehmung von Eva Middelmann am Mittwoch, den 9. Januar 1952:
Die Zeugin packt über Sonjas früheres Intimleben und ihre sexuellen Neigungen unverblümt aus. Sie spricht über Erlebnisse von Besuchen und Übernachtungen in Sonjas Wohnung aus der Kriegszeit:
»Es ist richtig, daß ich mit der Sonja zu dieser Zeit u. a. über erotische An-

gelegenheiten sprach. Sie hat mich in dieser Beziehung über Einzelheiten aufgeklärt und ich hatte den Eindruck, daß sie ein große Liebeskünstlerin war. Andererseits weiß ich aber, dass ihre Ehe mit Bletschacher einwandfrei war und dass sie ihn aufrichtig liebte. Während oder kurz nach Beendigung des Frankreichfeldzuges (...) besuchte ich die Sonja. Wir verlebten einen netten Abend, wir tanzten und tranken Alkohol.«

Im Verlauf dieses Abends offenbarte sich für die Zeugin, dass Sonja Gefallen an intimen Kontakten zu Frauen fand. Eva war davon abgestoßen. »*Mich widerte diese ganze Situation an und ich nahm mir vor, nicht wieder in diesem Haus zu erscheinen. Dies tat ich auch bis nach dem Tode Ludwig Bletschachers.*«

Später nahm sie die Freundschaft, so ihre Aussage, aus Mitleid wieder auf und erfuhr auch manches über den Lebenswandel der Witwe Sonja Bletschacher: Die ehemalige Freundin erfuhr 1945 von Ludwigs Tod und den vorherigen Umzug des Ehepaars nach Percha. Sie suchte Sonja auf, um ihr Beileid auszusprechen und erlebte eine veränderte Sonja: »*Sie war bei meinem Besuch 1945 völlig gebrochen und litt unter dem Tode ihres Mannes. Anlässlich dieses Besuches hat die Sonja mich gebeten, in Zukunft doch wieder öfter zu ihr zu kommen, weil sie so alleine wäre.*« Die Freundschaft zwischen den beiden entwickelte sich wieder. Eva besuchte Sonja im Abstand von 14 Tagen und übernachtete bei ihr. Ilse wohnte damals bereits bei ihrer Tante. In der Zeit entstand auch ein herzliches Freundschaftsverhältnis zwischen Sonja, Eva und Hedi Goth. Sonja erzählte Eva von ihrem Verhältnis mit dem Amerikaner Oskar. Näheres darüber wie Beginn und Ende der Beziehung weiß die Zeugin jedoch nicht. Außerdem nahm Eva auch an Sonjas spiritistischen Sitzungen teil und lernte das Medium Herrn Matthias kennen. Sie erwischte ihn dabei, wie er selbst den Tisch bewegte. »*Ich habe ihn darauf angesprochen, worauf er mir das eingestand, mich aber bat, die Sonja bei ihrem Glauben zu belassen, da sie nur mit dem Gedanken spielte, mit ihrem verstorbenen Mann in Verbindung zu treten.*«

In dieser Zeit erhielt Eva auch wieder intime Einblicke in das Leben der Witwe Sonja, wenn auch nur oberflächlich:

»Auf ausdrückliche Frage möchte ich angeben, daß ich mit Matthias auch einmal über seine Beziehung zu der Sonja gesprochen habe. Es interessierte mich. Er bestritt jede intime Beziehung zu ihr (...).
Auf Frage: In Bezug auf die lesbische Veranlagung der Sonja habe ich in den Jahren 45 bis 48 keinerlei Beobachtungen gemacht. Mir persönlich ist sie in dieser Beziehung nicht mehr nahegetreten, was in meiner Abwesenheit geschah, weiß ich nicht. (...) Ich bin jedoch der Überzeugung, dass es zwischen der Sonja und der Hedi Goth keine Geheimnisse gab. (...) Zu Zärtlichkeiten mit Frauen hat sie sich seit meiner Ablehnung 1940 nicht mehr geäußert.«

Das Ende der Freundschaft soll an einem Vertrauensbruch Sonjas gelegen haben: Aus Gründen, die Eva nicht kennt, sprach Sonja 1948 schlecht über die Freundin. Diese zog sich daraufhin sofort zurück, schrieb und telefonierte nicht mehr mit ihr. Die beiden hatten nie eine Auseinandersetzung und auch um Herrn Matthias soll es dabei nicht gegangen sein. Das alles passierte noch vor Sonjas Umzug nach Starnberg. Die Zeugin besuchte Sonja nie in der Max-Emanuel-Straße und kennt die Wohnung nicht.

Was sie menschlich von Sonja hielt, äußert die Zeugin klar und eindeutig:
»Wenn ich über den Charakter und das Wesen der Sonja gefragt werde, so kann ich sie nur als beherrscht bezeichnen. Sie hatte sich völlig in der Gewalt und lächelte über die Schwächen anderer Menschen. Ich hielt sie für einen berechnenden, kühlen Menschen. Sie war auf ihren materiellen Vorteil bedacht. In ihrer Haushaltsführung war sie absolut sauber, sie verstand es, eine angenehme Atmosphäre um sich zu verbreiten. Ich darf in diesem Zusammenhang noch hinzufügen, daß die Mutter der Sonja, die hier in G.(mund) und in meinem Haus verkehrte, sich dahingehend über Sonja aussprach, daß sie ihr, der Mutter, gegenüber kein Herz habe. Ihr Schwiegersohn Ludwig wäre jedoch ein guter Mensch.«

Der Druck auf Erich Langenbruch und Elisabeth Adlon wachsen

Die Polizei bekommt die notwendigen Befugnisse, um den Ermittlungsdruck zu erhöhen.

Durchsuchungsbeschluss des Amtsgerichts Starnberg
vom Donnerstag, den 10. Januar 1952:
Auf Antrag der Kripo verfügt das Amtsgerichts Starnberg die Durchsuchung der Wohn- und Nebenräume von Elisabeth Adlon und Erich Langenbruch. Im Vordergrund steht dabei, die möglichen Tatwerkzeuge, ein Taschenmesser, ein Stichwerkzeug und ein kleines Handbeil, oder andere beweiserhebliche Gegenstände zu finden und gegebenenfalls zu beschlagnahmen.

Elisabeth Adlon im Visier: die erste aktenkundige Befragung

Elisabeth, geb. 1920, hält sich im Januar bei ihrer Schwester und deren Mann in Stein an der Traun auf. Um Elisabeth zu vernehmen, fahren zwei Kripobeamte eigens dorthin. Ihre für die kommende Woche geplante Rückkehr nach Starnberg will die Polizei offenbar nicht mehr abwarten.

Aus der Vernehmung von Elisabeth Adlon am Donnerstag, den 10. Januar 1952:
Über ihr Verhältnis zu Sonja Bletschacher äußert sich die Tochter des Hauses positiv:
»Zu der Bekanntschaft mit der Frau Bletschacher kam es anlässlich eines gemeinsamen Aufenthaltes der Frau Bletschacher mit meiner Mutter im Krankenhaus Starnberg. Bei Besuchen in diesem Krankenhaus habe ich ebenfalls die Frau Bletschacher kennengelernt. Meine Mutter verstand sich mit Frau Bletschacher sehr gut und dies war auch der eigentliche Grund, warum wir sie in unserem Hause aufgenommen haben. In den letzten Jahren bestand zwischen uns und der Frau Bletschacher eine gute Hausgemeinschaft, die ab und zu von belanglosen Zwistigkeiten, wie sie überall vorkommen, unterbrochen wurden.
Wenn Zwistigkeiten bestanden, so wurden diese durch Aussprachen wieder überbrückt. Lediglich im Sept. oder Okt. 1951 kam es zu einer gewissen Entfremdung, weil Frau Bletschacher meine Mutter auf einen Streit hin nicht mehr grüsste. Ausdrücklich erkläre ich jedoch, dass dieser Streit nur zwischen meiner Mutter und der Frau Bl. bestand, und ich bestrebt war, in den folgenden Wochen zwischen beiden Frauen auszugleichen. Ich

selbst hatte nie Streit mit der Frau Bletschacher. Wir verstanden uns gut und ich konnte sie immer gut leiden.
Bis zu dem vorerwähnten Streit (...) war ich öfters am Tage und auch am Abend bei der Frau Bletschacher. Sie war sehr klug, gebildet und belesen, sodass man sich mit ihr sehr gut unterhalten konnte. Nach dem Streit allerdings sah es meine Mutter nicht mehr gerne, dass ich zur Frau Bletschacher ging. Ich habe es auch dann unterlassen.«

Sonjas Besuche von »Grauköpfchen« und dem Dachdecker entgingen ihr nicht:
»Ich selbst habe an Herrenbesuchen nur beobachtet, daß ein etwa 55jähriger älterer Herr, gut gekleidet, mit auffallend grauem zurückgekämmten Haar, den meine Mutter und ich ›Grauköpfchen‹ nannten, in verhältnismäßigen regelmäßigen Abständen, durchschnittlich fast jede Woche, zur Frau Bletschacher auf Besuch kam. Meistens kam er in den Vormittagsstunden, oft schon um 8 Uhr früh, verließ aber grundsätzlich das Haus immer noch am gleichen Tag. D. h. ich konnte nie feststellen, dass er die Nacht über bei Frau Bletschacher blieb. Oftmals nahm er Frau Bl. auch mit nach München. Er fuhr verschiedene Fahrzeuge, die ich nicht näher bezeichnen kann, da er nie auf unser Grundstück fuhr.
Es ist meiner Mutter und mir aufgefallen, daß dieser Herr uns wissentlich von der Frau Bl. nicht vorgestellt wurde, was natürlich auch ein Wunsch seinerseits gewesen sein kann.
Dieser Herr ist, wie wir nach dem Tode der Frau Bl. erfuhren, ein gewisser Herr Ludwig.
Nach meiner Erinnerung kam in den Jahren 1948/1949 ein Dachdecker namens Langenbruch öfters zu Frau Bl. Ich selbst habe ihn nur einmal ganz flüchtig im Treppenhaus gesehen. Wie mir meine Mutter sagte, soll Frau Bl. von dem Genannten russischen Unterricht genommen haben. Die Tochter des Langenbruch sah ich einmal beim Verlassen des Hauses. Sie war sicher bei der Frau Bl. zu Besuch gewesen. Von diesem Zeitpunkt ab war Herr Langenbruch nicht mehr zu sehen.
Ein Gärtner mit dem Namen Abel von Starnberg, der das Grab ihres Mannes pflegte und ihr öfters Gärtnereierzeugnisse brachte, ist bis zuletzt ab und zu in die Wohnung der Bletschacher gekommen.«

Ein wichtiges Thema der Befragung ist die Bridgerunde im Bayerischen Hof:

»*Seit Sommer 1951 gingen regelmäßig meine Mutter und ich zum Bridgespiel in den Bayerischen Hof in Starnberg, es war dies grundsätzlich am Mittwoch ab 14 Uhr. Wir gingen aber meist zu Mittag essen. In der Regel sind wir an diesen Abenden nicht vor 22 Uhr nach Hause gekommen, jedenfalls niemals vor 20 Uhr. Frau Bl. war diese Tatsache bekannt, ebenso wussten es ihre näheren Bekannten.*
Am Mittwoch, den 12.12.51, verliessen wir kurz nach 13.30 Uhr unser Haus. Frau Bl. war ungefähr eine Stunde vorher aus München zurückgekommen. Ich habe beobachtet, dass sie ziemlich bepackt war. Bei ihrem Kommen befand ich mich im Bad und teilte ihr durch die halb offenstehende Tür zum Gang hinaus mit, dass für sie ein Eilbrief gekommen war, den ich ihm Korridor auf einen Tisch gelegt hatte. Ich glaube, dass Frau Bletschacher zwei Taschen trug. Sie fragte mich nur, ob für sie jemand gekommen wäre. Als ich dies verneinte, fragte sie ausdrücklich nochmal ›Der Hans auch nicht?‹, was ich gleichfalls verneinte. Ein besonderes Verhalten der Frau Bl. habe ich nicht festgestellt. Bei dieser Begebenheit hatte ich sie zum letzten Mal lebend gesehen.
Erwähnen möchte ich noch, daß meine Mutter sich an den Mittwochen grundsätzlich dem Bridgespiel widmet, während ich mich am Spiel nicht beteilige. Ich überbrückte die Zeit meist durch kurzes Zusehen und ging dann meist um 16 Uhr ins Kino oder machte einen Besuch bei einer Freundin. Dies ist Frau Erna Benecke in Starnberg.«

Wie verbrachte Elisabeth den Nachmittag des Tattages? Dazu gibt sie an:
»*Am Mittwoch, den 12.12.51, war ich vom Spielbeginn an (14 Uhr) bis kurz vor 16 Uhr im Spielsaal und habe meiner Mutter beim Spiel zugesehen. Um 16 Uhr ging ich in das nahegelegene Schlosstheater und sah mir den Film ›Die schwarze Füchsin‹ an. An der Kinokasse sprach ich mit der Kinobesitzerin, Frau Kürzinger, bei der ich mir ausser der Karte ein Filmprogramm und eine Rolle Drops sowie eine Kokosschokolade kaufte. Ich habe einige Worte mit ihr gewechselt, da die Vorstellung bereits begonnen hatte. Am Eingang entwertete der Herr Kürzinger meine Karte. Gegen 18 Uhr war die Vorstellung beendet. Ich ging gleich darauf in das Molkereigeschäft Herrmann, um Brot und Butter einzukaufen. Es dürfte*

dies um 18.10 Uhr gewesen sein. Im Geschäft war nur Frau Hermann. Nach mir kam noch ein Kunde herein, den ich nur vom Sehen her kannte und der mich kurz grüßte (...). Anschliessend ging ich wieder in den Bayerischen Hof, wo ich gegen 18.30 Uhr eingetroffen bin. Ich unterhielt mich im Foyer mit der Empfangsdame Frau Rosenkessel, der ich mein Kinoprogramm zur Einsicht gab und sie auch bat, meine Lebensmittel bei ihr im Büro aufzuheben.

(Bei der Befragung der Angestellten des Hotels und der Teilnehmer des Bridge-Turniers wenige Tage vorher gab Frau Rosenkessel an, dass sich beide nicht über den Kinofilm, sondern über Elisabeths Pelzmantel unterhalten haben. Von einer Aufbewahrung von Lebensmittel erwähnte sie auch nichts. Anm. d. Verf.)

Gegen 19 Uhr begab ich mich wieder in den Bridgespielsaal. Das Turnier war zu dieser Zeit noch nicht beendet. Kurz nach 19 Uhr muss nach meiner Erinnerung das Turnier beendet gewesen sein. Als ich den Saal gegen 19 Uhr betrat, dürfte meine Mutter gerade die letzte Turnierpartie gespielt haben. Ihre Partnerin war Frau Süßkind. Die Gegenspielerinnen bzw. deren Namen weiss ich jedoch heute nicht mehr.

Nach Beendigung des Turniers haben viele Damen das Hotel verlassen. Ich erinnere mich, dass ich bei dem allgemeinen Aufbruch nach dem Turnier, also nicht während des Spiels, das Hotel verlassen wollte, um woanders ein billigeres Abendessen einzunehmen. Meine Mutter bestand jedoch darauf, dass ich an dem gemeinsamen Abendessen im Bayerischen Hof teilnehme. Ich habe somit von dem Zeitpunkt meiner Rückkehr an (18.30 Uhr) bis etwa 23 Uhr das Hotel nicht mehr verlassen. Abends spielte meine Mutter noch einige Partien.«

Wann kamen die Mutter und Tochter Adlon am Tatabend nach Hause?
»Wie bereits gesagt, verließ ich gegen 23 Uhr mit meiner Mutter das Hotel und wir gingen dann direkt nach Hause, wo wir gegen 23.30 Uhr ankamen. Ich glaube, dass das Gartentor nur angelehnt war. Im ganzen Haus war kein Licht zu sehen. Die Nacht war sehr mondhell, weil einmal fast Vollmond war und einige Zentimeter Schnee lagen. Die Hauseingangstüren waren beide wie üblich nur eingeschnappt, aber nicht verschlossen. Dies war an den Mittwochen grundsätzlich so, weil ja die anderen Hausbewohner und insbesondere Frau Bl. wussten, dass wir an den Mittwochabenden beim Bridgespiel waren.

Im Treppenhaus brannte ebenfalls kein Licht. Es fiel uns nichts Besonderes auf. Wir gingen auch sehr bald zu Bett.«

Den Morgen, bevor sie die Leiche fand, erlebte Elisabeth folgendermaßen:

»*Am folgenden Morgen, Donnerstag, den 13.12.51, standen meine Mutter und ich gegen 10 Uhr auf. Wir hatten während der Nacht und auch in den Morgenstunden kein Geräusch gehört, denn wir schliefen beide fest. Um 10 Uhr fiel uns nur auf, dass wir aus der Wohnung der Bletschacher über uns keinerlei Geräusche wie sonst hörten. Sie pflegte zwischen 8 und 9 Uhr aufzustehen und ihren Ofen durchzurütteln. Dieses Geräusch vermissten wir an diesem Morgen. Nach dem Frühstück, ich war noch nicht angekleidet, klingelte es gegen 11 Uhr. Ob ein oder zweimal geklingelt wurde – zweimal galt der Frau Bletschacher – weiß ich nicht mehr genau. Jedenfalls hat sich auf das Läuten hin Frau Bletschacher nicht gezeigt. Meine Mutter ging dann zur Haustüre und stellte fest, dass ein Postbeamter für Frau Bl. ein Nachnahmepaket abgeben wollte. Sie rief zu mir herauf, ich solle bei Frau Bletschacher mal nachsehen, ob sie da wäre. Ich ging dann in den zweiten Stock, stellte fest, dass die Küchentüre angelehnt, die Toilettentüre ganz offen stand und an der Schlafzimmertüre rechts* (Ilses Zimmer) *der Schlüssel steckte. Dies war für mich ein sicheres Zeichen, dass Frau Bletschacher anwesend sein musste, da sie nie fortging, ohne ihre Zimmertüren abzuschliessen. Ich rief ›Frau Bletschacher‹, nachdem ich an ihrer Schlafzimmertüre geklopft hatte und keine Antwort bekam. Dann öffnete ich die Schlafzimmertüre und sah sofort, dass das Zimmer leer und das Bett unberührt war. Daraufhin rief ich nochmals nach Frau Bl. und bekam wiederum keine Antwort. Erst dann ging ich in ihr Wohnzimmer, ich glaube sogar, dass ich nicht mehr anklopfte. Nach dem Öffnen der Türe, ich stand noch auf der Schwelle sah ich Frau Bl. mitten im Zimmer auf dem Rücken mit dem Kopf in Richtung zum Fenster auf dem Teppich leblos liegen. Ich war zunächst so erschrocken, dass ich keine Gedanken fassen konnte, ging dann, nachdem ich die Tür wieder zugemacht hatte, wieder auf den Gang zurück und rief meiner Mutter herunter: ›Mutti, Mutti, es ist etwas furchtbares passiert!‹ Meine Mutter reagierte daraufhin sehr angstvoll und bat den Postbeamten, zu mir heraufzugehen und mit nachzusehen. Beide kamen nach oben, ich verhinderte meine Mutter energisch am Betreten des Zimmers, um ihr den Anblick zu* ersparen. Der Postbeamte und ich sahen von der Türschwelle aus ins Zimmer. Der Beamte stellte fest, dass die Frau bestimmt tot sein müsse und ein Kampf stattgefunden habe, da die Stehlampe umgestoßen und der Teppich verrutscht war. Das Zimmer selbst haben wir nicht betreten. Ich tat dies erst später, als ich die Polizeibeamten heraufführte. Der Postbeamte verständigte telefonisch die Polizei. Bis zum Eintreffen der Polizei verblieben meine Mutter und ich vor der Haustüre, weil wir Angst hatten, wieder ins Haus zu gehen. Das Zimmer, in dem Frau Bl. tot aufgefunden wurde, liegt halb über unserem Schlafzimmer. Nach unserer Rückkunft in der Nacht bis zur Entdeckung der Leiche haben weder ich noch meine Mutter irgendein Geräusch vernommen. Ich halte es somit für ausgeschlossen, dass die Tat nach unserer Rückkehr (23.30 Uhr) ausgeführt wurde.«*

Elisabeth muss sich für Lücken in ihren früheren Aussagen rechtfertigen:

»Am Tage der Auffindung der Leiche – Donnerstag, den 13.12.51 – und auch am darauffolgenden Freitag bin ich von Ermittlungsbeamten in der Mordsache verhört worden. Ich habe bei diesen Gelegenheiten nur allgemein davon gesprochen, dass ich mit meiner Mutter am Mittwoch, den 12.12.51, nachmittags gegen 13.30 das Haus verlassen habe, zum Bridgeturnier in den Bayerischen Hof in Starnberg ging und erst wieder um 23.30 Uhr zurückkam. Das vorübergehende Verlassen des Bayer. Hofes zum Kinobesuch und Einkaufen habe ich nicht erwähnt, weil ich es für unwesentlich hielt, nachdem ich ja in der gesamten Zeit – also von 13.30 bis 23.30 Uhr – nicht nach Haus kam.«

(Von diesen früheren Vernehmungen befinden sich in den Akten keine Protokolle. Anm. d. Verf.)

Alibiüberprüfung im Kino

Einen Tag später befragte die Polizei die Besitzer des Schlosstheater-Kinos in Starnberg, Anni und Hans Kürzinger. Während Frau Kürzinger an der Kasse Eintrittskarten, Programme und Süßigkeiten verkauft, kontrolliert ihr Mann vor den Vorstellungen die Kinotickets des Besucher.

Aus der Befragung von Anni und Hans Kürzinger am Freitag, den 11. Januar 1952
Frau Kürzinger gibt gegenüber der Polizei an, sich nicht zu erinnern, dass Elisabeth Adlon am 12. Dezember ihr Kino besucht hat. Da die Zeitungen zwei Tage später von dem Verbrechen berichteten, wäre es ihr aufgefallen, wenn Elisabeth in ihrem Kino gewesen wäre. Ihr Ehemann dagegen kann sich daran erinnern, dass Elisabeth am 11. oder 12. Dezember das Kino besuchte:

»*Ich weiß, daß am 11. oder 12.12.51 der Film ›die schwarze Füchsin‹ in meinem Theater gegeben wurde. Die mir bekannte Elisabeth Adlon besuchte entweder am Dienstag oder Mittwoch die Nachmittag oder Abendvorstellung. Ob sie am Dienstag oder am Mittwoch die Vorstellung besucht hat, kann ich nicht mehr mit Bestimmtheit sagen. Ihren Besuch weiß ich deshalb so genau, weil ich die Eintrittskarten entwertet habe. Dabei kam es zu einer kurzen Unterhaltung zwischen uns und ich weiß genau, daß sie die Worte gebrauchte, daß ihre Mutti im Bayerischen Hof ist. Der Besuch der Elisabeth Adlon muß also zwangsweise an dem Tag gewesen sein, wo die Frau Adlon im Bayr.-Hof beim Bridge-Spiel war. Mehr kann ich zur Sache nicht angeben.*«

Hinweis auf eine neue Spur oder Wichtigtuerei eines Nachbarn?

Der Kistenfabrikant Heinz Kuppi, geb. 1922, wohnt in der Max-Emanuel-Straße 16 und ist der nächste Anwohner mit einem Telefonapparat im Haus. Von diesem alarmierte der Postbote nach dem Leichenfund am 12. Dezember 1951 die Polizei. Kuppi erscheint am 10. Januar von sich aus auf der Polizeiwache in Starnberg, um von einem Anruf am Vormittag gegen 10 Uhr zu berichten.

Aus der Vernehmung von Heinz Kuppi am Donnerstag, den 10. Januar 1951:
Kuppi berichtet von einem mysteriösen anonymen Anruf zum Fall Bletschacher: Laut Kuppi fragte ihn am Telefon eine männliche Stimme, ob sich der Mord im Hause Adlon mittlerweile geklärt habe. Der Anrufer nannte auch auf Kuppis Nachfrage nicht seinen Namen. Er würde Kuppi deshalb anrufen, weil er bei der Polizei telefonisch nicht durchkomme und Kuppi der nächste Nachbar mit einem Tele-

fon sei. Er brauche die Information, da er die Angelegenheit »versicherungsmäßig« bearbeite. Sollten sich noch keine Neuigkeiten ergeben haben, könne er sich den Weg nach Starnberg sparen. Kuppi gab dem Anrufer nochmals die Nummer der Polizei und damit endete das Gespräch.

War der unbekannte Anrufer ein Freund und früherer Geliebter von Elisabeth? Kuppi glaubt, die Stimme zu kennen und hält den Anrufer für Walter Klepsch, ca. 34 Jahre alt und ein früherer Geliebter von Elisabeth Adlon. Kuppi kennt die Familie Klepsch aus Starnberg seit 1945 sehr gut; mit Walter Klepsch ist er befreundet und eine Zeitlang fast täglich zusammen gewesen. Im Frühjahr 1950, als Klepsch bei Kuppi zu Besuch war und Elisabeth zu Kuppi zum Telefonieren kam, lernten sich Klepsch und Elisabeth kennen. Daraus entwickelte sich ein Liebesverhältnis, das sich über den Sommer 1950 hinzog. Klepsch ging im Hause Adlon nicht nur ein und aus, sondern übernachtete dort und besaß auch einen Schlüssel. Auf ausdrückliche Nachfrage bestätigt Kuppi, sicher zu wissen, dass Klepsch bei seinen Besuchen das Grundstück nicht durch das Gartentürchen betrat. Er benutzte immer eine Zaunlücke, die an eine Wiese (Hailerwiese) grenzte. Er begleitete auch Mutter und Tochter Adlon öfter zum Bridgeturnier, ohne selbst zu spielen. Ob Klepsch auch in die Wohnung von Sonja Bletschacher kam, weiß Kuppi nicht. Klepsch erwähnte den Namen ihm gegenüber nie.

Außerdem bringt der Nachbar die Polizei auf die Spur eines bisher unbekannten Bewohners und Kenners des Hauses Adlon – Hubert Dericks: Kuppi sagt aus, hin und wieder Holzarbeiten im Garten der Adlons erledigt zu haben. Dabei lernte er im Frühjahr 1950 auch den Kaufmann Hubert Dericks kennen, der damals im Hause Adlon wohnte und der vermutlich ein guter Bekannter der Familie Adlon und ein Freund von Walter Klepsch war. Auch Dericks benutzte als Zugang zum Haus die Zaunlücke im Garten. Für die Damen Adlon soll er Schmuck verkauft haben. Dericks war aus Starnberg wieder weggezogen, zwischen ihm und den Adlons soll es zu Streitigkeiten gekommen sein.

Darüber hinaus ist auch Kuppi ein mysteriöser Fremder im Garten der Villa aufgefallen: Im November 1951, so der Nachbar, rüttelte ein ca. 40-jähriger unbekannter Mann an der versperrten Gartentüre des Anwesens. Auf Kuppis Bemerkung, die Klingel zu benutzen, zog er seinen Mantel aus und kletterte über die Türe, um in das Grundstück zu gelangen. Kuppi beobachtete daraufhin nicht mehr weiter, was dieser Mann tat.

Eine Zeugin erhärtet den Verdacht gegen Elisabeth Adlon

Die Polizei befragt die Empfangsdame des Hotels Bayerischer Hof, Else Rosenkessel, geb. 1911. Sie hielt sich in der Zeit, während die Teilnehmer des Bridge-Turniers im Hotel verkehrten, vor allem in der Empfangshalle auf. Damit konnte sie sehen, wer durch den Haupteingang des Hotels ein- und ausging. Ein anderer Eingang stand in der Heizperiode den Gästen nicht zur Verfügung.

Aus der Vernehmung von Else Rosenkessel am Freitag, den 11. Januar 1952:
Die Polizei interessiert sich vor allem für ihre Beobachtungen der Bridgerunde an Sonjas Todestag: Nach Aussage von Else Rosenkessel veranstaltete die Frau des Starnberger Bürgermeisters Süßkind die Bridgerunde. Das Turnier, an dem geschätzt 20 Personen teilnahmen, dauerte von 14 bis 19.30 Uhr. Danach blieben noch 14 Personen zu einem einstündigen Abendessen, das gegen 20 Uhr begann und an dem sich eine Preisverleihung anschloss. Die Mehrzahl der Abendessensgäste brach gegen 22.30 Uhr auf, fünf Gäste blieben noch länger im Hotel. Dazu zählten nach Aussage von Frau Rosenkessel aber nicht Mutter und Tochter Adlon.

Die Angaben von Frau Rosenkessel über das Verhalten der Adlons stehen im Widerspruch zu deren Aussagen: Beide kamen, so die Empfangsdame, am 12. Dezember pünktlich zu Spielbeginn gegen 14 Uhr. Ottilie Adlon dürfte nach deren Beobachtung das Hotel von da an bis 22.30 Uhr nicht mehr verlassen haben. Elisabeth, die wie immer nicht am Spiel teilnahm, wurde von der Gastgeberin für kleinere Dienste eingespannt. Gegen 16 Uhr sah Else Rosenkessel, wie

Elisabeth im Mantel das Hotel verließ. Sie nahm an, dass Elisabeth ins Kino ging, wie sie es an den Mittwochnachmittagen gewohnheitsmäßig tat. Elisabeth kam zwischen 18 und 18.30 Uhr zurück. Frau Rosenkessel bat Elisabeth, bei dieser Ankunft im Hotel ihren Mantel abzulegen. Doch Elisabeth behielt ihn an, weil sie fröstelte und ging direkt zu den spielenden Damen. Eine weitere Unterhaltung zwischen ihr und Frau Rosenkessel fand nicht statt, auch nicht über einen Film. Elisabeth soll der Empfangsdame auch nichts gegeben haben. In der Zeit zwischen Elisabeths Rückkehr ins Hotel und dem Abendessen bemerkte Else Rosenkessel auch nicht, dass sie nochmals das Hotel verlassen habe. Allerdings war Frau Rosenkessel dreimal für ca. fünf Minuten nicht im Foyer. In diesen Zeiten konnte jemand von ihr unbemerkt aus dem Hotel gehen. Kurz vor 20 Uhr sah sie Frau Adlon und ihre Tochter – letztere noch immer im Mantel – gemeinsam im Hotel stehen. Sie bekam mit, dass beide Damen am Abendessen teilnahmen. Sie bemerkte, wie beide Adlons gegen 22.30 Uhr den Bayerischen Hof verließen. (Dies steht im Widerspruch zur Aussage Elisabeths, die behauptete, um 23 Uhr mit ihrer Mutter das Hotel verlassen zu haben. Anm. d. Verf.)

Wer irrt sich – Elisabeth oder die Empfangsdame? Denn auch über die Bridgerunde eine Woche später gibt es unterschiedliche Versionen: Frau Rosenkessel sagt aus, dass an der Bridgerunde eine Woche nach Sonjas Tod die beiden Damen Adlon wieder pünktlich ab 14 Uhr teilnahmen. Auch diesmal verließ Elisabeth gegen 16 Uhr das Hotel und bemerkte zu Frau Rosenkessel, ins Kino zu gehen, um sich abzulenken. Kurz nach 18 Uhr ging die Empfangsdame vor dem Hoteleingang und sah Elisabeth sich von einer Dame, vermutlich ihrer Freundin Benecke, verabschieden. Sie ging mit Frau Rosenkessel ins Foyer, erzählte ihr von dem Film, der sie nicht ablenken konnte und lieh ihr das Kinoprogramm. Außerdem übergab sie ihr zwei Päckchen mit Brot und Butter für das Abendessen zur Aufbewahrung, da sie kein Netz dabei habe. Danach erzählte ihr Elisabeth unaufgefordert von dem Mord. Dabei fiel Frau Rosenkessel auf, dass Elisabeth ihr jetzt am Abend Einzelheiten über die Lage und Kleidung der Toten nannte, während sie ihr am Nachmittag noch erzählt hatte, die Tote nur ganz flüchtig gesehen zu haben. Danach ging Elisabeth in den Bridgeraum.

Gegen 19 Uhr, nach Ende des Spiels, gingen Mutter und Tochter ins Foyer, nahmen die Päckchen und das Kinoprogramm an sich und warteten auf eine Maria mit Hund, die gegen 19.30 Uhr kam.

»*Ich bin mir ganz sicher, daß es am Mittwoch, den 19.12.51, und nicht am 12.12.51 war, als mir die Elisabeth Adlon das Kinoprogramm zeigte und mir die Lebensmittel zur Aufbewahrung gab.*

Ich bin auch bereit, diese meine vorstehenden Angaben bei einer richterlichen Vernehmung zu wiederholen und aufrechtzuerhalten.«

Frau Rosenkessel ist sich bei der Polizei sehr sicher, am Mordmittwoch an Elisabeth ein auffälliges Verhalten im Hotel bemerkt zu haben:

»*Am Mittwoch, dem 12.12.51, fiel mir auf, daß die Elisabeth Adlon im Gegensatz zu sonst den ganzen Nachmittag eine auffallende Vitalität, um nicht zu sagen, Nervosität entwickelte.* (Sie) *ging besonders vor ihrem angeblichen Kinobesuch oft beim Speisesaal aus und ein, was sie sonst nie tat, weil sie zu stören fürchtete. Diesmal kannte sie auf diesem Gebiet keine Hemmungen. Dies alles fiel mir deshalb auf, weil sie an anderen Tagen immer stundenlang für einzelne Verrichtungen brauchte und eher träge erschien.*

Ebenso fiel mir auf, dass sie nach Rückkehr vom Kinobesuch – ich bin mir heute nicht mehr sicher, ob sie kurz nach 18 Uhr, um 18.30 Uhr oder gar kurz vor 19 Uhr zurückkehrte – nicht wie sonst noch länger mit mir zu plaudern versuchte und sich noch kämmte usw. sondern gleich nach ein paar Worten in den Spielraum ging. Sonst hatte sie immer eine gewisse Scheu davor, den Raum zu betreten, weil sie das Spiel störte. An diesem 12.12.51 jedoch nicht.«

Ohne richterlichen Beschluss geht es für die Kripo nicht weiter

Um gegen Elisabeth Adlon und möglicherweise deren ehemaligen Geliebten weiterermitteln zu können, muss die Kripo zu Maßnahmen greifen, die nur mit einem richterlichen Beschluss möglich sind. Am Tag nach Kuppis Aussage stellt sie drei ermittlungsrelevante Anträge. Es eilt.

Aus den Anträgen an das Amtsgericht Starnberg vom Freitag, den 11. Januar 1952:
Um zu klären, ob Klepsch der anonyme Anrufer bei Walter Kuppi war, bedarf es für das Postamt eine richterliche Entbindung vom Telegrafen- und Fernsprechgeheimnisses. So argumentieren die Ermittler:
»(…) *Der Zeuge Heinz Kuppi (…) gab am 10.1.52 an, daß er am gleichen Tag gg. 10 Uhr (…) angerufen worden ist. Er ist an diesem Vormittag nur einmal angerufen worden. (…) Er vermutet, daß er von einem gew. Walter Klepsch angerufen worden ist. Das Verhalten des Anrufenden erweckt den Verdacht, daß dies u. U. der Täter war.*
Das Postamt Starnberg ist hiervon verständigt worden und hat von sich aus auf das mündliche Ersuchen der KASt Fbruck (OKom. Bolzmacher) Nachforschungen nach dem Anrufer eingeleitet. Das Postamt erklärt aber gleichzeitig, daß es über diesen Anrufer nur dann Auskunft gebe, wenn hierüber ein richterlicher Beschluß vorgewiesen werden könne.
Aus diesem Grund wird das Amtsgericht Starnberg um den Beschluß gebeten, das Postamt Starnberg bzw. das zuständige Telegrafen- und Fernsprechamt München vom Postgeheimnis (…) zu entbinden, weil es sich u. U. um eine Auskunft handelt, die in ein strafgerichtliches Untersuchungsverfahren, nämlich der Mordsache Bletschacher (…) von beweiserheblicher Bedeutung ist.«

Außerdem benötigt die Polizei mehr Wissen über die Persönlichkeit von Elisabeth. Daher braucht sie ärztliche Informationen und bittet um entsprechende Maßnahmen:
»*Im Laufe der Ermittlungen trat gegen die Elisabeth Adlon der Verdacht auf, daß sie einen geistigen Defekt hat. (…) Nachdem diese Verdachtsgründe von (…) Zeugen (…) vorgebracht werden, erscheint es geboten, daß im Krankenhaus Tutzing, wo die Elisabeth Adlon längere Zeit in stationärer Behandlung gestanden hat, darüber eine eingehende Auskunft durch Vernehmung der behandelnden Ärzte erholt wird, um über diesen Punkt ein einwandfreies Bild zu gewinnen.*
Aus diesem Anlaß bittet die KASt Fbruck (OKom. Bolzmacher) um richterlichen Beschluß, um die Ärzte von ihrer Schweigepflicht zu entbinden. (…)
Im Falle der Aussageverweigerung durch die Ärzte wird um den Beschluß zur Beschlagnahme der Krankheitsgeschichte der Elisabeth Adlon

gebeten, damit auf Grund der Auswertung durch den Herrn Landgerichtsarzt bei der StAnw. Mü. II (Staatsanwaltschaft München II, Anm. d.Verf) dieser Punkt geklärt werden kann. Bei dieser Krankheitsgeschichte handelt es sich zweifellos um ein Beweismittel, das für die Untersuchung von Bedeutung ist, nachdem ja die Elisabeth Adlon auf Grund der bisherigen Ermittlungen in den Täterkreis einbezogen werden muss.«

Um die Argumente gegen Elisabeth zu erhärten, will die Polizei bisherige Zeugenaussagen richterlich absichern lassen:
»Die KASt Fbruck bittet weiterhin um richterliche Vernehmung der Zeugen,
1.) Herrmann Marie (...)
2.) Rosenkessel Erna (...),
damit die Zeugen im späteren Verlauf des Ermittlungsverfahrens in ihren Aussagen bereits beweiserheblich gebunden sind. Die beiden Zeugen habe keine Ahnung davon, daß ihre Aussagen die Verdachtsgründe gegen Elisabeth Adlon bestärken. Es steht fest, daß durch die Aussagen der Zeugen Herrmann und Rosenkessel die Tatverdächtige (...) sich bereits in erhebliche Widersprüche verwickelt hat. Es ist weiterhin beachtlich, daß, wie bereits in anderen Fällen dieses Verfahrens, die Mutter Ottilie Adlon Zeugen unsicher macht (...). Um (...) das Ermittlungsverfahren nicht zu gefährden, wird um diese zwei richterlichen Vernehmungen gebeten.
Im Interesse des Ermittlungsverfahrens bittet die KASt. Fbruck das Amtsgericht Starnberg um umgehende Erledigung der vorstehenden drei Bitten. Die Zeuginnen stehen jederzeit zur Verfügung.«

Das Amtsgericht Starnberg erlässt noch am Samstag, den 12. Januar 1952 dazu einen Beschluss, Hilfe für die Kripo ist dies jedoch bedingt.
Das Gericht weist lediglich das Fernmeldeamt München an, über den Teilnehmer Auskunft zu geben, der am 10. Januar 1952 den Apparat von Heinz Kuppi angerufen hat. Über die richterliche Einvernahme und Schweigepflichtentbindung, um die Spur Elisabeth Adlon näher zu untersuchen, äußert sich das Amtsgericht zumindest schriftlich nicht.

Und wieder die Frage nach Sonjas letztem Einkauf - mittags und doch nicht abends?

Maria Michlmayer sah Sonja am Mittwoch ihres Todes gegen 12 Uhr mittags in der Stadt und unterhielt sich mit ihr. Die Zeugin wird erneut vorgeladen.

Aus der Vernehmung von Maria Michlmayer am Samstag, den 12. Januar 1952:
Ihre Aussage stellt die bisherige Annahme, dass Sonja ihre Einkäufe am Abend und nicht bereits mittags erledigte, endgültig auf den Kopf:
»Am Mittwoch, den 12.12.51, hatte ich in der Ortskrankenkasse in der Wittelsbacher Straße in Starnberg zu tun. Um 11.45 Uhr ging ich in die Ortskrankenkasse hinein. (...) Ich kam nach 5 bis 10 Minuten wieder heraus. Gegenüber der Ortskrankenkasse stand die Frau Bletschacher in Begleitung eines Freundes der Frau Richter (Sonjas Zugehfrau, Anm. d. Verf.) *(...) Ich ging auf sie zu und unterhielt mich mit ihr. Ich fragte sie, ob sie schon eingekauft habe, weil sie so bepackt war. Sie sagte mir, daß sie gerade von München komme. (...) Sie hatte zwei vollgepackte Einkaufstaschen dabei. Aus einer schaute ein Gummibaum heraus. (...) Nach einigen Minuten ging ich (...) von Frau Bletschacher weg. Während ich zum Postamt ging, wollte die Frau Bl. noch zu Rieser gehen um einzukaufen. Mir fällt jetzt ein, dass sie auch noch sagte, sie wolle zum Bäcker Popp gehen und anschließend zum Rieser, weil um 12.30 Uhr die Geschäfte geschlossen werden. (...)*
Ich halte es nicht für möglich, dass die Frau Bletschacher am Mittwoch, den 12.12.51, abends gegen 18 Uhr bei Rieser noch eingekauft haben soll. Einmal hat sie grundsätzlich abends nicht mehr eingekauft. Zum anderen habe ich einige Zeit (14 Tage) nach dem Mord mit der Frau Rieser gesprochen. Ich fragte sie, was Frau Bl. eingekauft habe. Sie sagte mir, dass die Frau Bl. u. a. einen Wermutwein, Honig und Wurst gekauft habe. Frau Rieser sagte mir weiter, die Frau Bl. sei vollbepackt gewesen und habe u. a. einen Blumenstock in einer Tasche gehabt. Dies kann am Abend nicht der Fall gewesen sein, weil ich die Frau Bletschacher schon am Mittag mit diesem Gepäck gesehen hatte und sie anschließend ja nach Hause ging, wo ich sie gegen 15 Uhr antraf.«

Sonjas Freund oder Geliebter will sich entlasten

Der Ingenieur erscheint freiwillig bei der Kripo in München. Es geht ihm besonders um sein Alibi.

Aus der Aussage von Karl Ludwig am Montag, den 14. Januar 1952:
Er kommt mit Rechnungen und Belegen zur Polizei, nachdem er mittlerweile seine Geschäftsunterlagen durchgesehen hat und seine Tagesabläufe auf der Geschäftsreise nach Lahr und Freiburg vom 11. bis 13. Dezember rekonstruieren konnte. Zugleich gibt er an, seinen schwarzen Mercedes erst seit Anfang Oktober 1951 zu fahren.

In Sonjas Wohnung will er das letzte Mal am Samstagvormittag, den 8. Dezember 1951 gewesen sein. Anwesend war auch Sonjas Freundin Hedi Goth.

Die Kripo verzichtet darauf, Ludwigs Frau und seinen Mitarbeiter zum Alibi zu befragen, obwohl ihn beide auf der Geschäftsreise begleiteten. Allerdings veranlasst sie noch am gleichen Tag die Überprüfung von Ludwigs Angaben bei der Kripo in Lahr und Freiburg. Von dort werden die Angaben des Zeugen bestätigt. Ebenso unterlassen es die Beamten nachzuhaken, ob zwischen ihm und Sonja ein intimes Verhältnis bestand. Dazu hat Ludwig bei seiner letzten Befragung die Aussage verweigert.

Tatverdächtig! Von der Vernehmung in die Zelle

Die Kripo erscheint am Montag, den 14. Januar 1952 früh um 6.45 Uhr in der Wohnung des Dachdeckers und seiner Familie – mit einem Hausdurchsuchungsbeschluss. Zugleich wird Erich Langenbruch zur Vernehmung mitgenommen. Hintergrund sind die richterlichen Aussagen von Sonjas Freundin Hedi Goth und der Nichte Ilse über das vermeintlich intime Verhältnis zwischen Langenbruch und Sonja. Oberkommissär Bolzmacher vernimmt den Dachdecker in den Räumen des Amtsgerichts Starnberg zwischen 7.30 und 11 Uhr. Erich Langenbruch, geb. 1902, lebt seit 1922 in Starnberg. Im Jahr 1925 hat er seine Frau Therese, geb. 1903, geheiratet. Die beiden haben zwei erwachsene Kinder, eine Tochter und einen Sohn.

Aus der Vernehmung von Erich Langenbruch am Montag, den 14. Januar 1952:
Der Beginn der Bekanntschaft mit Sonja Bletschacher schildert er als rein geschäftlich. Im Jahr 1947 führte Erich Langenbruch an dem Haus in Percha, in dem Sonja damals wohnte, Reparaturarbeiten durch. In diesem Zusammenhang lernte er Sonja kennen:
»(...) *Es ist mir bekannt geworden, daß ihr Mann Offizier war, dieser bereits verstorben ist und sie jetzt in Starnberg, Max-Emanuel-Str. 7 eine Wohnung bekomme. Frau Pletschacher erzählte mir von ihrer Not und daß sie sich demzufolge von Einrichtungsgegenständen trennen müsse. So bot sie mir einen elektrischen Wasserboiler an, eine Bauernstube, einzelne Möbelstücke u.a. an. Es handelte sich darum, daß sie ihre große Wohnung in Percha auflösen musste, weil ihre neue Wohnung nur sehr klein war. Ich hatte für diese Sachen keine Verwendung. Ich gab aber die Zusage, daß ich mich für Käufer verwenden würde. Ich nehme an, daß die Frau Pletschacher mit dem gleichen Ansuchen auch an die anderen Handwerksmeister herangetreten ist. Nach meinem Wissen trat sie in diesem Sinne auch an den Metzgermeister Happach heran. Ich weiß bestimmt, daß die Frau Pletschacher mir zu späterer Zeit gesagt hat, daß der Prokurist des Chemiewerkes, der ehemaliger Major war, die Bauernstube gekauft hat. Dieser Major war glaublich ein Untergebener ihres Mannes. Nach meinem Wissen hat der Malermeister Schad den Wasserboiler um 100 Mark gekauft. Ob es sich um Reichsmark oder um DM handelte, das weiß ich aber nicht mehr.*
Solange Frau Pletschacher in Percha wohnte, habe ich von ihr nichts gekauft. Kurze Zeit nach ihrem Einzug in Starnberg traf ich die Frau Pletschacher auf der Straße. Sie bedankte sich bei mir für meine angebliche Mithilfe. Ich muß aber anfügen, daß dazu kein Anlaß bestanden hatte, denn ich habe ihr nicht mehr geholfen, als ich einem anderen Menschen auch helfen würde. Obwohl diese Unterhaltung nur kurz war, brachte sie mir Sorgen mit ihrer neuen Wohnung vor, daß sie einen billigen Installateur und einen billigen Maler brauche. Gleichzeitig sagte sie mir auch, daß es zu ihr hereinregne und in diesem Zusammenhang hat sie mich in ihre Wohnung eingeladen.«

Als Motiv für seine Kontakte zu Sonja nennt er Geschäfte und vor allem Hilfsbereitschaft:
»*Wenige Tage später kam ich zu Frau Pletschacher in die Wohnung. Ihre Nichte Ilse war sowohl in Percha als auch in der neuen Wohnung in Starnberg ständig da. Zu welcher Tageszeit ich meinen ersten Besuch bei Frau Pletschacher in Starnberg machte, kann ich heute nicht mehr mit Bestimmtheit sagen. Es dürfte sich wohl um die Mittagszeit und die Nachmittagsstunden gehandelt haben. In der Toilette und in der Küche regnete es leicht ein und ich habe diese schadhaften Stellen an diesem Tag ausgebessert. Persönliche Angelegenheiten wurden aber an diesem Tag nicht besprochen.*

Etwa einen Monat später traf ich die Frau Pletschacher wieder auf der Straße und sie erzählte mir wiederum von ihrer Wohnung, daß sie ganz nett eingerichtet sei.

Ich traf sie dann lange Zeit nicht mehr. Glaublich während der Faschingszeit 1949 traf ich die Frau Pletschacher wieder auf der Straße und sie erzählte mir, daß sie immer noch keine Rente bekomme und gezwungen sei, weitere Einrichtungsgegenstände zu verkaufen. Sie bot mir einen Perserteppich an, der etwa 1300 DM kosten sollte. Ich gab ihr aber zu verstehen, daß ich dafür keine Verwendung habe und meinte, daß sie sich deswegen mit irgendeinem Antiquitätengeschäft in München in Verbindung setzen soll. Dies hat sie dann auch getan. Wie diese Firma aber heißt, weiß ich aber nicht, sie hat das nie gesagt. Im Zusammenhang mit diesem Teppich bot sie mir auch noch einen Hemdenstoff, der farblich aus dem Afrikakorps stammt, an. Diesen Stoff habe ich gekauft, es war aber nur so viel Stoff, daß meine Frau mir nur ein Hemd machen konnte. Im gleichen Zeitraum habe ich von der Frau Pletschacher ein goldenes Armband für 30 DM gekauft. Der Kauf dieses Armbandes erfolgte auch im Zeitraum des Faschinges 1949.«

Seit Frühjahr 1949 will er den Kontakt zu Sonja abgebrochen haben:
»*Frau Pletschacher war der Meinung, daß ich als Handwerksmeister immer gleich für sie da sein soll und das berührte mich im Laufe der Zeit etwas unangenehm. Aus diesem Anlaß zog ich mich von ihr zurück. Von diesem Zeitpunkt ab habe ich den Verkehr mit der Frau Pletschacher eingestellt.*

Während des Wohnens der Frau Pletschacher in Percha war ich nur ein

oder zwei Mal in ihrer Wohnung. Durch meine Handwerksarbeit kam ich mit ihr aber oft zusammen. In der Starnberger Wohnung war ich höchstens vier Mal. Nach dem Kauf des Armbandes kam ich aber nicht mehr in die Wohnung. Es ist zutreffend, daß ich auch den Wasserboiler kaufen wollte (...), wogegen meine Frau aber Einwände erhob und somit aus dem Kauf nichts geworden ist. Von den Kaufangeboten der Frau Pletschacher habe ich selbstverständlich auch meiner Frau immer erzählt. Meine Frau war aber immer dagegen, und zwar mit der Begründung, daß wir solche Sachen nicht brauchen.
Vom Frühjahr 1949 ab brach dann mein Verkehr mit der Frau Pletschacher vollkommen ab. Ich kam nicht mehr in ihre Wohnung und habe sie auf der Straße auch nicht mehr getroffen. Ich habe mich von ihr zurückgezogen. Über Besuche bei der Frau Pletschacher kann ich gar keine Angaben machen. Ebenso kann ich über das Verhältnis der Frau Pletschacher zur Familie Adlon in keiner Weise Angaben machen.«

Die Kripo konfrontiert den Dachdecker mit der Behauptung, ein intimes Verhältnis mit Sonja unterhalten zu haben:
»*Ich muß entschieden bestreiten, daß ich mit der Frau Pletschacher in nähere*(n) *Beziehungen gestanden habe.*
Auf Vorhalt: Es ist nicht richtig, daß ich mich der Frau Pletschacher genähert habe, um von ihr zum Unterpreis irgendwelche Sachen zu bekommen.
Auf Vorhalt: Unter Belehrung auf das Amtsgeheimnis muß ich die Frage nach näheren oder intimen Beziehungen abstreiten. Die Frau Pletschacher, die die Witwe eines Obersten war, machte eine guten und gewandten Eindruck. Sie war immer höflich und freundlich, aber es ist zwischen uns nie zu intimen Gesprächen gekommen.
Auf Vorhalt: Es interessiert aber, was ihre Tochter wegen ihrer Person in der Wohnung der Frau Pletschacher zu tun hatte.
Antwort: Mir ist bekannt, daß meine Tochter (...) mit der Tochter Elisabeth Adlon bekannt ist. Diese zwei Mädchen kennen sich seit vielen Jahren. (...) Mir ist bekannt, daß meine Tochter (...) einmal bei Adlon zu Besuch war. Als sie damals nach Hause kam, erzählte sie meiner Frau und mir, daß sie heute die Frau Pletschacher kennengelernt habe, von der ich das Armband für meine Frau gekauft habe.
A. V.: Den Vorhalt, daß ich mit der Frau Pletschacher in engeren Be-

ziehungen gestanden habe, muß ich ganz entschieden bestreiten. Ich hatte mit der Frau Pletschacher keine intimen Beziehungen und es ist auch völlig unwahr, daß ich mich mit ihr geduzt habe.«

Die Kripo lässt nicht locker. Wie tief war die Beziehung zwischen Langenbruch und Sonja?
»*Ich höre heute zum ersten Mal davon, daß die Frau Pletschacher sich mit Tischchenrücken befaßt hat. Sie sprach zu mir bei den Zusammenkünften nur immer davon, daß sie als Offizierswitwe keine Rente bekomme und durch den Verkauf von Sachen sich Geld beschaffen muß. Von anderen Dingen wurde nie gesprochen. Mir ist auch nichts davon bekannt, daß unsere Unterhaltungen sich um Politik drehten.*
A. V.: Ich kann zur ganzen Sache nichts anderes angeben, als was ich eingangs bereits geschildert habe. Auf die Vorhalte, daß meine Besuche bei der Frau Pletschacher in der Öffentlichkeit geheim bleiben sollen und daß ich nur dann zu ihr gekommen sein soll, wenn niemand im Haus war, erkläre ich, daß diese Angaben in keiner Weise der Wirklichkeit entsprechen. Ich versichere daß ich mich mit der Frau Pletschacher nicht geduzt habe und daß ich auch keine geheimen Besuche bei ihr gemacht habe. Nachdem ich mit der Frau Pletschacher auch nie in ein politisches Gespräch gekommen bin, kann gegen mich in dieser Beziehung auch keine Belastung vorgebracht werden. Ich kam zu der Frau Pletschacher nur immer am Tage, so daß meine Besuche von jedermann zu jeder Zeit wahrgenommen werden konnten. Es kam auch zwischen mir und meiner Frau wegen der Frau Pletschacher nie zu einer Auseinandersetzung, insbesonders nicht wegen Eifersucht. Es ist richtig, daß ich ein alter Sozialdemokrat bin und jetzt 30 Jahre der SPD angehöre. Ich hatte aber nie eine Ursache, der Frau Pletschacher meine politische Einstellung in irgendeiner Form aufzudrängen. Meine Angabe, daß ich seit Frühjahr 1949 mit der Frau Pletschacher kein Wort mehr geredet habe, daß muß ich mit aller Sicherheit aufrecht erhalten. Daraus ergibt sich, daß ich seit Frühjahr 1949 die Frau Pletschacher weder auf der Straße getroffen noch in ihrer Wohnung besucht habe. In meine Wohnung ist die Frau Pletschacher noch nie gekommen. Den Vorhalt, daß ich 1950 mit der Frau Pletschacher in Verbindung stand, muß ich zurückweisen.
Von dem Mord an der Frau Pletschacher habe ich erst aus der Zeitung Kenntnis bekommen.«

Langenbruch bleibt dabei – der Kontakt zwischen ihm und Sonja war nur oberflächlich:
»*Ich versichere, daß für mich in gar keiner Weise irgendein Anlaß besteht, irgendetwas zu verschweigen. Ich habe lediglich aus Mitleid der Frau, soweit es mir möglich war, im Rahmen meiner Beziehungen zu helfen versucht. Es bestand für meine Frau in gar keiner Weise Anlaß zu einer Eifersucht wegen der Frau Pletschacher. Die Frau Pletschacher hat mir auch noch nie schöne Augen gemacht, woraus ich annehmen konnte, daß ich zu Hoffnungen berechtigt war. Ich habe die Frau Pletschacher immer als feine Dame kennengelernt, die zu mir stets höflich und korrekt war. Das Verhalten der Frau Pletschacher gab mir nie die Möglichkeit, mich ihr zu nähern. Über die Lebensweise der Frau Pletschacher bin ich in keiner Weise orientiert. Über den Bekanntenkreis der Frau Pletschacher weiß ich nichts. Mir ist lediglich bekannt, daß sie mit einer Offiziersfrau befreundet war. Wie diese Frau aber heißt und wo sie wohnt, weiß ich nicht. Ob, wer und wann und wo in Starnberg das Bridgespiel betrieben wird, daß weiß ich nicht. Den Ausdruck Bridge kannte ich nur flüchtig aus der Zeitung. Ob die Frau Pletschacher Bridge gespielt hat, das weiß ich auch nicht, denn ich habe davon nie etwas (…) gesehen.*«

Jeden Zusammenhang mit Sonjas Tod bestreitet der Dachdecker:
»*Ich versichere, daß ich mit dem Tod der Frau Pletschacher in keiner Weise in irgendeinem Zusammenhang stehe. Wenn mir aus dem Leben der Frau Pletschacher Einzelheiten bekannt wären, so würde ich sie ohne weiteres zu Protokoll geben, um an der Aufklärung dieses Verbrechens mithelfen zu können.*
Wie ich bereits angegeben habe, wurde der fragliche Wasserboiler von dem Malermeister Schad gekauft. Er tat dies nur aus Mitleid, um der Frau Pletschacher helfen zu können. Nach drei Tagen konnte er ihn bereits anderweitig verkaufen. Ich möchte bemerken, daß Schad ein heute ca. 65jähriger Malermeister ist, der mit diesem Boiler beruflich auch nichts anzufangen wußte. Dieser Schad ist der Schwiegervater meiner Tochter (…).
Mehr kann ich zur Sache nicht zugeben, weil ich über Einzelheiten aus dem Leben der Frau Pletschacher nicht unterrichtet bin.«

Die Polizei nimmt Langenbruch vorläufig fest und beantragt Haftbefehl.

Seinen Eindruck und seine Schlussfolgerungen aus der Vernehmung hält Bolzmacher gegenüber dem Amtsgericht Starnberg fest.

Informationen aus der Haftanzeige der Kripo an das Amtsgericht Starnberg vom Montag, den 14. Januar 1952:
»(…) *Bei seiner Vernehmung war Langenbruch sehr ruhig und gefaßt. Auf Befragen gab er sofort Antwort. Unter Hinweis auf die Widersprüche seiner Angaben wurden ihm entsprechend Vorhaltungen gemacht.*

Nachdem nun Langenbruch alle Belastungen, die im Allgemeinen mit der Tatausführung zwar noch gar nichts zu tun haben, jedoch auf seine Person mit einer gewissen Sicherheit als Täter schließen lassen, zurückweist, ist es erforderlich, daß seine Angaben genauestens nachgeprüft werden. Das Bestreiten der glaubhaften Zeugenaussagen rechtfertigt den Tatverdacht gegen Langenbruch. Er wurde deshalb um 11 Uhr des 14.1.52 vorläufig festgenommen und dem AGGef. (Amtsgerichtsgefängnis, Anm. d. Verf.) *zugeführt. Da ein Verbrechen des Mordes den Gegenstand der Untersuchung bildet, bedarf die Fluchtgefahr keiner Begründung. Daneben besteht aber außerdem im großen Umfange Verdunkelungsgefahr, die darin begründet ist, daß er Alibizeugen und Zeugen seines Umgangs mit der Ermordeten zu falschen Aussagen beeinflußt.*

Bei der Durchsuchung der Häuslichkeiten des Langenbruchs wurden Schlag- und Stichwerkzeuge vorgefunden, die für die Tatausführung geeignet erscheinen. Diese Werkzeuge müssen unverzüglich dem Zentralamt für Kriminalidentifizierung in München zugeführt werden. Die Befragung weiterer Zeugen, die im Zusammenhang mit Langenbruch in Erscheinung getreten sind, wird ebenfalls unverzüglich eingeleitet und sofort dem Amtsgericht Starnberg zur Lösung der Haftfrage zugeleitet.«

Die Hausdurchsuchung bei Langenbruch am Montag, den 14. Januar 1952:
Zwei Beamte der Starnberger Stadtpolizei und zwei Beamte der Landpolizei durchsuchen während der Vernehmung des Dachdeckers »sämtliche Räume und Behältnisse im Wohnhaus, die Werkstatt, die Holzhütte, das Lagerhaus und das Gartengelände«. Die Maßnahme dauert von

7 Uhr bis 8.45 Uhr am Morgen. Anwesend sind Langenbruchs Ehefrau Therese und sein Sohn.
Die Beamten stellen ein Schüreisen, mehrere Messer, einen Schieferhammer und drei Handbeile sicher. Diese Gegenstände werden mit Einverständnis von Therese Langenbruch mitgenommen, um sie bis zum Abschluss der Ermittlungen auf hiesiger Dienststelle zu verwahren. Schuhe sind nicht dabei. Am 16. Januar bestätigt Erich Langenbruch bereits, diese Gegenstände wieder ausgehändigt bekommen zu haben.

Da Langenbruch verdächtigt wird, ein zärtliches Verhältnis mit Sonja gehabt zu haben, beleuchtet die Kripo natürlich auch die Rolle seiner Ehefrau und seiner Kinder.

Aus der Vernehmung der Ehefrau am Montag, den 14. Januar 1952:
Die Angaben von Therese Langenbruch, geb. 1903, weichen teilweise von denen ihres Mannes ab:
»(…) *Mein Mann hatte von Frau Bletschacher nach meinem Wissen einen grauen Filzhut und eine schwarze Kappe für mich gekauft. Ob diese Käufe in Percha oder in Starnberg stattfanden, das kann ich heute nicht mehr sagen. Richtig ist, daß mein Mann von einem Wasserboiler und einem Teppich sprach. Die zwei Sachen hätte er von der Bletschacher kaufen können. Der Kauf unterblieb, weil wir dafür kein Geld hatten. Die Frau Bletschacher hatte auch ein Ballkleid zu verkaufen. Ich lehnte dies aber ab.*«

Kontakt zu Sonja hatte die Tochter der Langenbruchs. Doch der war ausschließlich geschäftlich:
»*Dagegen kam meine Tochter (…) dorthin, weil sie mit der Tochter Adlon bekannt war. Meine Tochter und die Tochter Adlon haben zu früherer Zeit bei einer Firma in Starnberg einige Zeit zusammen gearbeitet. (…) Die Angelegenheit mit dem Abendkleid war nach meinen bestimmten Erinnerungen im Fasching 1949. Meine Tochter (…) hat sich dieses Kleid bei der Bletschacher angesehen, hat es aber nicht gekauft. Es ist zutreffend, daß meine Tochter dann von der Frau Bletschacher in Form eines kleinen Zettels ein Empfehlungsschreiben für ein Münchener Textilgeschäft bekommen hat. Der Name Weizenbauer ist mir kein Begriff; ich kann*

nicht sagen, ob dieses Empfehlungsschreiben für die Firma Weizenbauer bestimmt war. Meine Tochter kaufte mir dann einen Stoff für ein Abendkleid. Ich weiß aber nicht, wo und bei wem sie diesen Stoff gekauft hat. Nach dem Vorgang mit dem Ballkleid kam meine Tochter (…) nach meinem Wissen nicht mehr ins Haus Adlon und auch nicht mehr zu Frau Bletschacher.«

Für Therese und die ganze Familie war Sonja in den letzten Jahren kein Thema mehr:
»Der Name Bletschacher ist nie mehr in meiner Familie gefallen. Erst als in der Zeitungsnotiz und das Radio den Mordfall veröffentlichten, machte mich mein Mann darauf aufmerksam, daß es sich hier um jene Frau Bletschacher handelte, von der er das Armband gekauft hat.
Ob mein Mann zu späterer Zeit mit ihr zusammengekommen ist, weiß ich nicht, denn es ist von etwa Frühjahr 1949 ab in unserer Familie von der Frau Bletschacher nicht mehr gesprochen worden.
Wegen Frau Bletschacher kam es in der Familie nie zu Auseinandersetzungen. Ich wollte lediglich nicht haben, daß mein Mann gebrauchte Sachen nach Hause bringt.
Ich habe die Frau Bletschacher nicht gekannt und demzufolge mit (ihr) noch nicht gesprochen. Mehr kann ich zur Sache nicht angeben.«

Rückschlag für die Polizei

Noch am Nachmittag seiner Inhaftierung vernimmt der Ermittlungsrichter des Amtsgericht Starnberg den Beschuldigten Langenbruch.

Aus der Beschuldigtenvernehmung vom Montag, den 14. Januar 1952:
Langenbruch bleibt bei seinen Aussagen vom Vormittag bei der Kripo und betont nochmals den rein geschäftlichen Charakter seiner Beziehung zu Sonja. Der Kontakt sei ihm unangenehm geworden, da er allmählich genug davon hatte, von ihr um Gefälligkeiten gebeten zu werden. Außerdem haben seine Besuche in Sonjas Wohnung nur tagsüber und stets in Anwesenheit von Dritten, meist der Nichte Ilse, stattgefunden. Sowohl private Gespräche als auch Sonja geduzt zu haben, bestreitet er.

Der Ermittlungsrichter kommt zu dem Schluss:
»Der Beschuldigte musste mangels Tatverdacht, geschweige denn dringenden Tatverdachts wieder auf freien Fuß gesetzt werden.«
Um 15.35 Uhr ist Erich Langenbruch wieder frei.

Was ist mit Langenbruchs Alibi?

In einer eigenen Vernehmung befragt Oberkommissär Bolzmacher Erich Langenbruch über sein Alibi für Mittwoch, den 12.12.1951. Unklar ist, ob dies vor oder nach der richterlichen Vernehmung stattfindet.

Aus der Alibi-Vernehmung von Erich Langenbruch am Montag, den 14. Januar 1952:
Der Dachdecker gibt an, dass sich am 11. und 12. Dezember sein Ford-PKW in der Autowerkstatt Völkl in Starnberg zur Reparatur befand. Er habe sich an beiden Tagen dort aufgehalten. Da er sein Auto dringend brauchte, wurden in der Werkstatt Überstunden gemacht. Sein Wagen sei am 12. Dezember erst gegen 20 Uhr fertig gewesen, mit Franz Völkl habe er noch eine Probefahrt unternommen und sei dann »gegen 20 Uhr« nach Hause gekommen.

Die Spur Erich Langenbruch löst sich auf

Zwei Tage nach Langenbruchs Verhaftung und Entlassung werden der Mechanikermeister Franz Völkl und der bei ihm angestellte Mechaniker vernommen. Letzterer reparierte Langenbruchs Auto.

Aus der Alibiüberprüfung am Mittwoch, den 16. Januar 1952:
Franz Völkl gibt gegenüber der Stadtpolizei an:
»Laut Eintragung im Geschäftsbuch war sein Wagen vom 11. bis 12.12.51 in meiner Werkstätte. Dies kann ich mit hundertprozentiger Sicherheit angeben. Als er am 11. Dez. den Wagen brachte, habe ich ihm versprochen, daß er ihn am anderen Tag um 17.00 Uhr abholen kann. Er ist auch tatsächlich am anderen Tag zur besagten Zeit bei mir gewesen, um seinen Wagen abzuholen. Die Reparatur hat aber längere Zeit beansprucht, als

vorgesehen war. Langenbruch ist dann bis zur Fertigstellung seines Wagens bei uns in der Werkstatt geblieben. (...)«

Sein angestellter Mechaniker ergänzt:
»(...) Nach meiner Erinnerung habe ich bis kurz vor 20.00 Uhr an dem Wagen gearbeitet. Ich kann mich deshalb noch daran erinnern, weil er mir auch ein Trinkgeld gab.«

Damit scheint vom Verdacht gegen Langenbruch nicht mehr viel übrig zu bleiben.

Elisabeth Adlon im Visier: Bekommt die Kripo mehr Befugnisse?

Die Polizei benötigt nähere Einschätzungen über Elisabeths psychischen Zustand. Die Informationen kann die Polizei nur mit Erlaubnis der Justiz einholen. Die Bitte der Kripo von Anfang Januar um eine Schweigepflichtsentbindung von Elisabeths Ärzten hat das Amtsgericht Starnberg mittlerweile abgelehnt. Jetzt ersucht man die Staatsanwaltschaft um alternative Maßnahmen.

Aus einem Ersuchen an die Staatsanwaltschaft München II vom Mittwoch, den 16. Januar 1952:
Hintergrund ist, dass Zeugen unabhängig voneinander bei Elisabeth sehr auffälliges Verhalten beschrieben haben:
»(...) *Im Zuge der umfangreichen Ermittlungen ergaben sich durch Zeugenaussagen Hinweise, daß (...) die berufslose und ledige Elisabeth Adlon (...) wohnhaft bei ihrer Mutter in Starnberg, Max-Emanuelstr. 7/I, an geistigen Störungen leidet. Diese Störungen sollen in Form einer Zwangsneurose auftreten. Für den Ausdruck Zwangsneurose ist aber keine ärztliche Erklärung vorhanden, sondern es handelt sich um vorsichtige Andeutungen von Zeugen. Die Zeugen gaben an, daß die Elisabeth Adlon zeitweise unmotivierte Handlungen, z. B. grundloses Schwenken der Gartentür, zweckloses Bewegen des Klappteils ihres Gepäckträgers am Fahrrad, Hin- und Herlegen von Büchern und anderen Gegenständen usw. begeht. Sie leidet scheinbar auch an sexuellen Komplexen, die sich einerseits so ausarten, daß sie ihre Männererlebnisse bis in die kleinsten*

Details anderen Frauen (...) erzählte. Davon wußte auch die Ermordete Bletschacher (...).«

Eine richterliche Anordnung, um medizinische Auskünfte zu erhalten, wurde den Ermittlern vom Amtsgericht Starnberg verweigert. So führt der Bericht aus:
»*Die Elisabeth Adlon befand sich wegen ihrer verschiedenen Leiden (...) vor etwa 1 Jahr in stationärer Behandlung des Krankenhauses Tutzing. Da auf Grund des Art. 4/III des Bayer. Ärztetages v. 25.5.46 von den behandelnden Ärzten in diesem Falle über die Elisabeth Adlon keine Auskunft erwartet werden kann, wurde das Amtsgericht unterm 11.1.52 um Anordnung der Sicherstellung der Krankheitsgeschichte der Elisabeth Adlon gem. §§ 94,95 StPO gebeten, um dadurch dem Herrn Landgerichtsarzt Unterlagen zur Charakterisierung der Elisabeth Adlon vorlegen zu können. Das Amtsgericht Starnberg lehnte dies unter dem Hinweis ab, daß dieses Ansuchen an den Herrn Landgerichtsarzt gestellt werden soll.*
Nachdem sich die Verdachtsgründe für die Täterschaft gegen die Elisabeth Adlon richten und das Amtsgericht Starnberg auf den Antrag der KASt. Fbruck vom 8.1.52 (...) für das Haus Adlon einen Durchsuchungsantrag erteilt hat, muß nun nach Abschluß der dazu gehörigen Umrahmungsermittlungen nicht nur die Durchsuchung durchgeführt werden, sondern die Elisabeth Adlon ist als Tatverdächtige vorl. festzunehmen und eingehend zu überprüfen.
Aus diesem Anlaß bittet die KASt. Fbruck die Staatsanwaltschaft München II den Herrn Landgerichtsarzt zur Überprüfung der Krankheitsgeschichte der Elisabeth Adlon im Krankenhaus Tutzing und des einschlägigen Privatarztes (...), damit über die Tatverdächtige Elisabeth Adlon ein klares Bild ihrer Person vorliegt, weil davon die Vernehmungen wesentlich abhängen.«

Doch die Staatsanwaltschaft lehnt die Vorgehensweise der Kripo ab: Am 17.1. 1952 vermerkt der Staatsanwalt handschriftlich von diesen Maßnahmen abzusehen. Er hält eine Untersuchung von Elisabeth durch den Landgerichtsarzt für erfolgversprechender.

Ein Richter vernimmt zentrale Belastungszeuginnen gegen Elisabeth

Am 11. Januar hat die Kripo das Amtsgericht Starnberg um eine richterliche Vernehmung von Maria Herrmann, Inhaberin des Molkereigeschäfts, und von Else Rosenkessel, der Empfangsdame des Bayerischen Hofs, gebeten. Ihre Aussagen stehen im Widerspruch zu Elisabeths Angaben über ihre zeitlichen Abläufe am Nachmittag des 12. Dezembers. Insofern gelten für die Kripo beide Frauen, ohne dass es ihnen bewusst ist, als wichtige Belastungszeuginnen. Die Polizei drängt darauf, dass sie ihre Aussagen nochmals vor einem Richter wiederholen. Der Ermittlungsrichter des Amtsgerichts Starnberg vernimmt beide getrennt voneinander.

<u>Aus den Vernehmungen von Maria Herrmann und Else Rosenkessel am Montag, den 21. Januar 1952:</u>

Maria Herrmann schränkt ihre frühere Aussage vor dem Richter ein. Am 5. Januar war sie sich noch sicher gewesen, dass Elisabeth Adlon kurz vor Ladenschluss gegen 18.30 bis 18.45 Uhr bei ihr eingekauft hatte, auch wenn sie sich an die Uhrzeit nicht mehr erinnern konnte. Jetzt gibt sie an:

»(…) *Ich kann mit Bestimmtheit aufrechterhalten, dass am Tage des Mordes, nämlich am 12.12.1951, Fräulein Adlon in den späten Nachmittagsstunden in meinem Geschäft eingekauft hat. Dagegen kann ich nicht mit Sicherheit sagen, ob sie die Kundin war, die kurz vor Ladenschluss noch gekaufte Ware abgeholt hat. Ladenschluss ist bei mir in der Regel um 18.30 Uhr; der effektive Ladenschluss zieht sich aber unter Umständen bis in die Zeit zwischen 18.45 und 19 Uhr hin.* (…)«

Auch der Wert von Else Rosenkessels Aussage relativiert sich vor dem Ermittlungsrichter. Ihre Erinnerung an die Zeitabläufe ist mittlerweile beeinflusst worden. Auf der einen Seite hält die Empfangsdame ihre Angaben vom 11. Januar vor der Kripo uneingeschränkt aufrecht. Auf der anderen Seite weitet sie ihre Zeitangaben über Elisabeths Rückkehr ins Hotel am 12. Dezember abends aus:

»*Über den Zeitpunkt der Rückkehr des Fräulein Adlon im Hotel am 12.12.1951 kann ich keine genauen Angaben mehr machen. Nach meiner Erinnerung war es jedenfalls nach 18 Uhr und vor dem Zeitpunkt, zu dem ich mich in die Kaffeeküche begab, was ich zwischen 19 Uhr und 19.30 Uhr tat. Ein anderer Gast, Frau Süßkind, hat mir in der letzten Zeit dem Sinne nach erzählt, Fräulein Adlon sei erst gegen Ende des Turniers gegen 19 Uhr ins Hotel zurückgekehrt. Ich berichtige: 19.30 Uhr. Ich kann aber nicht mehr mit Sicherheit sagen, ob Frau Süskind dies als ihre eigene Beobachtung oder als die Beobachtung anderer Teilnehmer am Turnier erzählt hat. (…)«*

Eine schwatzhafte Zeugin liefert neue Details und stellt ein Ermittlungsergebnis auf den Kopf

Maria Michlmayer scheidet für die Polizei schon recht früh aus dem Täterkreis aus, sie bleibt aber weiter unter Beobachtung. Immer wieder befragen sie die Beamten eindringlich zu den Verhältnissen im Hause Adlon und den Lebensumständen von Sonja, und das obwohl sie als schwatzhaft und unglaubwürdig gilt und wenig Informationen aus erster Hand besitzt.

Aus der Vernehmung von Maria Michlmayer am Montag, den 21. Januar 1952:
Durch ihrer Neugierde hat sie manche Informationen über Sonjas Einnahmen und Ausgaben aufgeschnappt: So weiß sie von deren kleinem Handel mit Stoffen. Grund dafür waren Sonjas Geldsorgen. Über die Herkunft der Stoffe besitzt die Zeugin keine Informationen.

Auch zu Elisabeth Adlon liefert Frau Michlmayer Hinweise, Details kennt sie jedoch nicht: Über deren Beziehungen zu Männern weiß sie lediglich, dass diese ein Verhältnis mit Walter Klepsch unterhielt, der mittlerweile in Stuttgart verheiratet ist. Intime Details hat ihr Elisabeth nie anvertraut. Auch ist der Zeugin Elisabeths Verhalten aufgefallen. Beispielsweise beobachtete sie, wie die junge Frau, anstatt einen vollen Aschenbecher in den Mülleimer auszuleeren, in einer Hand den Aschenbecher festhielt und mit den anderen im Mülleimer herumstocherte.

Bei solchen Anlässen erlebte Frau Michlmayer auch die aggressiven Reaktionen von Ottilie Adlon gegenüber ihrer Tochter:

»*Bei solchen Zusammenstössen bezeichnete sie ihre Tochter als Idiot, als verrückt und dass sie in ein Irrenhaus gehöre. In ihrem Zorn gebrauchte sie oft den Ausdruck: ›ich erschlag dich noch‹. Es ist eine Alltäglichkeit, dass sich die Elisabeth nicht selbst anzieht, sondern von Hemd bis zu den Schuhen von der Mutter angezogen werden muss. Ich habe über das Verhalten der Elisabeth sowohl mit der Frau Adlon als auch mit der Frau Bletschacher in getrennter Weise gesprochen. Von beiden Frauen ist dieser Zustand als Zwangsneurose bezeichnet worden. Wegen dieser Zwangsneurose befand sich die Elisabeth im Herbst 1950 oder Frühjahr 1951 etwa 3 Monate im Krankenhaus (…) und daran anschließend i*(m) *Allgäu (…) zur Erholung. Nach meiner Überzeugung hat sich aber ihr Zustand nicht gebessert und auch nach Äusserungen der Frau Bletschacher hat sich der Zustand eher verschlimmert.*«

Einblicke kann die Zeugin in Sonjas Freizügigkeit geben: Befragt nach Sonjas Umgangsformen bestätigt Frau Michlmayer, Sonja im Spätsommer 1951 dreimal in ihrer Wohnung nackt angetroffen zu haben, einmal in Gesellschaft ihrer Freundin Hedi Goth. Dabei lagen die beiden Frauen in der Sonne auf dem Balkon. Frau Michlmayers Kommen beschämte die beiden Frauen nicht. Zugleich gibt sie an: »*Ich hatte nicht den Eindruck, die 2 Frauen bei irgendwelchen unsittlichen Handlungen gestört zu haben.*«

Aus erster Hand erlebte Maria Michlmayer Sonjas ungewöhnliche Todesahnungen. Ihr gegenüber äußerte Sonja öfter, dass sie nicht alt und eines plötzlichen Todes sterben würde. An ihrem Todestag nahm die Zeugin an Sonja einen Leidensdruck wahr: »*Am Mittwoch, den 12.12. kam ich noch auf ihre nette Wohnung zu sprechen und dabei meinte sie: ›Ach Marie, die können Sie schneller haben, wie Sie denken. Sie werden staunen!‹ Darauf frug ich, wie sie dies meine. Sie gab mir zur Antwort: ›Nun, weil die da unten (Adlon) so streiten. Die gehen ja doch noch mit den Messern aufeinander los.‹* (…) *Nach meinem Empfinden hatte die Bletschacher vor den Adlons Angst, aber in ihren ausweichenden Redensarten hat sie dies nicht zugegeben. Angst ist eigentlich nicht das richtige Wort, denn die Frau Bletschacher war sehr couragiert und es wäre vielleicht besser ausgedrückt, wenn man statt Angst ›unerträglicher Zustand‹ sagen würde.*«

Sonjas Wesen kann Maria jedoch nicht einschätzen. Es bleibt für sie ein Rätsel. So stellt sie über die Tote fest:
»*Ich muss aber nun anfügen, dass man aus der Frau Bletschacher nie klug werden konnte, weil sie immer ausweichende Antworten gab. Aus diesem Grunde habe ich von ihr nie die reine Wahrheit erfahren. In Bezug auf die Wahrheitsliebe der Frau Bletschacher muss ich noch angeben, dass ich von der Auslandsreise der Ilse im Sommer 1951 erst nach dem Tode der Bletschacher Kenntnis bekommen habe. Von der Frau Bletschacher (...) wurde mir im Zeitraum des Reiseantritts gesagt, dass die Ilse zu ihren Eltern fahren würde.*«

Die Zeugin erlebte Sonja als eine Frau, die oft die Unwahrheit sagte:
»*Es ist zutreffend, dass ich einigemale bemerkt habe, dass Erzählungen der Bletschacher nicht der Wahrheit entsprechen. So kam ich u. a. an einem Mittwoch zu ihr, wobei sie mir auf mein Läuten nicht öffnete. Am anderen Tage sagte sie auf Befragen, dass sie in Percha auf dem Friedhof ihres Mannes gewesen sei. Diese Angabe war unwahr, denn ihre Balkontüre war offen und der Kamin rauchte. Dies war im Herbst 1951. (...)*«

Außergewöhnlich empfindet Maria den furchteinflößenden Eindruck, den Sonja am Nachmittag ihres Todes auf sie machte:
»*Am Mittwoch, den 12.12.51 machte sie* (gemeint ist Sonja, Anm. d. Verf.) *einen verstörten Eindruck, so dass ich mich veranlasst fühlte sie zur Rede zu stellen. Sie sagte mir, dass sie die letzte Nacht in München gefeiert habe und nicht ins Bett gekommen sei. Sie erschien mir nicht übernächtigt und machte auch nicht den Eindruck, als ob sie eine Liebesnacht hinter sich hätte. Ihre Nervosität aber war für mich beängstigend, so dass ich mir vor ihr fürchtete. Ihr Blick und ihr Verhalten ließen mich befürchten, dass sie mich körperlich angreifen werde. Dazu war aber kein Anlass. Ich kam an diesem Mittwochnachmittag ja nicht unverhofft, denn mein Besuch war am Mittwochmittag schon verabredet worden. Bei diesem Kommen, gegen 15 Uhr, fand ich die Haustüre offen. Ich machte der Bletschacher deshalb Vorhaltungen, worauf sie mir erklärte, dass sie noch die Frau von Linsow (Frau Temple) erwarte. Von anderen Personen ist nicht gesprochen worden. Sie hat auch keine Andeutung gemacht, dass noch anderer Besuch kommen sollte.*

Ich bin bei der Bletschacher um kurz nach 17 Uhr weggegangen, weil ich mich im Krankenhaus Starnberg untersuchen liess. (...) Bei meinem Weggehen aus der Wohnung Bletschacher war das weisse Kaffeegeschirr (Porzellan mit Goldrand) noch am Tisch.«

Was Sonjas letzte Lebensmitteleinkäufe angeht, hält Maria Michlmayer die bisherige Einschätzung der Polizei für unwahrscheinlich: Sie bezweifelt, dass Sonja am Abend vor ihrer Ermordung im Lebensmittelgeschäft Rieser noch einkaufen war. Die Zeugin traf Sonja an dem fraglichen Mittwoch mittags in Starnberg und verabredete sich mit ihr für den Nachmittag. Bei dieser Begegnung war Sonja genau mit den Dingen bepackt, die Frau Rieser am Abend bei Sonja gesehen haben will. Am augenfälligsten war ein Blumenstock, den Sonja aus München mitgebracht hat. Während dieses Treffens am Mittag sagte Sonja auch zu Frau Michlmayer, dass sie noch schnell zum Bäcker Popp und zu Rieser müsse, weil die Geschäfte um 12.30 Uhr schließen würden.

Maria Michlmayer kennt auch aggressive Züge an Sonja: Sie erlebte, dass Sonja in verärgertem Zustand verbal sehr verletzend werden konnte und ihrem Gegenüber unverblümt die Wahrheit sagte. Im Juni 1951 wurde sie Zeugin einer solchen Szene zwischen Sonja und Ottilie Adlon:
»Es war dies eines Morgens gegen 8 Uhr und ich befand mich in der Küche der Adlon und bei Frau Bletschacher war die Frau Goth zu Besuch. Adlons hatten eines Abends bis nach Mitternacht Besuch. Die Unterhaltung und die Verabschiedung waren laut, worüber sich die Frau Bletschacher anscheinend ärgerte. Am anderen Morgen stellte die Bletschacher ihr Radiogerät auf höchste Lautstärke und schlug absichtlich ihre Türen heftig zu. Die Adlon ärgerte sich darüber. Die Adlon schimpfte nach oben und die Bletschacher blieb ihr nichts schuldig. Es fielen gegenseitig heftige Worte, wobei die Adlon als hysterisches Frauenzimmer und die Bletschacher als Aas bezeichnet wurden. Im Zeitpunkt des Ausbruchs dieses Streits ging ich zu meiner Arbeit weg und weiss daher nicht, wie lange diese Auseinandersetzung gedauert hat.«

Hatten die Adlons ein Motiv, Sonja zum Schweigen zu bringen? Maria weiß von einer Drohung Sonjas:
»*Während die Bletschacher in den Anfangszeiten die Elisabeth bemitleidete und der Meinung war, dass die Mutter die Schuldige ist, änderte sich im Laufe der Zeit ihr Standpunkt. Sie wollte nun bei der Stadtpolizei zur Anzeige bringen, dass die Elisabeth fort müsse und zwar in eine Anstalt. Sie hat mir auch erzählt, dass sie dies der Frau Adlon auch schon gesagt habe. Ich habe aber solche Unterredungen zwischen der Frau Bletschacher und der Frau Adlon nie gehört. Von der Frau Bletschacher habe ich erfahren, dass von der Frau Adlon eine Schwester und deren Sohn in Holland im Irrenhaus waren. (…)*
Ich habe selbst schon 2 Mal gesehen, dass die Frau Adlon die Elisabeth schlug. Dies geschah mit der Faust. Die Elisabeth hat mir an ihrem Körper selbst schon Schlag- und Zwickflecken gezeigt, die sie an den Armen und an den Schenkeln hatte. Die Ursache dieser Schläge sind im Verhalten der Elisabeth zu suchen.
Die Ursache des Hausstreites war schon die Frau Adlon, denn wenn sie mit jemanden Streit hat, dann hört sie nicht mehr auf und erzählt es auch wieder überall weiter. Der Frau Bletschacher ist dies immer wieder zugetragen worden, weshalb der Zank kein Ende nahm. Nach meinem Empfinden hat die Bletschacher weder vor der Frau Adlon noch vor ihrer Tochter Angst gehabt.«

Hausdurchsuchung im Hause Adlon

Am Montagnachmittag, den 21. Januar 1952, zwischen 13.30 und 17 Uhr durchsuchen sechs Polizeibeamte der Starnberg Stadt- und der staatlichen Landpolizei das Anwesen von Ottilie Adlon. Nach Vorlage des Gerichtsbeschlusses stimmt sie ohne Einwände zu. Durchsucht werden der Hausflur, der Dachboden, eine Dachkammer im 2. Stock, Schlafzimmer, Wohnzimmer, Küche, Bad, Toilette und Balkon, die gesamten Kellerräume, der Holzschuppen im Garten und die Remise unter der Veranda im Erdgeschoss. Sichergestellt werden ein Handbeil mit einer Stiellänge von 40 cm, ein Hackbeil und ein Wetzstahl. Alles soll auf Blutspuren untersucht werden. Mordwerkzeuge oder andere beweiserhebliche Dinge finden sich nicht. Zwei Tage später werden diese Gegenstände nach München an das Zentralamt für Kriminalidentifizierung und Polizeistatistik zur Untersuchung gesendet.

Welche Rolle spielt Elisabeths Ex-Geliebter?

Die Kripo Fürstenfeldbruck bittet die Kollegen in Stuttgart um Ermittlungen im Umfeld von Walter Klepsch, geb. 1917, der im Verdacht steht, Anfang Januar bei dem Nachbarn Kuppi anonym angerufen zu haben. In diesem Bericht konkretisieren die Ermittler ihren aktuellen Kenntnisstand über die zeitlichen Abläufe am Abend des Mord-Mittwochs, wie er sich für sie mittlerweile aus der Befragung der verschiedensten Personen herauskristallisiert hat.

Aus dem Ersuchen an die Kripo Stuttgart vom Dienstag, den 22. Januar 1952:
»*In den Abendstunden des 12. Dez. 1951 (Mittwoch), vermutlich zwischen 17.30 Uhr und Mitternacht, wurde in Starnberg (...) die 47jährige Oberstwitwe Sophie-Luise, genannt Sonja, Bletschacher ermordet. (...) Als Tatwerkzeug kommen aller Wahrscheinlichkeit nach ein kleineres Handbeil und ein Messer in Frage.*
Vom Tatort führt eine Fußspur zum Gartenzaun hinter dem Haus und außerhalb des Grundstückes über die Wiese in etwa 150 m Länge zur Straße. Diese Spur weist in Neuschnee von etwa 3 cm Schneehöhe eine Länge von 30 cm auf. Der Absatz weist eine Länge von 108 mm und eine Breite von 78 mm auf. Die übrige Länge entfällt auf die durchgehende Sohle, die an der breitesten Stelle etwa 111 mm mißt.
Es liegt kein Raub- oder Sexualmord vor. Nach der Sachlage ist die Ermordete in ihrem Zimmer vom Täter überfallen worden. Das Motiv zur Tat lässt sich bis jetzt nicht feststellen.«

Die Kripo geht in dem Bericht von folgendem zeitlichen Ablauf der Ereignisse am Tat-Mittwoch aus: Um 13.30 Uhr verließen Mutter und Tochter Adlon gemeinsam das Haus, um zum Bridge-Turnier im Bayerischen Hof zu gehen, wo die Mutter mitspielte und die Tochter zuschaute. Elisabeth soll kurz vor 16 Uhr das Hotel verlassen haben, um ein Kino zu besuchen. Gegen 18 Uhr, so die Feststellung der Kripo, kaufte Elisabeth Milch ein und kehrte gegen 19.30 Uhr, vielleicht auch erst gegen 20 Uhr in den Bayerischen Hof zurück. Die beiden Adlons aßen im Hotel zu Abend und verließen dies etwa um 22.30 Uhr. Sie wollen gegen 23.30 Uhr zu Hause angekommen sein. Zu dieser Zeit war Vollmond und das Grundstück somit gut beleuchtet. Außerdem war die Max-Emanuel-Straße zu dieser Uhrzeit wenig frequentiert. Die Kripo stellt zu diesen Abläufen fest, dass Elisabeths Alibi nicht lückenlos sei, da die Zeugenaussagen erheblich voneinander abweichen.

Zu klären ist die Frage nach dem mysteriösen Schatten im Garten Adlon. Handelte es sich um ein Hirngespinst oder war es die Flucht des Mörders? Die Polizei fasst die bisherigen Erkenntnisse über die Heimkehr von Mutter und Tochter zusammen:
»Als die beiden Frauen ihr Grundstück betraten, fanden sie die Gartentür angelehnt vor. Dazu wird von der Ottilie Adlon angegeben, daß die Hausinwohner stets darauf achteten, daß diese Tür ordnungsgemäß verschlossen gehalten wird. Sie vermutet daher, daß das Gartentürchen von einer Person benutzt worden ist, die mit den Gepflogenheiten ihres Hauses nicht vertraut war. Von dieser Tür bis zur Haustür ist eine Entfernung von ca. 70 m. Als die Frauen dicht vor dem Haus sich befunden haben, will die Mutter Adlon einen Schatten wahrgenommen haben. Sie ist der Meinung, daß eine Person über den Gartenzaun in das Nachbaranwesen gesprungen sei. Von ihrer Tochter wurde ihr dies aber ausgeredet. Sie bekundet, daß ihre Mutter in ihrer Nervosität ein ›Gespenst‹ gesehen habe. Die Mutter aber bleibt darauf bestehen. Es sind an dieser Stelle allerdings keinerlei Fußeindrücke o. ä. festzustellen gewesen. Dieser Schatten wäre in einer Entfernung von nur 2 m rechts der Mutter Adlon gewesen, wobei die Tochter nach dort keinen Blick mehr hatte, weil ihre Sicht durch den Treppenaufgang an der Hausaußenseite verdeckt war. Die Mutter Adlon befand sich ebenfalls unmittelbar am Treppenaufgang und es kann ihr zwar dieser Schatten noch aufgefallen sein, aber sie kann sich auch in der Richtung ihrer Wahrnehmung getäuscht haben. Es kann also sein, daß die Mutter Adlon den Täter oder seinen Schatten tatsächlich gesehen hat, in ihrer Nervosität darüber aber keine sichere Angabe machen kann. Als die beiden Frauen auf das Haus zugingen, konnten sie es bereits auf etwa 120 Meter Entfernung sehen. Dabei stellten sie fest, daß in keinem Fenster des Hauses ein Licht brannte. Sie konnten daher annehmen, daß

die Frau Bletschacher bereits schlief. Beachtlich ist, daß die im Erdgeschoss wohnende Mietpartei sich auf Reisen befunden hatte. Das Alibi dieser Partei ist einwandfrei.«

Wie kommt Walter Klepsch für die Ermittler ins Spiel? Walter Klepsch unterhielt von Frühjahr bis Herbst 1950 ein Liebesverhältnis mit Elisabeth Adlon. Er kam fast täglich ins Haus und besaß auch einen Hausschlüssel. Dabei lernte er, so die Vermutung der Polizei, Sonja Bletschacher kennen. Vielleicht sogar näher, zumal diese Umgang mit vielen Männern pflegte. Die Kripo stellt zwei Hypothesen zu Klepsch auf:

»(...) *Vielleicht kam er an diesem Mittwochabend (12.12.) zur Bletschacher zu Besuch, wurde beim Weggehen von den heimkehrenden Frauen erkannt und kann folgendes sich zugetragen haben: Die Elisabeth erkannte diesen Schatten, war auf die Bletschacher, die auch immer noch mit Männern intime Beziehungen hatte, eifersüchtig, ging in die Wohnung Bletschacher und stellte die Frau zur Rede. In einem Eifersuchtsanfall kam es dann zu einer Auseinandersetzung, wobei die Bletschacher getötet wurde. Klepsch kann aber auch einer jener Männer sein, mit dem die Bletschacher in Beziehungen gestanden hatte. Aus irgendeinem Motiv kam es zwischen ihr und ihm zu einer Auseinandersetzung, in deren Verlauf er die Bletschacher getötet hat.«*

Die Kripo hält für die Stuttgarter Kollegen explizit die Bedeutung sexueller Aspekte für den Fall fest:
»*Es ist in diesem Ermittlungsverfahren beachtlich, dass auch Anzeichen der lesbischen Liebe festzustellen waren. Die Ermordete hatte dazu einen Hang. Von der Elisabeth Adlon war darüber noch nichts festzustellen (...).*«

Die Beamten benötigen eine umfangreiche Befragung von Klepsch:
»*Die KASt. Fürstenfeldbruck bittet nun um die Überprüfung des Alibis des Klepsch vom 11. mit 14.12.1951. Nachdem er in Starnberg nicht angetroffen werden konnte, wird um seine umfassende Vernehmung in Bezug auf sein Verhältnis mit Elisabeth Adlon und deren Sexualverhalten, über sein Wissen und seine Beziehungen zur Ermordeten Bletschacher und über die Mutter Ottilie Adlon gebeten.*«

Da die Post den Anruf bei Heinz Kuppi nicht nachverfolgen konnte, sollen die Stuttgarter Kollegen klären, ob Klepsch als anonymer Anrufer in Frage kommen könnte.

Vier Tage später beginnt die Spur Walter Klepsch zu wackeln. Am Samstag, 26. Januar 1952, vernimmt die Kripo in Starnberg die Mutter von Klepsch, Franziska Klepsch, geb. 1893. Sie gibt an, dass Walter im September 1951 nach Stuttgart verzogen ist und erstmals wieder zu ihr nach Starnberg kurz vor Weihnachten, am 22. oder 23.12.1951, kam und bis zum 1.1.1952 blieb. Das Verhältnis zwischen ihrem Sohn und Elisabeth sei Ende 1950 gelöst worden. Elisabeth, die auch vor den Augen ihres Sohnes von ihrer Mutter grob behandelt wurde, sei eine verwöhnte Frau und für Walter Klepsch nicht geeignet gewesen.

Am Dienstag, den 29. Januar 1952, trifft der Bericht der Kollegen aus Stuttgart ein. Sie haben nicht nur Klepsch intensiv befragt, sondern auch an seinem Arbeitsplatz und bei seinen Vermietern ausführlich nachgeforscht. Der von Kuppi erwähnte Anrufer sei er nicht gewesen. Sein Verhalten ist kooperativ, seine Aussagen offen und glaubwürdig, sein Alibi wasserdicht. Er selbst schreibt am Mittwoch noch eine Brief an die Kripo in Fürstenfeldbruck, in dem er seine Angaben noch ergänzt. Klepsch scheidet als Täter eindeutig aus.

Eine neue Spur: ein unbekannter Mann im leeren Haus Adlon

Frau Else Lürmann, geb. 1894, und ihr Sohn Erich bewohnen seit 5. Oktober 1951 das Haus Max-Emanuel-Str.14 gegenüber der Villa Adlon. Sonja Bletschacher kannte sie nur vom Sehen. Sie berichtet von einer mysteriösen Beobachtung.

Aus der Befragung von Else Lürmann am Dienstag, den 22. Januar 1952:
Am Todestag von Sonja, den 12. Dezember, hatte ihr Sohn Geburtstag. Einen oder zwei Tage davor beobachtete sie durch ihr Küchenfenster um 14 Uhr einen schwarzen Mercedes vor dem Gartentor des Hauses Adlon. Ein sehr gepflegter Mann um die 50 Jahre in dunkelblauen Mantel und auffällig großer Hornbrille ging in das Haus der Adlons hinein. Diesen Mann und sein Fahrzeug sah sie bereits vorher einige Male vor dem Grundstück. Etwa 20 Minuten später verließ

Frau Lürmann ihr Haus, um bei der Post ein Paket nach Hamburg aufzugeben. Dabei sah sie den Mann, wie er das Haus Adlon verließ und zu seinem Auto ging. Frau Lürmann war sich sicher, diesen bei einer Gegenüberstellung ohne weiteres zu erkennen. Die Kripo lässt die Paketkarte aus Hamburg anfordern.

Sonjas »Waffen« und das Auffinden des Totschlägers

Der Vorfall mit dem als Spazierstock getarnten Totschläger von Sonja, den die Kripo bei ihrer Wohnungsdurchsuchung nicht fand und den Sonjas Nichte eine gute Woche später in einem Schrank entdeckte, lässt den Ermittlern keine Ruhe. Sie befragen noch einmal Sonjas Zugehfrau Maria Richter, insbesondere nach Hieb- und Stichwerkzeugen in Sonjas Wohnung.

Aus der Vernehmung von Maria Richter am Donnerstag, den 24. Januar 1952:
Wichtig für die Ermittlungen: Welche Hieb- und Stichwerkzeuge besaß Sonja und in welchem Zustand waren diese vor ihrem Tod? Maria Richter kennt den Spazierstock, der am Kopfteil von Sonjas Bett hing. Im Jahr 1950 zeigte ihr Sonja den Totschläger und führte ihr ihn vor. Außerdem weiß Frau Richter von einem Schürhaken, einem Handbeil und einem Fleischbeil, wie es damals in fast jedem Haushalt üblich war. Die Beile befanden sich in einer Schublade im Kleiderschrank, der im Flur des 2. Stockes, also nicht in einer ihrer Zimmer, stand. Im Dezember wollte sie in Sonjas Auftrag das Handbeil zum Schärfen ihrem Vater geben. Wegen einer Erkrankung kam sie nicht mehr dazu. Das Beil befindet sich immer noch in Maria Richters Wohnung. Die polizeiliche Überprüfung bestätigten diese Angaben. Als Ilse den Totschläger zur Polizei brachte, hatte dieser an einer Stelle einen Sprung. Maria Richter ist sich sicher, dass dieser Sprung 1950 noch nicht vorhanden war. Sie sagt aus, bei ihrem letzten Besuch, Ende November 1951, den Totschläger nicht mehr an Sonjas Bett oder dem zweiten Schlafzimmer wahrgenommen zu haben.

Die Polizei will die Details klären, wie Ilse den Totschläger entdeckte: »*Wie die Ilse den Stock gefunden hat, da war ich zugegen. Sie hat die-*

sen Schrank aufgeräumt und bei dieser Gelegenheit fand sie den Stock. Dies war am Donnerstag, den 20.12.51 vormittags. Die Ilse hat den Stock auseinander genommen und dabei habe ich gesehen, daß die Hülse eine Sprung hatte. (…) Ich war zu diesem Zeitpunkt im kleinen Schlafzimmer beim Saubermachen. Als mir plötzlich die Ilse rief. Ich weiß, daß die Ilse zu dieser Zeit aus einem Koffer Kleider entnommen und in den Schrank zurückgebracht hat. (…) Bei dieser Gelegenheit ist der Stock gefunden worden. Als ich auf das Rufen der Ilse herbeikam, hatte sie den Stock schon in der Hand. Er soll nach der Erklärung der Ilse im Schrankboden gelegen haben. (…) Ob der Sprung in der Stockhülse ganz frisch war, das weiß ich nicht, denn ich habe ihn nie angerührt und seit dem ersten Vorzeigen durch die Frau Bletschacher sind rund 2 Jahre vergangen gewesen.«

Maria Richter zeigt bei ihrer Aussage keinerlei Unsicherheit: »Ich versichere, daß ich meine Angaben vom 19.12.51 und meine heutige Aussage vor Gericht jederzeit wiederholen kann. Ich versichere, daß alle meine Angaben der Wahrheit entsprechen und ich sie vor Gericht jederzeit unter Eid verantworten kann. Die Strafbarkeit einer unwahren Aussage vor Gericht ist mir bekannt.«

Ohne Ilses Angaben geht wenig

Ilse ist eine zentrale Informationsquelle für die Polizei. Als Sonjas Nichte und Ziehtochter, die mit ihr in einem Haushalt lebte, besitzt sie den umfassendsten Überblick über Sonjas Gewohnheiten, Bekannte und Lebensumstände.

Aus einer weiteren Vernehmung von Ilse am Donnerstag, den 24. Januar und Freitag, den 25. Januar 1952:
Die Polizei braucht Ilses Hilfe, um die Namen aufzuklären, die in Sonjas Unterlagen und Briefen genannt werden. Glücklicherweise sagen Ilse alle Namen etwas. Sie besitzt auch Informationen zum Bekanntenkreis der Adlons. Dabei stellt sich heraus, dass beispielsweise Bekannte von Adlons, wie Elisabeths Geliebter Walter Klepsch oder Hubert Dericks, auch in losem Kontakt mit Sonja standen.

Wer sagt die Wahrheit? Die Kripo befragt Ilse erneut zu Erich Langenbruch, den der Starnberger Ermittlungsrichter wenige Tag vorher auf freien Fuß gesetzt hat. Sie schildert ein Verhältnis zwischen dem Dachdecker und ihrer Tante, in dem Heiratsabsichten auf Berechnung trafen:
»*Ich weiß bestimmt, daß Langenbruch bis Ende 1950 oder Anfang 1951 des öfteren in die Wohnung meiner Tante gekommen ist. Er ist oft lange nicht gekommen und dann kam er wieder öfters. Seine Besuche waren also unregelmäßig. Ich weiß bestimmt, daß meine Tante und Langenbruch sich geduzt haben, weil ich dies selbst gehört habe. Sie haben sich aber nur innerhalb des Wohnzimmers geduzt. Sobald sie sich auf dem Gang befanden, haben sie sich mit Sie angesprochen. Ich weiß außerdem einmal, daß es zwischen ihnen zu Zärtlichkeiten gekommen ist. Dies war glaublich im Sommer 1949. Ich bin bei solchen Anlässen zwar immer unter irgendeinem Vorwand aus dem Zimmer geschickt worden. Da sie bei dieser Gelegenheit mit zerzaustem Haar und ganz rotem Gesicht aus dem Zimmer kam, muß es zwischen ihnen zu Zärtlichkeiten gekommen sein. Der Langenbruch befand sich aber noch im Zimmer.*
Ich weiß, daß dieses Vorkommnis an einem Tag war, ob es aber vor- oder nachmittags war, daß weiß ich nicht mehr. Bestimmt weiß ich, daß es nicht in den Abendstunden war. Der Anlaß, daß es zwischen den beiden Menschen zum DU gekommen ist, weiß ich aber nicht.
Langenbruch wollte sich sogar scheiden lassen, um meine Tante heiraten zu können. Aber dafür war meine Tante nicht zu haben. Ich vermute, daß meine Tante dem Langenbruch deswegen schön tat, um ihn zum Kauf bezw. zum Weiterverkauf von Wertgegenständen meiner Tante zu veranlassen. Ich vermute weiterhin, daß er meiner Tante zeitgerecht Ami-Zigaretten besorgt hat. (...)
Bei späteren Besuchen des Langenbruchs hat sich meine Tante entweder verleugnet oder erklärt, daß sie gerade Besuch habe. Auf diese Weise hat sie nach meinem Dafürhalten die Besuche des Langenbruch ausgeschaltet. Ich kann allerdings nicht beurteilen, ob Langenbruch in meiner Abwesenheit, insbesondere in letzter Zeit, wo ich mich in Sonthofen aufhielt, nicht doch zu meiner Tante gekommen ist.«

Unklar ist weiterhin die Frage nach Sonjas letzten Einkäufen. Auch Ilse äußert daran Zweifel: Sie hält es für ausgeschlossen, dass ihre

Tante im Lebensmittelgeschäft Honig gekauft habe. Denn zum einen hatte sie acht Pfund Honig zu Hause. Zum anderen bekam sie Honig billiger und in besserer Qualität von ihrer Bekannten Emmi Schottenhamel.

Die Ermittler interessiert auch, was Ilse über den Zustand des Tisches am Mordabend denkt:
»*Es sind mir heute die polizeilichen Lichtbilder über den Zustand des Tisches bei der Tatentdeckung gezeigt worden. Nach meiner Überzeugung hat die Tante keinen Besuch gehabt und auch nicht erwartet. Es wäre im Falle eines Besuches zumindest noch ein Weinglas am Tisch gewesen. Den Zeitumständen nach halte ich es für wahrscheinlich, daß dieser Zustand des Tisches auf die Zeit zwischen 19 und 20 Uhr hinweist. Meine Tante hat jeden Abend höchstens 2 Glas Rotwein getrunken. Dieses Weintrinken geschah im allgemeinen regelmäßig gegen 19.30 Uhr.*«

Und was hat es mit dem Knarren der Treppe auf sich? Beim Hochgehen in Sonjas Wohnung im 2. Stock knarrte stets die Treppe. Wenn Sonja niemanden erwartete, hätte sie durch dieses Geräusch gewarnt sein können. Dazu sagt Ilse aus:
»*Über das Knarren der Treppe befragt, muß ich angeben, daß meine Tante dies oft nicht gehört hat. Sie hat auch das Klingeln der Wohnungsglocke manchmal überhört. Andererseits aber hörte sie auch wieder Geräusche, die gar nicht vorhanden waren.*«

Ilse selbst lebt mittlerweile wieder in der Max-Emanuel-Straße und arbeitet in der Starnberger Gegend.

Neuer Spurenansatz durch die Gerichtsmedizin

Nach Sonjas Obduktion schickte der Landgerichtsarzt Dr. Arnold an das gerichtsmedizinische Institut Körpergewebe und Flüssigkeiten zur Untersuchung. Es sollte festgestellt werden, ob im Scheidensekret Samenfäden, an der Hautdurchtrennung Nahschusszeichen und an den Wirbelknochen von einem Schuss stammende Verletzungen nachweisbar waren. Außerdem sollte ihre Blutgruppe bestimmt werden.

Der Gerichtsmediziner formulierte sein Gutachten bereits am

20. Dezember 1951. Bei der Kripo in Fürstenfeldbruck kommt es erst über einen Monat später, am 25. Januar 1952, an.
Die Untersuchung auf Nahschusszeichen und Schussverletzungen an vier Halswirbelknochen verläuft ergebnislos. Sonja gehörte der Blutgruppe A1 an. Hinsichtlich des Scheidensekrets erwartet die Ermittler eine Überraschung.

Aus der Stellungnahme der Kripo zu dem Gutachten des Direktors des Instituts für Gerichtliche Medizin der Universität von Freitag, den 25. Januar 1952:
Die Ergebnisse der Gerichtsmedizin klären nicht alle Fragen:
»*In (...) diese(m) Gutachten (...) wird das Vorhandensein von nur vereinzelten Spermienköpfen und vereinzelten intakten menschlichen Samenfäden erwähnt. Dieses Gutachten ist bei der KASt. Fbruck erst am 25.1.52 eingegangen. Am 26.1.52 wurde die Staatsanwaltschaft München II (Herr Assessor Becker) fernmündlich um die Veranlassung der Feststellung gebeten, welches Alter die intakten Samenfäden und die Spermienköpfe haben.*«

Ist Sonjas Sexualleben in ihren letzten Lebenstagen der Schlüssel zur Aufklärung?
»*Zu dieser Feststellung liegt folgende Begründung vor: Es wird auf Bl. 98 der Ermittl. Akte verwiesen, aus dem hervorgeht, daß die Ermordete in der Nacht vom 11./12.12.51 (Dienstag/Mittwoch) in München in einer kleinen Privatgesellschaft zugebracht und den Rest der Nacht in der Wohnung dieses Gastgebers verweilt hat. Während der alleinstehende Wohnungsinhaber die übrigen Gäste (...) nach Hause gefahren hat, nahm die Bletschacher in seiner Wohnung ein Bad. Zum Zeitpunkt der Rückkehr des Wohnungsinhabers kam sie soeben aus dem Bad heraus und es fand noch angeblich eine kurze Unterhaltung statt. Nachdem die Frau sich in einer animierten Stimmung befunden haben dürfte, ist es naheliegend, daß es zum Beischlaf gekommen ist. Vom Zeugen wird dieser allerdings verneint. Die Überprüfung des Alters dieser Spermien erscheint nun deswegen erforderlich, weil die Möglichkeit besteht, daß die Ermordete in den Abendstunden des Mordtages auch noch mit einem, bis jetzt allerdings unbek. Mann verkehrt hat und die Tat entweder von diesem Mann aus bisher unbek. Gründen oder von einer Frau aus Eifersucht begangen wurde.*

Wenn nun diese Spermien einwandfrei vom Dienstagabend stammen, dann hat die Möglichkeit des Mittwochsverkehrs auszuscheiden.

Wenn aber der Mittwochsverkehr zutreffend sein sollte, dann haben die Ermittlungen, die gegenwärtig eingeleitet sind, zur Aufklärung dieses Verbrechens eine entscheidende Richtung.«

Dies stärkt für die Kripo die Hypothese, dass Elisabeth Adlon aus Eifersucht wegen ihres ehemaligen Geliebten Walter Klepsch die Tat begangen haben könnte.

Die Ermittler brauchen Klarheit und bitten um exakte und schnelle Antwort:
»*In Ziff. II des Gutachtens ist insbesondere ausgeführt, daß vereinzelte Spermienköpfe und intakte Samenfäden nachweisbar sind. Daraus ergibt sich die Frage, ob die Spermienköpfe bereits Verfallserscheinungen der intakten Samenfäden sind, oder ob es sich um zwei Beischlafvorgänge handelt. (...)*
Die KASt. Fbruck bittet sofort nach Eingang vom Ergebnis der neuerlichen Feststellungen unterrichtet zu werden, da davon die zukünftigen Ermittlungen u. U. wesentlich beeinflußt werden.
Nachtrag: War von den untersuchten Spermienköpfen und intakten Samenfäden die Blutgruppe noch festzustellen gewesen? Ggf. würde Vergleichsmaterial zur Verfügung stehen, nachdem die Männer, mit denen die Ermordete Umgang hatte, bekannt sind.«

Eine Meinung der Familie Bletschacher über Sonja

Gute Einblicke in Sonjas familiäre Vergangenheit mit Ludwig Bletschacher ermöglicht Berta Bletschacher, geb. 1901. Sie ist die Ehefrau von Ludwigs Bruder Hugo, stand mit Sonja bis wenige Wochen vor ihrem Tod in regelmäßigem Kontakt und kennt alle Ehefrauen ihres Schwagers.

Aus der Vernehmung von Berta Bletschacher am Freitag, den 1. Februar 1952:
Auch wenn Sonjas angeheiratete Schwägerin vor allem von Karla keine gute Meinung besitzt, hält sie keine von Sonjas Vorgängerinnen für

fähig, Sonja getötet zu haben. Die Ehe mit Sonja bezeichnet sie als Ludwig Bletschachers glücklichste Beziehung. Die Schwägerin äußert, dass Sonja nach dessen Tod zwar gut gekleidet und eine gepflegte Erscheinung war, über ihre finanzielle Situation aber stets gejammert habe. Sie lernte Sonja als gute Hausfrau kennen. Den Menschen Sonja empfand Berta Bletschacher als verschlossen bis nicht immer aufrichtig. Sonja wollte sich nicht gerne von außen in ihre Angelegenheiten hineinschauen lassen. Sie schätzt ihre Schwägerin so ein, dass »*die Sonja eigentlich mehr schien, als sie wirklich war.*« Sie erlebte Sonja auch als cholerisch und erlebte einen Wutausbruch, als Sonja vor Jahren von beiden Ex-Frauen ihres Mannes aufgesucht wurde.

Die Konflikte im Haus Adlon hat auch Berta Bletschacher mitbekommen. Während eines Besuches bei Sonja erlebte sie selbst die schwierige Art von Ottilie Adlon. Sonjas Schwägerin geht davon aus, dass sich Sonja und Ottilie nicht mochten und stritten. Dass Sonja bei solchen Auseinandersetzungen auch sehr heftig reagierte, kann sich Berta Bletschacher gut vorstellen.

Hoffnung auf Hinweise aus der Bevölkerung

Ab Montag, den 4. Februar, veranlassen die Ermittlungsbehörden erneut mehrere öffentliche Aufrufe: Man erwähnt die Fußspur im Neuschnee auf dem Grundstück des Anwesens der Adlons. Als Tatablauf geht man von einem Kampf zwischen Täter und Opfer aus. Sonja habe sich wohl mit ihrem Totschläger verteidigt, der nach dem Zustand des Lackes zu urteilen neue Beschädigungen aufweist. Als bisher noch nicht gefundenes Tatwerkzeug vermutet man aufgrund der Verletzungen ein Messer und ein Haushalts-Fleischerbeil. Beim Tatmotiv legt man sich erstmals öffentlich auf Eifersucht fest. Dabei könne der Täter sowohl ein Mann als auch eine Frau sein.

Diese Veröffentlichungen führen zu einer Radiomeldung am 9. Februar 1952 im Bayerischen Rundfunk. Mitte Februar muss die Kripo gegenüber der Staatsanwaltschaft allerdings feststellen, dass sich auf keinen Presseaufruf seit Ende Dezember 1951 Zeugen gemeldet haben.

Die Ex-Frau noch verdächtig - Geld als Motiv?

Die Kripo untersucht, wie Sonjas und Karlas Witwenversorgung nach Ludwigs Tod geregelt wurde, und ob deshalb ernsthafte Konflikte zwischen den beiden Frauen bestanden. Dazu nimmt sie Einsicht in die Versorgungsakten bei der Oberfinanzdirektion München und vernimmt den zuständigen Sachbearbeiter.

Aus einem internen Vermerk vom Dienstag, den 5. Februar 1952
Den Akten ist zu entnehmen, dass Karla Bletschacher einen kleinen monatlichen Betrag der Witwenversorgung zugesprochen bekam. Sonja legte dagegen zwar Widerspruch ein. Allerdings liefern weder der Schriftverkehr noch der Eindruck aus den persönlichen Besuchen der beiden Frauen bei der Oberfinanzdirektion Hinweise auf gegenseitige Gehässigkeiten. Außerdem bringt der Tod keiner der beiden Frauen der anderen einen finanziellen Vorteil. Denn die Überlebende erhält unabhängig vom Versterben der anderen immer den gleichen Betrag.

Das freizügige Vorleben der Ehepartner Bletschacher

Dr. Otto Praun, geb. 1894 und im April 1960 selbst ermordet, stand bis in die 1930er-Jahre in einem guten Verhältnis zu Ludwig und in intimen Beziehungen zu Karla und Sonja Bletschacher. Der Arzt besitzt seit 1922 in München eine Praxis und kannte Ludwig Bletschacher seit dem Ersten Weltkrieg. Sie waren als Offiziere kurzzeitig beim gleichen Regiment und trafen sich auch danach hin und wieder.

Aus der Vernehmung von Dr. Otto Praun am Dienstag, den 5. Februar 1952:
Im Jahr 1934 oder 1935 unterhielt er eine intime Beziehung mit Ludwigs Ehefrau Karla und unternahm mit ihr eine zweieinhalbmonatige Reise nach Afrika. Mit dieser Reise sei Ludwig einverstanden gewesen. Karla beklagte sich während ihrer Beziehung über Ludwigs außereheliche Affären. Noch während des Verhältnisses mit Karla unterhielt Dr. Praun 1935 für etwa sechs Wochen auch sexuelle Kontakte zu Sonja Wolf, der späteren dritten Ehefrau von Ludwig Bletschacher.

Auf Anraten von Karla vermittelte er das Kennenlernen von Sonja und Ludwig im Oktober 1935.

Zu seiner Beziehung mit Sonja und seinem Wissen über sie gibt der Arzt an:
»*Über den Charakter und den früheren Lebenswandel der Sonja Bl. befragt, möchte ich angeben, daß sie eine durchaus gutmütige und verträgliche Person war. Es kam zwischen ihr und mir niemals zu irgendwelchen Auseinandersetzungen. Gerüchte über Tätlichkeiten der Sonja mir gegenüber sind vollständig aus der Luft gegriffen. Ich nehme sicher an, daß sie in der damaligen Zeit noch andere Herrenbekanntschaften hatte.* (…) *Mir gegenüber äußerte sie, daß sie sexuell mehr an Frauen als an Männern interessiert sei. Ich machte auf diesem Gebiet keinerlei Erfahrungen bei ihr.*«

Seit 1935 oder 1936 bestand zwischen ihm und Ludwig oder Sonja kein Kontakt mehr. Karla sah er hin und wieder in seiner Funktion als Arzt. Sonja traf er das letzte Mal 1948. Er begegnete ihr zufällig auf der Straße und lud sie zu sich nach Haus ein. Ihren Besuch beschrieb er als kurz und förmlich. Danach will er sie nicht mehr gesehen haben.

Die Suche nach der Tatwaffe geht weiter

Welche Messer und Hiebwerkzeuge befanden sich in Sonjas Haushalt? Fehlt davon etwas? Wichtige Fragen, um der Tatwaffe auf die Spur zu kommen. Was weiß Ilse darüber?

<u>Aus der Vernehmung von Ilse am Dienstag, den 5. Februar 1952:</u>
Über Werkzeuge in Sonjas Haushalt kann die Nichte nur bedingt weiterhelfen:
»*Auf die Frage, wie viele Beile meine Tante besessen hat, kann ich antworten, daß mir nur 2 Stück bekannt sind. Eines davon ist beim Vater der Frau Richter* (…) *in Percha und das 2. befindet sich in meiner Küche. Bei dem 2. Beil handelt es sich aber um ein sogen. Fleischbeil.* (…)
Das in meinem Haushalt nun fehlende Messer hat einen schwarzen Griff und eine feste spitze Klinge. Es handelt sich um das Messer, das von der Kriminalpolizei vorläufig sichergestellt wurde. Wenn ein Tischmesser feh-

len würde, dann könnte ich dies nicht sagen, weil ich deren Zahl nicht weiß. (…)«*

Bei der Frage nach dem Auffinden des Spazierstockes lässt die Kripo nicht locker:
»*Beim Auffinden des Spazierstockes mit Totschläger war Hans (…) dabei.* (ein Freund von Ilse, Anm. d. Verf.) *Der Stock lag im Kleiderschrank im Flur auf dem Bodenteil. (…) Wenn mir nun vorgehalten wird, daß beim Finden dieses Stockes die Frau Richter zugegen war, so muß ich dazu sagen, daß ich mich dran nicht mehr erinnern kann.*«

Ilse berichtet der Polizei auch über verdächtige Äußerungen von Ottilie Adlon:
»*Gegen Ende Januar 52 (…) sagte mir die Frau Lenser, daß die Adlon ihr folgendes gesagt habe:*
1.) der Täter sei ein Russe, der schon längst über die Grenze sei;
2.) die Tante habe sich mit dem Stuhl gewehrt und dabei sei das Stuhlbein abgebrochen;
3.) beim Kampf sei die Lampe umgefallen
4.) die Tante habe Tränen in den Augen gehabt.
Die Frau Lenser wies auf die Widersprüche der Adlon hin, daß sie einerseits meine Tante nicht als Leiche gesehen habe und andererseits erzählte sie diese Sachen, aus denen die Lenser schließen mußte, daß die Adlon die Tante im oder nach dem Tode gesehen haben mußte. Beachtlich erscheinen mir die Tränen, die doch sofort auftrocknen.«

Was weiß der Schulfreund von Sonjas Nichte?

Ilse ist mit einem jungen Mann, Hans, befreundet. Sie kennen sich aus der Schule. Mit ihm unternahm die junge Frau die Reise nach Frankreich.

Aus der Vernehmung von Hans am Mittwoch, den 6. Februar 1952:
Die Polizei interessiert sich dafür, was Hans von Sonjas Leben und ihren Kontakten bei seinen Besuchen mitbekommen hat: Sein Wissen ist nur oberflächlich. Über Sonjas Besucher liefert er keine Neuigkeiten.

Die Ermittler möchten von ihm außerdem möglichst viel über die Frankreichreise erfahren, die er mit Ilse 1951 unternahm und über die Sonja Andeutungen in ihrem Bekanntenkreis machte: Als Motiv für die Reise gibt Hans unter anderem als Grund an, »(...) *daß Frau Bl. mir und Ilse gegenüber immer sagte, sie wisse aus sicherer Quelle, daß ein Krieg mit Rußland unmittelbar bevorstände. Diese beiden Umstände ließen dann in mir und Ilse den Gedanken aufkommen, ins Ausland zu gehen, um vielleicht dort eine bessere Arbeitsmöglichkeit zu finden.*« Der junge Mann gibt den Beamten offen und glaubhaft alle Informationen über die Umstände und Stationen der Reise.

Wie sah der Kontakt zu Sonja seit Ilses Aufenthalt in Sonthofen aus? Besitzt er ein Alibi? Seitdem, so der Zeuge, kam er nur noch zweimal zu Frau Bletschacher. Das letzte Mal war er zwei oder drei Wochen vor ihrem Tod bei ihr. Ilse informierte ihn telefonisch über den Mord. Am Tatabend kam er gegen halb neun Uhr abends von der Arbeit in München nach Hause. Er verbrachte den Abend zu Hause in Tutzing mit seinen Eltern und seiner Schwester.

Jetzt gibt er es zu: Karl Ludwig war Sonjas Geliebter

Die Kripo besucht im Februar den bisher vermeintlichen Geliebten von Sonja in seiner Münchner Firma; letzte Fragen sind zu klären.

Aus einer polizeilichen Vormerkung vom Mittwoch, den 6. Februar 1952:
Der Zeuge erklärt, dass er am 11. Dezember 1951 mittags von München in Richtung Freiburg losgefahren sei und vorher nicht mehr bei Sonja vorbeigeschaut habe.

Nachdem er sich bisher bedeckt gehalten hat, räumt er jetzt das intime Verhältnis mit Sonja ein. Den letzten Geschlechtsverkehr will er mit ihr bestimmt vor September 1951 vollzogen haben. Seit wann das intime Verhältnis bestand, wird nicht thematisiert.

Ein enger Vertrauter belastet Ottilie Adlon

Unerwartet erreicht die Polizei in Fürstenfeldbruck ein Schreiben der Kollegen aus Saarbrücken vom 4. Februar. Gelingt damit ein Durchbruch?

Aus einem Schreiben der Kripo Saarbrücken, eingegangen am Freitag, den 8. Februar 1952:
»Aufgrund beigefügter Veröffentlichung hat sich der frühere Vermögensverwalter (Dericks) der Familie Adlon bei der hies. Dienststelle als Zeuge gemeldet. Da ihm die beteiligten Personen und das Tathaus persönlich bekannt sind, glaubt er wichtige Angaben über die Familienverhältnisse machen zu können, die zur Aufklärung der Mordtat beitragen sollen. Der Zeuge kennt Frau Adlon schon 20 Jahre und traut ihr auch die Tat wegen ihres unbeherrschbaren Jähzorns zu.
Da der hies. Dienststelle die näheren Umstände der Tatausführung und der augenblickliche Stand der Ermittlungen nicht bekannt sind, kann nicht überprüft werden, ob die Angaben von Wichtigkeit und noch notwendig sind. Es wird gebeten, nach hier mitzuteilen, ob eine eingehende Vernehmung des Zeugen durchgeführt werden soll und auf welche Punkte es besonders ankommt.«

Wie aus einem Schreiben der Polizei vom 12. Februar an die Staatsanwaltschaft München II hervorgeht, handelt sich dabei um Hubert Dericks, den bereits der Zeuge Kuppi als Bewohner im Haus Adlon erwähnte.

Am 13. Februar wird die Kriminalpolizei Saarbrücken um eine möglichst zeitnahe Vernehmung von Dericks gebeten. Es bestünden zwar Verdachtsgründe gegen Mutter und Tochter Adlon, doch reichen diese für eine Verhaftung nicht aus.

Eine weitere Meinung der angeheirateten Verwandten über Sonja

Ludwig Bletschacher war über seine Mutter mit der Familie Schottenhamel verwandt. Die Münchner Ermittler vom Präsidium der Landpolizei befragen die Witwe von Ludwigs verstorbenem Cousin, dem früherem Geschäftsführer und Prokurist des Hotels Schottenhamel in München. Emilie Schottenhamel, geb. 1897, kennt alle früheren Ehefrauen von Ludwig. Zu Ludwigs Lebzeiten hatte sie kaum Kontakt zu Sonja. Nach dessen plötzlichem Tod 1944, so gibt Emilie an, habe sie sich mit ihr aus Mitleid rund zehn Mal in München getroffen. Die Polizisten interessieren sich vor allem für Sonjas Persönlichkeit und die letzte Begegnung der beiden Frauen einen Tag vor Sonjas Tod.

Aus der Aussage von Emilie Schottenhamel am Montag, den 11. Februar 1952:
Bei den gemeinsamen Treffen war Sonja immer bestrebt, Stoffe zu verkaufen. Gegenüber Emilie muss Sonja auch regelmäßig geklagt haben, sodass ihr diese hin und wieder Lebensmittel, u. a. Honig schenkte. Über die letzte Begegnung zwischen ihr und Sonja am Dienstag, den 11. Dezember 1951, sagt sie aus:
»(…) Sie kam an diesem Tag auf meine Karte hin (…) zu mir in das Hotel Schottenhamel. Ich ließ ihr durch die Karte mitteilen, daß ich am Dienstag vormittags ab 10.00 Uhr im Hotel wäre. Der Grund hierfür war, daß ich einerseits für Sonja ein Glas Honig mit ca. 8 Pfund hatte, den sie vor Weihnachten noch wollte und den ich ihr dann auch schenkte und sie mir andererseits einen schwarz-weiß karierten Stoff verkaufen wollte. Sonja ist dann auch an diesem Vormittag zu mir gekommen und sie war den ganzen Vormittag bis etwa 13.00 Uhr auch in meiner Wohnung. (…)
In meiner Wohnung hatte die Sonja noch einen kleinen Gummibaum gesehen, der ihr sehr gefiel und den ich ihr dann auch noch schenkte. Auffällig war, daß Sonja zu mir sagte, wenn die Adlons den Honig sehen, dann gibts wieder was, gemeint war ein Krach.
An diesem Dienstag hat Sonja noch bei mir zu Mittag gegessen und ist dann gegen 13.00 Uhr weggegangen. Den Honig und auch den Gummibaum sowie einen kleineren hellbraunen Lederkoffer, welcher den Stoff enthielt, nahm Sonja mit. Sie sagte mir, daß sie diese Sachen wie immer bei der Telephonistin im Erdgeschoß des Hotels einstellt und vor ihrer Fahrt nach Starnberg wieder abholt. Vor Weggang erwähnte sie noch, daß sie zur Elvira -gemeint Frau Leusmann- gehe. Den Rückfahrtszeitpunkt nach Starnberg hat mir die Sonja nicht bekanntgegeben. (…)
In der Nacht vom Freitag auf Samstag 14./15.12.51 hat Ilse in meiner Wohnung in München übernachtet. (…) Ich erinnere mich auch noch, daß Ilse

auch noch nach dem 15.12.51 etwa 3 oder 4 Nächte in meinem Zimmer im Hotel Schottenhamel geschlafen hat.«

Sie empfand Sonjas Verhalten teilweise zwiespältig und unpassend: »Ich kannte Sonja als einen guten Menschen. *Es war in ihr allerdings ein gewisser Prozentsatz von Egoismus und Genußsucht vorhanden. Lästig erschien mir, daß sie mich immer um etwas angegangen hat. Sie ließ mir nicht den freien Willen, ihr etwas Gutes zu tun, sondern hat mich förmlich dazu gezwungen.*
Unangenehm hat mich auch ihr Verhalten (...) im Januar 1951 in meiner Wohnung in München berührt. Sie hat sich vor mir vollkommen ausgezogen und sich mit größter Sorgfalt gewaschen. Auf meine Einwendungen erklärte sie, daß mein Verhalten nicht normal wäre, wenn mich dies störe.
Vor etwa einem Jahr sagte mir Sonja anläßlich eines Gespräches über sexuelle Dinge, ›ich bin ein Typ für Frauen‹. Auf meine Gegenfrage, was sie damit meine, sagte sie mir, während ihres Aufenthaltes in Italien mit ihrem Mann, wären die Frauen ganz verrückt auf sie gewesen. Ich habe allerdings daraus nicht den Verdacht zu einer lesbischen Neigung seitens der Sonja geschlossen.
Sie sagte mir auch, daß es für sie furchtbar wäre, ohne Mann zu leben.
Auf meine mehrfachen Fragen in den letzten Jahren und besonders in der letzten Zeit, ob sie ein Verhältnis mit einem Mann habe, sagte sie immer, nein. Ich konnte dies nicht glauben.
Einmal erwähnte sie auch, daß sich der Freund der Frau Goth ihr schon nähern wollte. Es wäre dies in der Wohnung in Starnberg gewesen.
Sonja war sehr indifferent, ich glaube nicht, daß sie sich durch ihre Art und ihr Wesen Feinde verschaffen konnte. Ich fand sie nicht für cholerisch und hab auch keine impulsiven Entschlüsse oder eine derartige Handlungsweise von ihr feststellen können.«

Auch Ilse wird routinemäßig überprüft

Die Ermittler aus Fürstenfeldbruck bitten am Dienstag, den 12. Februar 1952, die Kriminalaußenstelle Kempten, Ilses Alibi zu überprüfen. Bisher sagte sie aus, am 12.12.1951 um 19.30 Uhr direkt von ihrem Arbeitsplatz im Krankenhaus nach Hause zu ihrer Vermieterin gegangen zu sein. Wie sonst auch, habe sie sich gegen 22 Uhr schlafen gelegt. Vom Tod ihrer Tante wurde sie in der Klinik durch den Chefarzt verständigt, der den Anruf entgegengenommen hatte. Ist Ilses Alibi stimmig oder gibt es einen Haken?

Über die Vernehmungen in Sonthofen vom Mittwoch, den 13. Februar 1952:
Die Polizei in Sonthofen befragt Ilses Chefarzt Dr. Karl Lohmüller, geb. 1901, den Arzt Dr. Werner Trautwein, geb. 1923 und Ilses Vermieterin, die Witwe Wilhelmine Goldberg, geb. 1877.

Die Angaben der Ärzte untermauern Ilses Aussage: Dr. Lohmüller bestätigt, dass Ilse seit 13. November 1951 im Krankenhaus Sonthofen gearbeitet hat. Ihn habe am 13. Dezember gegen 19 Uhr Ilses Cousin (es handelte sich um einen von Sonjas Stiefsöhnen, Anm. d. Verf.) angerufen, um Ilse über die Ermordung ihrer Tante zu informieren. Ilse reiste am 14.12. am Mittag aus Sonthofen ab. Als Dr. Lohmüller Ilse die Nachricht möglichst schonend beibrachte, war auch sein Assistenzarzt Dr. Trautwein anwesend und Ilse soll recht erschrocken gewirkt haben. Sie verließ die Klinik gegen 19.30 Uhr.

Dr. Trautwein lernte Ilse als Laborantin im Krankenhaus in Sonthofen kennen. Seines Wissens verließ Ilse das Krankenhaus immer zwischen 19 und 20 Uhr und ging sofort zu ihrer Vermieterin heim. Ilse machte auf ihn einen grundanständigen und noch etwas kindlichen Eindruck.

Ilses Vermieterin, Frau Goldberg, sagt aus, dass Ilse den Abend des 12. Dezembers, in dessen Verlauf Sonja ermordet wurde, zu Hause verbrachte. Sie aß bei ihr in der Küche und ging früh ins Bett. Auch an die Nacht vom 12. zum 13. Dezember kann sich Frau Goldberg gut erinnern; sie verlief nicht wie immer: Ilse weckte ihre Vermieterin um 1.30 Uhr früh, denn an ihr Fenster habe ein Vogel gepocht. Ilse sei daraufhin aufgestanden und konnte mit Mühe den Vogel zwischen den beiden Scheiben des Doppelfensters befreien. Die Vermieterin schließt aus, dass Ilse in der Tatnacht außerhalb von Sonthofen war oder das Haus verließ. Das Mädchen sei anständig und brav gewesen.

Für die Polizei besteht keine Zweifel an Ilse: In ihrem Routinebericht an die Staatsanwaltschaft stellte die Kripo zwei Tage später über Ilses Alibi fest: »*Es hat sich als (...) einwandfrei erwiesen.*«

Waren die Spannungen im Haus Adlon stadtbekannt?

Johanna Zimmermann, geb. 1908. betreibt mit ihrem Mann in Starnberg ein Limonadengeschäft. Zu ihren Kunden gehörten auch Sonja und die Adlons, die sie seit 1928 kennt. Sie weiß Details über das Verhältnis zwischen Sonja und Ottilie. Doch sie möchte in Starnberg nicht ins Gerede kommen und bittet darum, ihre Aussage vertraulich zu behandeln.

Aus der Vernehmung von Johanna Zimmermann am Samstag, den 16. Februar 1952:
Sie erlebte Sonja als lustige und liebenswürdige Frau. Doch obwohl sie sich öfter mit ihr unterhielt, erzählte Sonja nie etwas über ihre Familienverhältnisse. Mit den Adlons hat Frau Zimmermann seit jeher ausführliche Gespräche vermieden, weil Ottilie Adlon für ihren Geschmack zu viel redet. Aus Sonjas Erzählungen erfuhr sie von einem Streit zwischen Sonja und Ottilie Adlon im Herbst 1951:
»(...) *Frau Bletschacher habe an einem Vormittag vor ganz kurzer Zeit eine Decke über ihren Balkon hinab ausgeschüttelt. Die Adlon habe daraufhin zu ihr hinauf gerufen, sie sei ein unverschämtes und freches Mensch und sie (Adlon) habe nicht Lust in ihrem Kaffee den Dreck der Bletschacher mitzutrinken. (...) Die Bletschacher erklärte dann, daß sie mit der Adlon fertig sei, weil die Adlon eine hysterische alte ›Tschumpel‹ sei. Die Adlon mit ihren 70 Jahren brauche noch jeden Tag einen Mann (...), dann wäre sie als Hausfrau genießbar. Ich erkläre dazu, daß ich die Ausdrücke wörtlich so angebe, wie die Bletschacher sie mir gesagt hat.*«

Frau Zimmermann berichtet von Gewalt zwischen den Adlons. Sie weiß, dass auch Elisabeth ihrer Mutter gegenüber gewalttätig war:
»*In dieser Rede sagt die Bletschacher, daß die Elisabeth ihr unendlich leid täte, denn sie sei ein bedauernswertes krankes Menschenkind und die Mutter würde trachten, die Elisabeth dahin zu bringen, wo sie sie gern*

haben möchte und einerseits wäre es besser so, bevor sie uns alle einmal umbringt. Ich wendete dagegen ein, wie die Frau Bletschacher dies denn meine, worauf sie mir antwortete, sie möchte mir im Vertrauen sagen, daß die Elisabeth bereits in einer Nervenheilanstalt war und ihre Mutter – Frau Adlon – von der Elisabeth mit einer Gartenschere angegriffen worden sei. Mehr kann ich über die Verhältnisse zwischen Bletschacher und Adlon nicht angeben.«

Verdacht gegen Ottilie Adlon: Ihr ist die Tat zuzutrauen

Hubert Dericks, geb. 1899, in Saarbrücken vernommen, belastet Ottilie. Seit ihrer Scheidung von dem Hotelier Louis Adlon in Berlin war der Zeuge ihr Vermögensverwalter. Er kennt Ottilie Adlon seit 1923 und hielt sich über Jahre an den gleichen Wohnorten wie sie und ihre Tochter Elisabeth auf. Nach einer neunjährigen kriegsbedingten Trennung kam Hubert Dericks Ende 1948 nach Starnberg und lebte in der Villa Adlon. Ende Oktober 1949 verließ er das Haus, da er Ottilie nicht mehr ertragen konnte. Seitdem hat er zu Mutter und Tochter keinen Kontakt mehr. Während seiner Zeit in der Max-Emanuel-Straße 7 lernte er auch Sonja Bletschacher und ihre Nichte kennen.

Aus der Vernehmung von Hubert Dericks in Saarbrücken am Mittwoch, den 20. Februar 1952:
Er schildert, wie sich das Zusammenleben in der Villa Adlon von ersten Missstimmungen bis zu offenen Gehässigkeiten entwickelte:
»Die erste Zeit des Zusammenlebens dieser beiden Familien ist harmonisch verlaufen. Die ersten Differenzen entstanden wegen häuslicher Geringfügigkeiten. Ich glaube mich erinnern zu können, dass diese Streitigkeiten insbesondere wegen der Aufteilung einer Lichtrechnung entstanden. Frau Adlon fühlte sich stets benachteiligt, weil sie die Aufteilung nicht begreifen wollte. Diese Differenz hat sich dann in der Folgezeit, ich kann sagen, zu einer Gehässigkeit der Frau Adlon der Familie Bletschacher gegenüber gesteigert. Frau Adlon hat Frau Bletschacher mit allen möglichen Schimpfwörter bedacht (...). Ich muss sagen, dass Frau Bletschacher bei derartigen Auseinandersetzungen immer ruhig geblieben ist. Nur in den seltensten

Fällen hat sie der Frau Adlon auf ihre Schimpfereien geantwortet. Tätlichkeiten zwischen den beiden Frauen habe ich nicht erlebt.«

Gehässigkeit nahm er früher an Ottilie nicht wahr und war darüber selbst erstaunt: So berichtet Dericks, dass damals in der Erdgeschosswohnung eine Familie mit zwei Jungen im Alter von sieben und acht Jahren wohnte. Auch diesen gegenüber verhielt sich Ottilie gemein. Er versuchte immer wieder die Streitigkeiten zu schlichten. Schließlich richtete sich Ottilies Unmut auch gegen ihn, sodass er das Haus ohne Verabschiedung von Frau Adlon verließ. In der Vergangenheit will er Ottilie als gutmütigen Menschen erlebt haben, der sich für Menschen in Not einsetzte. Nach den Jahren, in denen der Kontakt zu ihr kriegsbedingt abgebrochen war, erkannte er sie vom Wesen her kaum wieder. Besonders fiel ihm jetzt ihre herrschsüchtige und jähzornige Art auf.

Auch das Mutter-Tochter-Verhältnis erstaunte ihn: Elisabeth, die er seit ihrem dritten Lebensjahr kannte, beschreibt er als nettes, aber verwöhntes Mädchen. Bis zum Kriegsausbruch herrschte ein sehr gutes Verhältnis zwischen Mutter und Tochter. Während seiner Zeit in Starnberg erlebte er es sehr häufig, dass aus einem geringfügigen Wortwechsel heraus Ottilie ihre Tochter mit obszönen Ausdrücken beschimpfte und sich dies zu Tätlichkeiten steigerte. Er erinnert sich besonders an einen Streit, bei dem Ottilie wegen einer Kleinigkeit auf ihre Tochter mit Besteck in der Hand einschlug. Dabei habe er erkannt, dass sie nicht mehr nachdachte und es ihr gleichgültig gewesen sei, womit sie zuschlagen würde. Dericks erlebte auch hautnah einen Streit mit, bei dem Ottilie ihre Tochter so an der Hand verletzte, dass diese im Starnberger Krankenhaus ambulant behandelt werden musste. Hätte Dericks die Konflikte nicht beruhigt, so ist er sich sicher, hätten diese oft ernste Folgen gehabt. Die Schuld sieht er dabei ausschließlich bei Ottilie Adlon. Elisabeth beschreibt er als verhaltensauffällig. Sie legte wahllos Gegenstände von einem Ort zum anderen oder wühlte sinnlos im Papierkorb herum.

Über Sonja und Ilse kann er wenig sagen: Als er von dem Mord an Sonja aus der Zeitung erfuhr, sah er sich moralisch verpflichtet, über die ihm bekannten Verhältnisse bei den Adlons aufzuklären. Er kann weder nähere Auskünfte über Sonjas oder Ilses Lebenswandel sowie Sonjas Männerbekanntschaften geben. Er weiß nicht, ob sie nachts ausging oder lesbische Neigungen hatte. Er kannte sie als ordentliche Frau und Ilse als gut erzogenes, nettes Mädchen.

Und wie schätzt die Polizei diese Aussage ein? Aus einem internen Vermerk zur Vernehmung geht hervor, dass die Kripo Saarbrücken Dericks aufgrund seiner sachlichen und zurückhaltenden Art als sehr glaubhaft einschätzt. Auch wenn er zum eigentlichen Tatgeschehen und der Mordsache nichts direkt äußern kann, so ist für die Kripo zu erkennen, dass er Ottilie Adlon der Tat für fähig hält.

Verdacht gegen die Ex-Frau: Das wackelige Alibi

Der Polizei ist seit dem 3. Januar 1952 bekannt, dass das Alibi der zweiten Ehefrau Ludwig Bletschachers und Sonjas Vorgängerin nicht schlüssig ist. Nach sieben Wochen wird sie erneut zu ihrem Alibi für die Mordnacht vernommen.

Aus der Vernehmung von Karla Bletschacher am Donnerstag, den 21. Februar 1952:
Die selbstständige Heilmasseuse ist von ihrem Alibi überzeugt: Nach Blick in ihren Terminkalender gab sie an, am Mordmittwoch in München zu einem Hausbesuch ab 20 Uhr gegangen zu sein. Der von ihr genannte Patient Dr. Steigerwald schloss diesen Besuch für diesen Tag jedoch aus. Auch war in Karlas Terminkalender für den Mittwoch, 12.12.1951, der Name Steigerwald nicht vermerkt. Karla erklärt, dass sie normalerweise Dr. Steigerwald am Dienstag und am Freitag behandeln würde. Sie sei auch am Dienstag, den 11.12.1952, in die Wohnung gewesen. Doch da sie selbst noch erkältet war, wurde die Behandlung auf Vorschlag von Dr. Steigerwald oder seiner Ehefrau auf den nächsten Tag verschoben. Der fehlende Namen im Terminkalender resultiere daher, dass Privatpatienten wie Dr. Steigerwald die Behandlung im Anschluss immer gleich bezahlen würden. Daher führe sie ihren Kalender nicht sehr genau. Sonjas Vorgängerin bleibt ohne jegliche Unsicherheit dabei, am Mittwoch, den 12.12.1951 ihren Patienten in seiner

Wohnung behandelt zu haben und schließt jeden eigenen Irrtum aus. Wenn dieser etwas anderes behaupte, irrt er sich.

Weitere Zeugen für den Mordmittwoch kann Karla nicht nennen: Ihren Angaben zufolge war sie gegen 21 Uhr wieder zu Hause. Kurze Zeit später kam ihr Sohn, der jedoch früh ins Bett ging. Sie selbst verließ ihre Wohnung danach nicht mehr. Vor ihrem Patiententermin um 20 Uhr war sie seit 18 Uhr ebenfalls allein in ihrer Wohnung.

Nach Beendigung der Vernehmung kommen die Ermittler wieder auf Sonjas sexuelle Orientierung zurück. Auch dazu äußert sich die Ex-Frau:

»*Nachtrag: Nach meiner Scheidung im Jahre 1936 habe ich mich mit meinem geschiedenen Mann noch hin und wieder getroffen. Noch vor seiner dritten Heirat mit Sonja hat mir mein geschiedener Mann gesagt, daß Sonja eine Vorliebe für Frauen habe und sich aus Frauen mehr macht wie aus Männern. Dies wurde einige Male erwähnt. Ich schloß daraus, daß Sonja lesbisch veranlagt war.* (…)«

Die Befragung von Karlas Sohn noch am gleichen Tag bringen keine weiterführenden Hinweise.

Das Misstrauen gegen Karla Bletschacher bleibt. Bereits am 21. Dezember gab die Kripo an das Zentralamt für Kriminalitätsidentifizierung und Kriminalstatistik Haarproben, die von Sonja selbst stammten und die an ihrer Kleidung sowie an ihren Fingernägeln vorgefunden wurden. Im Laufe von Karlas Vernehmung sichert man von ihr Kopfhaare und schickt diese am nächsten Tag zur Vergleichsuntersuchung ein. Karla Bletschacher ist die einzige Verdächtige, bei der kriminaltechnische Vergleichsuntersuchungen vorgenommen werden, bei allen anderen Verdächtigen kommt dies nicht zum Einsatz.

Spekulationen und Falschinformationen

Die Ermittlungen stocken. Je länger kein Täter präsentiert werden kann, desto häufiger blühen in der Bevölkerung Spekulationen und Falschinformationen und werden als Hinweise an die Polizei herangetragen. Und alle diese Hinweise sind zu berücksichtigen. Das raubt wichtige Zeit und Ressourcen.

Aus einem Sachstandsbericht der Kripo an die Staatsanwaltschaft München II vom Dienstag, den 11. März 1952:
So stiftet beispielsweise Ottilie Adlon immer wieder durch ihr Gerede Verwirrung:
»Frau Ottilie Adlon hat sich im Laufe der Zeit mehrfach geäußert, daß sie bei ihrem Heimgehen am 12.12.51 abends nach der Bridge-Partie im Bayer. Hof von der Frau Süßkind aufgehalten worden sei. Anläßlich der Beerdigung der Bletschacher soll die Adlon folgende Äußerung gebraucht haben:
›Bin ich froh, daß mich die Frau Bürgermeister aufgehalten hat, sonst wäre ich schließlich auch noch ermordet worden ....‹
Dazu wurde nun Frau Süskind, die die Ehefrau des 1. Bürgermeisters der Stadt Starnberg ist, am 3.3.52 vernommen. Aus dieser Vernehmung ergibt sich in glaubhafter Weise, daß die Äußerung der Adlon unberechtigt ist, denn sie wurde von der Frau Süßkind am Nachhausegehen in keiner Weise gehindert. Es ergibt sich daraus die Frage, warum die Frau Adlon solche unwahre Behauptungen aufstellt.
Des Weiteren ist von der Ottilie Adlon ausgesprengt worden, daß die Bletschacher zweimal verheiratet gewesen sei. In erster Ehe soll sie den Familiennamen ›Boschinger‹ geführt haben. Aus den bisherigen Ermittlungen war aber nur festzustellen, daß sie mit Ludwig Bletschacher in 1. Ehe lebte. (...) Beim Standesamt München I ist unterm 3.3.52 nun eine Heiratsurkunde angefordert worden. Aus ihr ist ersichtlich, daß die Frau im Zeitpunkt der Eheschließung (2.1.1940) ledig war, denn es ist nur ihr Mädchennamen Wolf eingetragen.
Die Ermittlungen werden fortgesetzt.«

Eine ausführliche Zwischenbilanz

Ein Vierteljahr nach der Mordtat gelingt der Kripo noch immer kein Durchbruch. Kriminaloberkommissär Bolzmacher fasst in seinem 20-seitigen Bericht alle bisherigen Spuren, Hypothesen und Schlussfolgerungen bis Mitte März ausführlich zusammen. Mittlerweile ist der gesamte feststellbare Bekanntenkreis des Opfers befragt und überprüft worden. Die Polizei bewertet mit zunehmenden Informationen und Mehrfachbefragungen Ansätze neu, kommt aber nicht wesentlich weiter. Was die Bewertung von Verdachtsgründen gegen Personen angeht, ist Bolzmacher nicht frei von persönlichen Einflüssen, wie er in dem Bericht selbst zugibt.

Aus der Zusammenfassung der Ermittlungsergebnisse vom Mittwoch, den 12. März 1952:
Sonjas undurchsichtiges Wesen macht es schwer, ein Tatmotiv zu erkennen:
»Es war bis jetzt nicht möglich, das Tatmotiv klar herauszustellen. Es war festzustellen, daß die Ermordete sich ihren Bekannten gegenüber nie wahrheitsgemäß geäußert hat, so daß die Zeugenaussagen nicht als bindend gewertet werden können. Nach außen hin führte die Ermordete ein solides Leben, das sie als rechtschaffene Frau erschienen ließ. Aber ihr Innenleben konnte sie geheim halten; insbesondere wußte sie ihre Männerbekanntschaften zu verbergen. Dieses Innenleben ist aber der Schlüssel zur Aufklärung dieses Verbrechens. Aus diesem Innenleben sind für 2 Personenkreise Anhaltspunkte für die Täterschaft zu vermuten. Der Verdacht gegen den 3. Personenkreis aber ist aus dem Allgemeinleben der Ermordeten abzuleiten.«

Der Bericht rekonstruiert detailliert, wie Sonja ihren letzten Abend vor ihrem Tod verbrachte. Grundlage dafür ist der Zustand des Tisches im Wohnzimmer, in dem Sonjas Leiche gefunden wurde:
*»Aus diesem Tischzustand läßt sich wohl mit Recht vermuten, daß die Bletschacher in den Abendstunden des 12.12.51 auf dem freien Platz sich mit Kartenlegen beschäftigt hat. Dazu gibt auch die vorhandene Brille einen bestimmten Hinweis, denn sie brauchte zum Lesen eine Brille. Das Vorhandensein von Schokoladenkonfekt und Zigaretten berechtigt die Annahme, daß die Bletschacher sich mit dem Kartenlegen mehrere Stunden beschäftigt haben dürfte.
Zu welchem Zeitpunkt die Buttersemmel hergerichtet worden ist, kann auch nur vermutet werden. Es kann sein, daß diese Tätigkeit im Zeitpunkt des Kommens des Täters vor sich gegangen ist (...). Es kann aber auch sein, daß das Tafelmesser mit Butter behaftet schon am Tisch lag,*

als der Täter kam und erst im Verlauf des nun einsetzenden Kampfes zu Boden gefallen ist oder geschleudert wurde.

Beachtlich ist in diesem Zusammenhang, daß im Aschenbecher eine Zigarette verbrannt ist, die einen etwa 3 cm langen Aschenrest hinterlassen hat. Diese Asche steht wohl in näherer Beziehung zum Täter, als das Tafelmesser. Es ist damit der zeitliche Abstand zwischen Kommen des Täters und der Tatausführung gemeint.«

Als gesichert stuft die Polizei mittlerweile die Informationen über Sonjas letzten Nachmittagskaffee ein: Grundlage für die polizeilichen Erkenntnisse sind die Aussagen von Maria Michlmayer. Ende Dezember wird sie noch als unglaubwürdig und sogar kurzzeitig als Verdächtige eingestuft. Mittlerweile hat sich die Einschätzung der Kripo verändert und ihre Aussagen gelten trotz ihres Redebedürfnisses und einer gewissen Schwatzhaftigkeit als zuverlässig und glaubwürdig. Für die Kripo steht fest, dass an Sonjas letztem Nachmittag gegen 15 Uhr Maria Michlmayer zum Kaffee zu Besuch kam und um 17.10 Uhr wieder ging. Danach musste Sonja das benutzte Kaffeegeschirr, das bei Michlmayers Weggang noch auf dem Tisch gestanden hatte, abgewaschen und in das Büfett im Wohnzimmer aufgeräumt haben. Maria Michlmayer fiel an diesem Nachmittag des 12. Dezembers auf, dass Sonja einen verstörten Eindruck machte. Darauf angesprochen erklärte Sonja diesen Zustand damit, in München die Nacht davor gefeiert zu haben. Allerdings wirkte Sonja auf die Zeugin weder übernächtigt, noch wie wenn sie eine Liebesnacht hinter sich gehabt habe.

Sonjas letzter Abend in München ist ebenfalls lückenlos zu rekonstruieren: Für die Kripo steht fest, daß Sonja am 11. Dezember in München eine Freundin besucht und sich am Abend mit dieser und anderen Personen zum Feiern in der Wohnung von Ernst Rosenblüh aufhielt. Da es nach Ende der Feier gegen Mitternacht zu spät war, nach Starnberg zurückzufahren, übernachtete sie in Rosenblühs Wohnung. Sonja wurde von den anderen Partygästen als lustig und temperamentvoll erlebt. Rosenblüh bestritt, in dieser Nacht mit Sonja geschlafen haben.

Für die Kripo ist Sonjas Stimmungswechsel bemerkenswert:
»Das Verhalten der Bletschacher am 11.12.51 in München und am 12.12.51 in Starnberg deutet auf krasse Gegensätze hin. In München ist sie lustig und temperamentvoll, in Starnberg dagegen verstört. Die Ermittlungen haben aber diesen Temperamentunterschied nicht zu klären vermocht.«

Unklarheiten bestehen hinsichtlich Sonjas Rückkehr nach Starnberg am 12. Dezember: Es ist zu rekonstruieren, dass sich Sonja um die Mittagszeit in Starnberg für einige Zeit im Bereich der Wittelsbacher- und Maximiliansstraße aufhielt. Um kurz nach 12 Uhr unterhielt sie sich mit einigen Personen, u. a. mit Maria Michlmayer, und nach 13 Uhr wurde sie noch von Zeugen gesehen. Eine Frau mit schwarzem Hut und grünem Band, die in Sonjas Begleitung beobachtet wurde, konnte weder in ihrem Bekanntenkreis ermittelt werden noch war ein Aufruf in der Starnberger Presse erfolgreich. Sonja hatte vermutlich um diese Zeit zwei Taschen dabei. In einer befand sich ein Gummibaum.

Eine zentrale Frage ist jedoch immer noch: Wann und was kaufte Sonja ein?

»Gegenüber der Michlmayer soll die Bletschacher erklärt haben, daß sie noch in der Bäckerei Popp und im Lebensmittelgeschäft Rieser einkaufen wolle; sie müsse nun gehen, weil die Geschäfte um 12.30 Uhr schließen.
Es war also anzunehmen, daß die Bletschacher in dieser Mittagsstunde des 12.12.51 bei Rieser ihren Einkauf betätigte. Was sie bei Rieser einkaufen wolle, hat die Bletschacher aber nicht gesagt.
Im Gegensatz zur Aussage Michlmayer bekundet die Zeugin Rieser (…), daß die Bletschacher am Abend des 12.12.51 bei ihr ein Glas Honig und 1 Flasche Wermutwein gekauft habe. Dieser Einkauf sei gegen 18 Uhr betätigt worden. Die Aussage der Zeugin Rieser wird durch ihre Verkäuferin Miedl (…) bekräftigt.
Da die Aussagen Michlmayer und Rieser im Gegensatz stehen, wurde bereits am 28.12.51 eine Pressenotiz in Starnberg erlassen (…). Es mußte angenommen werden, daß die Bletschacher den Wein und den Honig als Geschenk gegeben hat. Es hat sich aber daraufhin niemand gemeldet. Dieser Vorgang wurde im Zusammenhang mit der Dame mit dem schwarzen Sporthut mit grünem breiten Band (…) am 8.2.52 (…) neuerdings in der

Starnberger Presse veröffentlicht. Es hat sich aber wiederum niemand gemeldet.

Beachtlich ist, daß es die Bletschacher nicht nötig hatte, 1 Pfund Honig zu kaufen, weil sie am gleichen Tag aus München (von der Zeugin Emmi Schottenhamel …) 8 Pfund Bienenhonig mitbrachte. Da die Bletschacher auf ihren finanziellen Vorteil in jeder Weise bedacht war, ist also kaum anzunehmen, daß sie Honig bei Rieser kaufte.

Obwohl die Zeugin Rieser ihren Kassenstreifen zur Verfügung stellte und aus diesem abzuleiten ist, daß dieser Einkauf in der 6. Abendstunde erfolgt wäre, ist diese Angabe der Rieser trotzdem als fraglich anzusehen.

Beachtlich dazu ist auch der von der Rieser erwähnte Umstand, daß die Bletschacher 2 Handtaschen bei sich hatte und aus einer Tasche ein in weißes Papier eingewickelter Blumenstock herausschaute. Es handelt sich zweifellos um den Gummibaum, den die Michlmayer am Nachmittag ihres Besuches in der Wohnung der Bletschacher gesehen hat und der auch beim Eintreffen der Mordkommission noch auf dem Schreibtisch des Tatzimmers stand. Es erscheint doch sonderbar, daß die Bletschacher zuerst ihre schweren Handtaschen mit dem Honig und dem Gummibaum am Geschäft Rieser vorbei trug und damit zu ihrer etwa 12–15 Minuten entfernten Wohnung ging, damit abends wieder zur Stadt ging und mit dieser Last wieder in ihre Wohnung zurückkehrte. (…)

Aus diesen logischen Folgerungen heraus darf (…) wohl angenommen werden, daß die Bletschacher ihren Einkauf doch in der Mittagsstunde des 12.12.51 bei Rieser getätigt hat und die Rieser sich in ihrer Aussage getäuscht hat.

Aus dieser Ursache heraus erscheint es überhaupt fraglich, daß die Bletschacher 1 Pfund Honig gekauft hat. Kann es nicht so sein, daß ein anderer Kunde Honig und Wein kaufte und die Bletschacher an diesem Mittag nur die Wurst mitgenommen hat? Diese Frage wird ungeklärt bleiben.«

Die bisherigen Ermittlungsergebnisse führen zu folgenden Hypothesen über den Abend des Mordes: Wegen der ungeklärten Frage, ob Sonja gegen 18 Uhr kurz im Geschäft Rieser einkaufte oder nicht, ergibt sich eine ungeklärte Zeitlücke, die die Polizei für etwa eine Stunde ansetzt. Den Beginn von Sonjas Abendbeschäftigung nimmt sie gegen 18.30 Uhr an. Aufgrund der Gegenstände auf Sonjas Wohnzimmertisch glaubt die Polizei, dass sich Sonja an diesem Abend für mehrere

Stunden mit dem Kartenlegen beschäftigte. Aussagekräftig erscheint die aufgeschnittene Buttersemmel, das Tafelmesser und die Wurst auf dem Tisch. Diese Dinge deuten für die Ermittler darauf hin, dass der Täter Sonja in ihren bisherigen Beschäftigungen unterbrach. Der Zustand von Tisch und Zimmer lässt darauf schließen, dass ein heftiger Kampf zwischen Sonja und dem Täter stattfand. Außerdem geht die Polizei davon aus, dass der Täter nach der Tat die Stehlampe anstatt der Deckenlampe zur Raumbeleuchtung nutzte und ausschaltete. Sonja war dafür bekannt, dass sie den Tisch für ihre allein eingenommenen Mahlzeiten immer so sorgfältig deckte, wie wenn sie Besuch erwarten würde. Im Widerspruch dazu steht der Zustand des vorgefundenen Tisches. Die Polizei nimmt an, dass Sonja zur Abendessenszeit keinen Hunger verspürte, da sie spät mit Maria Michlmayer Kaffee getrunken hatte. Vermutlich bereitete sie sich daher die Buttersemmel erst später zu, nachdem sie das Kartenlegen beendet hatte, kurz vor oder als der Täter kam. Möglicherweise war es in der Küche zu kalt und sie erledigte dies im Wohnzimmer. Bei der aufgeschnittenen Buttersemmel, so die Polizei, dürfte es sich nicht um ein Abendessen, sondern um einen kleinen Imbiss handeln, der ihr Abweichen von ihren sonst sorgfältigen Etiketten erklärt. Bei der Untersuchung des Tatortes fand die Polizei in der Küche auch eine weiße Tüte mit anderthalb Mohnsemmeln vor, die sich so anfühlten, wie wenn sie einen Tag alt wären.

Verändert hat sich mittlerweile die Einschätzung der Beamten über die Tatzeit:
»Während in der ersten Zeit des Ermittlungsverfahrens der Eindruck bestand, daß die Tat in den frühen Abendstunden verübt worden ist, entstand im Laufe der Ermittlungen der Eindruck, daß unter der gleichen Voraussetzung auch die späten Abendstunden als Tatzeit angesehen werden können. Insbesondere wurde dieser Eindruck durch den Zustand des Tisches im Zusammenhang mit den Lebensgewohnheiten der Ermordeten bestärkt.«
Näher erläutert werden diese Schlussfolgerungen nicht.

Der Zustand der Leiche lässt für die Kripo keinen Zweifel an einem Mord zu: Sonjas Körper wies 45 Stich-, Schnitt- und Hiebverletzungen auf. Bei 42 Verletzungen, so der Bericht, handelt es sich zweifels-

frei um Angriffshandlungen des Täters, drei Verletzungen resultieren aus Abwehrhandlungen. Aufgrund der Anzahl der Wunden steht für die Kripo fest:
»Es bedarf wohl keiner besonderen Begründung mehr, wenn in diesem Falle dem Täter Mordlust (...) unterstellt wird.«

Welche Rolle spielte Sonjas als Spazierstock getarnter Totschläger?
»Daß die Bletschacher sich gegen diesen Angriff zur Wehr gesetzt hat, ergibt sich nicht nur aus ihren 3 Verletzungen am rechten Handgelenk, sondern auch aus der Tatsache, daß ihr Spazierstock einen frischen Sprung aufweist. Die Untersuchung dieses Spazierstockes (...) durch das Zentralamt ergab, daß diese Stockhülse einen Sprung von etwa 30 cm Länge aufweist. Dieser Sprung ist ganz neu, denn es sind Lackteile an beiden Rändern vorhanden, die von der Gegenkante stammen. Ein schriftl. Gutachten ist hierüber noch nicht eingegangen. Dieser Sprung beweist, daß die Bletschacher nicht mehr in der Lage war, den Totschläger, der in dieser Stockhülle versteckt ist, zu ihrer Abwehr anzuwenden.«

Rechtfertigungsdruck besteht offensichtlich wegen der Ermittlungspanne bei Sonjas Totschläger. Bolzmacher erwähnt explizit, dass dabei der Chef des Münchner Teams, Johann Venus, beteiligt war:
»Dieser Totschläger ist am 20.12. 1951 von der Ilse (...), der Nichte der Ermordeten, im Kleiderschrank, der auf dem Vorplatz im 2. Stockwerk steht, gefunden worden. Die Zeugin Richter bestätigte dies (...). In diesem Zusammenhang ist beachtlich, daß bei der Durchsuchung der Taträume am 14.12.51 der Sachbearbeiter (OKom. Bolzmacher) nicht zugegen war, da zu dieser Zeit die Leichenöffnung stattfand. Im Durchsuchungsbericht (...) ist von Komm. d. LP. Heller festgelegt, daß hierbei der Oberinsp. d. LP. Venus und OKom. d. LP. Rottach mitgewirkt haben. Der Schrank sei aber verschlossen gewesen, so daß er nicht durchsucht werden konnte. Für diesen Zustand ergeben sich nun zwei Möglichkeiten:
1.) der Stock war schon vorher in den Schrank gelegt worden und zwar durch die Bletschacher. Somit kann er mit der Tat nicht in Verbindung gebracht werden und dieser Sprung an der Stockhülse hat eine andere Ursache.
2.) dieser Stock ist vom Täter nach der Tat in den Schrank gelegt worden und er muß demzufolge über einen Nachschlüssel oder Dietrich verfügt

haben. In diesem Falle muß der Täter über die Örtlichkeiten genauestens unterrichtet gewesen sein. Es ist zu diesem Punkt mit Sicherheit anzunehmen, daß es sich um eine Person handelt, die im Hause Bescheid wußte.«

Der Zwischenbericht macht deutlich, dass die schleppende kriminaltechnische Arbeit die schwierigen Ermittlungen noch zusätzlich ausbremst: Bolzmacher beklagt, dass das Gutachten zu Sonjas Scheidensekret mit über einem Monat Verzögerung erst am 25. Januar bei der Kripo eingegangen ist. Außerdem beantwortet es nicht alle zentralen Fragen. Es hält zwar fest, dass im Scheidensekret intakte Samenfäden wie auch vereinzelte Spermienköpfe festzustellen sind. Ungeklärt bleibt jedoch die Frage nach dem Alter dieser Spermien und der Blutgruppe. Kurz nach Eintreffen des Gutachtens wird die Staatsanwalt gebeten, die Klärung dieser zwei Punkte dringend zu veranlassen. Daraus ergebe sich ein ermittlungsrelevanter Hinweis auf den letzten Geschlechtsverkehr. Die Antwort steht noch aus. Darüber hinaus warten die Ermittler mittlerweile seit zweieinhalb Monaten auf ein Gutachten über sichergestellte Haare. An Sonjas Kleidung, an ihrem linken Schuh, an der linken Hand und den Fingernägeln der linken Hand wurden Haare sichergestellt. Diese wurden mit Vergleichshaaren aus einer Bürste der Toten am 21. Dezember 1951 zur kriminaltechnischen Untersuchung geschickt. Auch darüber ist Mitte März noch kein Ergebnis eingegangen. Das Zentralamt beruft sich auf Arbeitsüberlastung.

Bolzmacher macht nochmals ausdrücklich Druck:
»Da diese Untersuchungen von beweiserheblicher Bedeutung sind und für die weiteren Ermittlungen das Rückgrat bilden, wird die Staatsanwaltschaft München II gebeten, auf sofortige Erstellung dieser Gutachten zu drängen. Die Schwierigkeiten der Ermittlungen in dieser Mordsache sind allen beteiligten Behörden hinreichend bekannt. In dieser Beziehung wird auch nochmals auf das erforderliche und noch ausstehende Gutachten über das Scheidensekret hingewiesen.«

Was sagt die Tatausführung für die Beamten über den Täter aus? Der Bericht attestiert einem Täter mit großer Umsicht das Verbrechen ausgeführt zu haben und darauf bedacht gewesen zu sein, keine Spuren zu hinterlassen. Denn es fanden sich kein Tatwerkzeug und keine Spuren seiner Person. Die Kripo schließt daher eine Affekthandlung zu diesem Zeitpunkt aus. Denn spätestens nach der Tat musste sich der Täter den Folgen seiner Tat bewusst gewesen sein und sich sofort und mit Umsicht an die Beseitigung seiner Spuren gemacht haben. Außerdem sei dem Täter bekannt gewesen, dass am 12. Dezember 1951 das im Erdgeschoss wohnende Ehepaar für längere Zeit verreist und die beiden Adlons seit Juli 1951 jeden Mittwochnachmittag ab ca. 13.30 Uhr bis ca. mindestens 22 Uhr, oft auch später, nicht zu Hause waren.

Offen bleibt für Ermittler die Frage, wie der Täter ins Haus kam: Es steht fest, dass alle Fenster im Haus und in der Wohnung der Toten geschlossen waren. Der Täter konnte nicht über die Fenster oder den Balkon im 2. Stock eingedrungen sein und den Tatort auf diesem Weg auch nicht verlassen haben. Das Haus hat zwei Zugänge: Die Hauseingangstür und eine Zugangstür vom Garten, die zugleich in den Keller führt. Aufgrund des Zustandes der Keller- und Gartentür war nur ein Betreten und Verlassen des Hauses durch die Hauseingangstüre möglich. Die letzte Besucherin im Haus Max-Emanuel-Straße 7, Maria Michlmayer, schloss bei ihrem Verlassen des Hauses gegen 17 Uhr glaubhaft die Haus- und die Gartentüre. Von nun an war Sonja Bletschacher allein und der Täter konnte, so der Bericht, nur unter drei Möglichkeiten in das Haus gelangen:
1. Sonja Bletschacher hat ihn ins Haus gelassen. Das, so die Polizei, käme nur bei einem Bekannten in Frage. Sonjas Gewohnheit war, von der Balkontüre aus zu prüfen, wer klingelte. Einem Unbekannten hätte sie bestimmt nicht geöffnet. Außerdem wäre sie beim Öffnen für eine unbekannte Person mit dieser schon im Hausflur zusammengetroffen, sodass die Polizei in diesem Fall eine Auseinandersetzung bereits im Erdgeschoss und nicht erst in ihrer Wohnung annimmt.
2. Der Täter hat sich einen Nachschlüssel oder Dietrich beschafft. Dies hält die Polizei für unproblematisch. Für diesen Fall nimmt die Polizei Diebstahl als Motiv an. Da aus Sonjas Wohnung nichts entwendet und in den beiden anderen Wohnungen des Hauses nicht eingebrochen wurde, scheidet dies für die Kripo aus. Das Motiv sieht die Polizei eindeutig im persönlichen Bereich.

3. Der Täter gehört zum Kreis der Hausbewohner. In dem Fall kommen, so der Bericht, nur die beiden Adlons in Betracht. Die Mieter der Erdgeschosswohnung verfügen über ein lückenloses Alibi.

Was zwischen Sonja und dem Täter vor dem Kampf passierte, kann nicht sicher festgestellt werden:
»*Ob zwischen dem Täter und der Bletschacher eine Auseinandersetzung stattgefunden hat und wie lange diese dauerte, ist nicht zu sagen, denn hierfür sind keine Hinweise vorhanden.*«

Einen sexuellen Angriff auf das Opfer schließen die Ermittler aus. Der Zustand der Kleidung ergibt dafür keinerlei Hinweise. Die leicht verschobene Wollunterhose erklärt sich wohl aus dem Kampf zwischen Sonja und dem Täter.

Hinsichtlich des Tatmotivs stochern die Beamten weiterhin im Dunkeln:
»*Es war bis jetzt nicht möglich, auf Grund der Vernehmungen und dem gesamten Sachverhalt das wirkliche Tatmotiv herauszustellen. Auch in dieser Richtung kann nur auf Verdachtsgründe aufgebaut werden. Nach dem Vorleben der Bletschacher in sexueller Beziehung und dem Zusammenleben im Hause kann auf folgende drei Tatmotive geschlossen werden:*
a) Sadismus mit Mordlust
b) Eifersucht und
c) Haß
zu a): Als Täter ist ein Mann anzunehmen, der mit der Schuhspur in Verbindung zu bringen ist. Die stillen Mittwochnachmittage ermöglichten ein Zusammensein, das niemand bemerkte. Es kam womöglich zu sexuellen Ausartungen, die aber der Bletschacher im Laufe der Zeit selbst nicht mehr gefielen und demzufolge sie sich (...) zurückhielt. In dieser Richtung muß sie schon als eine einsichtige Frau angesprochen werden, die wußte, was der Gesundheit abträglich war. Der Täter aber steigerte sich in seinem Empfinden und mußte feststellen, daß die Frau ihm gegenüber immer kühler wurde. Es kann wohl der Fall eingetreten sein, daß der Täter in seiner Triebhaftigkeit bis aufs äußerste gereizt wurde und in diesem Zustand sich zu dieser Tat hinreißen ließ. Es könnte wohl möglich sein, daß er am Leiden seines Opfers sich ergeilte und anschließend mit dem Willen

die Bletschacher durch Hiebe tötete, daß sie auch keinem anderen Mann angehören soll.

zu b): Hier kommt zunächst ein Mann in Betracht, der mit der Schuhspur in Verbindung zu bringen ist. Auch er mußte mit den stillen Mittwochnachmittagen vertraut gewesen sein. Die Tatausführung aber geschah womöglich durch eine Frau aus Eifersucht.

zu c): Hier kommen als Tatmotiv die Hausstreitigkeiten zwischen der Mieterin Bletschacher und der Hausbesitzerin Ottilie Adlon in Frage.«

Aufgrund ihrer Hypothesen zum Tatmotiv leitet die Kripo drei Personen bzw. Personengruppen als Tatverdächtige ab: Ist der hilfsbereite Nachbar Heinz Kuppi ein Mörder? Vor allem Bolzmacher bringt den Nachbarn überraschenderweise mit dem Motiv Sadismus in Kombination mit Mordlust ins Spiel. Der mysteriösen Telefonanruf, den er am 10. Januar bei der Starnberger Stadtpolizei meldete, macht ihn v. a. in den Augen Bolzmachers verdächtig. Indirekt habe er Elisabeths früheren Geliebten Klepsch mit der verdächtigen Fußspur in Verbindung gebracht und als möglichen Besitzer eines Schlüssels zum Haus Adlon den Verdacht auf Klepsch gelenkt. Bolzmacher unterstellt Kuppi auch, über die Zustände und Gewohnheiten der Bewohner in der Max-Emanuel-Straße 7 Bescheid zu wissen. Immerhin beträgt die Entfernung zwischen Kuppis und Adlons Haus nur ca. 40 Meter. Außerdem hält der Beamte Kuppis Charakter für sehr fragwürdig. Bolzmacher kennt Kuppi bereits aus Ermittlungen in einer früheren Raubmordsache aus dem Jahr 1949. Kuppi fiel der Kripo Fürstenfeldbruck damals durch ständig neue und unglaubhafte Hinweise auf, sodass man ihn als Wichtigmacher, auch im Fall Bletschacher, einstuft. Nachdem sich Kuppis Angaben bei der Polizei stets als falsch herausstellten, fragt sich Bolzmacher, was Kuppi mit solchem Verhalten bezwecken möchte. Im Fall des früheren Raubmordes sieht er Wichtigmacherei als Motiv. Doch im Falle Bletschacher lenkt Kuppi durch seine Angaben den Verdacht auf Walter Klepsch, mit dem er ein gutes Verhältnis hat und in keinster Weise verfeindet ist. Es drängt sich bei Bolzmacher der Eindruck auf, dass sich Kuppi mit seiner Mitteilung über den seltsamen Anruf in Wirklichkeit selbst über den Stand der Ermittlungen bei der Starnberger Polizei erkundigen wollte. Bolzmacher kann sich durchaus vorstellen, dass Kuppi eine geheime sexuelle Beziehung zu

Sonja Bletschacher unterhielt und sie am 12.12. am Abend besuchte. Kuppi muss daher eingehend polizeilich überprüft werden. Auf Bolzmacher macht Kuppi keinen positiven Eindruck. Der Oberkommissär räumt aber auch ein, »*daß das Verhältnis zwischen dem Unterzeichneten und Kuppi eine subjektive Einstellung hat, die auf die unangenehme Erfahrung im Fall Winter beruhen.*« Bolzmacher unterstellt Kuppi, dass sich seine Leidenschaft zur Raserei gesteigert hat, als Sonja Bletschacher sich vielleicht von ihm wegen seiner Angeberei zurückziehen wollte. Auch die Fußspur könnte ihm zuzuordnen sein. Deshalb hält er eine Hausdurchsuchung bei Kuppi und eine Beschlagnahmung von Schuhen für dringend erforderlich.

Daneben gelten Erich und vor allem Therese Langenbruch noch nicht als entlastet. War es ein Mord aus Eifersucht? Der Polizeibericht zeigt, dass die bisherigen Ermittlungen gegen Langenbruch in keinster Weise für die Kripo zufriedenstellend durchgeführt werden konnten. Gegen den Ehemann Erich Langenbruch sprechen für die Kripo mehrere Gründe: Langenbruch unterhielt erwiesenermaßen eine intime Beziehung mit Sonja Bletschacher. Auch besuchte er Sonja noch bis Ende 1950 oder sogar Anfang 1951 und äußerte sogar Heiratsabsichten. Diese Annahmen basieren vor allem auf Ilses Aussagen. Diese konkreten Angaben hat Ilse jedoch leider erst gemacht, so Bolzmacher, nachdem Langenbruch ausführlich vernommen, kurzzeitig in Haft genommen und am gleichen Tag wieder freigelassen wurde. Dadurch ergab sich für die Kripo zu wenig Zeit, um Langenbruchs Ehefrau ausführlich zu befragen. So erklärt der Polizeibericht:

»*Unmittelbar im Anschluß an seine Festnahme wurde in der Wohnung seine Ehefrau Therese (...) vernommen. Da inzwischen Erich Langenbruch aber in seine Wohnung zurückkam, weil er nicht in Haft behalten worden ist, seine Frau sehr aufgeregt sich benommen hat, konnte auf den Kern der Sache bei ihrer Vernehmung nicht eingegangen werden.*«

Bei der Hausdurchsuchung der Langenbruchs wurde Werkzeug sichergestellt und fotografiert. Langenbruchs Alibi bis 20 Uhr erscheint Bolzmacher allerdings nur auf den ersten Blick einwandfrei. Es ist zwar nachgewiesen, dass an diesem Tag an seinem Auto bis 20 Uhr gearbeitet wurde, aber nicht, dass Langenbruch auch ununterbrochen anwesend war. Auch die Befragung von Langenbruchs Tochter brachte keine beweiserheblichen Auskünfte.

Für Bolzmacher ist zu überprüfen, ob die im verschneiten Garten der Villa gefundene Fußspur Langenbruch zuzuordnen ist. Somit ist für die Kripo die Spur Erich und vor allem Therese Langenbruch noch nicht erledigt:
»*Ob Langenbruch als Täter in Frage kommen kann, muß erst seine eingehende Überprüfung ergeben. Beachtlich ist, daß in diesem Fall der größere Verdacht auf seiner Ehefrau Therese beruht und zwar hinsichtlich der Eifersucht. Bei der Vernehmung der Ehefrau am 14.1.52 (...) war festzustellen, daß es sich bei ihr um eine äußerst nervöse und heftige Frau handelt, der nach ihrem gezeigten Verhalten wohl zuzutrauen wäre, daß sie eine solche Mordtat aus Eifersucht begehen könnte. Bei ihr würden auch die Voraussetzungen gegeben sein, um die Vielzahl von Stichen und Hieben auszuführen, dh. daß sie vollkommen unbeherrscht in eine Raserei geraten kann, in der sie über ihre Person keine Herrschaft mehr hat. Objektiv muß aber festgestellt werden, daß es fraglich erscheint, ob sie nach der Tat dann auch in der Lage wäre, die Spuren der Tat so sorgfältig zu vernichten, wie es im Fall Bletschacher geschehen ist.*«

Auch Ottilie Adlon kommt als Täterin in Frage: Bei der Frage nach ihrem Motiv geht die Kripo von Hass aus. In dieses Bild passen vor allem die sich seit Herbst 1951 immer mehr zuspitzenden Streitigkeiten zwischen Sonja Bletschacher und Ottilie Adlon, die auch mit groben Worten ausgetragen wurden. Die Polizei schätzt Ottilie auch gegenüber Sonja als hochmütig ein – und zwar wegen ihres berühmten Namens Adlon. Als Mutter und Tochter am 12. Dezember heimkamen, so die Polizei, fiel ihnen auf, dass die Gartentüre offen gestanden habe, die allerdings aufgrund ihrer technischen Ausstattung von einem Unkundigen nicht zu schließen war. Ottilie Adlon ist bekannt dafür, dass sie sich ärgert, wenn bei ihrem Heimkommen die Gartentüre offensteht. Die Kripo nimmt dies auch für den Abend des 12. Dezembers an. Vermutlich ging Ottilie Adlon davon aus, dass ein Besucher Sonjas die Türe offen gelassen hatte. Zugleich sah Ottilie Adlon beim Heimkommen an ihrer Haustreppe einen menschlichen Schatten im Garten verschwinden. Ihre Tochter Elisabeth nahm diesen nicht wahr.

Dieser Schatten erscheint der Polizei nicht als glaubhaft. Keine der beiden Frauen hörte nämlich ein Geräusch, das ein Schatten hätte verursachen müssen. Dagegen gehen die Ermittler davon aus, dass die Türe im Hauseingang zwar geschlossen, aber nicht zugeschlossen war. Denn der Täter habe beim Verlassen bestimmt nicht die Türe abgesperrt.

Die Zeitangaben der Adlons über ihr Heimkommen bestärken für die Ermittler den Verdacht gegen beide:
»Wie bereits erwähnt, gingen die Adlons gegen 22.30 Uhr vom Bayer. Hof weg nach Hause. Dies wird auch von der Zeugin Süßkind bestätigt. Die Elisabeth Adlon behauptet, daß sie erst gegen 23 Uhr (…) dort weggegangen seien. Hier kann hinsichtlich des Heimkommens um 23.30 Uhr eine bewusste Unwahrheit der Adlons vorliegen: Unter der Annahme, daß die Bletschacher zwischen 23.00 und 23.30 Uhr ermordet wurde, ist durch das Heimkommen um 23.30 Uhr bereits der Nachweis gegeben, daß Personen, die zu dieser Zeit am Haus vorbeigingen oder im gegenüberliegenden Haus wohnen, zwischen 23.00 und 23.30 Uhr aus der Wohnung Bletschacher noch Licht wahrnehmen konnten. Um in diesem Punkt von vornherein jeden Widerspruch auszuschalten, gaben die Adlons als Zeitpunkt ihrer Heimkehr 23.30 Uhr an; also den Zeitpunkt, wo der Mord bereits verübt und das Licht im Tatzimmer gelöscht war.
Die Adlons behaupten, daß sie bei ihrem Heimkommen in der Wohnung Bletschacher kein Licht mehr gesehen hätten. Dies erscheint unter der Voraussetzung, daß die Tat von Adlons begangen wurde, als ein sehr geschickter Hinweis auf eine frühere Tatzeit, wo die Adlons sich noch im Bayer. Hof befanden und somit ein einwandfreies Alibi gegeben wäre. (…) Diese Angabe wurde nach der Aktenlage nur gemacht, um jeden Verdacht von sich abzulenken. Es ist aber das Gegenteil bewirkt worden.«

Die Kripo vermutet, dass nach dem Heimkommen die Geschehnisse eskalierten:
»Hier liegt nun der Verdacht sehr nahe, daß die Ottilie Adlon in ihrem Ärger über das Offensein der Gartentür und dem Nichtverschlossensein der Haustür trotz der vorgerückten Abendstunde in die Wohnung der Bletschacher gegangen ist, um dieser Vorwürfe wegen eines Herrenbesuches (siehe Schatten), der die Gartentür nicht zugemacht hatte und sie

das Haus nicht verschlossen hat, zu machen. Dabei kam es beim Temperament beider Frauen zu einem Streit, schließlich zu Tätlichkeiten und letzthin zur Tat.

Wenn man die explosive, takt- und rücksichtslose Art der Ottilie Adlon kennt, so erscheint es durchaus möglich, daß sie noch in der Nacht zur Bletschacher hinaufging.«

Für die Polizisten steigerte sich das gespannte und feindselige Verhältnis zwischen den beiden Frauen zum Hass. Dafür spricht der Charakter und das Vorleben der beiden:
»Nach der Art der Ottilie Adlon kann diese Feindschaft sich schon bis zum Haß gesteigert haben. (...) Die beiden Frauen wußten voneinander, daß sie ein bewegtes Leben hatten und im Grunde keine Damen waren. (...) Beide Frauen stammen aus einfachen Verhältnissen. Frau Ottilie Adlon war früher Schauspielerin, Frau Bletschacher Schönheitstänzerin. Sie haben in die gute Gesellschaft eingeheiratet. Instinktmäßig haben sich die beiden Frauen erkannt, warfen sich bei Streitigkeiten dies gegenseitig vor und haßten sich deswegen. (...)
Hieraus läßt sich wohl ableiten, daß der Tatverdacht gegen die Ottilie Adlon berechtigt ist.«

Auch von ihrer körperlichen Verfassung kann nach Einschätzung der Kripo Ottilie Adlon die Tat ausgeübt haben. Sie ist trotz ihrer 72 Jahre sehr vital und kann sich mit einer fast 50-jährigen Frau durchaus messen. In starker Erregung sind ihr ungewöhnliche Kräfte zuzutrauen, zumal beide Frauen zum Jähzorn neigten. Auch ist Ottilie Adlon bekannt für ihren Hang zu körperlicher Gewalt. So habe sie schon mehrfach ihre an angeblichen Zwangsneurosen leidende Tochter geschlagen sowie verbal und mit Gegenständen bedroht. Während sich Elisabeth von der Gewalttätigkeit ihrer Mutter einschüchtern lässt, war dies vermutlich am Abend des 12. Dezembers bei Sonja Bletschacher nicht der Fall. Dies, so die Annahme der Polizei, dürfte Ottilie Adlon aufs äußerste gereizt haben.

Der konkrete Ablauf der Auseinandersetzung am Abend des 12. Dezembers könnte sich, nach dem Polizeibericht, zwischen den beiden Frauen folgendermaßen zugetragen haben:
»Die Adlon hat sich aller Wahrscheinlichkeit nach bereits im Treppenhaus

bemerkbar gemacht und die Bletschacher hat dies auch gehört. Vermutlich kam es hierbei zu einer heftigen Auseinandersetzung. Ob nun die Ottilie Adlon bereits bewaffnet in die Wohnung Bletschacher kam oder dort einen geeigneten Gegenstand in der Nähe des Ofens sah und ergreifen konnte, das müssen erst die weiteren Ermittlungen ergeben. Bestimmt nahm diese Auseinandersetzung innerhalb der Wohnung Bletschacher an Heftigkeit zu und es kam zu Tätlichkeiten, wobei die Adlon mit dem Gegenstand auf die Bletschacher eindrang. Inzwischen gelang es der Bletschacher ihren Stock zu erreichen, sie war aber durch Verletzungen und weiteres heftiges Eindringen nicht mehr in der Lage den Totschläger frei zu bekommen, um sich damit zur Wehr setzen zu können. Es ist zu vermuten, daß der Bletschacher zuerst die Stiche beigebracht worden sind und zwar mit einem Messer, das später in der Küche sichergestellt wurde und sich noch bei der kriminaltechnischen Untersuchung befindet. Wo nun die Täterin das Hiebwerkzeug herbeibrachte, läßt sich bis jetzt auch nur schwer vermuten. Die Bletschacher lag zweifellos zu Boden und stöhnte. Um nun diese Tat zu verdecken, wurde die Zeugin Bletschacher getötet, so daß kein Tatzeuge vorhanden ist. Es ist beachtlich, daß eine Verletzung in die linke Achselfalte mit einem Gegenstand beigebracht worden ist, der eine starke Ähnlichkeit mit (…) einer Dreikantfeile hat. (…).
In diesem Zusammenhang erscheint es auffallend, daß die Ottilie Adlon im Milchgeschäft Hermann in Starnberg erzählt hat, die Bletschacher sei mit einer Feile ermordet worden. Sie erwähnte dies zu einem Zeitpunkt, wo den Ermittlungsbeamten nicht bekannt war, daß es sich um einen (…) Stich handle, sondern immer noch angenommen wurde, daß es sich um eine Schußverletzung handle.«

Der Schwerpunkt des Verdachts liegt in diesem Zwischenbericht auf der Mutter Ottilie, Elisabeths Rolle wird eher als untergeordnet dargestellt. Zum einen muss noch ermittelt werden, ob Elisabeth aktiv ihre Mutter bei der Tat unterstützt oder ihr nur bei der Spurenbeseitigung geholfen hat. Zum anderen wird lediglich erwähnt, dass Elisabeth hinsichtlich ihres Alibis am 12. Dezember zwischen 16.00 Uhr und 19.45 Uhr nicht die Wahrheit sagte. Als sie dies bei ihrer Vernehmung am 10. Januar zugeben musste, habe sie einen nervösen Eindruck hinterlassen.

Auch beim Auffinden der Leiche machte sich Ottilie Adlon aus Sicht der Polizei verdächtig:
»*Bei der Tatentdeckung fällt auf, daß die Ottilie Adlon den eintretenden Postboten nicht gleich in die Wohnung der Bletschacher gehen ließ, sondern diesen Mann (...) unter der Haustür aufhielt und ihre Tochter mit der Nachschau nach der Bletschacher beauftragte. Daß die Ottilie Adlon sich der Situation gewachsen zeigte, dürfte dies beweisen; durch ihren früheren Beruf als Schauspielerin war ihr dies möglich. Durch diesen Umstand wollte sie sich wohl als völlig ahnungslos hinstellen.*
Die Elisabeth Adlon wußte, daß die Bletschacher im Wohnzimmer zu schlafen pflegte und das kleine Schlafzimmer für ihre Nichte (...) bestimmt war. Trotzdem ging sie erst in das kleine Schlafzimmer und klopfte. Als ihr niemand antwortete, ging sie hinein und es wurde gehört, wie sie sagte: ›*Da ist sie nicht.*‹ *Ins Wohnzimmer aber trat sie ohne anzuklopfen ein. Der Zeuge (gemeint der Poster, Anm. d. Verf.) bekundet weiterhin, daß im 2. Stock gesagt wurde:* ›*Da muß etwas passiert sein.*‹ *Und nun trat die Elisabeth Adlon erst ins Wohnzimmer ein. Es ist auffällig, wie sie zu dieser Äußerung kommt, nachdem im Vorplatz keinerlei Anzeichen einer Straftat zu erkennen waren.*«

Um den Fall zu klären, hält Bolzmacher folgende Ermittlungsschritte für notwendig: Heinz Kuppi, das Ehepaar Langenbruch und Mutter und Tochter Adlon sind eingehend polizeilich zu überprüfen. Er sieht bei allen Verdunklungsgefahr. Er plädiert daher dafür, diese festzunehmen, bis die Ermittlungen gegen die jeweiligen Personen abgeschlossen sind oder Verdunklungsgefahr nicht mehr besteht. Bolzmacher weist darauf hin, dass die Ermittlungen durch den § 136a der Strafprozessordnung eingeengt werden. (Dieser Paragraf verbietet beispielsweise Misshandlungen, Verabreichung von Mitteln, Täuschung oder Androhungen, Anm. d. Verf.)

ERMITTLUNGSDRUCK AUF ELISABETH UND OTTILIE ADLON

AUF EINEN BLICK

DAUER DER ERMITTLUNGSPHASE: 17. März bis 5. Juli 1952; drei Monate und zweieinhalb Wochen.
SCHWERPUNKTE: Elisabeth und Ottilie Adlon als Hauptverdächtige; Spur eines Unbekannten im leeren Haus Adlon; Ausweitung der Nachforschungen über Sonjas Lebensumstände bis in die 1930er-Jahre.
ES SAGEN AUS, Z. B.: Clara Nikolich als eine Kollegin Sonjas aus der Vorkriegszeit; der Nachbar Heinz Kuppi; Mathilde Heinzel als frühere Nachbarin Sonjas aus Percha; Elisabeth Adlon, Tochter der Vermieterin; die Vermieterin Ottilie Adlon; Elisabeths Freundin Erna Benecke; die Zugehfrau Ida Hauptmann; Sonjas Bekannte Otti Proeller; die Vormieterin im Haus Adlon Anneliese Hartung; Sonjas Nichte Ilse; der Versicherungsvertreter Karl Beutelhauser; die Grafikerin Anneliese Hentschke aus Starnberg.
ERWÄHNT WIRD: ein mysteriöser Unbekannter.

In der Öffentlichkeit mag es mittlerweile so aussehen, dass es um die Ermittlungen im Mordfall Bletschacher ruhig geworden ist. Doch der Schein trügt: Immer wieder melden sich Personen, die sich an Sonja erinnern und die Kripo geht vielen der oft sehr vagen Hinweisen nach. Daneben kommt die Polizei bei manchen offenen Spuren nicht weiter und muss geduldig auf Ergebnisse warten. Auch bisher befragte Zeugen überprüfen die Beamten nochmals, wenn sich neue Hinweise auf Ungereimtheiten oder mögliche Konflikte mit Sonja ergeben.

War es der Anschein stagnierender Ermittlungen? Was die Münchner Abendzeitung zu ihrer außergewöhnlichen Aktion bewogen hat, bleibt unklar: Am 22. März 1952 veröffentlicht das Blatt auf einer ganzen Seite einen Bericht über den Fall Sonja Bletschacher und fordert seine Leser dazu auf, theoretische Lösungen einzuschicken. Obwohl sich auf Presseaufrufe der Polizei auch in diesem Ermittlungsstadium niemand meldet, gehen bei der Zeitung rund 100 Zuschriften ein; und alle werden an die Kripo weitergegeben.

In eine bisher wenig beachtete Spur kommt unerwartet Bewegung: Eine Zeugin beobachtete am Tag vor Sonjas Tod einen unbekannten Mann. Der Fremde betrat für 20 Minuten das Haus Adlon, in dem sich zu diesem Zeitpunkt niemand aufhielt. Akribisch geht die Kripo in dieser Phase dessen Identität nach. Mit Gegenüberstellungen, Presseaufrufen und der Überprüfung flüchtiger Bekannter, von denen sich Karten oder Briefe in Sonjas Wohnung fanden, hoffen die Ermittler dem Mann auf die Spur zu kommen. Auch der Nachbar Heinz Kuppi ist noch im Visier, da ihn Oberkommissär Bolzmacher als Verdächtigen eingestuft hat.

Außerdem überprüfen die Beamten die oft nur dürftigen Hinweise wie beispielsweise zu Sonjas Stoffhandel oder zu abfälligen Bemerkungen der Toten über andere Personen: immer wieder ohne nennenswerte Ergebnisse. Verdächtige im Zusammenhang mit anderen Verbrechen werden als potenzielle Täter überprüft und vernommen. Auch diese Bemühungen verlaufen im Sand.

Beim Ehepaar Lenser, das das Erdgeschoss im Hause Adlon bewohnt, treten Ungereimtheiten aus deren Vergangenheit auf. Diese und der Aufenthalt des Ehepaars für den Tattag werden nochmals intensiv durchleuchtet. Danach können Lensers endgültig aus dem Kreis der Verdächtigen ausgeschlossen werden. Auch die Reise von Sonjas Nichte Ilse mit ihrem Freund nach Frankreich Anfang 1951 nimmt Polizei detailliert unter die Lupe – ohne neue oder verdächtige Anhaltspunkte.

Und immer wieder melden sich namentlich oder anonym Zeugen mit Hinweisen zu Sonjas Vorleben. So soll sie im Zweiten Weltkrieg in Italien bei der Spionageabwehr tätig oder bereits vor ihrer Ehe mit Ludwig Bletschacher bereits einmal verheiratet gewesen sein.

Aufwändige Ermittlungen richten sich gegen einen Mann, der in Verdacht steht, im November 1951 in Berlin einen Raubmord begangen und sich Mitte Dezember 1951 in München aufgehalten zu haben. Die Münchner Beamten veranlassen nicht nur deutschlandweite Ermittlungen und akribische Alibiüberprüfungen, sondern Oberkommissär Thaler reist selbst nach Stade, um den Verdächtigen im Landgerichtsgefängnis zu vernehmen. Auch diese Spur löst sich auf.

Die größte Hoffnung, den Fall aufzuklären, liegt jetzt in den Ermittlungen gegen Ottilie und Elisabeth Adlon. Der Druck auf die beiden erhöht sich bis zu einer Verhaftung.

Wichtige Untersuchungsergebnisse im Behördendschungel

Aus dem Briefwechsel zwischen Staatsanwaltschaft und dem gerichtsmedizinischen Institut zwischen Donnerstag, den 20., und Dienstag, den 25. März 1952:

In ihrem letzten Zwischenbericht hat die Kripo die noch ausstehenden gerichtsmedizinischen Ergebnisse beklagt. Es handelt sich um die Analyse von Haarproben und Sonjas Scheidensekret. Daher mahnt die Staatsanwaltschaft das Institut für gerichtliche Medizin, die Untersuchungen endlich zu beschleunigen. Fünf Tage später antwortet das Institut, dass die zur Durchführung der Haaruntersuchung eingesandten Vergleichshaare nicht ausreichend sind. Am 12. März 1952 habe man daher beim Zentralamt Vergleichshaare angefordert. Diese lägen noch nicht vor. Zur noch ausstehenden Untersuchung des Scheidensekretes schweigt man. Die Staatsanwaltschaft erreicht diese Antwort erst am 1. April, die Kripo am 3. April 1952.

Die Hobbykriminalisten der Münchner Abendzeitung

»Der Leser als Detektiv«. Mit diesem Artikel startet die Münchner Abendzeitung in ihrer Samstagsausgabe vom 22. März 1952 Leseraktion zum Verbrechen an Sonja Bletschacher. Die Zeitung hat besitzt polizeiinterne Informationen. Und der Beitrag zitiert einen namentlich nicht genannten Oberkommissär der Landpolizei, der auf einen 300-seitigen Aktenband mit zentralen Hinweisen verweist. Dennoch sind weder die den Fall ermittelnden Beamten vom Präsidium noch die aus Fürstenfeldbruck über diese Form der Berichterstattung vorher informiert worden.

Über die Artikel der Abendzeitung zwischen Samstag, den 22. März und Donnerstag, den 19. Juni 1952: Das Blatt möchte seine Leserschaft »*anregen, die Arbeit der Kriminalpolizei noch mehr als bisher* (zu) *unterstützen und darüber hinaus sich selbst als Kriminalisten zu betätigen und zu versuchen von sich aus eine Lösung zu finden.*« Zu diesem Zweck fasst der Polizeireporter Rudolf Crusius seine Recherchen zum bisherigen Ermittlungsstand zusammen. Dabei beruft er sich auch auf Feststellungen der Polizei. Allerdings weist seine Darstellung des Falles grobe handwerkliche Fehler auf – so nennt er z. B. nicht einmal das korrekte Todesdatum. Zum einen bietet die Abendzeitung eine Belohnung von 1000 DM für Hinweise an die Redaktion an, die zur Ergreifung des Mörders führen. Zum anderen verleiht die Zeitung der Mördersuche den Charakter eines Hobbyzeitvertriebs und kann dabei auf hochkarätiges polizeiliches Wohlwollen bauen. So fordert sie ihre Leser und Leserinnen auf: »*Schreiben Sie uns, wer nach Ihrer Meinung Frau Bletschacher ermordet hat, wie die Tat verlaufen ist und welche Motive der Mörder für seine Tat gehabt hat. Eine Jury wird sämtliche Einsendungen überprüfen und bewerten. Die Lösungen, die dem tatsächlichen Geschehen am nächsten kommen dürften, werden prämiert. Als erster Preis sind 100 DM ausgesetzt. Außerdem kommen – je nach Zahl der Einsendungen – noch weitere Geld- und Buchpreise zur Verteilung.*
Der Jury gehören an: Der amtierende Münchner Polizeipräsident Dr. Ludwig Weizmann, der Präsident der Landpolizei Oberbayern, Max Kreutzer, der Münchner Rechtsanwalt Dr. Karl Haaser und Rudolf Heizler, der Chefredakteur der Abendzeitung.«

Für die Ermittlungen liefert die Aktion durchaus weitere Hinweise zu Sonjas facettenreichem Vorleben: Bei der Zeitungen gehen rund 100 Zusendungen ein. Am 19. Juni verkündet die Zeitung sechs Preisträger. Da die polizeilichen Ermittlungen noch nicht abgeschlossen sind, veröffentlicht das Blatt deren Beiträge nicht. Der Polizei werden alle Einsendungen vorgelegt. Die meisten sind ohne jeglichen Wert

Der Leser als Detektiv: Wer löst das Morträtsel von Starnberg?

Sie sagte ihren Tod voraus

Rudolf Crusius schildert Ihnen die Einzelheiten des Verbrechens, für dessen Aufklärung die „Abendzeitung" 1000 Mark Belohnung ausgesetzt hat

Artikel der Abendzeitung vom 22. März 1952

für deren Arbeit. Lediglich zwei Zuschriften bieten Ansatzpunkte für weitere Recherchen, die jedoch nichts zur Aufklärung des Mordes beitragen können. Anders verhält es sich mit einer dritten Zuschrift. Diese stammt von einer ehemaligen Kollegin von Sonja, die mit ihr, zwischen 1931 und 1935, damals noch als Fräulein Wolf, im größten Münchner Hutgeschäft Breiter arbeitete, mittlerweile in den USA lebt und Informationen über Sonjas Vorleben liefert.

Aus dem Brief von Mrs. Clara Nikolich vom Mittwoch, den 2. April 1952, eingegangen am Mittwoch, den 16. April 1952:
Sie gehört zu den Menschen, die zwei Seiten an Sonja kannten:
»(...) *Sie war meine Vorgesetzte. Wir waren (...) 4 Verkäuferinnen im Damensalon Weinstr. und kannten Frl. Wolf sehr gut (...). Dem Auftreten nach konnte man sie für eine Dame halten, jedoch wir wußten einen Lichtschein dieses mysteriösen Lebens, so daß es bei uns die Wirkung verfehlte. Sie wohnte damals ziemlich lange im damaligen Luitpoldhaus oder Block, wie man sagte, in einer Pension meiner Erinnerung nach im 2. Stock, wo die sogenannten besseren Prostituierten von München wohnten, zusammen. Wie aus Wolfs unzusammenhängenden Erzählungen hervorging, führte sie ein sehr bewegtes Leben, was sich jedoch vom Tag entschieden trennte.«*

Die Zeugin bekam auch Sonjas Verhalten gegenüber Männern mit:
»(...) *Sie war immer eine sehr anspruchsvolle und herausfordernde Person Männern gegenüber. Sie verstand es gut ihre Partner auf irgendeine ihr gefällige Weise zu erpressen. Ich glaube mich zu erinnern in damaliger Zeit den Namen ›Adlon‹ von ihr des öfteren gehört zu haben. Entweder verkehrte damals Herr Adlon im Kreise Luitpoldhaus oder die jetzige Frau Adlon (ersichtlich im pol. Melderegister München). Jedenfalls damals verkehrten bekannte Persönlichkeiten v. Münch. Krs. und Geiselgasteig-Film dort mit ihr und anderen dort wohnenden Frauen. Geld war ihr stets zu wenig. Gespart wurde nur im Magen. Es bestand auch damals ein Verhältnis zwischen ihr und unserem Chef, welches sie anscheinend gut auszunutzen verstand in den Jahren von 1931–1935 (...). Jahre später traf ich zufällig eine ehem. Kollegin, welche mir sagte, daß diese äußerlich gut getarnten Beziehungen noch bestanden. Ich hörte damals von einem sogenannten alten Oberst, welchen sie zu heiraten gedachte der guten Pen-*

sion willens. *Wie mir bekannt war, nahmen ihre Verlobungen immer längere Zeit in Anspruch, ich hielt nichts davon, weil ich ja diese Witze schon kannte. Das war etwa 1939 kurz vor dem Krieg. Seit dieser Zeit habe ich von ihr nie wieder etwas gehört. Die Verwandtschaft unseres damaligen Chefs sind Starnberger Bürger und lebten dort. Den Namen des Letztgenannten möchte ich nicht zu Papier bringen, da zu ersehen ist, in welcher Firma wir waren.*
Für Ihren Pol.Reporter kann es von Wichtigkeit sein, zu überprüfen, ob sich die Verbindung uns. einst. Chefs noch bestand und inwieweit er und seine Verwandtschaft über die Tote Auskunft geben kann.«

Ein mysteriöser Mann im Hause Adlon

Am Tag vor Sonjas Tod beobachtete die neu zugezogene Nachbarin Else Lürmann vom Haus gegenüber einen fremden Mann, der sich für 20 Minuten im Haus Adlon aufhielt. Zu diesem Zeitpunkt war jedoch keiner der Bewohner anwesend. Um zu klären, ob es sich dabei um Sonjas Liebhaber, Karl Ludwig, handelte, kommt es zu einer Gegenüberstellung zwischen der Nachbarin und dem Ingenieur.

Aus der Aktenvormerkung zur Gegenüberstellung vom Mittwoch, den 2. April 1952:
Aus Sicht der Ermittler könnte Karl Ludwig grundsätzlich als der Unbekannte im Hause Adlon in Frage kommen:
»(…) *Am 2.4.52 wurde Ludwig veranlasst, mit seinem Mercedeswagen vor dem Hause Adlon vorzufahren, um Frau Lürmann sowohl hinsichtlich der Person des Ludwigs aber auch bezüglich des Fahrzeuges eine Identifizierungsmöglichkeit zu geben.«*

Erkennt die Zeugin in Ludwig den Fremden? Ihre Aussage wirkt sehr sicher:
»(…) *Ich hatte heute früh um 8.00 Uhr die Möglichkeit, einen vor dem Hause parkenden Mercedes mit schwarzem Anstrich (…) zu beobachten. Vor dem Wagen stand ein älterer Herr. Von dem Kriminalbeamten wurde ich gebeten, in dessen Begleitung mir diesen Herrn und auch das Fahrzeug genau anzusehen. Ich ging zweimal an dem Fahrzeug vorbei und hatte hierbei die Möglichkeit, den anwesenden Herrn aus kürzester Entfernung anzusehen.*

Ich bin mir absolut sicher, daß dieser Herr mit dem Besucher vom 11.12.51 n i c h t personengleich ist.
Derjenige Herr, welcher am 11.12.51 und schon vorher zwei- bis dreimal vor dem Haus Adlon fuhr und in Richtung zum Haus ging, hatte wohl ziemlich die gleiche Größe, das gleiche Alter, jedoch erschien er mir etwas schlanker. Ferner hatte er kein Schnurrbärtchen (Ludwig trägt Schnurrbart) und ich weiß auch genau, daß ich damals unter seinem Hut dunkles – ich glaube fast schwarzes – Haar beobachtete. An diese Einzelheiten erinnere ich mich ganz genau.
Der mir heute gegenübergestellte Herr (Ludwig) hatte graues Haar, das deutlich erkennbar war und einen hellen Schnurrbart.
Die Umfassung der Hornbrille, die der Herr vom 11.12.51 trug, war außergewöhnlich stark und schwarz. Dadurch war es auch nicht möglich, die Augen bezw. den Gesichtsausdruck zu sehen.
Der Herr am 11.12.51 zeigte ein eigenartiges Verhalten. Ich hatte den Eindruck, daß er sich nicht sehen lassen wollte und aus diesem Grunde war ich besonders neugierig und ging sogar über die Straße, um ihn dann besser sehen zu können.
Auch der Wagen hatte eine andere Form. Ich fand denselben noch eleganter und ohne Chromverzierung. Mein Sohn sagte damals auch, es wäre ein Mercedes. (...)
Ich glaube bestimmt, daß ich ihn bei einer Gegenüberstellung wieder erkennen würde.(...)
Es ist somit als sicher anzunehmen, daß Ludwig am 11.12.51 die Sonja Bletschacher nicht mehr besuchen wollte.«

Weiter unter Verdacht

Gegen den Nachbarn mit dem Telefon, Heinz Kuppi, hegt der Fürstenfeldbrucker Kripobeamte Bolzmacher nach eigener Aussage persönliche Animositäten. Mit einem Kollegen vernimmt der Beamte den Zeugen nochmals sechs Stunden lang.

Aus der Vernehmung von Heinz Kuppi am Freitag, den 4. April 1952:
Kuppi wohnt seit Mai 1946 in der Max-Emanuel-Straße in Starnberg. Weil Kuppi in seinem Haus eine Kistenfabrik betreibt, besitzt er ein Telefon. Die Adlons kommen öfter zum Telefonieren zu ihm. Außer-

dem erledigen Kuppis Angestellte für Frau Adlon auch verschiedene Gelegenheitsarbeiten. So kam er mit Adlons ins Gespräch, auch über deren früheres Leben und die Scheidung von Frau Adlon in Berlin.

Über Sonja weiß Kuppi nichts aus erster Hand:
»*Mit Frau Bletschacher bin ich persönlich nicht in Berührung gekommen. In ihrer Wohnung war ich nie gewesen. Über den Umgang der Frau Bletschacher bin ich nicht unterrichtet. Seit wann die Frau Bletschacher im Hause Adlon wohnte, das ist mir unbekannt.* (...)
Ich muss bekunden, daß die Frau Adlon zu mir über die Frau Bletschacher nie etwas gesagt hat. Wenn mir vorgehalten wird, daß bekannt ist, daß die Frau Adlon doch über ihre Inwohner sich oft geäußert hat, so erkläre ich dazu, daß sie zu mir darüber nie gesprochen hat. (...)«

Kuppi bringt seinen Freund Walter Klepsch als Verdächtigen ins Spiel: Der Nachbar bleibt bei seiner früheren Aussage über einen anonymen Anruf nach dem Mord. Nach Stimme und Sprache war dieser Mann, der sich nach dem Ermittlungsstand in der Mordsache Bletschacher erkundigte, sein Freund Walter Klepsch. Der Anrufer soll gesagt haben: »*Ich bin in München und habe die Sache versicherungsmäßig zu bearbeiten. Die Straße oder das Wetter ist so schlecht und wenn noch nichts bekannt ist, dann kann ich mir den Weg nach Starnberg sparen.* (...)
Ich wurde bei meiner Vernehmung bei der Stadtpolizei, als ich den Hinweis auf Walter Klepsch gab, über diesen dann befragt. In diesem Zusammenhang habe ich damals angegeben, daß mir bekannt ist, daß Klepsch das Grundstück Adlon bei seinen jeweiligen Heimwegen rückwärts über die ›Hailer-Wiesen‹ verlassen hat. Es ist nach dem Mord bekannt geworden, daß vom Haus Adlon Schuhspuren über die ›Hailer-Wiesen‹ zur Josef Sigl-Straße führten. Mir ist bekannt, daß Walter Klepsch im Winter Schi-Stiefel getragen hat. Klepsch hat die gleiche Schuhgröße wie ich: Nr. 43. (...)
Ich kann mich an zweimal erinnern, wo ich mit Walter Klepsch vom Grundstück Adlon über die ›Hailer-Wiesen‹ gegangen bin. Dies liegt aber bereits 2 Jahre zurück. Es ist zutreffend, daß ich in der Folgezeit noch öfters im Grundstück Adlon war und dabei Schuhspuren verursacht haben

kann. (...) *Ich kann nun nicht mehr angeben, wann ich letztmals im Grundstück Adlon war.* (...)«

Die Polizei überprüft sowohl Kuppis Alibi als auch seine Schuhe: Vom Mord will Kuppi von seiner Frau erfahren haben. Als der Postbote nach dem Auffinden der Leiche von Kuppis Telefon die Polizei informierte, war Kuppi selbst nicht zu Hause. Kuppi kann sich nach längerem Überlegen nicht mehr erinnern, wo er am Mittwoch, den 12.12.1951, gewesen war. Er weiß lediglich, dass er mit seiner Frau auswärts unterwegs gewesen und zwischen 20 und 21 Uhr nach Hause gekommen ist.

»(...) *Ich habe dies deshalb so gut in Erinnerung, weil ich zu meiner Frau gesagt habe, wir sind erst spät heimgekommen und die Frau Bletschacher soll in der Abendessenzeit, also gegen 19 Uhr, ermordet worden sein. Ich habe dazu gehört, daß die Frau Bletschacher das Abendbrot vorbereitet gehabt hätte.* (...)
Zur Überprüfung der Fußspur bin ich bereit, meine sämtlichen Schuhe zur Überprüfung zur Verfügung zu stellen.
Feststellung: Es wurden zwischen 15.40 Uhr und 16.05 Uhr in der Wohnung des Kuppi 11 Paar Herrenschuhe überprüft. Weitere Schuhe waren nicht vorhanden«

Welche Einblicke besitzt der Nachbar über die Verhältnisse im Haus Adlon? Kuppi redet sehr ausschweifend über das, was er aus dem Hause Adlon weiß, ohne greifbare Informationen zu liefern. Er bekam häufig mit, dass sich Frau Adlon mit anderen Menschen stritt, ohne Namen nennen zu können. Frau Adlon habe dabei so laut geredet, dass es noch bis zu vier Häusern weiter zu hören gewesen sei. Mit Sonja Bletschacher will er nie ein längeres Gespräch geführt, höchstens ein paar Worte gewechselt haben. Er versichert, nie in Sonjas Wohnung gewesen zu sein. Er beobachtete ab und zu, dass Sonja mit einem 50- bis 60-jährigen Mann in einem Mercedes mit Weilheimer Kennzeichen weggefahren war.

Neue Spuren durch Kuppis Angaben

Die Polizei versucht Kuppis oft sehr ungenauen Zeitangaben zu konkretisieren. Vor allem die Spur des von Kuppi genannten Mercedes mit Weilheimer Kennzeichen erweckt das Interesse der Ermittler.

Aus den Erläuterungen Bolzmachers vom Sonntag, den 6. April 1952: Kuppi erwähnt ein Auto, das den Ermittlern bisher noch unbekannt war. Der Oberkommissär hält fest:
»Kuppi beschreibt (...) einen Mercedes-PKW mit dem Kennzeichen des Landratsamtes Weilheim: Ab 61-... Nach seiner Vernehmung wurde dieser PKW nochmals besprochen (...). Dieser PKW war bisher nicht bekannt. Es werden Ermittlungen nach diesem Kraftfahrzeug eingeleitet. (...)«

Kuppi zeigt sich bei der Untersuchung seiner Schuhe kooperativ und wird schließlich entlastet. Bolzmacher muss festhalten:
»Kuppi erklärte sich (...) bereit, seine sämtlichen Schuhe zur Überprüfung zur Verfügung zu stellen.
Wie (...) bereits ausgeführt, weist diese Spur folgende Abmessungen auf: Gesamtlänge 300mm, der Schuhabsatz ist ca. 108mm lang und 78mm breit. Die übrige Länge von 192 mm entfällt auf die durchgehende Sohle, die an der breitesten Stelle 111mm mißt.
Kuppi hatte 11 Paar verschiedene Lederschuhe in Besitz. (...) Aus dem Schuhbestand des Kuppi läßt sich (...) kein Tatverdachtsgrund gegen ihn ableiten. Diese Schuhe haben eine Kreppsohle, wie sie die TO-Spur (Tatort-Spur, Anm. d. Verf.) *aufweist.*
Diese Überprüfung wurde von dem Vernehmungsbeamten (...) Schindler und (...) Bolzmacher in Gegenwart von Heinz Kuppi und dessen Ehefrau (...) durchgeführt. Einwendungen wurden dagegen nicht erhoben.«

Wie wird Sonja von Außenstehenden wahrgenommen

Immer wieder versucht die Polizei, sich ein Bild von dem Menschen Sonja Bletschacher zu verschaffen. Dazu befragt sie auch ehemalige Nachbarn aus Percha. Mathilde Heinzel, geb. 1907, wohnte seit 1945 bis zu Sonjas Umzug nach Starnberg in Sonjas Nähe. Später besuchte

Frau Heinzel Sonja hin und wieder in der Max-Emanuel-Straße. Sie verband mit Sonja keine Freundschaft aber eine gute Bekanntschaft.

Aus der Vernehmung von Mathilde Heinzel am Donnerstag, den 8. April 1952:
Den Nachbarn aus Percha ist bekannt, dass Sonja seit Herbst 1945 für einige Monate eine Beziehung zu einem Amerikaner namens Oskar unterhielt. Frau Heinzel fiel auf, dass Sonja während dieser Beziehung über jene Lebensmittel verfügte, »*die uns Deutschen nicht zugänglich waren*«. Die ehemalige Nachbarin schildert Sonja als eine sehr materiell eingestellte Frau. Daher war sie von deren spiritistischen Gewohnheiten sehr verwundert und hatte Sonja deshalb auch ausgelacht. Sonja bot ihrer ehemaligen Nachbarin 1951 Stoffe zum Kaufen an. Sie verfügte über einen Vorrat von acht bis neun Stoffen für Seidenfutter, Kleider, Anzüge, Damen- und Herrenmäntel, Polstermöbel und Bezüge für Daunendecken. Dafür verlangte sie den üblichen Ladenpreis. Ihre Bezugsquelle gab Sonja nicht preis. Die ausdrückliche Frage ihrer Nachbarin beantwortete sie lediglich damit, »*daß dies schon in Ordnung gehe.*« Von Ilse erfuhr Frau Heinzel später, dass die Stoffe von Sonjas verstorbenen Mann stammten.

Wieder Druck auf Elisabeth: Endlich der Durchbruch?

Oberkommissär Bolzmacher hat in seinem Zwischenbericht vom 12. März 1952 ausführlich die Verdachtsmomente gegen Mutter und Tochter Adlon ausgeführt. Rund zwei Monate später werden wieder neue Maßnahmen gegen die beiden eingeleitet. Hintergrund für das längere Abwarten ist die Hoffnung der Polizei, weitere Informationen zum Beispiel über die Haare an der Leiche und die Haare der beiden Frauen gewinnen zu können, was allerdings nicht gelingt. Am 9. Mai holt die Polizei Elisabeth Adlon um 9 Uhr morgens von ihrer Arbeitsstelle, dem Besatzungskostenamt in Starnberg, ab, um sie im Rathaus zu vernehmen.

Aus der Vernehmung von Elisabeth Adlon am Freitag, den 9. Mai 1952:
Die Ermittler wollen sich zunächst ein Bild machen, wie die letzte

Begegnungen zwischen Sonja und Elisabeth ablief: Elisabeth gibt zu Protokoll, dass ihr Sonja am Dienstag vor dem Mord von ihrer Fahrt nach München erzählt habe. Sonja rechnete damit, eventuell in München zu bleiben. Als diese nach 21 Uhr noch nicht zu Hause war, sperrten die Adlons die äußere Haustüre mit dem Schlüssel ab und verriegelten zugleich die innere Haustüre. Am nächsten Tag, Mittwoch, kam Sonja gegen 13 Uhr nach Hause und Elisabeth unterhielt sich kurz mit ihr. Sonja, so Elisabeths Aussage, habe nachgefragt, »*ob während ihrer Abwesenheit jemand für sie dagewesen wäre, was ich verneinte, darauf frug sie ausdrücklich nochmal: ›Auch der Hans nicht?‹, was ich ebenfalls verneinte.*

Die Frau Bletschacher hatte bei ihrem Heimkommen zwei Einkaufstaschen bei sich. An eine dieser Taschen kann ich mich bestimmt erinnern, weil sie sehr voll und von rostroter Farbe war. Es war eine Stofftasche. Aus dieser Stofftasche sah meiner Erinnerung nach Seidenpapier heraus. Ich habe einen flüchtigen Blick hineingeworfen und kann deshalb darüber keine genauen Angaben machen. Da die Badtür halb offenstand, konnte ich die Frau Bletschacher sehen. (…) Frau Bletschacher ging nach oben.

Ich machte mich dann im Bad fertig, (…) zog mich an, aß noch etwas und ging mit meiner Mutter weg. Unser Weggehen war (…) um 13:35 Uhr, weil wir um 14 Uhr im Bayerischen Hof in Starnberg zu dem Bridge-Turnier sein wollten. Wir waren auch pünktlich um 14 Uhr im Bayerischen Hof. Wir brauchten für die Strecke 25 Minuten, weil wir den Weg hinter dem Friedhof herum benutzten. Der normale Weg über die Max-Emanuel/Hanfelder Strasse würde höchstens eine halbe Stunde beanspruchen. Beim Heimweg gingen wir aber durch die Wittelsbacher, Hanfelder Strasse und Max-Emanuelstrasse. Dieser Weg ist (…) um 5 Minuten länger als der Hinweg und durch die Steigung brauchen wir auch noch etwas länger. Für den Heimweg brauchten wir 35 Minuten.«

Zu der entscheidenden Frage, wie Elisabeth den Mittwochnachmittag verbrachte, sagt sie aus:
»(…) *Im Anschluss an die allgemeine Begrüßung und Einteilung der Spielpartner begann das Turnier etwa 14 oder 14.15 Uhr. Die Partnerin meiner Mutter war Frau Süsskind. Ich selbst spielte nicht mit. Bis 16 Uhr hielt ich mich im Spielsaal auf und sass fast ununterbrochen neben meiner Mutter. Ich habe mich kurz vor dem Weggehen während des Ankleidens*

mit Frl. Rosenkessel mit ein paar Worten unterhalten und ging dann direkt zum ›Schlosstheater‹. Ich habe eine Eintrittskarte für DM 0.90 gelöst, auch kaufte ich mir an der Kinokasse 1 Programm, eine Rolle Drops und eine Stange Kokos bei der Frau Kurzinger. Ich habe das Kinogeld von meiner Mutter im Spielsaal bekommen in Gegenwart der Mitspieler. Es kam zwischen meiner Mutter und mir zu einem kleinen Hin und Her, weil sie mir das Geld sofort geben wollte, ich aber vorher noch einmal die Toilette aufsuchen und dann erst dieses Geld haben wollte. Aber meine Mutter hat dann gedrängt und so bekam ich das Geld vor dem Hinausgehen. Beim Hinausgehen habe ich das Geld, es handelte sich um einen 5 Markschein, dem Frl. Rosenkessel in Verwahrung gegeben. Als ich von der Toilette wieder herauskam, habe ich meinen Mantel angezogen und mir dann von Frl. Rosenkessel diese 5 Mark wieder geben lassen. Die Frage, wie oft ich im Dezember an den Mittwochen im Kino war, beantworte ich wie folgt: Am 5.12. fühlte ich mich krank, war zu Hause und hatte Besuch von Frau Benecke und Frau Dr. Treupel. Am 12.12. war ich bestimmt im Kino. Am 19.12. traf ich mit meiner Mutter in der Gaststätte Summer an der Hanfelder Strasse die Frau Benecke und deren Schwester. Schätzungsweise trafen meine Mutter und ich kurz nach 13 Uhr bei Summer ein. Gemeinsam mit Frau Benecke und deren Schwester gingen wir kurz vor 13:45 bei Summer weg, um (...) zum Bayerischen Hof zu kommen. (...) Unser Gespräch mit Frau Benecke drehte sich um den Mord. Um 19 Uhr kam verabredungsgemäß die Frau Michelmayer, um uns abzuholen und zwar vom Bayerischen Hof. (...)«

Um 12.40 Uhr wird die Vernehmung abgebrochen. Die Kripo teilt Elisabeth mit, dass sie wegen des dringenden Tatverdachts in der Mordsache Bletschacher vorläufig festgenommen ist. Nach mehr als einer Stunde Unterbrechung geht das Verhör um 14 Uhr weiter. Die Beamten lassen bei der Frage nach den Kinobesuchen nicht locker: »*Es ist richtig, dass ich am 19.12. ab 16 Uhr wieder im Schlosstheater war. Mit Frau Benecke und ihrer Schwester haben meine Mutter und ich uns vor dem Bayerischen Hof verabschiedet. Meine Mutter und ich gingen in den Bayerischen Hof. Frau Benecke und ihre Schwester entfernten sich mit mir unbekanntem Ziel. Verabredungsgemäß traf ich mich mit Frau Benecke und ihrer Schwester um 16 Uhr im Schlosstheater. Nach dem Kinobesuch, um 18 Uhr herum, ging ich mit der Frau Benecke und ihrer*

Schwester noch bis zur Metzgerei Hindl im Hansahaus. Auf diesem Weg ist von dem Mord gesprochen worden und die Frau Benecke übergab mir dabei schwarzen Tee. Es kann nun sein, dass mir Frau Benecke den Tee schon um 14 Uhr oder beim Kinobeginn gegeben hat. (...) Den Preis weiß ich eher nicht mehr bestimmt. Nachdem ich mich mit den beiden Frauen vor dem Hansahaus ziemlich lange unterhalten hatte, wird es zwischen 18:30 und 18:45 Uhr gewesen sein, als ich wieder in den Bayerischen Hof zu meiner Mutter zurückkam. Dort traf ich meine Mutter noch an. Ob das Spiel noch im Gange oder zu Ende war, weiss ich heute nicht mehr. Das Spiel war an diesem Abend früher aus als sonst, denn kurz vor 19 Uhr befanden sich meine Mutter und ich im Foyer des Bayerischen Hofes im Gespräch mit Frl. Rosenkessel. Die Michelmayer kam verabredungsgemäß um 19 Uhr.

Am Abend des 19.12. kann ich keine Einkäufe gemacht haben, denn ich ging nach dem Kino mit Benecke bis zum Hansahaus und von dort direkt zurück zum Bayerischen Hof und nach kurzer Zeit mit meiner Mutter und der Frau Michelmayer unmittelbar nach Hause (...).

Ein weiterer Kinobesuch fand im Dezember in Starnberg nicht mehr statt, weil ich am 22.12. mit meiner Mutter über München zu meiner verheirateten Schwester nach Stein bei Traunstein gefahren bin.

Ich weiß bestimmt, dass am 12.12. der Film ›Die schwarze Füchsin‹ gegeben wurde. Nach meinem Erinnern wurde am 19.12. der Film ›pfer der grossen Liebe‹ gespielt.

Ob meine Mutter mir am 19.12. im Bayerischen Hof Geld für den Kinobesuch gegeben hat, ist mir nicht mehr in Erinnerung. Wenn sie mir Geld gegeben haben sollte, so bekam ich von meiner Mutter, wenn ich keine Besorgungen zu machen hatte, auch kleinere Beträge von nur ein bis zwei Mark.«

Die Polizei hakt nochmals nach. Elisabeth muss wieder zu ihrer Nachmittags- bzw. Abendbeschäftigung am 12. Dezember 1951 aussagen: »*Als ich an diesem Tag den Bayerischen Hof um 16 Uhr verliess, um ins Kino zu gehen, habe ich am Spieltisch meiner Mutter (...) zu diesem Zeitpunkt auf keinen Fall davon gesprochen, dass ich evtl. nach Hause gehen wollte.*

Nach Verlassen des Kinos etwa um 18 Uhr ging ich zuerst in das Milchgeschäft Hermann und habe dort Brot und Butter gekauft, es war ein hal-

bes Brot und ein Viertel Pfund Butter. Nach meiner Erinnerung war ich etwa um 18:10 Uhr bei Hermann. Ich war zunächst im Geschäft allein und habe auch mit der Frau Hermann eine Unterhaltung von höchstens 10 Minuten geführt. Kurz vor meinem Weggang bei Hermann kam ein Herr in das Geschäft und grüsste mich. Ich kannte diesen Herrn nur vom Sehen und zwar anlässlich gemeinsamer Besuche im Gasthaus Summer. Ich möchte damit sagen, dass wir, also meine Mutter und ich, nicht mit diesem Herrn ins Gasthaus gingen, sondern ihn dort mehrmals sahen. Nach dem Kommen dieses Herrn, den Namen habe ich nicht mehr in Erinnerung, es soll sich um einen Adligen oder einen Herrn ›von‹ handeln, habe ich das Geschäft Hermann verlassen und ging anschliessend zum Bayerischen Hof zurück. Etwas um ½ sieben war ich wieder dort. Bis kurz vor 7 Uhr unterhielt ich mich im Foyer des Hotels mit Frl. Rosenkessel, erzählte ihr dabei von dem an diesem Tag gegebenen Film, übergab ihr auch das Programm und die kurz nach 18 Uhr bei Hermann eingekauften Sachen zur Aufbewahrung bis zum Heimgehen. Meine Unterhaltung mit Frl. Rosenkessel dauerte mit Unterbrechungen von 18:30 Uhr bis kurz vor 19 Uhr am 12.12.«

Über das Abendessen im Bayerischen Hof gibt Elisabeth an: »Am 12.12. hat die Frau Süsskind bei Spielbeginn um 14 Uhr die Teilnehmer gefragt, wer heute am gemeinsamen Abendessen teilnehmen wolle. (…) Meine Mutter und ich wussten aber von diesem verabredeten Abendessen bereits (…). Nach der Unterredung mit Frl. Rosenkessel an dem fraglichen Abend ging ich kurz vor 19 Uhr in den Spielsaal. Nach meiner Feststellung ist zu dieser Zeit an einigen Tischen noch gespielt worden, erinnerlich waren die Gruppen an zwei Tischen mit ihren Spielen bereits fertig. (…) Ich glaube bestimmt, dass um 19:15 Uhr das Turnier beendet war.
Auf Frage: Nach Betreten des Spielsaales habe ich nicht davon gesprochen, dass ich evtl. heimgehen wollte. Ich sagte zu meiner Mutter nur, dass ich woanders hin zum Abendessen, aber nicht nach Hause, gehen werde.
Nach einigem Zögern meinerseits überredete mich meine Mutter doch, dass auch ich an dem gemeinsamen Abendessen in dem Hotel teilnehmen sollte. Ich wollte dies ursprünglich nicht, da für zwei Personen das Abendessen zu teuer kommen würde.«

Wie hielten es Mutter und Tochter mit den Schlüsseln?
»A. Fr.: Sowohl meine Mutter als auch ich haben je einen Schlüssel für das Gartentor, einen Schlüssel für die Haustür und einen Zimmerschlüssel. Es ist wahrscheinlich, dass meine Mutter und auch ich am Abend des 12.12. die Schlüssel dabei hatten. Es kam mitunter schon vor, dass einmal ich, vielleicht auch mal meine Mutter die Schlüsselgarnitur vergessen hatte.«

Was sagt Elisabeth über das Tragen ihres Mantels?
»Ich weiss bestimmt, dass ich am 12.12. meinen Pelzmantel trug. Ob ich ihn auch am 19.12. getragen hatte, ist mir nicht mehr mit Sicherheit erinnerlich, aber ich halte dies für sehr wahrscheinlich. Am 12.12. trug ich ein langärmeliges Mantelkleid von rostbrauner Farbe mit aufgesetzten Seitentaschen (...). Dieses Kleid ist so lang, dass es unter dem Mantel etwa 5 cm hervorschaut. Am 19.12. habe ich aller Wahrscheinlichkeit nach dieses Kleid nicht getragen. Es kann sein, dass ich am 19.12. einen karierten Faltenrock mit dunklen Pullover oder ein dunkelgrau-blaues Winterdirndel getragen habe.
Als ich am 12.12. abends gegen 18:30 Uhr in den Bayerischen Hof zurückkehrte und mich im Foyer anschließend noch mit Frl. Rosenkessel unterhielt, habe ich meinen Mantel ausgezogen. Soviel ich mich noch erinnern kann, nahm Frl. Rosenkessel mir den Mantel und hängte ihn in die Garderobe des Foyers. Ich habe meinen Mantel dann erst wieder gegen 23 Uhr angezogen, als ich mit meiner Mutter heimging. Die ganze Zeit über, also von 18:30 Uhr bis kurz vor 23 Uhr habe ich also den Mantel nicht angehabt.«

An das Verlassen des Hotels und den Weg nach Hause erinnert sich Elisabeth sehr sicher:
»A. Fr.: Meines Wissens hat das Abendessen im Hotel um halb acht Uhr oder kurz darauf begonnen. Es dauerte bis etwa 20:15 Uhr.
Bis ca. 22 Uhr wurde das Ergebnis des Turniers errechnet und dann war erst die Preisverleihung. Nach dem Abendessen hat dann meine Mutter noch einige Partien gespielt. Beim Turnier machte meine Mutter mit Frau Süsskind den dritten Preis. Sie hatte bei der Preisverleihung freie Wahl und nahm eine Flasche Rotwein.
A. Fr.: Meine Mutter und ich verliessen das Hotel vielleicht 10 oder 5 Minuten vor 23 Uhr, um nach Hause zu gehen. Beim Anziehen bekam ich

von Frl. Rosenkessel noch die hinterlegten Sachen (Brot und Butter) und das Kinoprogramm. Wie bereits angegeben, benutzten wir beim Heimweg den Fussweg vorbei am ›Land- und Seeboten‹, durch die Wittelsbacherstrasse, vorbei an der Bäckerei Popp, zur Hanfelder Strasse in die Max Emanuel Strasse. Als meine Mutter und ich zu Hause ankamen, zeigte unsere Uhr 23:45 Uhr an. Ich weiss dies deshalb so genau, weil meine Mutter noch sagte, dass wir heute aber spät dran seien. Ich machte meine Mutter darauf aufmerksam, dass diese Uhr ja immer 10 bis 15 Minuten vorgehe und es demnach erst 23: 30 gewesen sein konnte. Daraus ergibt sich, dass meine Mutter und ich um 23 Uhr oder schon um 22:55 Uhr vom Bayerischen Hof weggegangen waren. Es ist zutreffend, dass meine Mutter und ich für den Heimweg 35 Minuten brauchten. Auf dem Heimweg haben wir niemanden getroffen und haben unseren Weg ohne Unterbrechung zurückgelegt.«

Über die Ankunft zu Hause gibt Elisabeth Adlon zu Protokoll: »Meine Mutter ging vor mir in den Garten hinein. Ich weiss daher den Zustand der Gartentür nur aus den Äußerungen meiner Mutter, dass die Gartentür nicht eingeklinkt war, sodass sie zum Öffnen keinen Schlüssel brauchte. Ob die Gartentür am Anschlag angelehnt war oder spaltbreit offen war, entzieht sich meiner Kenntnis. Ich weiss aber, dass diese Tür nicht weit offen stand. Sie kann gar nicht offen gestanden haben, weil sie von selbst zuschlägt. Nach meinem Erinnern hat meine Mutter beim Betreten des Grundstücks gewohnheitsmäßig im Briefkasten nachgeschaut. Gemeinsam gingen wir nebeneinander zur Haustreppe. Nach meiner Erinnerung ging ich links von meiner Mutter. Es war eine mondhelle Nacht. Der Mond war zu sehen und ich glaube, es war nicht ganz Vollmond. Die Helligkeit der Nacht wurde durch die Schneelage erhöht. Es bestanden gute Sichtverhältnisse; man konnte weit sehen. Der Mond stand beim Betreten des Grundstückes hinter meiner linken Schulter. Der Mond stand noch am Himmel. Ich muss nochmals erwähnen, dass wir auf dem ganzen Heimweg niemanden gesehen haben. Gegen Ende des Gartenweges streifte ich mit dem Kopf einen kleinen Ast. Das veranlasste meine Mutter zu der Bemerkung, dass ich doch ruhig sein sollte, um niemanden aufzuwecken. Wir sind aber deswegen nicht stehen geblieben. Als wir bei unserem Kohlenkellerfenster angekommen waren, machte meine Mutter die Bemerkung, ob ich nicht auch etwas *gesehen oder gehört hätte. Dem Sinne nach äußerte sich meine Mutter: ›Du, da war doch was!‹. Ich habe aber nichts gesehen und nichts gehört. Ich habe nicht mal auf die Bemerkung meiner Mutter hin in die Richtung hingeschaut, weil ich die Ängstlichkeit meiner Mutter kenne und ihren scheinbaren Beobachtungen keine Beachtung schenkte. Bei diesem Heimkommen hat meine Mutter an der Gartentür das elektrische Licht an der Haustür eingeschaltet. Die Aussentür ist abschliessbar, sie war aber nicht verschlossen. Durch den Drehknopf wurde die Tür von meiner Mutter oder mir geöffnet. Die Innentür wurde wahrscheinlich von meiner Mutter mit dem Schlüssel aufgemacht. Hier handelt es sich um ein Schnappschloss, das eingeklinkt, aber nicht verschlossen war. Dann wurde das Treppenhauslicht eingeschaltet. Meine Mutter hat das Verschliessen der Aussen- und Innentür besorgt. An der Innentür hat meine Mutter den Sperrriegel vorgelegt, der am folgenden Vormittag beim Kommen des Postboten nach der Bekundung meiner Mutter noch vorgelegt gewesen sein soll.*«

Die Ermittler möchten wissen, was im Haus bei der nächtlichen Heimkehr vorging:

»*Wenn in der Wohnung Bletschacher ein Licht gebrannt hätte, so würde der Lichtschein auch bei geschlossenen Vorhängen bei unserem Gang über den Gartenweg erkennbar gewesen sein. Dass in der Wohnung Bletschacher bei unserem Heimkommen kein Licht mehr brannte, weiss ich deshalb so bestimmt, weil meine Mutter äusserte, dass die Bletschacher schon schlafe. Diese Äusserung machte sie beim Betreten unseres Grundstückes. Bei jedem nächtlichen Heimkommen schauen wir unwillkürlich nach den Fenstern und deshalb weiss ich so genau, dass in der Nacht des 12.12. bei der Frau Bletschacher und auch sonst nicht im Hause Licht brannte. Da meine Mutter sich über dieses ›Etwas‹ ängstigte, war sie bestrebt, möglichst rasch ins Haus zu kommen. Die Fenster im Treppenhaus waren alle verschlossen. Wenn im Treppenabsatz vom ersten zum zweiten Stock das Fenster aufgestanden hätte, würden wir dies durch die Zugluft gemerkt haben. Extra nachgesehen haben wir nicht, weil uns nichts aufgefallen ist. Schlafzimmer, Wohnzimmer, Küche und Bad waren abgeschlossen. Meine Mutter ging nach unserer Uhr um 24 Uhr und ich gegen 0.30 Uhr zu Bett. Wir lagen bis schätzungsweise um ein Uhr wach im Bett und unterhielten uns über das Bridge-Turnier. Das Licht brannte auch so lange. Gegen ein Uhr löschten wir unser Licht und schliefen ein. Ich habe einen sehr guten*

Schlaf, aber ich hätte bestimmt gehört, wenn in der Wohnung Bletschacher Lärm gewesen wäre. Meine Mutter, die einen leisen Schlaf hat, hört den geringsten Lärm oben.«

Der nächste Morgen lief aus Elisabeths Sicht folgendermaßen ab: »Bei unserem Erwachen war es auf unserer Uhr 10 Uhr. Gegen ½ 11 Uhr nahmen meine Mutter und ich das Frühstück ein, wobei wir die gewohnten Geräusche aus dem oberen Stockwerk vermissten und meine Mutter deshalb zu mir die Bemerkung macht(e): ›Na, die da oben schläft aber heute lange.‹ Ich fand diese Äusserung belanglos. Im Verlauf des Frühstücks beschlossen wir, zum Mittagessen in die Gaststätte Summer zu gehen. Meine Mutter erzählte auch noch weiterhin vom Bridge-Turnier und sie machte auch noch die Bemerkung, dass die oben noch so ruhig sei, ob die Frau Bletschacher wohl weggegangen sei. Ich war aber der Ansicht, dass dies nicht gut der Fall sein konnte, da wir sie dann hätten hören müssen. Mir war bekannt, dass die Frau Bletschacher an Krampfadern litt und ich hegte die Befürchtung, dass sie sich krank fühle und noch zu Bett liege. Ich hatte die Absicht, bei der Frau Bletschacher nachzuschauen. Ich kann aber nicht sagen, ob ich diese Absicht mir nur gedacht oder meiner Mutter gegenüber zum Ausdruck gebracht habe. Das Frühstück war gegen 11 Uhr beendet. Anschliessend begab ich mich ins Bad, um Toilette zu machen.«

Als Elisabeth nach Sonja schaute, überfiel sie ein komisches Gefühl: »Es war nach 11 Uhr, als die Hausglocke anschlug. Wie oft die Hausglocke anschlug, kann ich nicht mehr mit Bestimmtheit sagen. Zu dieser Zeit bestand zwischen der Frau Bletschacher und meiner Mutter eine Spannung, derzufolge sich die zwei Frauen nicht grüssten. Ich schliesse daraus, dass der Paketbote nur einmal geläutet hat und meine Mutter sich deshalb veranlasst fühlte, die Haustür aufzumachen. Es ist anzunehmen, dass meine Mutter vom Zimmerfenster aus zur Gartentür schaute, den Postboten an seiner Uniform erkannte, deshalb aufdrückte und dann zur Haustür ging. Es kommt in unser Haus selten Paketpost und deshalb glaube ich, dass der Mann nur einmal geläutet hat. Der Briefbote, der fast täglich kommt, ist mit den Gepflogenheiten vertraut und klingelt ordnungsgemäß. Während meines Aufenthaltes im Bad hörte ich, dass meine Mutter mit dem Postboten sprach. Ich habe nur einzelne Worte aufgefangen und konnte daraus dem Sinne nach entnehmen, dass meine Mutter es ablehnte, diese Nachnahme einzulösen. Ich hatte zu dieser Zeit schon den Entschluss gefasst, zu der Frau Bletschacher hinaufzugehen, um nach ihr zu schauen. In diesem Augenblick rief meine Mutter von der Haustüre hinauf: ›Lisabeth, geh mal rauf zu Frau Bletschacher nachzuschauen, ob sie da ist, es ist ein Nachnahmepaket für sie gekommen.‹ Im Bademantel ging ich nach oben. Ich fand die Küchentür angelehnt vor. Daraus schloss ich, dass die Frau Bletschacher zu Hause sein müsse. Zur gleichen Zeit stellte ich fest, dass die Toilettentür ganz offen (stand); dies war aber immer der Fall, wenn sie zu Hause war. Darauf rief ich ein oder zweimal: ›Frau Bletschacher‹, bekam aber keine Antwort. In Abwesenheit der Ilse schlief die Frau Bletschacher regelmäßig im kleinen Schlafzimmer, an dessen Tür der Schlüssel aussen steckte. Ich klopfte dort und öffnete nach kurzem Zögern, als ich keine Antwort erhielt, die Tür. Ich sah, dass das Bett unberührt war. Soviel ich mich erinnern kann, war das Fenster dieses Zimmers geschlossen. Ich machte die Tür wieder zu. Ich nahm deshalb an, dass sie sich in ihrem Wohnzimmer aufhält. Ohne neuerliches Rufen und ohne Klopfen öffnete ich die Wohnzimmertür, weil ich annahm, dass die Frau Bletschacher auf mein vorheriges Rufen und mein Klopfen geantwortet hätte. Durch den gewonnenen Eindruck, dass die Frau Bletschacher nicht antwortet und sie doch da sein müsse, war ich etwas beeindruckt. Ich konnte mir nicht vorstellen, warum sie nicht antwortet und hatte ein komisches Gefühl. Dieses Gefühl kann ich folgendermaßen begründen: Ich kannte Frau Bletschachers Gepflogenheiten ganz genau und wusste demnach, dass sie beim Verlassen ihrer Wohnung immer alles abschloss. Infolgedessen musste sie anwesend, aber aus einem mir unbekannten Grunde nicht in der Lage sein, mir zu antworten. Ich schloss daraus, dass sie ernstlich krank oder auch ohnmächtig sei. Durch die Stille im zweiten Stock empfand ich ein beängstigendes Gefühl, dass mich nervös machte. Aus meinem Erregungszustand heraus kann ich nun folgende Dinge nicht mehr ganz klar schildern. Meine Mutter rief von der Haustür herauf: ›Lisabeth, ist die Frau Bletschacher da (oder ähnlich).‹ Worauf ich sinngemäss antwortete: ›Es ist alles offen, doch sie antwortete nicht.‹«

An das Auffinden von Sonjas Leiche erinnert sich Elisabeth klar und deutlich:

»*Was ich jetzt sage, weiss ich wieder bestimmt: Ich öffnete die Wohnzimmertür und mein erster Blick war zur Couch, die unberührt war.*

Ich blickte deshalb erst unwillkürlich zur Couch, weil ich sie dort liegend krank oder ohnmächtig vermutete. Unmittelbar darauf sah ich die Frau Bletschacher in der Raummitte rücklings auf den Teppich liegen. Durch den Anblick der Frau Bletschacher erlitt ich einen starken Schreck; glaubte an Ohnmacht und bei näherer Betrachtung an Tod (aber nicht an Mord). Ich betone ausdrücklich, dass ich die Türschwelle nicht überschritten habe. Die Zeit meiner Betrachtung erschien mir zwar sehr lange. Es kann sich aber nur um ein bis zwei Minuten gehandelt haben. Dann habe ich die Tür wieder zugemacht. In dem Augenblick, wo ich die Zimmertür zumachte, rief meine Mutter herauf, was denn los sei, ob die Frau Bletschacher da sei oder ähnlich. In meinem ersten Schreck rief ich vom Geländer des Vorplatzes wiederholt: ›Mutti, Mutti, Mutti‹ und dann: ›Es ist was Furchtbares passiert!‹ Unmittelbar darauf kam der Paketbote nach oben und hinter ihm folgte meine Mutter. Auf der Treppenhälfte zwischen erstem und zweitem Stock trafen wir zusammen. Ich wollte unter allen Umständen verhindern, dass meine Mutter das Zimmer der Frau Bletschacher betritt, da ich befürchtete, dass meine herzleidende Mutter eine Ohnmacht oder einen Herzschlag erleiden könnte. Meine Mutter wusste zwar nicht, was passiert war, aber sie merkte an meinem ganzen Verhalten und an meiner Blässe, dass irgendetwas Ungewöhnliches oder Furchtbares passiert sein mußte. Meine Mutter blieb auf der halben Treppe stehen, während der Postbote heraufkam.

Der Paketbote und ich öffneten die Tür und blieben gemeinsam auf der Türschwelle stehen. Ich beobachtete den Postbeamten, der ernst die Situation betrachtete, der durchaus der Situation gewachsen war. Ich fragte ihn, ob er glaube, dass sie tot sei und ob er glaube, dass es ein Mord sei. Der Paketbote machte mich nun darauf aufmerksam, dass ein Kampf stattgefunden haben musste und wies mich auf die Situation hin: umgefallene Lampe, umgefallener Lehnstuhl mit abgebrochenem Stuhlbein, verrutschten Teppich, glaublich ein Tischmesser am Boden in der Nähe der Anrichte. Während dieser Feststellung schaltete sich auch meine Mutter ein, die immer wieder fragte, was denn los sei. Ich habe meiner Mutter nur immer wieder gesagt: ›es ist was furchtbares passiert mit der Frau Bletschacher.‹ Ich gab eine unwillige Antwort, weil mir diese Fragerei lästig war und mich noch mehr erregte, denn ich wollte ja verhindern, dass meine Mutter den genauen Tatbestand erfuhr. Der Postbote fragte nach dem nächsten Telephon, ich berichtete, er frug uns erst, ob wir im Haus

ein Telephon haben, was wir verneinten. Er sagte dann, dass er bei Kuppi die Polizei verständigen würde. Wir gingen mit dem Paketboten bis vor die Haustüre, wo wir auf seine Rückkehr von Kuppi vergeblich warteten. Obwohl es sehr kalt war und wir nur leicht bekleidet waren, blieben wir aus Angst vor der Haustür stehen, um die Rückkehr des Paketboten oder das Eintreffen der Polizei abzuwarten.
Jetzt kam die Stadtpolizei Starnberg und ich schilderte meine Wahrnehmungen, wobei ich dem Beamten am Tatort die Einzelheiten der Entdeckung zeigte. Mit dem Beamten der Stadtpolizei Starnberg (einer ist mir namentlich als Herr Auer bekannt) ging ich dann erstmals in das Zimmer, wo die Frau Bletschacher lag, selbst einige Schritte hinein und konnte Frau Bletschacher bei dieser Gelegenheit zum drittenmal aber aus näherer Entfernung erstmals sehen. Mein ganzes Interesse war bei dieser Gelegenheit auf die Augen der Leiche gerichtet. Diese fand ich halb offen. Ich kam zu diesem Interesse deshalb, weil ich in den ersten beiden Fällen ja nur auf der Türschwelle stand und nur Blut im Gesicht, nicht aber die Augen sehen konnte. Dies beunruhigte mich, weil ich befürchtete, dass ihr an den Augen irgendetwas geschehen war.
Etwa eine halbe Stunde vor Abholen der Leiche, es dürfte 17.30 Uhr gewesen sein, sah ich diese ein viertes und letztes Mal. Bei dieser Gelegenheit hat auch meine Mutter von der Türschwelle aus einen Blick in das Zimmer gemacht und die Leiche gesehen.
Mehr kann ich zur Mordsache Bletschacher nicht angeben.«

Die Vernehmung ist für Elisabeth ein Marathon: Ihr Verhör wird am Abend um 18:55 Uhr unterbrochen und nach einer eineinhalbstündigen Pause um 20:25 fortgesetzt. Zuvor belehren die Beamten die Beschuldigte. Sie erklärt, dass sie sich geistig und körperlich in der Lage fühlt, der Vernehmung zu folgen.

Die Polizei versucht jetzt herauszufinden, ob Elisabeth den unbekannten Besucher am Dienstag vor dem Mord kennt:
»Fr.: Wer war am Dienstag, den 11.12. gegen 14 Uhr bei Ihnen zu Besuch?
Aw: Wir haben gar keine Bekannte mit einem Auto. Ich kann mich nicht erinnern, dass am 11.12. um 14 Uhr ein eleganter Herr mit einem Auto bei uns zu Besuch war.
A. V. (Auf Vorhalt, Anm. d. Verf.): Wenn mir nun vorgehalten wird, dass

es sich um einen schwarzen Mercedeswagen handelt, der von einem gepflegten etwas 50 Jahre alten Mann gesteuert wurde; dieser trug einen dunkelblauen Mantel und auffallend grosse Hornbrille, dass dieser Herr um 14 Uhr kam, in unser Grundstück ging und nach 20 Minuten wieder wegfuhr, erkläre ich: dass ich einen solchen Herren mit einem solchen Auto in unserem Bekanntenkreis nicht kenne und es sich demnach nur um einen Bekannten von Frau Bletschacher handeln kann.

A. V.: Dieser Mann hat sich 20 Minuten auf Ihrem Grundstück aufgehalten und nachdem Frau Bletschacher und Familie Lenser auswärts weilten, muss angenommen werden, dass Sie oder Ihre Mutter diesem Mann Einlass gewährt haben.

Aw.: Ich erkläre, dass am Montag, 10.12. oder Dienstag, 11.12. meine Mutter und ich für 15 Uhr wegen der Bridgepartie zu Frau Süsskind zum Tee eingeladen waren. Wir waren rechtzeitig bei Frau Süsskind eingetroffen. Auf dem Weg dorthin haben wir in der Bäckerei Popp eine Tüte zu 50 Stück Sarotti-Herzchen gekauft. Ich muss aber einschränken, dass ich nicht mehr bestimmt weiss, ob ich den Einkauf bei Popp oder Hofinger getätigt habe. Allerdings habe ich bei Hofinger erst in letzter Zeit eingekauft. Es kann auch sein, dass wir an diesem Tage auswärts gegessen haben.

A. V.: Es ist aber einwandfrei erwiesen, dass dieser Mann am 11.12. von 14 Uhr bis 14:20 Uhr in Ihrem Grundstück sich aufgehalten hat. Wenn niemand zuhause gewesen wäre, hätte der Mann doch keine Ursache gehabt, sich 20 Minuten dort aufzuhalten.

Aw.: Ich kann mir nicht vorstellen, wer das gewesen sein kann und kann zu diesem Punkt keine weiteren Angaben machen. Ich nehme deshalb an, dass wir am Dienstag bei der Frau Süsskind waren.

Fr.: Bestanden Verkaufsabsichten für das Haus, sodass es sich evtl. um einen Interessenten handelte?

Aw.: Es ist zwar gesprächsweise schon öfters vom Hausverkauf gesprochen worden, aber eine ernste Absicht besteht bis jetzt nicht. Einige Zeit nach dem Mord soll Dr. Treubel das Grundstück angesehen haben, dieses erzählte vor kurzer Zeit die Frau Lenser.«

Die Beamten bohren nach. Elisabeth muss sich wieder zu ihren Kinobesuchen und Einkäufen äußern:

»Fr.: Warum ist denn bei den früheren Vernehmungen nicht angegeben *worden, dass Sie an jenem Mittwochnachmittag den Bayerischen Hof verlassen haben?*

Aw.: Ich habe es damals als unwesentlich gehalten, weil ich von 13:35 Uhr bis 23:30 Uhr nicht zuhause war und am Nachmittag etwas über zwei Stunden im Kino und bei einer Besorgung war.

A. V.: Es ist richtig, dass ich am 26.1.52 von Stein wieder nach Starnberg zurückkam. Ich habe anschliessend und zwar in den nächsten Tagen im ›Schlosstheater‹ die Filmvorstellung ›Hoffmanns Erzählungen‹ besucht. Bei dieser Gelegenheit habe ich mit der Frau Kürzinger gesprochen und sie sagte mir auf mein Befragen, ob sie sich noch erinnern könne, dass ich am 12.12. im Kino war und sie sagte, dass sie sich nicht erinnern könne. Der Ehemann Kürzinger stand abseits und hat die Frage an seine Frau meiner Beobachtung nach nicht gehört. Ich stellte an ihn die gleiche Frage. Er gab zur Antwort: ›Ja, Sie haben Glück, ich kann mich daran erinnern.‹ (Auch gegenüber der Polizei gab der Mann eine ähnliche Aussage zu Protokoll, Anm. d. Verf.).

A. V.: Ihre Festlegung bezüglich der Übergabe der Lebensmittel und des Kinoprogramms am Abend des 12.12.51 an Frl. Rosenkessel wird durch die polizeiliche und richterliche Aussage dieser Zeugin widerlegt. Frl. Rosenkessel behauptet, dass Sie ihr erst eine Woche später, also am Mittwoch, den 19.12., Lebensmittel und auch ein Kinoprogramm zur Aufbewahrung übergaben. Sie kann sich deshalb genau daran erinnern, weil am 19.12.51 auch von dem Mord an der Frau Bletschacher gesprochen wurde.

Aw.: Entweder irrt sich Frl. Rosenkessel mit ihrer Behauptung oder aber sie will mich wissentlich belasten. Aus welchem Grunde sie dies getan haben könnte, ist mir unbekannt. Es wäre für mich wesentlich, ob es sich bei dem Programm, dass ich ihr zur Einsicht und zur Aufbewahrung übergab, um ›Die schwarze Füchsin‹ oder um ›Das Opfer einer grossen Liebe‹ gehandelt hat, da ich ›Die schwarze Füchsin‹ am 12.12. und ›Das Opfer einer grossen Liebe‹ am 19.12. gesehen habe.

Vermerk: 21.40 Uhr: Kann der Vernehmung noch folgen.

Ich möchte zu diesem Punkt noch folgendes erklären: Mir ist in Erinnerung, dass ich bei meinem Einkauf bei der Frau Hermann nicht von der Mordsache gesprochen habe und es sich infolgedessen bei meinem Einkauf nicht um den 19.12. gehandelt haben kann, sondern um den 12.12. Was den 19.12. anlangt, so habe ich das Kino mit Frau Benecke und ihrer Schwester gemeinsam verlassen und mit ihnen, soviel ich mich erinnere,

kurz über den Film gesprochen und dann sehr eingehend über die Mordsache Bletschacher.
Fr.: Wann haben Sie von Ihrer Mutter die DM 5,00 bekommen?
Aw.: Meines Erachtens am 12.12. Ich kann mich daran erinnern, dass ich diese 5,00 wie bei meiner Vernehmung bereits angegeben, dem Frl. Rosenkessel für kurze Zeit in Verwahrung gegeben habe.
A. V.: Es ist wahrscheinlich, dass ich diese 5 Mark doch am 12.12. dem Frl. Rosenkessel in Verwahrung gegeben hat, weil ich diesen Betrag in meinem Mantel nicht verwahren wollte und im Kleid nicht verwahren konnte. Ich hatte vor allem Angst, dass ich diesen Betrag aus der Tasche meines Kleides verlieren könnte.
A. V.: Ich kann mich nicht erinnern, dass ich von meiner Mutter ausser den 5 Mark noch etwas anderes bekommen haben soll.«

Auch beim Thema Hausschlüssel haken die Kriminaler nach. Mit welchen Schlüsseln ging Elisabeth am Abend des Mordes nach Hause?
»Vorhalt: Es wird von zwei Zeuginnen behauptet, dass Sie am Abend des 12.12.51 nach 18 Uhr von Ihrer Mutter den Hausschlüssel verlangt, den selben bekommen haben und dass Sie in diesem Zusammenhang auch erwähnten, sie wollen nach Hause gehen und den Spielsaal auch gleichzeitig verliessen.
Aw.: Was die Behauptung wegen der Schlüssel anlangt, so kann ich mich nicht daran erinnern, vor allen Dingen kann es nicht nach 18 Uhr bzw. vor halb sieben Uhr gewesen sein, da ich erst um halb sieben Uhr in den Bayerischen Hof zurückkam. Es kann möglich sein dass ich infolge eines kleinen Streits mit meiner Mutter wegen der Essensfrage, ich kann mich aber nicht mehr erinnern, zu ihr sagte: ›Gib mir den Schlüssel, ich geh heim.‹ Somit ist es auch möglich, dass ich die Schlüssel tatsächlich bekommen habe. Ausdrücklich erkläre ich jedoch, dass ich nicht heimgegangen bin.
Fr.: Wo waren Sie von 18:30 Uhr bis 19:30 Uhr?
Aw.: Im Bayerischen Hof. Zuerst im Foyer, wo ich mich mit Frl. Rosenkessel unterhalten habe und später im Spielsaal.«
Nach zwei Stunden endet das Verhör um 22:25 Uhr.

Elisabeth weiter im »Schwitzkasten« der Kripo

Am folgenden Tag wird Elisabeth nochmals über zwei Stunden vernommen. Diesmal sind neben Bolzmacher auch die beiden Münchner Kollegen, Feldmann und Thaler, anwesend.

Aus der Fortsetzung der Vernehmung am Samstag, den 10. Mai 1952: Es steht ein ungeklärter Widerspruch im Raum – die Zeitlücke beim Heimgehen der Adlons am Abend des Mordes:
»*A. Fr.: Meine Mutter u. ich haben entweder um 23.00 Uhr oder kurz vorher den Bayer. Hof verlassen. Als wir nach Hause kamen, stellten wir fest, daß unsere Zimmeruhr 23.45 Uhr anzeigte. Diese Uhr geht aber 10 bis 15 Minuten vor. An dem Tag ging sie bestimmt vor, ich meine damit den 12.12.51.*
A. F.: Die Uhr geht immer vor.
A. V.: Es ist mir vorgehalten worden, dass nach den polizeilichen Ermittlungen unsere Zimmeruhr mit der Normalzeit übereinstimmt. Bei unserem Weggehen war es tatsächlich 13.30 Uhr und die Uhr ging nicht vor, demzufolge wird mir vorgehalten, dass wir nicht um 23.30, sondern um 23.45 Uhr Normalzeit heimkamen. Dazu erkläre ich, dass es nach unserer Uhr 23.45 h war und ich der festen Meinung war, dass es erst 23.30 Uhr sei.
Vorhalt: Es besteht eine zeitliche Lücke von 45 Minuten, da Zeugen angeben, dass Sie mit Ihrer Mutter den Bayer. Hof um 22.30 Uhr verließen.
Antwort: Dann hätten wir ja schon kurz nach 23 Uhr zu Hause sein müssen.
Frage: Was ging in den 45 Minuten vor?
Antwort: Ich habe in Erinnerung, dass wir kurz vor 23 Uhr das Hotel verließen und unter Berücksichtigung des Vorgehens unserer Uhr um 23.30 Uhr nach Hause kamen.«

Die Kripo testet bei der Vernehmung jetzt Elisabeths Zeitgefühl:
»*Zwischenfrage: Wie lange standen Sie auf der Schwelle des Tatzimmers, als Sie erstmals Frau Bletschacher am Boden liegen sahen?*
Antwort: 2 bis 3 Minuten gefühlsmäßig, vielleicht war es kürzer, vielleicht war es länger. Ich habe ein schlechtes Zeitgefühl und zwar schätze ich die Zeit meist kürzer ein, als es in Wirklichkeit ist, es ist demnach auch mög-

lich, dass es 5 Minuten dauerte, als ich auf der Schwelle stand und ins Tatzimmer ging.«

Es geht immer wieder um die Zeit und Elisabeth gelingt es nicht, alle Lücken aufzuklären:
»Feststellung: Es ist richtig, dass in den vergangen 40 Minuten, von 9:05 bis 9:45 Uhr das Verhältnis zwischen der Frau Bletschacher und meiner Mutter eingehend besprochen wurde. Ich muss zugeben, dass seit Herbst vorigen Jahres zwischen meiner Mutter und der Frau Bletschacher Streitigkeiten bestanden, die sich bis zu gegenseitigen Gehässigkeiten steigerten und mit ordinären Worten begleitet wurden.
Es ist hierbei auch gesprochen worden, dass ich am 12.12. von 18.30 Uhr bis 19.30 Uhr im Bayerischen Hof nicht gesehen wurde. Dazu entgegne ich, dass ich mich nicht daran erinnern kann, dass ich den Bayerischen Hof zu dieser Zeit verlassen habe.
Es ist mir weiterhin vorgehalten worden, dass ich im Zeitraum unseres Heimgehens eine Zeitdifferenz von rund 45 Minuten entstanden ist, für die ich keinen Nachweis erbringen kann. Dazu erwidere ich: Ich kann mich nicht erinnern, dass ich den Bayerischen Hof ....
Ich berichtige: Ich dachte, es handelt sich um die Zeit zwischen 18.30 Uhr und 19.30 Uhr. Ich habe nun richtig verstanden, dass es sich um die Zeit unseres Heimgehens handelt, wo diese 45 Minuten Zeitdifferenz entstanden sind. Ich erkläre, dass mir diese Zeitdifferenz unerklärlich ist und ich mich demnach in der Zeit geirrt haben muss.«

Elisabeth wirkt mittlerweile sichtlich mitgenommen von der Vernehmung:
»A. V.: Ich bestreite, als Täterin, Mittäterin oder als Mitwisserin mit der Ermordung der Sonja Bletschacher irgendetwas zu tun habe.
Elisabeth Adlon erklärte, dass sie sich im Augenblick nicht mehr konzentrieren könne. Die Vernehmung wurde deshalb um 10.10 Uhr abgebrochen.
Anschließend wurde mir die Vernehmungsniederschrift vorgelesen und ich habe die Urschrift selbst gelesen.
Feststellung: Ich erkläre mich ausserstand, dem Vorlesen selbst zu folgen

und ich bin im Augenblick auch nicht in der Lage, das Protokoll selbst durchzulesen.

Die Vernehmungsniederschrift ist mir nun vorgelesen worden. Der Inhalt ist mir nun bekannt.

Ich gebe zu dieser Niederschrift folgende Erklärung ab: Ich glaube mich zu erinnern, daß mir ganz überraschend eröffnet wurde, daß ein Haftbefehl gegen mich besteht wegen des dringenden Verdachts der Mittäterschaft. Ich bin deshalb erstaunt, jetzt zu hören, daß es sich um einen Tatverdacht handelt.
Gegen den übrigen Inhalt der Vernehmung habe ich nichts einzuwenden.
Der zu Protokoll gegebene Einwand (...) betrifft meine Festnahme um 12.45 Uhr.
Ende 11.30 Uhr.«

Ermittlungsdruck auf Ottilie Adlon

Nach Elisabeth widmet sich die Kripo ihrer Mutter Ottilie. Bei ihr wird jedoch mehr Rücksicht als bei der Tochter genommen. Bolzmacher und Feldmann holen die 72-Jährige am Samstag um 13.15 Uhr in ihrer Wohnung ab. Sie kommen aber nicht allein, sondern werden vom Arzt Dr. Albrecht vom Staatlichen Gesundheitsamt in Starnberg begleitet. Zusammen mit der Hausärztin stellt dieser Ottilie Adlons Transport- und Vernehmungsfähigkeit fest, sodass ab 15.45 Uhr ihr Verhör im Starnberger Rathaus in Starnberg beginnt.

Aus der Vernehmung von Ottilie Adlon am Samstag, den 10. Mai 1952:
Zunächst befragen sie die Beamten zu dem Besucher am Dienstag vor der Mord:
»*Auf Vorhalt: Am Dienstag, dem 11.12.51, stand von 14 bis 14.20 Uhr vor Ihrem Haus ein schwarzer Mecedeswagen. Der Insasse war ein Mann, etwa 50 Jahre alt, sehr gepflegt, mit dunkelblauem Mantel und auffallend grosser Hornbrille. Dieser Mann betrat um 14 Uhr Ihr Grundstück und wurde gesehen, wie er um 14.20 Uhr wieder herauskam. Es ist erwiesen und Ihnen bekannt, dass an diesem Nachmittag weder die Familie Lenser*

noch die Frau Bletschacher zu Hause waren. Daraus muss gefolgert werden, dass dieser Besuch zu Ihnen kam. Wer war dieser Mann?
Antwort: Ich habe in Begleitung meiner Tochter Elisabeth kurz vor 12.30 Uhr das Haus verlassen, um im Gasthaus Summer in der Hanfelder Straße das Mittagessen einzunehmen. Bis kurz vor 14 Uhr waren wir beim Summer, gingen dann ins Lebensmittelgeschäft Rieser und haben uns dort gepresste Datteln als Nachtisch gekauft. Anschliessend gingen wir zum Bäcker Hufinger und zum Metzger Houdek. Wir sind rumgeschlendert, weil ein wunderschöner Tag war, es kann sogar sein, dass wir ins Kino gegangen sind, jedenfalls waren wir nicht vor 19 Uhr zu Hause. Wenn wir im Kino waren, so kann ich aber nicht mehr sagen, in welchem Kino wir waren. Das weiss ich noch so genau, als wenn es erst heute gewesen wäre.«*

Ausführlich muss sie sich zu den Ereignissen am 12. Dezember 1951 äußern:
»A.Frage: Am Mittwochnachmittag, 12.12.51, war das Bridgeturnier im Bayer. Hof. (...)
Auf Frage: Ich halte meine Aussage vom 7.4.52 in den folgenden Worten aufrecht: Ich weiss weiterhin ganz bestimmt, dass die Frau Bletschacher 10 Minuten vor unserem Weggang nach Hause gekommen war. Ich habe dabei noch auf die Uhr gesehen und festgestellt, dass es 13.20 Uhr war.
Frage: Geht Ihre Uhr richtig?
Antwort: Nein, sie muss vorgehen, weil meine Tochter immer unpünktlich ist. Die Uhr wird von mir in unbewachten Augenblicken 5 bis 10 Minuten vorgerückt. Von meiner Tochter wird die Uhr immer wieder auf Grund der Radioansage auf die Normalzeit zurückgestellt.
Die Frage, ob ich meiner Tochter am 12.12.51 kurz vor 16 Uhr im Spielsaal während einer Partie entweder einen 5-Mark-Schein oder die Hausschlüssel gegeben habe, kann ich wie folgt beantworten: Die 5 Mark habe ich der Elisabeth wahrscheinlich gegeben, um Brot und Butter zu besorgen und um ihr Kinogeld zu bezahlen. Ich weiss ganz bestimmt, dass ich der Elisabeth überhaupt keine Schlüssel gegeben habe, weil sie keine benötigt hat. Kurz vor 16 Uhr ging Elisabeth weg und gegen 18.30 Uhr kam sie zurück.«

Wie äußert sich Ottilie über den Heimweg mit ihrer Tochter und den mysteriösen Schatten im Garten?

»*Ich weiß bestimmt, daß wir um 23 Uhr im Bayer. Hof weggingen und um 23.30 Uhr zu Hause waren. Wir gehen eine halbe Stunde, weil ich nur so langsam gehen kann. Ich habe schon auf dem Weg vom Gartentürl zum Haus auf die Uhr gesehen – es war mondhell – und auf meiner Armbanduhr, die genau geht, war es genau 23.30 Uhr. Ich weiss auch noch bestimmt, dass ich von der Gartentür aus das Hoflicht an der Haustüre nicht eingeschaltet habe, weil es so hell war. Meine Tochter und ich haben uns darüber geärgert und es als Rücksichtslosigkeit empfunden, dass das Gartentürl nicht zu war.*

Kurz vor der Steintreppe im Haus angekommen, merkte ich hinter dem Baum rechts am Zaun eingeklemmt eine schwarze Männergestalt. Dass es ein Mensch war, habe ich gesehen. Ich bekam einen solchen Schreck und sagt leise zu meiner Tochter: ›Da seh ich was‹.

Darauf nahm mich meine Tochter am Arm, sagte ›Du siehst immer Gespenster, komm schnell‹. Wir gingen schnell ins Haus und schlossen eiligst zu.

Auf Vorhalt: Heute geben Sie an, dass Sie eine dunkle Gestalt an dem Baum am Zaun bei der Treppe gesehen haben, Sie geben auch an, dass die Person hinter dem Baum eingeklemmt war. Bei Ihrer Vernehmung am 13.12.51 gaben Sie dazu folgende Darstellung: ›Als wir bei der Steintreppe ankommen waren, also direkt vor dem Wohnhaus standen, bemerkte ich plötzlich, dass am Gartenzaun zum Nebenhaus unmittelbar gegenüber der Haustreppe ein Etwas über den Zaun sprang. Was dies aber war, kann ich nicht sagen.‹ Sie sprechen also heute von einer Person, d. h. von einer dunkel gekleideten menschlichen Gestalt, die hinter einem Baum geklemmt war, während Sie am 13.12.51 sagten, dass dieses ›Etwas‹, dass Sie aber nicht näher bezeichnen konnten, über den Zaun gesprungen sei.

Antwort: Ich bleibe darauf bestehen, dass eine Person dort stand. Vielleicht hat er erwartet, dass ich alleine komme und knallt mich auch nieder.

A. V.: Dieser vorherigen Aussage muss aber entgegengehalten werden, dass sowohl in Ihrem Grundstück als auch in dem Nachbargrundstück keinerlei Spuren festgestellt wurden.« (Fußspuren im Schnee an einer anderen Stelle im Grundstück wurden ausdrücklich festgestellt, Anm. d. Verf.)

Angesprochen auf ihre Konflikte mit Sonja versucht sie diese herunterzuspielen:
»*Auf Vorhalt: Das Verhältnis zwischen Frau Bletschacher und mir war bis November 51 sehr gut. Dann kam es zu einem kleinen Zwischenfall, als sie ihre Wolldecken von ihrem auf meinen Balkon herunterschüttelte, wo ich gerade mit meiner Tochter frühstückte. Ich ermahnte sie, dies zu unterlassen, und dabei erklärte Frau Bletschacher ganz grob, dass ich mit einem Fusse schon im Grabe stehe. Seit diesem Vorgang habe ich mit ihr nicht mehr gesprochen und wir grüssten uns nicht mehr. Damit war der Vorgang für mich abgeschlossen.*
A. V.: Die Ermittlungen haben aber ergeben, dass bereits im Juni 51 zwischen Ihnen und der Frau Bletschacher Streit herrschte, wobei Sie den Ausdruck ›Aas‹ gebrauchten und die Bletschacher als ›hysterisches Frauenzimmer‹ bezeichneten. In der folgenden Zeit und insbesondere seit Herbst 51 haben sich die Gegensätze zwischen Ihnen und der Frau Bl. immer mehr verschärft.
Antwort: Ich bleibe auf meinen Angaben bestehen. Wenn andere Leute das besser wissen, dann will ich nicht darüber streiten.
A. V.: Zu Ihrer vorherigen Einlassung muss Ihnen nun entgegengehalten werden, dass ein völlig Unbeteiligter im Sept. 51 bei einer Bahnfahrt von München nach Starnberg hörte, wie Sie zu einem anderen Fahrgast in Bezug auf die Frau Bletschacher, deren Namen hierbei genannt wurde, gesagt haben: ›Aber Sie dürfen versichert sein, die kriegt noch einen Denkzettel von mir.‹
Antwort: Ich behaupte, dass dieser Zeuge gelogen hat, wie er nur lügen kann.«

Für Mutter und Tochter wird es eng

Während am Samstag Bolzmacher und Feldmann im Starnberger Rathaus Ottilie vernehmen, beantragt der Kollege Thaler beim Amtsgericht Starnberg den Erlass eines Haftbefehls gegen Mutter und Tochter Adlon.

Aus dem Haftantrag an das Amtsgericht Starnberg vom Samstag, den 10. Mai 1952:
Den Verdacht begründet die Kripo mit den Tatumständen und einer

erheblichen Verdunklungsgefahr: Der mögliche Tatzeitraum wird entgegen früheren Annahmen jetzt zwischen 18 Uhr abends und 3 Uhr morgens angenommen, wobei Sonja zwischen 17 und 23 Uhr alleine im Haus war. Die Vielzahl der Verletzungen spricht für eine Tat aus Hass, Rache oder Eifersucht und es gibt keine Anhaltspunkte für einen Raub- oder Sexualmord. Nach der Art der Verletzungen gehen die Ermittler von einer geringen Kraftanwendung aus, sodass die Täterschaft einer Frau nahe liegt. Der Zustand des Tatzimmers lässt vermuten, dass Sonja Bletschacher vom Täter überrascht wurde. Da davon auszugehen ist, dass Sonja an diesem Abend keinen Besuch mehr erwartete, musste der Täter mit den Gegebenheiten im Haus Adlon vertraut gewesen sein. Außerdem konnte er nur mit einem Schlüssel oder Nachschlüssel ins Haus gekommen sein. Vermutlich wusste er auch von der Abwesenheit aller anderen Bewohner und beseitigte in Ruhe Tatwerkzeuge und sonstige Spuren. Gegen einen Einbrecher spricht, dass die unteren Wohnungen unberührt waren und keinerlei Geld oder Wertsachen mitgenommen wurden. Nach dem Zustand des Tatzimmers und Sonjas Gewohnheiten zu urteilen, ist nicht davon auszugehen, dass sie selbst die Haustüre öffnete. Daneben sieht die Kripo noch besondere Verdachtsmomente gegen die beiden Adlons. Dazu zählt beispielsweise das Verhältnis zwischen Sonja Bletschacher und den Adlons sowie die Widersprüche zwischen ihren Aussagen und denen vieler Zeugen. Außerdem wollen Zeugen gehört haben, wie Elisabeth im Bayerischen Hof am Mordmittwoch gegen 18 Uhr auf Verlangen von ihrer Mutter den Hausschlüssel bekam. Elisabeth beharrt darauf, an diesem Mittwoch am Abend der Empfangsdame des Bayerischen Hof ein Kinoprogramm und Lebensmittel zur Aufbewahrung übergeben zu haben. Das bestreitet diese jedoch für den 12. Dezember 1951. Verdächtig erscheint vor allem Ottilie Adlon durch ihr von vielen Zeugen bestätigtes Verhalten ihrer Tochter gegenüber. Wegen jeder Geringfügigkeit überschüttete sie Elisabeth mit einer jähzornigen und herrschsüchtigen Wut, die sich bis zu Schlägen steigern konnte. Auch Ottilies Veranlagungen und Fähigkeiten erhärten den Verdacht. Frau Adlon ist mit ihren 72 Jahren noch sehr kräftig und erledigte alle Haus- und Gartenarbeit. Auch traut dieser ihr ehemaliger jahrzehntelanger Vermögensberater die Tat zu. Elisabeth verhält sich im Beziehungsgeflecht mit ihrer Mutter unterwürfig und unbeholfen. Sie leidet unter Zwangsneurosen. Die Polizei geht von einer Affekthandlung aus und sieht die Ursache des Verbrechens in dem gespannten Verhältnis zwischen den Adlons und Sonja Bletschacher.

Die Kripo fasst daher zusammen:
»*Unter Berücksichtigung des bisherigen Ermittlungsergebnisses ist der Tatverdacht in der Mordsache Bl. gegen die beiden Adlons rechtlich hinreichend begründet. Sowohl Ottilie als auch Elisabeth Adlon verwickelten sich im Verlauf der bisherigen Ermittlungen in zahlreiche Widersprüche. Beide Frauen müssen deshalb als tatverdächtig angesehen und eingehend überprüft werden. Diese Ermittlungen erstrecken sich jedoch auf mehrere Tage. Es sind mehrere Vernehmungen und Gegenüberstellungen notwendig. Für die Zeitspanne dieser Erhebungen besteht erhebliche Verdunkelungsgefahr. Da ein Verbrechen den Gegenstand der Untersuchung bildet, ist Fluchtverdacht gesetzlich begründet. Aus diesem Grund wird um Erlass eines Haftbefehls gebeten.*
Elisabeth Adlon wurde am 9. Mai 1952 um 12.45 im Verlauf ihrer Vernehmung vorläufig festgenommen und in das Amtsgerichtsgefängnis Starnberg eingeliefert.
Die Vernehmung der Beschuldigten wurde am 10.5.1952 fortgesetzt. Elisabeth Adlon bestreitet, mit der Ermordung der Sonja Bletschacher, als Täterin, Mittäterin oder als Mitwisserin irgendetwas zu tun zu haben. Die sich im Verlauf der bisherigen Ermittlungen ergebenden Widersprüche blieben weiter bestehen. Auf die anliegende Vernehmungsniederschrift wird verwiesen.
Die Ermittlungen gegen Ottilie Adlon sind am 10.5.52 13 Uhr eingeleitet worden. Die Vernehmung der Genannten ist bereits im Gange. Vernehmungsfähigkeit wurde vom Amtsarzt bestätigt. Mit der vorläufigen Festnahme der Ottilie Adlon und deren Einlieferung in das Amtsgerichtsgefängnis Starnberg ist heute noch zu rechnen.
Über die weiteren Ermittlungen wird fortlaufend berichtet.«

Untersuchungshaft für Elisabeth - Schonung für Ottilie

Da eine Untersuchungshaft nur von einem Richter und nicht von den Ermittlungsbehörden verhängt werden darf, muss Elisabeth zusätzlich von einem Richter des Amtsgerichts Starnberg vernommen werden. Diese findet noch am gleichen Samstag statt.

Aus der Beschuldigten-Vernehmung am Samstag, den 10. Mai 1952: Elisabeth hält auch vor dem Richter an ihren Aussagen vom 9. und 10. Mai fest. Sie bittet lediglich, die Empfangsdame des Bayerischen Hofs, Rosenkessel, die Lebensmittelverkäuferin Hermann sowie ihre Freundin Benecke noch einmal mit ihren Aussagen zu konfrontieren. Der Ermittlungsrichter erlässt Haftbefehl gegen sie. Der Verdacht lautet jedoch nicht auf Mord, sondern auf vorsätzliche Tötung. Demnach soll sie am 12.12.1951 zusammen mit ihrer Mutter zwischen 23 und 24 Uhr Sonja Bletschacher in deren Wohnung durch 45 Stiche und durch Schläge auf den Kopf getötet haben. Elisabeth legt nach der Rechtsmittelbelehrung sofort Beschwerde gegen den Haftbefehl ein und bittet, einen Dr. Heinz Hofmann, möglicherweise einen Rechtsanwalt, zu unterrichten. Ihrer Mutter Ottilie dagegen bleibt die Haft erspart.

Aus einem Aktenvermerk von Bolzmacher vom Samstag, den 10. Mai 1952:
»(...) Da im Verlauf der Ermittlungen bereits amtsbekannt war, daß die Tatverdächtige Ottilie Adlon krank sein soll, wurde zum Zwecke ihres Verbringens zur Dienststelle im Rathaus in Starnberg zur Begutachtung des Gesundheitszustandes der Adlon der Leiter des Staatl. Gesundheitsamts Starnberg beigezogen. Med.Rat Dr. med. Albrecht besprach sich zunächst mit der Hausärztin der Verdächtigen, Frau Dr. med. Ruth Boss, wohnhaft in Starnberg, Heinrich Wielandstraße, über die Transport- und Vernehmungsfähigkeit der Ottilie Adlon. Auf Grund dieser ärztlichen Besprechung wurde Ottilie Adlon als transport- und vernehmungsfähig erklärt.
Auf Grund der anschließenden Untersuchung durch den Arzt des Gesundheitsamtes – Herrn Med. Rat. Dr. Albrecht – nach Verbringung der Ottilie Adlon zur Dienststelle im Rathaus in Starnberg, wurde von ihm die Haftfähigkeit der Frau Adlon verneint.
Auf Grund dieser ärztlichen Feststellung mußte von der Festnahme der Ottilie Adlon Abstand genommen werden.«

Ottilie in der Mangel der Polizei

Trotz Haftverschonung geht die Befragung von Ottilie Adlon in Starnberg weiter.

Aus der Fortsetzung der Vernehmung von Ottilie am Sonntag, den 11. Mai 1952:
Die Beamten versuchen vor allem zu klären, woher Ottilie ihr Wissen über die Münchenfahrt der Mieterin besaß, zu der sie keinen Kontakt mehr pflegte:
*»Fr.: Woher wissen Sie, daß die Frau Bletschacher am 12.12. mit dem Eisenbahnzug von München zurückgekommen war?
Aw.: Das weiß ich doch nicht. Mir hat sie das nicht gesagt. Sie hat dies auch meiner Tochter nicht gesagt. Das hat mir die Frau Rieser erzählt, die gleichzeitig sagte, daß die Bletschacher so beladen gewesen sei. Wann mir die Frau Rieser dies erzählt hat, weiß ich heute nicht mehr. (...) Es wird mir nun mitgeteilt, daß ich diese Angabe am 7.1.1952 gemacht habe. Ich kann mich nun erinnern, daß ich dies von der Frau Rieser an einem Freitag, es muß der 14.12. gewesen sein, erfahren haben.
A. V.: Sie sagten aber bereits am 13.12.51 aus, daß die Frau Bletschacher ›gestern‹ – 12.12. – mit dem Mittagszug, der um 12.49 Uhr in Starnberg ankommt, zurückkam.
Aw.: Wenn ich dies am 13.12.51 angegeben haben, dann muß die Frau Bletschacher ihre Rückkehr mit diesem Zug meiner Tochter Elisabeth mitgeteilt haben. Mir hat die Frau Bletschacher dies nicht gesagt, denn ich sprach mit ihr ja nicht. Sowohl ich als auch meine Tochter kamen am Donnerstag – 13.12. – nicht aus dem Haus. Sie muß dies also unbedingt von der Frau Bletschacher erfahren haben.
Fr.: Woher wußten Sie, nachdem Sie mit der Frau Bletschacher nicht sprachen, daß diese am 11.12. um 11.16 Uhr mit der Bahn nach München gefahren ist?
Aw.: Die Frau Bletschacher hat zu meiner Tochter gesagt, daß sie nach München fährt und wenn jemand kommt und nach ihr frägt, sollen wir sagen, daß wir nicht wissen, wann sie zurückkommt. Und wenn sie bis 21 Uhr nicht da ist, sollen wir abschließen und den Riegel vormachen.
AV.: Aus Ihrer Antwort ergibt sich aber nicht, daß die Bletschacher um 11.16. Uhr nach München gefahren ist!*

Aw.: Das habe ich erst nach dem Mord erfahren, aber von wem, weiß ich nicht mehr.
Fr.: Haben Sie nicht schon vor dem Mord erfahren, daß die Bletschacher mit dem Zug nach München gefahren war?.
Aw.: Nein, als die Frau Bletschacher wegging, hat sie zu meiner Tochter gesagt, daß sie sich beeilen müsse, weil sie den Zug noch erreichen will. Aber sie sagte nicht, welchen. Daß sie nach München fährt, hat sie zu meiner Tochter gesagt. Ich habe diese Unterredung zwischen meiner Tochter und der Frau Bletschacher nicht selbst gehört, sondern anschließend von meiner Tochter mitgeteilt bekommen. Nach meinem Erinnern kam die Frau Bletschacher nochmals zurück, weil sie etwas vergessen hatte und dabei sagte sie, wenn sie den Zug nicht kriege, dann fahre sie per Anhalter. Diese letzten Worte habe ich selbst gehört.
Es ist richtig, daß die Frau Bletschacher am Mittwochnachmittag – 12.12. – gegen 13.20 Uhr in ihre Wohnung zurückgekehrt ist. Wenn ich heute auch nicht mehr sagen kann, ob diese Zeitangabe ganz genau war, so kann ich aber doch versichern, daß ihre Rückkehr kurz vor unserem Weggang zum Bridge-Turnier war.
F.: Hat Ihre Tochter Elisabeth ein gutes Schätzungsvermögen hinsichtlich Zeitangaben?
Aw.: Nein, überhaupt Zeit ist für sie etwas Ungewöhnliches. Sie braucht beim Waschen ½ Stunde und meint, daß sie doch rasch fertig gewesen sei. Die Elisabeth hat gar kein Zeitverhältnis. Es ist nicht richtig, wenn sie angibt, daß die Frau Bletschacher schon eine Stunde vor unserem Weggehen heimgekommen sei. Ich war beim Heimkommen der Frau Bletschacher bereits ausgehbereit angezogen und wartete auf meine Tochter, die noch im Bad war. Ich war zu diesem Zeitpunkt bereits mit Hut und Mantel bekleidet; also ausgehfähig.«

Der Ermittlungsdruck auf Mutter und Tochter setzt sich fort

Die Kripo setzt auf einen Überraschungseffekt. Man bringt am Sonntag Ottilie Adlon sowie Elisabeth nach München. Am Vormittag findet von 10 bis 11.15 Uhr eine Gegenüberstellung zwischen Mutter und Tochter statt; für beide kommt dies völlig unerwartet. Die Beamten erhoffen sich, die Widersprüche in den Aussagen der beiden Frauen, als auch zu denen verschiedener Zeugen klären zu können.

Aus dem Gegenüberstellungsprotokoll vom Sonntag,
den 11. Mai 1952:
»(...) 1. *Der Weggang von der Wohnung zum Bridge-Turnier im Hotel
›Bayerischer Hof‹ am 12.12.51:*
*Ottilie Adlon behauptet, dass sie sich genau erinnern kann, dass die Bletschacher um 13.20 Uhr von München zurückkam und sie (Adlon) mit ihrer Tochter etwa 10 Minuten später das Haus verliess. Nach Vorhalt der
(...) angegebenen Ankunftszeit der Frau Bletschacher am Bahnhof Starnberg* (Bei ihrer ersten Befragung hatte Ottilie angegeben, Sonja sei mit dem Mittagszug um 12.49 Uhr angekommen. Anm. d. Verf.) *erklärte Ottilie Adlon, dass dies mit ihrer jetzigen Festlegung übereinstimme bzw. sie angenommen hat, dass die Bletschacher unmittelbar vom Bahnhof in ihre Wohnung ging.*
Nach Vorhalt der Aussage ihrer Tochter Elisabeth zu diesem Punkt, erklärte Ottilie Adlon, dass die Elisabeth überhaupt keine Zeitbegriffe hat und sich an keinen Zeitpunkt halten kann. Ottilie Adlon habe sich, wie schon so oft, auch am Mittag des 12.12.51 ärgern müssen, weil ihre Tochter mit ihren Vorbereitungen im Bad nicht fertig wurde.
2. Die Schlüsselangelenheit während des Bridge-Turniers am 12.12.51:
Ottilie Adlon bestreitet entschieden, ihrer Tochter zu irgendeinem Zeitpunkt die Hausschlüssel gegeben zu haben. Sie wollte auch nichts von einem beabsichtigten vorzeitigen Heimgang der Elisabeth wissen. Elisabeth Adlon berief sich auf ihre Aussage am 9.5.52. Sie liess abermals die Möglichkeit offen, dass sie gegebenenfalls diese Schlüssel auf Grund einer Verärgerung von ihrer Mutter verlangt haben konnte. Sie betonte aber, dass sie am Nachmittag und am Abend des 12.12.51 nicht allein, sondern erst nach Spielende – also gegen 23.00 Uhr – mit ihrer Mutter Ottilie Adlon gemeinsam nach Hause gegangen sei.
3. Übergabe der Lebensmittel und des 5 DM Scheines an die Zeugin Rosenkessel:
Elisabeth Adlon bleibt darauf bestehen, dass sie die Lebensmittel (Butter und Brot) am 12.12.51 bei Hermann eingekauft und am gleichen Abend mit dem Kinoprogramm der Rosenkessel in Verwahrung gab. In gleicher Weise verhält es sich mit dem 5 DM Schein, den sie von ihrer Mutter zu Bezahlung der Lebensmittel bei Hermann erhielt. Elisabeth Adlon behauptet in diesem Zusammenhang weiter, dass sie entgegen der Aussage der Zeugin Rosenkessel am 19.12.51 keine Lebensmittel zur Aufbewahrung

übergab, da sie an dem Nachmittag des 19.12.51 mit der Benecke und deren Schwester im Kino war und anschliessend mit diesen beiden Frauen sich noch etwa 30–45 Minuten unterhalten habe. Sie wisse bestimmt, dass sie am 19.12.51 auf Grund der Unterhaltung mit der Benecke bei Hermann keinen Einkauf getätigt habe.
Bei Ottilie Adlon besteht zu diesem Vorgang keine Erinnerung mehr.
Nachdem die Zeugin Hermann einen Einkauf am 12.12.51 abends kurz vor Geschäftsschluss – an eine genaue Zeit konnte sich Frau Hermann nicht mehr erinnern – bestätigte, kann die polizeiliche und richterliche Aussage der Zeugin Rosenkessel nicht unbedingt mehr belastend wirken.
4. Der Weggang nach Ende des Bridge-Turniers und die Zeit ihrer Rückkehr in die Wohnung:
Beide Adlons behaupten übereinstimmend, dass sie gegen 23.00 Uhr den ›Bayerischen Hof‹ verlassen und kurz vor oder nach 23.30 Uhr zu Hause waren. Sie wollen die Heimkehrzeit anhand einer Uhr in der Wohnung und anhand der Armbanduhr der Ottilie Adlon festgestellt haben.
5. Verhältnis der beiden Adlons zur Sonja Bletschacher:
Trotz Vorhalts der Einzelheiten über die Aussage der Zeugen erklärte Ottilie Adlon, sie behaupte weiterhin, dass Unstimmigkeiten zwischen ihr und der Bletschacher erst in den letzten Wochen vor der Tat bestanden, weil die Bletschacher sie nicht mehr grüsste. Entschieden bestreitet die Adlon, der Bletschacher gegenüber jemals beleidigende Worte (…) oder einer dritten Person gegenüber die Redewendung ›die kriegt noch einen Denkzettel von mir‹ gebraucht zu haben. Wörtlich erklärte die Adlon, ›wer dies behauptet, lügt‹.
Elisabeth Adlon berief sich auch in diesem Punkt auf ihre Aussagen bei der polizeilichen Vernehmung am 9. und 10.5.1952.
6. Verhältnis zwischen Mutter und Tochter Adlon:
Ottilie Adlon gab zu, dass sie ihrer Tochter gegenüber jähzornig sei und diese auch schon geschlagen habe. Die Ursache dazu war jedoch immer das phlegmatische Verhalten der Tochter gewesen, für die es keine Pünktlichkeit und keine Zeitbegriffe gebe.
Vor Abschluss der Gegenüberstellung wurde noch eingehend auf die Verdachtsmomente der Täterschaft seitens der beiden Adlons eingegangen bzw. hierüber ein konkreter Vorhalt gemacht.
Beide Adlons bestreiten, mit der Ermordung der Sonja Bletschacher nur das Geringste zu tun zu haben. Sie konnten auch über die Täterschaft

keinen weiteren Aufschluss geben als das, was sie bereits bei den bisherigen Vernehmungen angegeben haben.
Nach Beendigung der Gegenüberstellung wurde Ottilie Adlon in ihre Wohnung nach Starnberg zurück verbracht, Elisabeth Adlon in das Amtsgerichtsgefängnis Starnberg eingeliefert.
Es muss festgestellt werden, dass sich durch die umfangreichen Vernehmungen aber auch bei der Gegenüberstellung verschiedene Widersprüche nicht klären liessen. Diese Widersprüche können jedoch mit dem Tatverlauf nicht unbedingt in Zusammenhang gebracht werden. Vom kriminal-polizeilichen Standpunkt aus musste somit der Fortbestand einer weiteren Untersuchungshaft verneint werden. Oberamtsrichter Freiherr von Kress wurde noch am gleichen Tage gebeten, den Haftbefehl aufzuheben. Weitere Ermittlungen werden noch durchgeführt.«

Die Rolle rückwärts der Kripo

Über Monate zählen Ottilie und Elisabeth Adlon zum Kreis der Hauptverdächtigen. Die Ermittler attestieren ihnen Motiv und Gelegenheit. Auch bei der Gegenüberstellung von Mutter und Tochter kann beispielsweise der Widerspruch ihrer Aussagen zu denen anderer Zeugen, wann die beiden am Tatabend den Bayerischen Hof verließen, nicht geklärt werden. Die Beamten sehen darin jetzt keinen Bezug mehr zur Tat.

Aus dem Bericht der Kripo vom Sonntag, den 11. Mai 1952:
Bei der intensiven Vernehmung der beiden Adlons und deren Gegenüberstellung gewinnen die Ermittlungsbeamten den Eindruck, dass es »*sich bei den beiden um sensible Frauen handelt*«. Sie halten es für unwahrscheinlich, dass Mutter und Tochter erst Sonja ermordet haben und danach die ganze Nacht bis zum Eintreffen des Posters am nächsten Tag mit ihrem toten Opfer alleine im Haus blieben.

Die Polizei hält fest, dass »*noch Widersprüche zwischen den Aussagen der Adlons einerseits und den Bekundungen einiger Zeugen bestehen, die aber mit der Tat selbst nicht unmittelbar in Zusammenhang stehen und eine weitere Aufrechterhaltung des Tatverdachts nicht begründen.*«

Die Ermittler gehen jetzt von der Unschuld der beiden aus. Sie begründeten dies mit »*der Vernehmungstaktik und der dadurch erwirkten Reaktion bei den beiden Frauen*«. Dadurch, so die Ermittler,»(...) *darf mit Sicherheit angenommen werden, daß sie sich vor allem bei der Gegenüberstellung, die wie auch die letzten Ermittlungen vollkommen überraschend angesetzt war, in irgendeiner Form in klare Widersprüche verwickelt hätten. Dadurch und durch das allgemeine Verhalten wäre ein Schuldanteil erkennbar gewesen. Dies war jedoch in keiner Weise der Fall.*«

Die Kripo kann es nicht mehr begründen, die Untersuchungshaft für Elisabeth Adlon aufrechtzuerhalten. Noch am gleichen Tag wird diese nach der Gegenüberstellung mit ihrer Mutter um 13.15 Uhr aus dem Amtsgerichtsgefängnis in Starnberg auf freien Fuß gesetzt.

Nochmals Entlastung für Elisabeth

Nach ihrer Entlassung aus der Untersuchungshaft sucht Elisabeth die Empfangsdame im Bayerischen Hof, Else Rosenkessel, auf. Diese hat Elisabeth mit ihrer Aussage beispielsweise über Elisabeths Zeitabläufe am Tattag stark belastet. Über das Ergebnis dieser Aussprache ist nichts überliefert. Dieser Austausch veranlasst jedoch Elisabeths Freundin, am Donnerstag, den 15. Mai, freiwillig zur Polizei in Starnberg zu kommen, um vor der Kripo eine erneute Aussage zu machen.

Aus der Aussage von Erna Benecke am Donnerstag, den 15. Mai 1952: Sie bestätigt, mit ihrer Schwester und Elisabeth den Mittwoch, 19. Dezember, also eine Woche nach dem Mord, folgendermaßen verbracht zu haben: Zunächst waren sie bis ca. 18 Uhr im »Schloss-Theater-Kino« gewesen, danach sprachen sie zu dritt noch etwa eine Stunde vor dem Kino über den Mord und gingen dann zum Bayerischen Hof. Sie warteten vor dem Gebäude, bis Ottilie Adlon aus dem Hotel kam. Elisabeth und ihre Mutter gingen mit der vorbeikommenden Frau Michlmayer nach Hause. Die Zeugin bestätigt nochmals, dass Elisabeth nach diesem Kinobesuch am 19. Dezember 1952 auf keinen Fall einkaufen war. Somit könne die belastende Aussage von Frau Rosenkessel, die Lebensmittel von Elisabeth an diesem Mittwoch zur Aufbewahrung bekommen zu haben, nicht zutreffen. Damit scheint für die Polizei die Spur Adlon endgültig vom Tisch zu sein.

Der Schlüssel im Blumenkasten und wieder ein Unbekannter in der Dunkelheit

Ida Hauptmann, geb. 1889, war seit August 1951 Zugehfrau des Ehepaars Lenser, das die Erdgeschosswohnung im Haus Adlon bewohnt. Sie kam regelmäßig wöchentlich oder vierzehntägig zum Saubermachen und bekam manches in der Villa mit. Das letzte Mal war sie Mitte November 1951 in der Wohnung der Lensers. Nach Zeugenaussagen soll Sonja sich abfällig über Frau Hauptmann geäußert haben, als diese sich erkundigte, ob sie Ilses Zimmer mieten könne. Sie wird einerseits als mögliche Verdächtige in die Ermittlungen einbezogen. Andererseits liefert sie Einblicke in das Innenleben des Anwesens in der Max-Emanuel-Str. 7 und erwähnt einen seltsamen Vorgang. Die Kripo vernimmt sie über fünf Stunden lang.

Aus der Vernehmung von Ida Hauptmann am Dienstag, den 13. Mai 1952:
Wie schon andere Zeugen berichtet auch die Zugehfrau von einem mysteriösen Unbekannten im und in der Nähe des Hauses Adlon: Mitte November 1951, als Frau Hauptmann gegen 18 Uhr das Haus verließ und zum Gartentürchen lief, tauchte zwischen den Bäumen auf dem Grundstück ein Mann auf, kam auf sie zu und blieb abrupt stehen. Vor Angst flüchtete sie panisch zur Wohnung ihres Sohnes in Starnberg, ohne das Gartentürchen der Adlons zu schließen. Dort stellte sie fest, dass sie bei ihrer Flucht ihre Arbeitsschürze und Schuhe verloren hatte. In Begleitung ihres Sohnes ging sie den Weg zum Haus Adlon zurück. Die Gartentüre war mittlerweile geschlossen. Bei ihrer Flucht aus dem Grundstück bemerkte sie ein Auto, das auf dem Fußweg dicht am Zaun des Adlonschen Anwesens parkte. Bei ihrer Rückkehr mit ihrem Sohn war das Auto verschwunden. Näher beschreiben konnte sie weder das Auto noch den fremden Mann. Informiert hat sie im Haus von diesem Erlebnis nur das Ehepaar Lenser, das ihre Erzählung aber nicht ernst nahm. Für Frau Hauptmann war der Vorfall mit dem Unbekannten jedoch Grund genug, bei Lensers die Stelle zu kün-

digen. Im Nachhinein geht sie nicht davon aus, dass ihr dieser Mann etwas tun wollte. Sie hält es für möglich, dass er auf Sonja wartete und stehen blieb, als er erkannte, dass nicht Sonja, sondern Frau Hauptmann aus dem Haus kam.

Für die Polizei ist es ein nicht unerhebliches Detail, dass Ida Hauptmann Zugriff auf Schlüssel zum Haus Adlon besaß: Wenn Lensers auf Reisen waren, händigten diese Frau Hauptmann Schlüssel für die Garten- und die Haustüre aus. Damit besaß sie in Abwesenheit der Lensers Zugang zu deren Küche. Den Schlüssel für Lensers Wohnräume musste sie jedoch bei Sonja abholen und nach Ende der Arbeit zurückbringen. An ihrem letzten Tag bei Lensers Mitte November gab sie dem Ehepaar die Schlüssel für das Haus und das Gartentürchen zurück.

Frau Hauptmann erwähnt eine bisher noch unbekannte Information: Die Wohnung der Lensers kann noch über ein eisernes Tor an der Terrasse der Lenser-Wohnung betreten werden. Die Schlüssel dafür liegen an einem Geheimversteck im Blumenkasten an der Terrassenbrüstung. Davon will Frau Hauptmann aber nie Gebrauch gemacht haben.

Frau Hauptmann entgingen auch nicht Sonjas Männerbesuche. Sie beobachtete mehrfach drei verschiedene Männer: Ab Ende September oder Anfang Oktober 1951 kam regelmäßig in der Zeit zwischen 9 und 10 Uhr vormittags ein knapp 1,80 Meter großer, gut gekleideter Mann von Ende 40 oder Anfang 50 mit einem Auto zu Besuch und blieb nie länger als eine Viertelstunde. Er winkte beim Gehen Sonja zu, die stets im Morgenrock auf dem Balkon stand. Frau Hauptmann geht davon aus, dass dieser Mann einen Schlüssel für das Gartentor und die Haustüre besaß, da er nie klingelte und ihn niemand hineinließ. Sie vermutet, dass Sonja erst immer aufgestanden ist, als der Mann bei ihr an der Zimmertür klopfte. Einen zweiten Besucher beobachtete sie ab Mitte Oktober stets nur nachmittags zwischen 16 und 17 Uhr und zwar an den Tagen, an denen die Adlons beim Bridge-Spiel waren und Sonja sich alleine im Haus aufhielt. Sie beschreibt ihn als einen großen, schlanken Mann in den 30er-Jahren mit schwarzem Haar und gebräuntem Gesicht. Er fuhr ein graues Auto. Bei ihrer ersten Begegnung sprang er beim Verlassen des Grundstückes über den Zaun. Sie sprach ihn kurz an und er soll ihr in gebrochenem Deutsch sehr unfreundlich geantwortet haben. Frau Hauptmann hielt ihn für einen Franzosen oder Italiener. Sie sprach Sonja noch am gleichen Tag auf diesen Mann an. Diese erwiderte, dass es sich um ihren Stiefsohn handelte. Sonja wunderte sich allerdings, da sie diesen bereits eine halbe Stunde vor dem Zaunsprung aus dem Grundstück herausgelassen hatte. Auch diesen zweiten Mann sah Ida Hauptmann öfter. Er blieb bei Sonja immer zwischen einer und anderthalb Stunden.

Der dritte Besucher, der Frau Hauptmann ab Anfang Oktober 1951 aufgefallen war, kam ebenfalls immer an den Tagen, wenn Adlons in den Bayerischen Hof gingen, stets erst gegen 18 Uhr, ebenfalls mit einem grauen Auto. Sie schätzt ihn auf 30 bis 35 Jahre alt und nahm ihn als schlank und ca. 1,75 Meter groß wahr. Sie hielt ihn für einen Deutschen. Er wurde ins Haus nach dem Klingeln eingelassen. Einen Schlüssel konnte er somit nicht besessen haben.

Ihr Kontakt zu Sonja und den Adlons war sehr unterschiedlich: Ihr Verhältnis zu Sonja beschreibt sie als oberflächlich und immer freundlich. In ihrer Wohnung war Frau Hauptmann nie. Als sie von Sonja erfuhr, dass bei ihr ein Zimmer frei war, fragte sie höflich, ob sie dies mieten könne. Sonja verneinte höflich. Dass Sonja sich deswegen über sie abschätzig geäußert haben soll, entsetzte Frau Hauptmann.

Ida Hauptmann kannte Frau Adlon schon vor ihrer Tätigkeit bei Lensers flüchtig. Ottilie suchte vor Jahren eine Zugehfrau, ihr war der von Frau Hauptmann verlangte Lohn jedoch zu teuer. Während ihrer Tätigkeit bei Lensers redete Frau Adlon dann abfällig über Frau Hauptmann. Über Frau Adlon berichtet sie, dass *»sie zwar nicht zu sehen, aber immer zu hören ist. Wenn sie mit ihren Mietern nicht Krach hat, dann streitet sie mir ihrer Tochter. Auch mit der Frau Bletschacher hat sie sich gezankt. Ich habe es ungefähr dreimal gehört, wie die Frau Adlon vom 1. Stock aus in den 2. Stock zur Frau Bletschacher hinaufschimpfte. Die Frau Bletschacher hat aber wenig erwidert. Welche Worte dabei gebraucht wurden und weshalb geschimpft wurden, das weiß ich nicht. (...)«*

Der am gleichen Tag vernommene Sohn von Ida Hauptmann bestätigt im Wesentlichen die Angaben seiner Mutter über den Vorfall mit dem Fremden im Garten der Adlons. Er hat auch für die Tatzeit ein Alibi, da er sich auf einer Reise in Berlin befand.

Besaß Sonja kompromittierendes Wissen?

Im März 1952 bekommt der Präsident der Stadtpolizei München in der Sache Sonja Bletschacher Post. Otti Proeller aus Donauwörth ist die Schwägerin von Adolf Proeller, einem Kriegskameraden von Ludwig Bletschacher und langjährigen Bekannten Sonjas. Über ihn entwickelte sich zwischen Otti, ihrem Mann und Sonja eine Bekanntschaft mit gegenseitigen Besuchen. Nachdem Frau Proeller die ausführliche Berichterstattung in der Abendzeitung und die Aufforderung an die Bevölkerung zur Mithilfe gelesen hat, schreibt sie am 30. März an den Münchner Polizeipräsidenten einen Brief mit der ausdrücklichen Bitte, diesen vertraulich zu behandeln. Die ermittelnden Beamten erreicht das Schreiben erst Anfang Mai.

Aus dem Brief von Otti Proeller, eingegangen bei der Kripo am Dienstag, den 13. Mai 1952:
Sie deutet darin an, dass Sonja durch belastendes Wissen für manche Männer zur Gefahr geworden sei: Sonja, die Frau Proeller als lieb, angenehm und sympathisch charakterisiert, berichtete ihr gegenüber von ihren spiritistischen Praktiken und dass sie angeblich Botschaften aus dem Jenseits, vor allem von ihrem verstorbenen Mann, erhalten würde:
»Einmal erzählte sie mir von einem Herren – es war 47/48, der in Starnberg eine grosse Rolle im öffentl. Leben gespielt haben soll, dass dieser sie umbringen würde, wenn er wüsste, was sie durch ihren Mann über ihn erfahren habe – betr. Unterschlagungen und Veruntreuungen. Sie äusserte sich auch dahin, dass viele Menschen sie mieden, weil sie Angst vor ihrem Wissen hätten.«

Sie machte gegenüber Frau Proeller Andeutungen über politische Entwicklungen, blieb aber sehr vage.
»Sie sagte, die Geister hätten ihr verboten darüber zu sprechen. Sie wüsste sehr viel auf diesem Gebiet. Sie wüsste genau, was politisch in den nächs-

ten Jahren geschehe. Sie wollte mir auch rechtzeitig Nachricht geben, wenn die Russen kämen (...).«

Wurde Sonja im Herbst 1951 bedroht?
»Im Oktober 51 war sie bei meinem Schwager auf Besuch. Er erzählte mir folgendes:
Wir sassen abends beisammen, als Sonja plötzlich sagte: Nun muss ich Euch doch sagen, dass ich dieses Jahr noch sterben werde. Darauf erwiderte mein Schwager: Dann musst du dich aber beeilen, denn das Jahr ist bald zu Ende. Bist du krank? Nein, die Geister haben es mir gesagt. Dann lebst du noch lange, sagte mein Schwager, der ja nie etwas auf ihre Geistergeschichten gaben.
So muss sie doch vorher, da man an ihre spiritistischen Machenschaften nicht glauben kann, eine Drohung erhalten haben, an die sie glaubte und nachdem sie so sicher von ihrem Tode sprach, auch überzeugt war, dass sie dieser Drohung nicht entrinnen konnte.
Sollte sie – Fr. Bl. – davon ihrer Nichte nichts gesagt haben? Sie muss doch innerlich beunruhigt gewesen sein und da ist es doch sehr naheliegend, dass sie sich diesem Menschen offenbarte, mit dem sie seit Jahren zusammenlebte und der stets an ihren Sitzungen teilnahm und sogar als Medium diente. Oder fürchtete sie sich vor der Nichte? (...). Ich kann mich nicht frei von dem Gedanken machen, dass die Nichte Ilse mehr weiss, als sie sagt. (...)«

Auf der Suche nach neuen Details

Nachdem Sonjas Vormieterin in Haus Adlon bereits am 27. Dezember vernommen wurde, befragen die Münchner Ermittler Thaler und Feldmann Anneliese Hartung erneut. Denn sie und Sonja besuchten sich immer wieder gegenseitig.

Aus der Vernehmung von Anneliese Hartung am Donnerstag, den 15. Mai 1952:
Annelieses Besuch an Sonjas Todestag scheiterte: Sie plante, am 12. Dezember 1951 unangekündigt bei Sonja in der Wohnung vorbeizukommen, um diese für das kommende Wochenende einzuladen. Dieser Besuch unterblieb, da Anneliese Hartung die Abfahrtszeiten

des Busses zwischen Percha und Starnberg nicht feststellen konnte. Insgesamt besuchte die Zeugin Sonja nicht allzu oft; sie wollte selbst nicht mit Frau Adlon zusammentreffen. Daher kam Sonja öfter zu ihr nach Percha, im Durchschnitt zwei- bis dreimal im Jahr, das letzte Mal am 7. Dezember 1951. Auch hatte Sonja im Februar 1951 an einer privaten Faschingsfeier in der Wohnung von Anneliese Hartung teilgenommen.

Besitzt Anneliese noch Schlüssel zum Haus Adlon?
»*Auf Frage: Ich besitze keine Schlüssel mehr zu meiner früheren Wohnung in der Max Emanuelstr. 7 in Starnberg, auch nicht zum Haus oder Gartentor; ebenso habe ich mir auch niemals solche Schlüssel nachmachen lassen. Die bei meinem Einzug empfangenen Schlüssel habe ich bei meinem Wegzug wieder abgegeben.*«

Konkrete Motive oder Hintergründe für Sonjas Ermordung nennt die Zeugin nicht. Ihrem Gefühl nach sieht sie einen Zusammenhang zu Sonjas Okkultismus. Sie weiß von Sonjas Hobby, ohne jemals daran teilgenommen zu haben. Sonjas Nichte Ilse kennt sie nur flüchtig und kann sie nicht näher beurteilen. Von dem Mord selbst erfuhr sie erst am Freitag danach. Am Tag des Mordes hatte sie den ganzen Tag und über Nacht Besuch von einem Mann. Sie verließen das Haus nur für eine Stunde und fuhren zwischen 18 und 19.15 Uhr für Besorgungen mit dem Auto nach Ottobrunn.

Wer war der Unbekannte im Hause Adlon?

Aus dem Presseaufruf der Kripo vom Samstag, den 17. Mai 1952:
Die Bewohnerin des gegenüberliegenden Hauses, Frau Lürmann, beobachtete wenige Tage vor Sonjas Ermordung einen unbekannten Mann im Anwesen Adlon. Ihre Aussage stützt ihr Sohn Erich, geb. 1916. Nachdem die Identität dieses Fremden auch durch eine Gegenüberstellung nicht geklärt werden konnte, wendet sich die Kripo am 16. Mai wieder einmal an die Öffentlichkeit mit einer Beschreibung des Mannes.

Jedes Detail kann helfen: ein fehlendes Messer

Die Polizei befragt immer wieder Sonjas Nichte Ilse zu den verschiedensten Aspekten der Ermittlungen. Jedes neue Detail ist wichtig.

Aus der Aussage von Ilse am Dienstag, den 20. Mai 1952:
Noch nicht völlig aufgegeben haben die Ermittler scheinbar die Spur Erich Langenbruch. Nochmals dazu befragt, sagt Ilse aus:
»*Was die Verbindung meiner (…) ermordeten Tante Sonja Bletschacher zu Erich Langenbruch betrifft, wurden mir meine Angaben vom 15.1.52 vorgelesen. Diese Aussagen sind in allen Punkten richtig. Ich weiss bestimmt, dass Langenbruch letztmals Ende des Jahres 1950, es kann aber auch Anfang des Jahres 1951 gewesen sein, bei meiner Tante hier in der Wohnung war. Ich habe ihn zu dieser Zeit selbst noch einmal hier gesehen. Später habe ich ihn nicht mehr in der Wohnung beobachtet. Aus dem Verhalten meiner Tante musste ich schließen, dass sie keine Beziehungen mehr zu dem Genannten hatte.*

Auf Frage: Ich bin überzeugt, dass meine Tante ihren Verkehr zu Langebruch nur deshalb aufrecht erhielt, weil sie finanzielle Vorteile hatte. Persönlich war ihr dieser Mann lästig, jedenfalls drückte sie sich mir gegenüber über Langenbruch abfällig aus. In einem Fall habe ich beobachtet, dass Langenbruch meiner Tante DM 50,00 übergab. Ob dies nun der Erlös eines verkauften Gegenstandes war oder ob Langenbruch diesen Betrag meiner Tante als persönliches Geschenk gab, kann ich nicht sagen. Es ist mir bekannt, dass Langenbruch von meiner Tante verschiedene Sachen u. a. auch Wäsche zum Verkauf erhielt. Meine Tante jammerte Langenbruch immer vor, in welcher schlechten Lage sie sich befinde. Schon allein deshalb glaube ich, dass Langenbruch sie auch finanziell unterstützte. Geld musste sie jedenfalls mehrmals bekommen haben, weil sie dies immer erzählte.

In einem Fall hat mir meine Tante gesagt, dass Langenbruch sie küsste. Ich konnte selbst feststellen, dass sie bei dieser Gelegenheit mit verstrubelten Haaren und einem roten Gesicht aus dem Zimmer kam.

Mir persönlich schenkte Langenbruch einmal 5 oder 10 DM, er sagte, ich solle mir Schokolade kaufen. Damit wollte er sicher mein Verhältnis ihm gegenüber günstig beeinflussen. Erinnerlich versprach mir Langenbruch zum Weihnachtsfest 1950 eine Skihose, diese habe ich aber nie bekommen,

*zumal zu dieser Zeit die Verbindung meiner Tante zu ihm abgebrochen ist.
Ich bin mir absolut sicher, dass sich meine Tante mit Langenbruch geduzt hat. Ob ausser Zärtlichkeiten auch intime Beziehungen bestanden, vermag ich nicht zu sagen.«*

Ilse vermisst ein Messer:
»Meine Tante hatte in dem Schreibtisch ihres verstorbenen Mannes ein kleines feststehendes Messer verwahrt. Es hatte einen rauen Hirschhorngriff, die Klinge war etwa 8 cm lang und spitz. Ob das Messer scharfschneidend war, weiss ich nicht. Anfangs des Jahres 1951 habe ich erinnerlich das bezeichnete Messer zum letztenmal gesehen. Dieses Messer fehlt nunmehr bzw. ich konnte es in der Wohnung nicht mehr finden. Es ist allerdings nicht ausgeschlossen, dass meine Tante das Messer verschenkt hat. Vielleicht haben es (...) (die) Söhne meines Onkels aus zweiter Ehe bekommen.«

Über Sonjas Männerbekanntschaften glaubt die Nichte relativ gut im Bilde zu sein: Ilse geht davon aus, dass ihr Sonja von Männern, die sie in Ilses Abwesenheit besuchten, erzählt und sie nicht nur über Namen, sondern auch über Einzelheiten informiert hätte. Ein Mann, auf den die Beschreibung von Mutter und Sohn Lürmann passt, ist ihr als Besucher oder Bekannter ihrer Tante nicht bekannt. Auf jeden Fall bekam sie für die Zeit bis zum 9. November 1951, als sie nach Sonthofen ging, nicht mit, dass ein solcher Mann zu ihrer Tante kam. Ilse räumt ein: *»Ob nun meine Tante in den letzten Wochen oder Monaten vor der Tat mit einem Mann in Verbindung stand, den ich vielleicht bei den bisherigen Vernehmungen vergass anzugeben, kann ich beim besten Willen nicht sagen. Wenn dies der Fall war, so dürfte es meine Tante verstanden haben, mich aus irgendeinem Grunde hierüber nicht zu informieren.«*

Über Sonja stellt sie fest:
»Abschließend kann ich sagen, dass meine Tante grundsätzlich sehr auf ihren eigenen Vorteil bedacht war.«

Die Kripo durchleuchtet gründlich die Reise, die Ilse und Hans Anfang 1951 nach Frankreich unternahmen. Dazu befragen sie im März

1952 nochmals Hans, dessen Aussagen mit Ilses Angaben übereinstimmen, und holen Auskünfte über Interpol ein. Die Interpol-Ermittlungen treffen im Juni 1952 ein und bestätigen die Angaben der beiden.

Und wieder ein geheimnisvoller Fremder im Umfeld des Verbrechens

An einem Mittwoch im Juni erscheint bei der Kriminalabteilung des Präsidiums der Landpolizei ein Münchner Versicherungsvertreter der Bayerischen Beamtenversicherung. Karl Beutelhauser, geb. 1903, informiert die Beamten über einen eigenartigen Vorfall.

Aus den Aussagen von Karl Beutlhauser am Mittwoch, den 11. Juni, und Donnerstag, den 19. Juni 1952:
Er betreut für die Versicherung die Starnberger Gegend und kam am 3. April 1952 zum Haus Adlon. Da er Sonja Bletschacher vom Sehen kannte, ging es ihm nicht nur um einen Versicherungsabschluss. Er erhoffte sich Informationen aus erster Hand. Er sprach mit Frau Adlon selbst, die von sich aus auf den Mord an Sonja Bletschacher zu sprechen kam. Auf seine Frage, wen sie für den Mörder hielt, machte sie Andeutungen über einen Mann. Dieser habe mit Sonja in Percha bis zuletzt an spiritistischen Sitzungen teilgenommen und ihr vorausgesagt, nicht mehr lange zu leben. Außerdem sei dieser Mann noch einige Tage vor dem Mord mit dem Auto vorbei gekommen und in Sonjas Wohnung gegangen. Beide hätten sich auch gestritten. Der Versicherungsvertreter betont:
»Frau Adlon sagte mir ausdrücklich, dass dieser Besuch erst einige Tage vor der Tat gewesen sei. Frau Bl. wäre daraufhin sehr verängstigt gewesen und soll der Adlon gesagt haben, ich habe eine furchtbare Unruhe und Angst in mir, bis das mit dem Mann erledigt ist.
(…) Auf meine Frage, ob Frau Adlon denn ihr Wissen über den genannten Herrn auch der Polizei gemeldet habe, sagte sie, ja, das weiß die Polizei längst, das Alibi dieses Herrn sei aber überprüft worden. Sie wäre aber trotzdem überzeugt, daß dies der Täter ist.«

Karl Beutelhauser ist bereit, bei einer Gegenüberstellung mit Frau Adlon an seiner Aussage festzuhalten.

Eine gute Woche später erscheint der Versicherungsvertreter erneut bei der Kripo. Zwei Tage nach seinem ersten Besuch im Präsidium ging bei der Versicherung eine Drohung gegen ihn ein; ein Mitarbeiter aus der Münchener Filiale hat ihn davon unterrichtet. Ein gebrochen deutschsprechender Mann soll sich erkundigt habe, ob Beutlhauser bei der Versicherung beschäftigt sei und er solle sich nicht mehr bei der Familie Adlon sehen lassen, wenn ihm seine Familie am Herzen läge. Trotz mehrfachen Nachfragens nannte der Anrufer seinen Namen nicht:

Beutlhauser beteuert: »*Den Inhalt der Aussagen bei meiner polizeilichen Vernehmung am 11. Juni 52 habe ich vorher lediglich Herrn Schillinger und Herrn Ernst Pletzer bekanntgegeben. Schillinger ist selbst Polizeibeamter und bei der Chefdienststelle der Landpolizei Obb. in München tätig. Peltzer ist beim Provost Marshal in der Tegernseerlandstr. beschäftigt. Beide hatten mir geraten, das in Starnberg über den Mordfall Bletschacher Erfahrene der Kriminalpolizei, die den Fall bearbeitet, mitzuteilen.*«

Eine Befragung von Ottilie Adlon zu diesen Angaben ist in den Ermittlungsakten nicht nachweisbar.

Eine neue Spur - verbarg Sonja eine frühere Ehe?

Ausgangspunkt einer neuen Spur ist einer der vielen anonymen Hinweise. Elisabeth Adlon, die ein Paar Jahre als Bürokraft bei der Starnberger Grafikerin Anneliese Henschke, geb. 1896, beschäftigt war, soll sich mit ihrer früheren Arbeitgeberin am Tag von Sonjas Ermordung auf dem Friedhof getroffen haben. Um dies zu überprüfen, wird Frau Hentschke vorgeladen.

Aus der Vernehmung von Anneliese Hentschke am Freitag, den 13. Juni 1952:
Der anonyme Hinweis erweist sich als falsch. Am Ende der Befragung bringt Frau Hentschke jedoch eine völlig neue Spur ins Spiel, die die Kripo noch länger beschäftigen wird. Die Grafikerin sagt aus: »*Eben fällt mir etwas viel Wichtigeres ein. Das wird Sie mehr interessieren. Ich habe Frau Bletschacher (...) schon gekannt, und zwar als ihr Mann noch lebte. Erinnerlich ist mir noch eine gemeinsame Bahnfahrt*

nach München. Damals war auch mein Mann dabei. Ich sagte zu Frau Bletschacher: ›Ich kenne Sie ja schon von München-Schwabing, Sie waren doch mit einem Herrn von Poschinger verheiratet.‹ Daraufhin wurde sie ganz verlegen und erwiderte nichts. Ich bin sicher, daß dies Frau Bletschacher war.«

Oberkommissär Thaler zeigt der Zeugin Lichtbilder von Sonja aus früherer Zeit und diese fühlt sich bestätigt:
»Es gibt keinen Zweifel, das ist die Frau, die ich auch unter dem Namen von Poschinger kannte. Ich könnte dies beschwören.«

Allerdings kann Frau Hentschke darüber keine genauere Auskunft geben, da sie wegen einer bevorstehenden Reise sofort zu ihrer Arbeit zurück muss.

Dass Sonja früher in Frankfurt am Main mit einem Herrn von Poschinger verheiratet gewesen sein soll, behauptete auch Ottilie Adlon in einem früheren Verhör.

Die nächste ausführliche Zwischenbilanz

Seit dem letzten ausführlichen Bericht über den Fall Bletschacher ist ein Vierteljahr vergangen. Den 16-seitige Zwischenbericht über den aktuellen Ermittlungsstand verfasst jetzt nicht mehr Bolzmacher von der Fürstenfeldbrucker Dienststelle, sondern die Münchner Ermittler vom vorgesetzten Präsidium der Landpolizei. Nachdem die Klärung des Falles kurzzeitig zum Greifen nahe war, bleibt im Juli 1952 wenig übrig.

Aus der Zusammenfassung der Ermittlungsergebnisse vom Samstag, den 5. Juli 1952:
Über die Pressaktivitäten stellt der Bericht fest: Von der Aktion der Münchner Abendzeitung sind »(…) *über deren Form weder die hiesige Dienststelle noch die Kriminalaußenstelle Fürstenfeldbruck vor Erscheinen des Artikels unterrichtet (…)*« gewesen. Aus der Vielzahl der Zuschriften enthält nur eine aus den USA neue Details zum Vorleben des Opfers. Die frühere Kollegin aus dem Hutgeschäft Breiter kannte Sonja unter ihren Mädchennamen Wolf und weiß von vielen Männer-

bekanntschaften Sonjas, darunter ein Verhältnis mit ihrem damaligen Chef. Sonjas Arbeit im Hutgeschäft Breiter kann die Polizei durch Dokumente in Sonjas Nachlass bestätigen. Auf gezielte Presseaufrufe der Kripo gibt es wie schon in der Vergangenheit keine Resonanz. Darüberhinausgehende Recherchen zu Sonjas Lebenswandel oder Vorleben brachten die Ermittlungen nicht weiter.

Eine Reihe bisher verfolgte Spuren müssen aufgegeben werden: Heinz Kuppis Angaben und die Frage, ob Kuppi als Täter in Frage komme, wurden nochmals überprüft. Danach schließt ihn die Kripo endgültig als ernstzunehmenden Zeugen und Verdächtigen aus. Man hält ihn lediglich für einen Wichtigtuer. Auch wenn Sonjas Nichte Ilse bei ihrer Behauptung blieb, dass Langenbruch ein Verhältnis mit ihrer Tante hatte, und dieser Sonja lästig, aber finanziell von Vorteil war, lässt ihn die Kripo endgültig als Tatverdächtigen fallen. Zum einen ist sein Alibi bereits überprüft worden. Zum anderen hält der Bericht fest, dass »(…) *seine Anwesenheit im letzten Jahr vor der Ermordung im Tathaus nicht mehr beobachtet worden* (…)« sei. Ebenso wurden die Aufenthaltsorte des Ehepaar Lenser aus der Erdgeschosswohnung während deren Geschäftsreise im Dezember 1951 nochmals akribisch und im Detail unter die Lupe genommen. Belastendes fand die Kripo nicht und für eine Täterschaft der beiden haben sich nicht die geringsten Anhaltspunkte ergeben.

Die Ermittler beklagen die schleppende Zuarbeit durch die Kriminaltechnik: Schon kurz nach Auffinden der Leiche schickte die Polizei an das Zentralamt für Kriminalidentifizierung die an der Leiche gesicherten Haare. Auf ein Ergebnis müssen die Kriminaler monatelang warten und erst nach mehrmaliger telefonischer Aufforderung erhalten sie die Auskunft, dass die Haare von der Ermordeten stammen. Lediglich bei einem Haar an der linken Hand, handelt es sich um ein »verdächtiges« Fremdhaar. Dieses fremde Haar wurde kurz vor der Sektion der Leiche im Leichenhaus Starnberg gesichert. Der Kriminaltechnik ist es allerdings nicht möglich mit nur einem einzigen Haar Vergleiche mit anderen Haaren anzustellen. Insofern verzichten die Kriminalbeamten darauf, von anderen Personen Vergleichshaare zu beschaffen. Die Auskünfte haben die Beamten bisher ausschließlich telefonisch erhalten. Das schriftliche Gutachten zur Haaruntersuchung steht immer noch aus, ebenso wie das über die Untersuchung der eingeschickten Werkzeuge.

Auch die heißeste Spur dieser Ermittlungsphase hat sich aufgelöst: Hoffnung auf einen Durchbruch, den Fall zu lösen, kam auf, als sich die Ermittlungen ab 9. Mai auf Ottilie und Elisabeth Adlon konzentrierten. Nachdem über die Haaruntersuchung keine Erkenntnisse mehr zu erwarten waren, machte ein weiteres Abwarten keinen Sinn mehr. Der Bericht stellt nochmals ausführlich u. a. die für Mutter und Tochter völlig überraschende Gegenüberstellung dar und führt aus, weshalb beide als Verdächtige nicht mehr in Frage kommen:
»(…) *Wenn sich auch bei der Gegenüberstellung selbst (…) verschiedene Widersprüche nicht klären ließen, so mußte andererseits doch festgestellt werden, daß sich die bestehenden Verdachtsmomente im Verlaufe der umfangreichen Ermittlungen nicht verdichteten und daß vor allem die noch vorhandenen Widersprüche nicht unmittelbar mit dem Tatgeschehen in Zusammenhang gebracht werden konnten. Daraus folgernd mußte vom kriminalpolizeilichen Standpunkt aus ein Fortbestand der Untersuchungshaft bei Elisabeth Adlon zunächst verneint werden.*
Von einer Gegenüberstellung der Ottilie Adlon mit den verschiedenen Zeugen, die über das Verhältnis der Genannten zur Sonja Bl. belastende Angaben machten, wurde abgesehen, da zu befürchten war, daß Ottilie Adlon in der Öffentlichkeit noch einen größeren Personenkreis diskriminiert. Nach den stundenlangen Vernehmungen der beiden Adlons und nach der überraschend angesetzten Gegenüberstellung mußten die Vernehmungsbeamten abschließend den Eindruck gewinnen, daß eine der beiden Adlon sich in irgendeiner Form in klarere Widersprüche verwickelt hätte.
Das gespannte Verhältnis der Hausbesitzerin Ottilie Adlon zu ihrer Mieterin Sonja Bl. stellte keine Ausnahme dar. Bei Einsicht der Wohnungsakte des Hauses Max Emanuel Str. 7 war festzustellen, daß die Adlon im Verlaufe der letzten Jahre noch mit allen Mietern, die ihr Haus bewohnten, Streit hatte.
Die erneute Vernehmung der Zeugin Benecke ergab, daß die Aussagen der Zeugin Rosenkessel hinsichtlich deren Glaubwürdigkeit in Frage gestellt sind, zumal auch die Zeugin Herrmann bestätigte, daß sich Elisabeth

Adlon tatsächlich am Abend des 12.12.51 zwecks Einkaufs im Geschäft Herrmann aufhielt.«

Machen neue Hinweise auf Sonjas Vorleben und frühere Identität Hoffnung auf eine neue Spur? Sowohl Ottilie Adlon als auch eine Zeugin aus Starnberg behaupten, dass Sonja bereits vor ihrer Ehe mit Oberst Bletschacher als Frau von Poschinger verheiratet gewesen sei. Diese Ehe soll in Frankfurt am Main geschlossen worden sein, wo Sonja eine Zeit lang lebte. Da kriegsbedingt in Frankfurt alle Meldeunterlagen vor dem 5. Oktober 1945 vernichtet sind, können keine Dokumente zu einem Herrn von Poschinger gefunden werden. Nach Auskunft der Starnberger Zeugin will sie Sonja, als diese bereits in München wohnte, als Frau von Poschinger getroffen haben. Sie erkennt Sonja auch auf früheren Bildern als Frau von Poschinger wieder. Der Bericht kündigt weitere Ermittlungen zu dieser Spur an.

Vor ein Rätsel stellen die Ermittler die Hinweise auf mysteriöse Unbekannte im Umkreis von Sonja oder dem Haus Adlon: Als sehr ernsthafte und glaubwürdige Zeugen bewertet der Zwischenbericht die Angaben von Mutter und Sohn Lürmann, die im Oktober 1951 das Haus gegenüber der Villa Adlon bezogen. Vor allem Frau Lürmann sah am Tag vor dem Mord, wie ein fremder ca. 50-jährigen Mann gegen 14 Uhr mit einem schwarzen Mercedes kam, das Haus betrat und nach rund 20 Minuten wieder verschwand. Zu diesem Zeitpunkt befand sich niemand im Haus: Sonja war in München, Lensers auf Geschäftsreise und Adlons unterwegs in Starnberg. Aufgrund der Beschreibung des Mannes und des Autos geriet der Ingenieur Karl Ludwig ins Visier der Polizei, zumal er mit Sonja mindestens bis September 1951 ein intimes Verhältnis unterhielt. Obwohl das vorher bereits überprüfte Alibi wasserdicht war, wurde er am 2. April 1952 gebeten, *»mit seinem Mercedes-Wagen vor dem Hause Adlon vorzufahren, um der Lürmann Gelegenheit zu geben, sowohl hinsichtlich der Person des Ludwig, als auch bezüglich des Fahrzeuges eine Identifizierungsmöglichkeit zu haben. Nach der Gegenüberstellung war sich Frau Lürmann absolut sicher, daß Ludwig mit dem Herrn, der am 11.12.51 in das Haus Adlon ging, nicht personengleich ist. Auch hatte der Wagen eine andere Form. (...)«*

Frau Lürmanns Sohn sah am 11. Dezember ebenfalls diesen Mann und das Auto. Der Fremde war ihm davor schon zweimal aufgefallen. Für die Polizei sind »die Zeugen Lürmann absolut glaubwürdig.« Ermittelt werden konnte der Fremde allerdings nicht. Die Polizei startete deshalb einen Presseaufruf nach dem Mann und dem Auto, mit unbefriedigendem Ergebnis: »*Auf diese Aufforderung hin, hat sich bisher niemand bei den sachbearbeitenden Dienststellen gemeldet.*«

Auch andere Zeugen berichteten immer wieder von Fremden im Umfeld von Sonja. So kam die Zugehfrau des Ehepaars Lenser als Zeugin ins Spiel. Der Zeugin begegnete Anfang November 1951 im Dunkeln beim Verlassen des Hauses ein unbekannter Mann im Garten der Adlons. Der Fremde kam plötzlich hinter den Bäumen vor. Darüber hinaus beobachtete Frau Hauptmann drei weitere Männer, die Sonja besucht hatten. Bei zweien geht die Polizei davon aus, dass es sich um Karl Ludwig und Sonjas Stiefsohn handelte. Die Identität des dritten Besuchers bleibt offen. Die Kriminaler interessierte bei dieser Zeugin mehr, ob sie selbst als Täterin in Frage kam. Denn wegen einer abfälligen Bemerkungen Sonjas über die Zeugin in einem Brief vermutete man Spannungen zwischen den beiden Frauen. Allerdings stellt die Kripo in ihrem Bericht fest:
»*Ein Tatverdacht gegen Ida Hauptmann und deren Sohn Walter kann nach den bisherigen Ermittlungen nicht abgeleitet werden.*«

Hinweise auf einen Unbekannten enthielt auch die Aussage des Versicherungsvertreters Beutelhauser im Juni 1952 bei der Polizei. Frau Adlon erwähnte diesem gegenüber einen Mann, von dem Sonja sich bedroht gefühlt hatte. Er selbst wurde nach seiner Aussage bei der Polizei von einem anonymen Anrufer bedroht. Die Polizei ist sich noch nicht schlüssig, ob man dieser Spur nachgehen soll. So hält in dem Bericht fest: »*Inwieweit weiteres bezüglich des (...) geschilderten Sachverhaltes zu veranlassen ist, muß erst geprüft werden.*«

Am Ende des Zwischenberichts muss die Polizei einräumen, dass sich fast alle bisherigen Verdachtspuren zerschlagen haben. Was bleibt, war ein vermutetes Doppelleben von Sonja:
»*Abschließend ist festzustellen, daß nunmehr die vorhanden gewesene*

Verdachtsmomente gegen die Bewohner des Tathauses selbst, wie auch gegen den Bekanntenkreis der Sonja Bl. eingehend überprüft wurden. Nach dem derzeitigen Stand der Ermittlungen können diese Personen aus dem Kreis der Tatverdächtigen ausgeschieden werden. Durch die Ermittlungen wurde lediglich erneut bestätigt, daß Sonja Bl. zweifellos ein Doppelleben führte.«

Sieben Monate nach der Tat sind die letzten Anhaltspunkte zur Lösung des Falles Sonjas Vergangenheit mit einer möglicherweise verschleierten Identität und mindestens ein mysteriöser Fremder im Umfeld von Sonja und der Villa Adlon.

HINTERGRUND: DIE VILLA ADLON IN STARNBERG ALS TATORT

Von Anfang an rückten Ottilie Adlon und ihre Tochter Elisabeth in das Zentrum der Ermittlungen. Sonja wohnte als Mieterin im Dachgeschoss ihres Hauses in der Max-Emanuel-Straße 7. Mutter und Tochter hatten noch am Tag von Sonjas Tod mit ihr Kontakt, das Verhältnis zu ihrer Mieterin war zwiespältig.

Mutter und Tochter Adlon

Ottilie Adlon, 1879 geboren, stammte aus einer jüdischen Familie, wuchs in Böhmen auf und soll ein wildes Kind gewesen sein. Sie hatte zwei Schwestern, spielte Klavier und erhielt hin und wieder Gesangsunterricht. Ihr Vater galt als notorischer Spieler. Ihre Mutter war die Tochter eines wohlhabenden jüdischen Getreidehändlers. Im Jahr 1899 kam sie mit ihren Schwestern nach Berlin, wechselte die Konfession und wurde evangelisch. In Berlin heiratete sie den jungen und wohlhabenden Louis, der später das berühmte Hotel Adlon von seinem Vater übernahm. Das Paar bekam fünf Kinder, die älteste Tochter Susanne, den Sohn Lorenz, die Zwillinge Carl und Louis und als Nachzüglerin die 1920 geborene Elisabeth. Die Eheleute entfremdeten sich und Louis Adlon verließ nach über 15 Jahren Ottilie wegen Hedda Seithen, die er Anfang der 1920er-Jahre heiratete. Nach der Scheidung war Ottilie weiterhin finanziell gut versorgt, konnte ein unbeschwertes Leben führen und oft reisen. Auf Initiative von Louis Adlon und seiner zweiten Frau besuchte die ältere Tochter in den USA ein Internat. Auch die drei 17- und 15-jährigen Söhne schickten Vater und Stiefmutter zur Ausbildung in die Vereinigten Staaten. Die jüngste Tochter Elisabeth blieb bei ihrer Mutter Ottilie. Diese lebte bis Ende der 1920er-Jahre in Berlin. Danach ging sie für einige Zeit mit Elisabeth nach Den Haag zu ihrer Schwester Steffi. Laut Einwohnermeldekartei zog Ottilie im Jahr 1934 von Den Haag nach Starnberg in die Max-Emanuel-Str. 7 zu ihrer Schwester Adele und ihrem Schwager Fritz Helmerding. Elisabeth hielt sich vermutlich eine Zeit lang in Italien auf. Auch Ottilies älteste Tochter Susanne lebte mittlerweile im südlichen Oberbayern. Sie war viele Jahre alleinerziehende Mutter und heiratete in den Nachkriegsjahren den Gymnasiallehrer Dr. Emil Meyerhöfer. Dass Ottilie und ihre beiden Töchter in Deutschland während der NS-Zeit nicht verfolgt wurden, grenzte an ein Wunder. Immerhin ist von Ottilie und Elisabeth aus der Nachkriegszeit ein Meldebogen im Rahmen der Entnazifizierung überliefert. Daraus geht hervor, dass Ottilie keiner NS-Organisation und Elisabeth der Deutschen Arbeitsfront beigetreten war. Ottilie lebte bis zu ihrem Lebensende 1972 in dem Haus in Starnberg. Nach ihrem Tod verzog die ledige Elisabeth 1973 nach Feldafing und später nach Tutzing. Sie verstarb 2010 in Weilheim.

In ihrer Familie hat sich von Ottilie das Bild einer temperamentvollen Frau erhalten. Schon als junge Mutter und Ehefrau muss sie impulsiv, launisch und ungeduldig gewesen sein. Sie neigte zu Wutanfällen, bei denen sie auch mit Porzellan um sich warf. Zugleich konnte sie Menschen für sich einnehmen, war lustig, großzügig und hilfsbereit. In den Ermittlungsakten aus den 1950er-Jahren erscheint Ottilie Adlon als herrsch- und streitsüchtige Frau, die ihre schon erwachsene Tochter seelisch misshandelte und nicht vor Gewalttätigkeiten wie Schlägen oder Anspucken zurückschreckte. Auch Ottilies Vermögensverwalter Hubert Dericks, der ihr nach der Scheidung viele Jahre zur Seite gestanden hatte und nach einer kriegsbedingten Pause Ende 1948 wieder zu den Adlons in Starnberg gestoßen war, hielt Ottilie jetzt für eine gehässige, jähzornige und zum Teil derbe Frau. Er erkannte Ottilie Adlon mit diesen Wesenszügen kaum wieder. Vor dem Krieg kannte er sie vor allem als gutmütigen Menschen, der sich stets für arme und in Not geratene Menschen engagierte.

Auch das Mutter-Tochter-Verhältnis erlebte der langjährige Vertraute völlig verändert. Er kannte Elisabeth, die er als nettes und zugleich verwöhntes Mädchen beschrieb, etwa seit ihrem dritten Lebensjahr. Bis zum Kriegsausbruch herrschte zwischen Ottilie und ihrer Tochter ein sehr gutes Einvernehmen. Ende der 1940er-Jahre erschien es ihm von Wutausbrüchen, obszönen Beschimpfungen bis hin zu Gewalt durch Ottilie geprägt. Streit um Kleinigkeiten konnten dazu führen, dass Ottilie so jähzornig gegen ihre Tochter vorging, dass diese sogar verletzt wurde.

Von Elisabeth entstand im Rahmen der Ermittlungen der Eindruck einer verhaltensauffälligen Person, die von Außenstehenden auch als geistig nicht normal beschrieben wurde. Obwohl sie schon die Dreißig überschritten hatte, schien sie in kompletter Abhängigkeit von ihrer Mutter zu leben. Sie übte zwar hin und wieder eine Berufstätigkeit aus, doch das Geld für Einkäufe und Kinobesuche erhielt sie von ihrer Mutter. Eine frühere Arbeitgeberin schätzte an Elisabeth ihr ausgleichendes Wesen, allerdings galt sie als nervlich labil und wenig belastbar, was ihre Arbeitsleistung beeinträchtigte. Sie neigte zu Zwangshandlungen wie dem sinnlosen Herumwühlen im Papierkorb oder Verschieben von Gegenständen. Sie schien die mütterlichen Ausbrüche weitgehend zu ertragen. Allerdings sind auch Situationen überliefert, in denen sie sich gegenüber den Misshandlungen handgreiflich, z. B. mit einer Gartenschere, wehrte. In früheren Jahren unterhielt sie auch Beziehungen zu Männern, die jedoch alle nicht von Dauer waren. Letztendlich konnte sie sich nicht aus der toxischen Umklammerung der Mutter lösen und zu einem eigenen Leben finden. In der Familie ist sie als verwöhnt und zugleich als humorvoll wie intelligent in Erinnerung geblieben. Sie sprach fließend Englisch, Französisch, Italienisch, Holländisch. Selbst nach dem Tod ihrer Mutter konnte sie sich wohl nicht aus deren Schatten befreien. (Auskunft von Felix Adlon vom 23. Januar 2023.)

Die Villa Adlon-Helmerding

Der Tatort war die Villa in Starnberg in der Max-Emanuel-Straße 7 (heute 23). Ottilie Adlon bewohnte nicht nur das erste Obergeschoss des Hauses, sondern sie war zum damaligen Zeitpunkt auch die Eigentümerin der Villa. Erbaut wurde sie jedoch von ihrem Schwager, dem Berliner Schauspieler Fritz Helmerding (geb. 1859). Dieser kam 1910 von Berlin nach Starnberg, um dort seinen Alterswohnsitz einzunehmen. Mit seiner ersten Ehefrau Maria hatte er das Anwesen 1912 von dem Baumeister Andreas Fischhaber erbauen lassen. Nach dem Tod seiner Ehefrau im Jahr 1914, mit der er vier Kinder hatte, heiratete er ein zweites Mal und zwar Ottilies ältere Schwester, die 1876 geborene Adele Metzger. Diese machte er zur Miteigentümerin.

Ottilie zog in den 1930er-Jahren zu ihrer Schwester und deren Mann nach Starnberg in die Villa. Nachdem Adele Helmerding am 2. Mai

1945 in Starnberg gestorben war, bewohnten Ottilie und ihr Schwager jeweils das Ober- bzw. Erdgeschoss. Fritz Helmerding war mittlerweile selbst erkrankt, sodass er sich nicht einmal um die Nachlassangelegenheiten beim Tod seiner Frau kümmern konnte. Dies übernahm Ottilie für ihn. Ungeklärt bleibt, warum Fritz Helmerding, jetzt Alleineigentümer, die Villa im Oktober 1946 an seine Schwägerin für 340 000 RM verkaufte. Nach seinem Tod am 26. September 1947 erbten den Rest seines Vermögens weitgehend seine Töchter. Ottilie bewohnte auch nach dem Tod ihres Schwagers die Villa nicht alleine. Die Räume im Erd- und im Dachgeschoss vermietete sie. 1951 wurden diese von einem kinderlosen Ehepaar sowie Sonja Bletschacher bewohnt. Davor lebten eine Familie mit zwei Söhnen in der ehemaligen Wohnung von Fritz Helmerding im Erdgeschoss und eine alleinstehende Frau im Dachgeschoss. Die Atmosphäre der Hausgemeinschaft war von Konflikten geprägt. Dies lag vor allem an der streitsüchtigen, herrischen und zum Teil als gehässig empfundenen Art von Ottilie Adlon. Der Familie mit den Kindern machte sie das Leben schwer und auch mit Sonja gab es ständig Konflikte, sei es über die Aufteilungen von Nebenkostenrechnungen oder das Ausschütteln von Decken. Sonja hatte immer wieder verzweifelt geäußert, es dort nicht mehr lange auszuhalten.

Heute zählt die Villa zu den Baudenkmälern in Starnberg.

Starnberg in der Nachkriegszeit

Aus heutiger Sicht mögen die Wohnverhältnisse in der Max-Emanuel-Straße 7 ungewohnt erscheinen. Die Wohnungen waren keine abgeschlossenen Einheiten, sondern einzelne Zimmer. In jedem Stockwerk gingen die Räume von einem für das gesamte Haus offenen Flur ab. Die Mietparteien teilten sich ein Badezimmer. Für Sonja und ihre Nichte standen genauso wie für Mutter und Tochter Adlon jeweils nur ein Schlafzimmer zur Verfügung. Sonja lebte seit August 1948 im Haus Adlon und das für die damaligen Verhältnisse im Vergleich zu vielen Starnberger Familien privilegiert.

Auch wenn es in Starnberg kaum kriegsbedingte Zerstörungen gab, war es nach 1945 eng. Schon vor Kriegsbeginn gab es einen hohen Zuzug. Mit Kriegsende verschärfte sich der Zustrom von Menschen in

Die Villa Adlon 1951

Die Villa Adlon 1951 aus Sicht der Max-Emanuel-Straße in Starnberg

die Stadt und den Landkreis; im Jahr 1950 lebten ca. 14100 Menschen in Starnberg.

Nach Einschätzung der amerikanischen Militärregierung hielten sich 1946 8000 bis 10000 ehemalige KZ-Häftlinge im Landkreis Starnberg auf und mussten versorgt werden. Für 5000 Menschen war im Mai 1946 in Feldafing ein Lager unter der Obhut der Vereinten Nationen entstanden.

Daneben brauchte das Militärpersonal der Amerikaner und auch die deutschen Zivilangestellten Unterkünfte für die Verwaltung und zum Wohnen, denn seit 1. Mai gab es in Starnberg eine Militärregierung. In der Starnberger Gegend wurden nicht nur Angehörige der lokalen Militärverwaltung, sondern auch Mitarbeiter der US-Luftwaffenbasis in Oberpfaffenhofen mit Wohnraum versorgt. Die Amerikaner beschafften sich den Wohnraum, indem sie Häuser beschlagnahmten. Paul Hoser gibt in seinem Werk über die »Politische Geschichte Starnbergs« an, dass z. B. im November 1946 in Starnberg 48 größere Häuser und insgesamt 310 Räume von der Besatzungsmacht beschlagnahmt und besetzt waren, 1947 kamen nochmals 70 Häuser hinzu. Dies bedeutete, dass die bisherigen Bewohner ganz oder zum Teil umquartiert werden mussten. Das Mobiliar verblieb in der Regel in den Wohnungen. Zu diesen Häusern zählten auch zeitweise die Nachbarhäuser der Villa Adlon. Für die Starnberger Bevölkerung standen im Durchschnitt für 2,5 Personen ein Raum zum Wohnen zur Verfügung.

Der Zuzug von Flüchtlingen verschärfte diese prekäre Wohnungssituation noch zusätzlich. Einerseits vermied man es, in der Starnberger Gegend geschlossene Flüchtlingstransporte unterzubringen, weil dort die Wohnraumversorgung der Amerikaner an erster Stelle stand. Andererseits kamen dennoch Flüchtlinge und Evakuierte in der Stadt und im Landkreis an. Allein in der Stadt Starnberg waren Ende 1948 unter den knapp 8100 gemeldeten Personen etwa 2600 Flüchtlinge, Evakuierte und Nicht-Deutsche. Versuche des Stadtrats, eine Zuzugssperre zu erwirken, waren nicht erfolgreich.

Wohnungsnot prägten somit die ersten Nachkriegsjahre. Paul Hoser charakterisiert den Wohnungsalltag in Starnberg so: »Schon bisher lebten Familien mit Kindern in einem Raum oder günstigenfalls in zwei zusammengedrängt. Die Notunterkünfte und Massenquartiere waren überfüllt. Eltern schickten ihre Kinder häufig auf die

Straße, um dringende Arbeiten erledigen zu können. Vielen drohte nun die Obdachlosigkeit.« Entspannung trat allmählich in den 1950er-Jahren ein. Vor diesem Hintergrund erscheint die Wohnsituation von Sonja und den Adlons regelrecht luxuriös.

Eine weitere zentrale Herausforderung, die die amerikanische Besatzungsmacht und die deutsche Stadtverwaltung zu meistern hatten, war die Versorgung der Bevölkerung mit Lebensmittel, Kleidung und Brennstoff. Es fehlte an allem Lebensnotwendigen wie Kartoffeln, Gemüse, Fett, Zucker. Und im Vergleich zum Mai 1945 verschlechterte sich die Lage im Winter 1946/1947 nochmals. Selbst im Mai 1948 trat noch keine wesentliche Entspannung bei der Lebensmittelversorgung ein. Auch Sonja traf die Versorgungsknappheit, zumal ihr als Witwe zunächst gar keine und dann erst ab 1948 eine Hinterbliebenenrente zur Verfügung stand.

Grundlagen und weiterführende Hinweise

Quellen:

Amtsgericht Starnberg, hier ist die Nachlassakte von Ottilie Adlon unter dem Aktenzeichen VI 98/72 vorhanden. Obwohl 1879 geboren und 1972 verstorben, gewährte das Amtsgericht keine Akteneinsicht, da es in einer wissenschaftlichen Dokumentation kein berechtigtes Interesse sieht.
Gemeinde Feldafing, Einwohnermeldeauskunft zu Elisabeth Adlon.
Gemeinde Tutzing, Einwohnermeldeauskunft zu Elisabeth Adlon.
StadtA Starnberg, Einwohnermeldekarteien von Ottilie Adlon, Elisabeth Adlon, Fritz Helmerding.
StAM, AG Starnberg NR 1914/127 (Maria Helmerding).
StAM, AG Starnberg NR 1945/297 (Adele Helmerding).
StAM, AG Starnberg NR 1947/447 (Fritz Helmerding).
StAM, Kataster 21017, 21019.
StAM, LRA 92146 (Einbürgerung von Fritz Helmerding in Bayern).
StAM, Spruchkammern Karton 4665 (Meldebogen Elisabeth Adlon, Meldebogen Ottilie Adlon).
StAM, Spruchkammern Karton 4675 (Meldebogen Fritz Helmerding).
StAM, Staatsanwaltschaften 35828/1–4.

Literatur:

Adlon, Felix: Adlon: Ein Hotel, sechs Generationen – Die Geschichte meiner Familie. München 2021. Dieses Buch gewährt einen privaten Einblick in die Familie.

Hiltl, Doris; Sebald, Katja: Ohne Geist keine Kunst. Starnberger Künstlerleben im 19. und 20. Jahrhundert, Starnberger Stadtgeschichte, Bd. 6, S. 155–156.

Hoser, Paul: Politische Geschichte Starnbergs. Von der Herrschaft der NSDAP bis zur Gemeindegebietsreform 1978, Starnberg 2019. Aus dem Kapitel über die Besatzungszeit in Starnberg (S. 155–239) stammen die Angaben über Situation in Starnberg (vgl. besonders, S. 215, 219, 226). In diesem Buch sind alle Aspekte zur Besatzungszeit in Starnberg fundiert recherchiert ausgeführt.

Internet:

Bayerisches Landesamt für Statistik. Stadt Starnberg 09 188 139. Eine Auswahl wichtiger statistischer Daten (abgerufen am 8.1.20239.

SONJAS VERGANGENHEIT ALS SCHLÜSSEL ZUM TÄTER?

AUF EINEN BLICK

DAUER DER ERMITTLUNGSPHASE: 7. Juli 1952 bis 28. Januar 1953; 6 Monate und drei Wochen.
SCHWERPUNKTE: Sonjas Vergangenheit bis in die 1920er-Jahre; Spur einer möglichen Geheimdiensttätigkeit Sonjas, einer früheren Ehe und eines gewalttätigen Ex-Geliebten.
ES SAGEN AUS, Z.B.: Der frühere Offizier bei der Abwehrstelle des Heeres Dr. Max Werner; die Starnberger Grafikerin Anneliese Hentschke; Sonjas Nichte Ilse; Sonjas Schwester Luise; Sonjas Freundinnen Hedi Goth und Ilse Temple; Eugen Niedermayr als Jugendfreund von Sonjas Ehemann; Sonjas ehemalige Freundin Eva Middelmann; Walter Deutschenbauer als früherer Geliebter.
GESUCHT WIRD: Imre Fialkowsky, ein Phantom.

Nachdem sich der Verdacht gegen die Adlons aufgelöst hat, hören die Ermittlungen zwar noch lange nicht auf, doch Intensität und Druck nehmen ab. Mittlerweile konzentriert sich die Polizei darauf, vornehmlich auf Hinweise von außen zu reagieren und weniger eigene Ermittlungsansätze zu entwickeln.

Nach sieben Monaten treffen im Juli 1952 endgültig die immer wieder angemahnten kriminaltechnischen Stellungnahmen und eine Ergänzung zum Obduktionsbericht ein. Die Ergebnisse können tatsächlich neue Anhaltspunkte, z.B. zum Tatmotiv, liefern und revidieren bisherige Annahmen beispielsweise zur Tatwaffe als falsch.

Wegen der Tatwaffe ermittelt die Polizei nun erneut, sie verfolgt Hinweise aus der Bevölkerung und manche ältere Spuren werden wieder aufgegriffen, wie z.B. die Suche nach einem Auto, dass der Nachbar Kuppi mehrfach vor der Villa Adlon gesehen hat. Andere Ermittlungsansätze lässt man in dieser Phase unter den Tisch fallen. Wie bereits in der Zeit davor, überprüft die Kripo Personen, die im Zusammenhang mit anderen Verbrechen stehen. Sonjas aktueller Bekanntenkreis, ihre Familie und ihr Privatleben haben bisher nicht zum Täter geführt. Die Kripo geht weiteren Hinweisen beispielsweise zu Konflikten des Ehepaars Bletschacher mit früheren Bekannten aus der Kriegszeit oder zu weiteren intimen Beziehungen Sonjas nach Ludwigs Tod nach, ohne Erfolg. Vor allem nimmt die Polizei jetzt Sonjas Vergangenheit seit den 1920er-Jahren ins Visier. Und dabei wird es immer undurchsichtiger; es ergeben sich mehr Fragen als Antworten. Außerdem relativiert sich für die Beamten das dem damaligen Zeitgeist entsprechende Bild von Sonja als unauffällig und zurückgezogen lebender Frau immer mehr, das sie von sich selbst nach außen zumindest seit ihrer Ehe mit Ludwig Bletschacher pflegte.

Nach langem Warten endlich Ergebnisse der Gutachter

Seit Dezember 1951 stehen von der Kripo dringend angefragte Untersuchungen beim Zentralamt für Kriminalidentifizierung und Polizeistatistik aus. Die Ermittler haben Haare, Scheidensekret, Kleidungsstücke, Messer, Beile und andere Werkzeuge eingeschickt. Außerdem benötigt die Kripo noch weitere Informationen von der Gerichtsmedizin: über die konkrete Todesursache, die Anzahl und Art der Tatwaffen, zum Tathergang, zum Tatmotiv und zur Person des Täters sowie zum Zeitpunkt des letzten Geschlechtsverkehrs. Denn davon hängen je nach Beantwortung dieser Fragen die Stoßrichtung weiterer Ermittlungen ab. Nachdem am 10. Juli 1952 die Kripo nochmals dringend das Gutachten angemahnt hat, trifft es am 2. August 1952 ein. Die Ergebnisse des Gutachtens revidieren so manche bisherigen Annahmen.

Aus den kriminaltechnischen und gerichtsmedizinischen Gutachten, vom Juli 1952:
Die Haaruntersuchung entlastet alle bisher ins engere Visier geratenen Frauen:
»*Die aus dem Kamm, vom linken Schuh, der Kleidung und aus der linken Hand der Leiche gesicherten Tatorthaare stimmen in ihrer mikromorphologischen Beschaffenheit mit der Vergleichshaarprobe der Sonja Bletschacher überein, daß die Herkunft all dieser Haare von der Ermordeten selbst angenommen werden muss. Anhaltspunkte dafür, daß sich unter diesen Haaren vom Tatort solche von Karla Bletschacher, Ottilie Adlon oder Elisabeth Adlon fanden, haben sich nicht ergeben. Auch haben sich Haare, deren Herkunft von einer weiteren unbekannten Person angenommen werden müsste, unter den Tatorthaaren nicht gefunden.*«

Die Blutuntersuchungen helfen wenig weiter. An all den eingeschickten Gegenständen findet sich nur an einem einzigen Blut: Am sichergestellten Küchenmesser, dem Handbeil, Hackbeil und Wetzstahl können keine Blutspuren festgestellt werden, ebenso ist Sonjas als Spazierstock getarnter Totschläger ohne Befund. Dagegen weist das Stuhlbein Spuren von menschlichem Blut auf. Ob es sich um Sonjas Blut handelt, bleibt offen.

Die Kleider der Toten sagen etwas über die Tatwaffe aus:
»*Die krim.-techn. Auswertung der Bekleidung der Ermordeten sowie des als Tatwerkzeug in Betracht gezogene Küchenmessers aus der Wohnung der Bletschacher hat ergeben, daß dieses Küchenmesser als Tatwerkzeug mit größter Wahrscheinlichkeit nicht in Frage kommt. Anhaltspunkte für das Vorhandensein einer Einschussöffnung haben sich nicht ergeben. Der mit der fraglichen Hautwunde in der linken vorderen Achselfalte der Leiche korrespondierenden Lochdefekt des Kleides und des Unterrockes ist ebenso ein Stichloch wie alle übrigen Zusammenhangstrennungen.*«

Den ersten Obduktionsbericht haben die Mediziner und Gutachter kritisch analysiert. Zur Todesursache stellen sie nun fest:
»*Die eigentliche Todesursache bei Frau Sonja Bletschacher war (...) eine Verblutung, verursacht durch Bruststiche, a) in ihrer Gesamtheit, b) ins-*

besonders den tiefsten von ihnen, welcher die großen Gefäße der Lungenwurzel verletzte.«

Neue Erkenntnisse gibt es zur Tatwaffe. Hier entdecken die Mediziner aus München in dem ursprünglichen Obduktionsbericht einen folgenschweren Irrtum:

»(…) (es) *scheint außer Zweifel, daß die bei der Sektion geschlossene Schlussfolgerungen einen Irrweg dargestellt haben; einen Irrweg nicht nur bezüglich der Annahme einer Schußverletzung, – diese Vermutung wurde ja aufgrund der (…) Untersuchung der Wolljacke fallen gelassen, – sondern auch bezüglich der Vermutung, daß diese Wunde, wenn es sich um eine Stichwunde handelt, durch ein anderes (vermutlich rundes) Stichwerkzeug hervorgerufen worden sein müßte, als die übrigen Brustwandverletzungen. (…) Es wurde hieraus sogar die Notwendigkeit der Annahme eines zweiten Täters abgeleitet. (…)*
Faßt man alle diese Überlegungen zusammen, so dürfte kaum ein Grund für die Annahme mehr übrig bleiben, daß für die Verursachung dieser anfänglich fraglichen Verletzung in der linken vorderen Achselfalte ein andersgeartetes Tatwerkzeug verwendet sein müßte.«

Danach gehen die Gutachter der Frage nach, welche Art von Tatwaffe verwendet wurde. Das Küchenmesser aus Sonjas Wohnung scheidet eindeutig aus. Ebenso kommt aufgrund der Art der Verletzungen kein rundes oder mehrkantiges, sondern ein schmales Stichwerkzeug mit blattförmiger Klinge in Betracht. Auch den in der Wohnung Adlon beschlagnahmten Wetzstahl können sie mit Sicherheit ausschließen. Darüber hinaus lassen Sonjas Kopfverletzungen auf ein stumpfkantiges Werkzeug schließen. Aufgrund des kaum verletzten Schädeldaches halten sie jedoch ein Beil oder ein ähnliches Hiebwerkzeug mit Schneide für unwahrscheinlich und schließen damit die bei Adlons konfiszierten Beile weitgehend aus; ebenso wie Sonjas Totschläger. Für wahrscheinlicher erachten sie, dass der Täter auf Sonja »*mit einem Spazierstock als Ganzem oder mit der Stockhülse, wie auch einem anderen Stock-, Stangen- oder Prügel ähnlichen runden oder insbesondere kantige*(m) *Werkzeug*« einschlug. Im Einklang mit dem Obuduktionsbericht gehen die Gutachter davon aus, dass Sonja mit Fausthieben ins Gesicht geschlagen wurde.

Sie stellen fest, »(...), *daß zur Ausführung der Tat mindestens zwei Werkzeuge verwendet worden sind, von denen eins ein Stichwerkzeug und zwar wahrscheinlich ein einschneidiges Messer von einer Klingenbreite von 8–10 mm und einer Klingenlänge von 8–10 cm gewesen ist, während das andere vermutlich ein stumpfkantiges Hiebwerkzeug darstellte.* (...)«

Zum Tathergang fasst das Gutachten bewusst nochmals die Erkenntnisse zusammen, die sich objektiv aus den Befunden ergeben. Denn die Mediziner aus München sehen die Gefahr, dass durch die vielfältigen Verletzungen die verschiedensten Spekulationen zum Tatablauf abgeleitet werden und schnell in die Irre führen können: Sicher ist von einem Kampf zwischen Täter und Opfer auszugehen. Dies ergibt sich aus den verschiedenen Stichrichtungen sowie aus den aktiven Abwehrwunden an Sonjas Händen. Auch die Tatsache, dass bei der Obduktion der Leiche keine Blutspuren in der rechten Lunge gefunden wurden, lässt Rückschlüsse auf die Reihenfolge der Verletzungen zu. Zusammenfassend ergibt sich:

»*Es kann somit lediglich vermutet werden, dass die Bletschacher zunächst Schläge ins Gesicht und auf den Kopf erhalten hat, welche zT. sicher mit einem stumpfen oder stumpfkantigen Werkzeug mit umschriebener Angriffsfläche, z. T. auch mit einer bloßen Faust ausgeführt wurden; hiervon dürfte sie nicht bewusstlos geworden sein, da sie noch in der Lage war, sich gegen die nunmehr einsetzenden Angriffe mit einer Stichwaffe mit den Händen zu wehren. Wahrscheinlich ist nur ein Teil der Stichverletzungen dem liegenden Opfer beigebracht worden Die beiden Halsstiche schließlich wurden mit Sicherheit zuletzt beigebracht, wahrscheinlich, nachdem der Tod des Opfers bereits eingetreten war.*«

Hinsichtlich des Tatmotivs und eines Täters beziehungsweise einer Täterin legen sich die Münchner Gutachter nicht fest. Aufgrund der zwar sehr vielen, aber zum Teil nur sehr oberflächlichen Verletzungen sind die Kriminaler u. a. von der Beteiligung einer Frau als Täterin ausgegangen. Diese Schlussfolgerungen halten die Gutachter für zu weitgehend. Die Vielzahl der Verletzungen spricht aus ihrer Sicht ganz allgemein gegen einen geplanten Mord, sondern für eine Tat aus einem bestimmten Affekt. Als mögliche Beweggründe nennen sie:
»*1. Besondere Wut oder Erbitterung, mit der psychologischen Tendenz der*

Bestrafung bzw. möglichst weitgehenden Vernichtung des verhaßten Objektes.
2. *Aufregung im Sinne affektiver Überschußreaktion; hiermit vereinbar u. U. unterschiedliche Stoßkraft der Einzelverletzungen.*
3. *Geschlechtliche Erregung im Sinne sadistischen Affektes.*«

Zur Frage nach einem sexuellen Motiv äußern sich die Gutachter nicht eindeutig. Sie führen zwar aus, keine besonderen Hinweise auf ein Sexualdelikt gefunden zu haben, wie z. B. Verletzungen der Genitalorgane. Zugleich weisen sie darauf hin, dass bei Sexualmorden im engeren Sinn, dies nicht unbedingt vorliegen müsse. Bei einem Sadisten sei allein die Tötung bereits ein Ersatz für den Koitus, der dann weder mit dem Opfer noch mit dessen Leiche vollzogen werden muss. Zu Täter und Tatmotiv treffen die Sachverständigen somit keine eindeutige Aussage:

»*Aus den voranstehenden Ausführungen erhellt, dass eine Stellungnahme zur Frage des Tatmotives und zur Person des Täters vom medizinischen Standpunkt aus in einer bestimmten Richtung nicht möglich ist.(...)*«

Wichtig sind für die Ermittler präzise Aussagen über den in Sonjas Scheidensekret festgestellten Spermienbefund. Hieraus erhoffen sie sich Hinweise auf ihren letzten Geschlechtsverkehr, was eine hohe Ermittlungsrelevanz besitzt. Das Gutachten kommt zu dem Schluss:

»*(...) Im vorliegenden Fall deutet schon der geringe Umfang des erhobenen Spermatozoenbefundes darauf hin, daß diese kaum unmittelbar vor dem Ableben der Bletschacher in deren Vagina gelangt sein dürften; es ist vielmehr sehr wohl möglich, daß diese aus einem Geschlechtsverkehr in der dem Tattag vorangegangenen Nacht herrühren.*«

Sonja eine Spionin?

Es ist ein vertraulicher Hinweis, der Oberkommissär Thaler erreicht. Er betrifft Sonjas Vergangenheit während des Krieges, als sie sich im kroatischen Abbacia aufhielt, das bis 1945 zu Italien gehörte. Wer ihm diesen Information zugetragen hat, schreibt der Beamte nicht einmal in seinem polizeiinternen Bericht, der an die Staatsanwaltschaft geht.

Aus einem internen Schreiben vom Donnerstag, den 17. Juni 1952:
»*Vertraulich wurde dem unterzeichneten Beamten mitgeteilt, daß Sonja Bletschacher während ihres Aufenthaltes in Abbacia, Italien, es war dies vermutlich im Jahre 1942/1943 dort in der Spionageabwehr tätig war. Die Bl. war nahezu ein ganzes Jahr bei ihrem Mann in Abbacia. Der Zeuge hatte selbst beobachtet, daß die Bl. einen Paß der Abwehrstelle besaß aber auch aus einem Fond für Spionageabwehr Lirebeträge erhielt. Oberst Bl. selbst hat dem Mitteiler gegenüber geäußert: ›Meine Frau muß doch einer Beschäftigung nachgehen.‹*
Angeblich habe sich das OKH* (Oberkommando des Heeres, Anm. d. Verf.) *zu irgendeinem Zeitpunkt für den Aufenthalt der Sonja Bl. in Abbacia interessiert. Bei dieser Gelegenheit sei dann festgestellt worden, daß die Genannte in der Spionageabwehr tätig ist. Auch stand die Bl. mit dem jugoslawischen Konsul in Abb.* (Abbacia, Anm. d. Verf.) *in Verbindung. Ihre angebliche Tätigkeit könnte auch damit in Verbindung gebracht werden. Der Leiter der Abwehr war der ehemalige Oberst Ficht. Ferner ist bei dieser Stelle ein Dr. Max Werner Referent gewesen. Die beiden könnten eventuell über die wirklichen Zusammenhänge Aufschluss geben. Die Möglichkeit, daß eine derartige Tätigkeit seitens der Bl. nur getäuscht wurde, um einen längeren Aufenthalt bei ihrem Mann zu ermöglichen, muß offen gehalten werden.*«

Während die Kripo mit dem erwähnten Oberst Ficht nie Kontakt aufnimmt, lädt sie nach mehr als einem Monat den ehemaligen Mitarbeiter der Abwehr, Max Werner, geb. 1898, vor. Er arbeitete während des Zweiten Weltkrieges bei der Abwehrstelle VII des Heeres als Referent in München. Zu seinem Zuständigkeitsbereich zählten die süd- und südosteuropäischen Staaten, u. a. Italien. Oberst Bletschacher kannte er bereits seit 1939, später lernte er in München auch Sonja kennen.

Aus der Vernehmung von Dr. Max Werner am Freitag, den 22. August 1952:
Er pflegte offensichtlich einen guten Kontakt zu den Bletschachers in Italien:
»*Im Jahre 1943 war ich erholungshalber 6 Wochen in Abbacia/Italien,*

erinnerlich im März und April. Zu dieser Zeit war Bletschacher der leitende Offizier der Truppenerholungsheime in Abbacia. Als ich nach Abbacia kam, traf ich dort auch die Frau Sonja Bl. Wir hatten beständigen gesellschaftlichen Verkehr miteinander. In diesem wurde auch der damalige deutsche Konsul – Name nicht mehr bekannt – ferner ein adeliger SS Standartenführer und die am Ort ansässige Hotelbesitzerin Frau Therese Ball mit einbezogen.
(...) Wir trafen uns wiederholt zum Kaffee oder zum Kartenspielen in der Wohnung Bletschacher. (...) In Abaccia wurde viel geschoben.«

In welchem Verhältnis stand Sonja zur Spionageabwehr? Dazu der Zeuge:

»Von mir aus wurde Sonja Bletschacher im Abwehrdienst nicht beschäftigt, obwohl sie wußte, daß ich im Abwehrdienst tätig war. Ich kann mir auch nicht denken, daß sie von der Abwehrstelle München aus beschäftigt wurde. Ich kann aber nicht ausschließen, daß sie eventuell von der Wiener Abwehrstelle oder für einen dort tätigen Agenten arbeitete. Mir ist aber derartiges nie zu Ohren gekommen.
Wer nun jeweils im Einzelnen die Auslandssichtvermerke für den Aufenthalt in Italien der Sonja Bl. erteilte, weiß ich nicht. Es ist jedoch durchaus möglich, daß dies über die Abwehrstelle VII geschehen ist. Bl. war auch mit dem Leiter der Abwehrstelle Oberstleutnant Ficht wie auch mit anderen Offizieren dieser Dienststelle kameradschaftlich befreundet. Nikolaus Ficht wohnt jetzt in München, Orleanstr., arbeitet aber in Ulm.
Ich bin der Meinung, daß für Sonja Bl. eine Tätigkeit in der Spionageabwehr vorgetäuscht wurde, um somit einen längeren Aufenthalt in Italien bei ihrem Mann zu ermöglichen. Ob sich das OKH einmal für den Aufenthalt der Bletschacher in Italien interessiert hat, weiß ich nicht.
Ich selbst hatte von der Sonja Bl. absolut den Eindruck daß sie charmant, liebenswürdig, aufgeschlossen und hilfsbereit war.
Ich sah die Genannte letztmals Ende des Jahres 1944 gelegentlich eines dienstlichen Aufenthaltes beim stellv. Generalkommando, Ausweichstelle Kempfenhausen, in ihrer Wohnung in Percha. Zu dieser Zeit lebte Ludwig Bl. noch, (...).
Im Jahre 1949 hörte ich (...), daß die Sonja ›spinnt‹, sie würde sich mit okkulten Problemen befassen.
Vom Mord erfuhr ich durch die Presse.«

Verwirrung um Sonjas frühere Identität - Fräulein Wolf oder Frau von Poschinger?

Die Zeugin Hentschke hat im Juni 1952 nach ihrer Vernehmung über Elisabeth Adlon angedeutet, Sonja bereits Anfang der 1920er-Jahre als Frau von Poschinger kennengelernt zu haben. Im Juni musste sie jedoch die weitere Befragung aus Termingründen unterbrechen. Daher lädt die Kripo die Zeugin erneut vor. Ihre Angaben lösen einen neuen Ermittlungsimpuls aus, auch wenn die Beamten mit einer Mischung aus nachvollziehbaren und abenteuerlichen Beobachtungen konfrontiert werden.

Aus der Vernehmung von Anneliese Hentschke am Donnerstag, den 17. Juli 1952:
Ihre Aussagen über Sonja und ihre angeblichen Kontakte in den 1920er-Jahren stehen im Widerspruch zu allen bisherigen Erkenntnissen: Frau Hentschke behauptet, 1922 oder 1923 auf einer Faschingsveranstaltung in München eine Sonja von Poschinger kennengelernt zu haben. Zu Sonjas Gesellschaft gehörten neben einem Offizier eine junge polnische Frau und deren polnischer Freund. Beide kannte Frau Hentschke ebenfalls, jedoch nur flüchtig und nicht namentlich. Den Abend dieser Faschingsveranstaltung verbrachte sie mit dieser Gruppe um Sonja von Poschinger, die sie sich genau angesehen haben will. Sie schätzte Sonja auf ca. 19 Jahre. Diese nicht namentlich bekannte Polin soll Monate oder Jahre nach der Faschingsbegegnung Frau Hentschke und ihren Mann mit Herrn von Poschinger bekannt gemacht haben. Dabei erwähnte die polnische Frau ausdrücklich, dass es sich bei Herrn von Poschinger um den Ehemann der von dem Faschingsfest bekannten Sonja handeln würde. Er hieß Walter und war im Vergleich zu Sonja mit ca. 45 bis 50 Jahren recht alt. Frau Hentschke konnte sich noch an die damalige Adresse von Walter von Poschinger erinnern. Mehr als 10 Jahre später, im Jahr 1935, traf Frau Hentschke in Garmisch in einem Café zufällig wieder auf Sonja von Poschinger. Die beiden Frauen unterhielten sich über die frühere Faschingsveranstaltung in München.

Wollte Sonja von der Zeugin nicht wiedererkannt werden? Während des Krieges wurde Frau Hentschke von ihrem Mann am Bahn-

hof in Starnberg ein Offizier Bletschacher vom Generalkommando vorgestellt, mit dem sie gemeinsam im Zug nach München fuhren.
Die nächste Begegnung mit dem Offizier Bletschacher irritierte Frau Hentschke:
»Kurze Zeit später, ich befand mich (...) *wieder mit meinem Mann am Bahnhof Starnberg, um nach München zu fahren, kam Bletschacher in Begleitung der mir bekannten Frau von Poschinger auf uns zu und stellte sie als seine Frau vor. Ich war darüber sehr überrascht. Während sich Bletschacher auf der Bahnfahrt mit meinem Mann unterhielt, sprach ich mit ›seiner Frau‹. Ich sagte ihr auch gleich, dass wir uns doch kennen, ich nannte auch den Namen von Poschinger. Sie war daraufhin sehr irritiert und erwiderte nur kurz, dies wäre ein Irrtum von mir, sie hätte den Namen von Poschinger noch nie gehört. Für mich bestand jedoch nicht der geringste Zweifel, dass sie mit der Frau Poschinger identisch war, die ich erstmals im Jahre 1922 oder 23 und dann ein zweites Mal in Garmisch im Jahre 1935 gesehen habe.*
Die erneute Begegnung bei der Bahnfahrt in Begleitung ihres Mannes Bletschacher war ihr sichtlich peinlich. (...)
Bei einer späteren Gelegenheit habe ich beobachtet, dass Frau Bletschacher, als sie mich und meinen Mann wiederum in Starnberg am Bahnhof sah, ihren Mann am Ärmel zog und bewusst in ein anderes Zugabteil stieg. Es war für mich offensichtlich, dass sie eine weitere Begegnung vermeiden wollte.«

Sonja soll zu dem mysteriösen polnischen Freundespaar noch kurz vor ihrem Tod Kontakt gehabt haben: So will Frau Hentschke nach der Begegnung mit Sonja im Zug diese noch zweimal gesehen haben, das letzte Mal im Oktober 1951. Jedesmal befand sie sich in einem Auto in der Gesellschaft der polnischen Frau und deren polnischen Freund, die schon auf dem erwähnten Faschingsfest mit Sonja zusammen waren.

Den polnischen Bekannten von Sonja schätzte sie aktuell auf ca. 58 Jahre, er sah allerdings wie Anfang 50 aus. Sie beschreibt ihn mit stattlicher Figur, gepflegtem Aussehen, weichen Gesichtszügen, üppigen Lippen, Wirbelglatze und dunklem Haarkranz sowie einer dunklen Brille mit großen Gläsern, dunkler Kleidung einschließlich eines dunklen Hutes. Zur Größe kann sie v. a. wegen des

Hutes keine Angaben machen. Die polnische Frau schätzt sie auf 46 bis 47 Jahre, mittelgroß, schlank, »Basedow«-Augen, mit rötlichblonden gekräuselten Haaren sowie zarten Gesichtszügen und braunen Augen. Ihr fielen die Sommersprossen an den zarten Händen auf. Sie erinnert sich, dass die Frau 1922 mit dem Vornamen »Ilon« angesprochen wurde.

Es soll sich auch ein persönlicher Kontakt zwischen Frau Hentschke und dem polnischen Mann ergeben haben: »*Entweder im Herbst 1947 oder im Frühjahr 1948 kam dieser Pole in kurzen Zeitabständen zweimal in meine Wohnung nach Starnberg. Das erstemal bot er Leder an, das zweitemal Fischleder. (…) Beim ersten Besuch hat er sich auf einen Namen berufen, der für mich augenblicklich kein Begriff war. Beim letzten Besuch sagte er: ›(…) Sie kennen die Dame, auf die ich mich berufen hatte noch unter von Poschinger‹. Auch bestätigte er mir gegenüber, daß er mich noch von früher kenne (…).*«

Im April 1952 will die Zeugin diesen polnischen Bekannten Sonjas erneut zufällig im Zug von Augsburg nach München getroffen und neben ihm gesessen haben. Hier habe der Mann vorgegeben, Frau Hentschke nicht zu kennen. Er befand sich in Begleitung eines anderen Mannes, der Sonjas Freund aus Polen nach der Telefonnummer fragte. Frau Hentschke gewann den Eindruck, der polnische Freund wollte nicht, dass sie seine Telefonnummer erfahre.

Eine Verwechslung oder einen Irrtum schließt Frau Hentschke definitiv aus. Sie bleibt bei ihren Aussagen und äußert: Sonjas Mädchennamen Wolf hat sie nie gehört. Obwohl ihre Tochter eine Klassenkameradin von Ilse war, wurde ihr erst im Laufe ihrer Vernehmung im Juni 1952 bewusst, dass Sonja Poschinger mit der ermordeten Sonja Bletschacher personengleich ist. Nach ihrer Vernehmung im Juni sprach sie mit einer Frau Math aus Starnberg über den Mord. Diese soll zu ihr geäußert haben, sie »*kenne einen Herrn, der auch darauf schwört, daß sie Poschinger geheißen hat.*«

Frau Hentschke werden von den Beamten 12 private Aufnahmen von Sonja vorgelegt. Auf einer dieser Aufnahme ist auch Ludwig Bletschacher zu sehen. Die Zeugin erkennt sowohl ihn als auch Sonja Poschinger, später Bletschacher, eindeutig wieder.

Wer kennt Sonja noch als Frau von Poschinger? Neun Tage später, am Samstag, den 26. Juli 1952, sucht die Polizei die von Frau Hentschke erwähnte Frau Math, geb. 1877, auf. Diese gibt als Quelle ihrer Informationen den ihr bekannten Julius von Reichert, geb. 1873 an. Bei dessen Befragung stellt sich heraus, dass es sich bei diesen Hinweisen lediglich um Gerede handelt. Der Mord an Sonja Bletschacher ist immer wieder Thema in der Presse gewesen und der Zeuge hörte das Gerücht, dass Sonja früher mit einem von Poschinger verheiratet gewesen sei. Er selbst kannte aus seiner Jugendzeit einen Walter von Poschinger, den er kurz nach dem Ersten Weltkrieg in München zufällig wieder traf. Da dieser von Poschinger sich damals in Begleitung einer hübschen Frau befand, stellte er einen Zusammenhang zu dem kursierenden Gerücht über Sonja her. Dabei will er niemals behauptet haben, dass Walter von Poschinger früher mit Sonja Bletschacher liiert oder sogar verheiratet gewesen sei.

Den Beamten gelingt es mit Hilfe des Adelskalender festzustellen, dass ein 1872 in Augsburg geborener Walter von Poschinger 1925 heiratete und seit September 1932 verstorben ist.

Ein Bruder von Walter von Poschinger bestätigt den Ermittlern diese Angaben. Ob Walter mit Sonja Wolf überhaupt befreundet war, bleibt unbekannt.

Kann Ilse Licht in die Vergangenheit ihrer Tante bringen?

Es liegt auf der Hand, zu diesen plötzlich neu auftauchenden Behauptungen Sonjas Nichte zu befragen. Weiß Ilse etwas von den früheren Beziehungen ihrer Tante?

Aus der Befragung von Ilse am Samstag, den 26. Juli 1952:
Der Name von Poschinger ist Ilse nicht fremd: Doch ihr ist nichts von einem Kontakt oder einer Beziehung Sonjas zu einem Herrn von Poschinger bekannt. Ilse erinnert sich nur, dass Sonja in den Jahren 1945 und 1946 von einem Fräulein von Poschinger in ihrer Wohnung in Percha besucht wurde. Ilse beschreibt die etwa 30-jährige Frau als sportlich-maskulinen Typ.

Ilse besitzt ansonsten nur die in der Familie bekannten Informationen über Sonjas Bekanntschaften aus den 1920er-Jahren in Frankfurt am Main: Sie weiß, dass Sonja damals in Frankfurt bei einem Arzt namens Dr. Reh beschäftigt war und mit ihrem Chef ein intimes Verhältnis hatte. Dieser Dr. Reh besuchte Sonja während des Krieges nochmals in München in ihrer Wohnung. Nach Ilses Wissens liebte ihre Tante den Arzt zunächst sehr. Als er sie heiraten wollte, zog sie sich von ihm zurück. Sonja soll auch gesagt haben, dass sie Dr. Reh emotional oft »fast sadistisch« quälte und dieser zweimal versucht habe sich umzubringen. Ilse geht davon aus, dass der Arzt noch lebt. Denn 1951 erwähnte Sonja, dass dieser möglicherweise in München wohne. Von einem Treffen mit ihrer Tante weiß sie nichts. Es ist Ilse auch bekannt, dass Sonja in den 1930er-Jahren im Hutgeschäft Breiter in München arbeitete und kein gutes Verhältnis zur Ehefrau ihres Chefs hatte. Über polnische Bekannte und deren Besuche in Sonjas Wohnung besitzt Ilse keine Informationen.

Immer mehr Verwirrung: Auf der Spur des unbekannten Polen

Anneliese Hentschke hat angegeben, von Sonjas unbekanntem polnischen Bekannten 1947 oder 1948 aus geschäftlichen Gründen aufgesucht worden zu sein. Dabei soll er Sonja von Poschinger erwähnt haben. Die Beamten bitten sie daher, in ihren Geschäftsunterlagen nach Informationen zu suchen.

Aus Vernehmung von Anneliese Hentschke am Montag, den 28. Juli 1952:
Die Zeugin teilt den Polizisten mit, dass sie sich in ihren Unterlagen »Imre Fialkowsky« wohnhaft im »Maixlerhaus« in Percha als Name und Adresse des polnischen Mannes notiert habe. Bei dieser Vernehmung erzählt sie den Ermittlern eine weitere Geschichte:
»Ich war heute Nachmittag in München und verließ kurz nach 14.== Uhr das Haus Amalienstr. 83 (…). Ich ging die Amalienstr. in Richtung Theresienstrasse. Plötzlich sah ich Fialkowsky vor mir gehen. Er ging in das chinesische Restaurant Ecke Amalien-Theresienstr. Ich folgte ihm unauffällig und ging in das gleiche Lokal, weil ich essen wollte. Ob mich F. bemerkte, kann ich nicht sagen. Auf Anfrage sagte mir der Ober, daß die-

ser Herr öfters in diesem Lokal verkehre. F. trug wieder die große Dunkelbrille, ich erkannte ihn einwandfrei wieder. Seinen Anzug habe ich nicht beobachtet. Der Genannte hat noch volles, dunkles Haar. Entgegen der ursprünglichen Vermutung bin ich mir jetzt sicher, daß er keine Wirbelglatze hat. Ein Fahrzeug habe ich nicht beobachtet.«

Die Zeugin wünscht ausdrücklich, ihre Angaben vertraulich zu behandeln.

Rund einen Monat später führt die Polizei in der Gemeinde Percha die nötigen Ermittlungen durch, um den Aufenthalt dieses mysteriösen polnischen Freundes von Sonja zu recherchieren. Das Ergebnis ist ernüchternd.

Aus einer internen Notiz über den Aufenthalt des unbekannten Fialkowsky vom Donnerstag, den 28. August 1952:
Ein Haus oder eine Villa Maixler oder Meixler gibt es laut den Hausbögen in Percha nicht. Auch ist niemand auf diesem Namen seit 1945 gemeldet. Zugleich wird in den Ausländerlisten eine Person mit Namen Fialkowsky nicht geführt. Zusätzlich werden Personen in Percha überprüft, deren Namen mit Meixler oder Fialkowsky vom Klang her verwechselt werden können. Es ergibt sich keinerlei Hinweis, dass sich in Percha ein Imre Fialkowsky aufgehalten hat.

Wissen Sonjas Freundinnen mehr über ihre Vergangenheit?

Ein Versuch ist es wert. Auf die Dienststelle der Landpolizei in München wird Sonjas Freundin Hedi Goth erneut vorgeladen. Doch da sie Sonja erst 1936 kennenlernte, kennt sie viele Informationen aus Sonjas früherer Vergangenheit nur vom Hörensagen. Darunter befinden sich Neuigkeiten für die Polizei.

Aus der Vernehmung von Hedi Goth am Donnerstag, den 28. August 1952:
Ihr Wissen über Sonjas Männerbekanntschaften ist lückenhaft: Sie gibt an, erst im Laufe der letzten Jahre von Sonja erfahren zu haben, dass die Freundin als ca. 20-Jährige in Frankfurt mit dem Frauenarzt

Dr. Reh eine Beziehung geführt hatte. Dr. Reh wollte Sonja damals angeblich heiraten, sie ihn jedoch nicht. Später, vor oder während des Krieges, besuchte Dr. Reh Sonja nochmals in München. Von einer Beziehung zu einem Herrn von Poschinger weiß Hedi Goth nichts, ebenso wenig von einem Verhältnis zwischen Sonja und ihrem Chef in München beim Hutgeschäft Breiter. Dagegen ist ihr bekannt, dass Sonja ein intimes Verhältnis mit einem Herrn von Osten-Sacken unterhielt. Über Sonjas Zeit in Italien kann Hedi nichts Näheres aussagen. Sie ging immer davon aus, dass sie sich wegen ihres Mannes dort aufhielt. Die Freundin kennt auch aus dem Umfeld niemanden, auf den die Beschreibung des geheimnisvollen polnischen Freundes passt, oder der Imre Fialkowski heißt. Dagegen erinnert sie sich an einen Kontakt Sonjas aus dem Jahr 1946 zu einem Beschäftigten der UNRRA (United Nations Relief and Rehabilitation Administration) aus Weißrussland. Diesem wollte Sonja im Auftrag einer Bekannten einen Brillantstein verkaufen. Dieser Mann soll später in die USA gegangen sein. Darüber hinaus erwähnt die Zeugin, dass Sonja in den 1930er-Jahren mit einem Mann namens Deutschenbauer befreundet gewesen sein soll. Beide haben in München in derselben Pension gelebt. Diese Information ist für die Ermittler neu.

Was weiß die Schwester von Sonjas Vorleben?

Es ist anzunehmen, dass Luise über Sonjas früheres Leben, zumindest über eine frühere Ehe, Bescheid weiß. Aus diesem Grund wird die Kriminalpolizei in Kleve gebeten, diese umfassend zu befragen. Was kann die Schwester beispielsweise über Sonjas frühere Beziehungen, Wohnorte, Arbeitsplätze, Tätigkeit und Aufenthalt in Italien sagen?

Aus der Vernehmung von Luise am Freitag, den 29. August 1952:
Befragt zu Dr. Reh und Herrn von Poschinger sagt sie aus, von der Beziehung ihrer Schwester und dem auch ihr persönlich bekannten Dr. Reh in Frankfurt und dessen Heiratsabsichten zu wissen. Als Sonja Frankfurt bereits verlassen hatte, gab ihr Dr. Reh Geld. Damit konnte sie die Kaution begleichen, um ein Geschäft in Ingolstadt zu führen. Außerdem soll er Sonja in München besucht haben, als diese bereits mit Ludwig Bletschacher verheiratet war. Von einem Walter von Po-

schinger dagegen hat Luise nie gehört. Sie weiß lediglich von einer Bekanntschaft ihrer Schwester in München mit einem Mann namens Walter. Dieser war jedoch jünger als Sonja, weshalb sie ihn »ablehnte«. Daneben soll Sonja in Ingolstadt noch mit einem Baron von Osten-Sacken befreundet gewesen sein.

Luise berichtet auch von einer Beziehung Sonjas zu einem gewalttätigen Liebhaber:

»(…) *Ich weiß* (…), *dass meine Schwester in München in einer Pension wohnte und ein Bekanntschaftsverhältnis mit einem Herrn unterhielt, der in der gleichen Pension wohnte. Vor diesem Mann hatte meine Schwester grosse Angst und ich weiß, daß sie gesprächsweise verlauten ließ, daß dieser Mann ihr viel vorgeschwindelt habe und mit dem Gesetz in Konflikt geraten sei. Nach ihrer Angabe habe sie hiermit Schluß gemacht, obschon dieser gedroht habe. Es sollte sich bei diesem Menschen um eine brutale Natur gehandelt haben, von dem sie auch geschlagen worden sei. Ich habe diesen Herren nie gesehen und nur gesprächsweise davon gehört. Ich bin auch überzeugt davon, daß meine Schwester den Namen nannte, jedoch kann ich denselben heute so nicht wiedergeben. Wenn ich gefragt werde, ob es sich hierbei um den Walter von Poschinger handeln kann, so vermag ich hierauf nicht genau zu antworten. Sie hat einen Bekannten in München mit dem Namen Walter gehabt.* (…) *Bei der von mir genannten brutalen Person solle es sich um einen Menschen aus gutem Hause handeln. Meine Schwester sagte nämlich noch, dass seine Mutter eine sehr nette alte Dame sei, er aber ziemlich heruntergekommen wäre. Ich muß noch erwähnen, dass dieser der einzigste Sohn war.*«

Über geheimnisvolle Beschäftigungen ihrer Schwester besitzt sie keine Informationen: Von einer Geheimdiensttätigkeit Sonjas in Italien ist ihr nichts bekannt. Sie weiß nur von dem langen Aufenthalt ihrer Schwester dort an der Seite ihres Mannes. Allerdings ist Luise über Sonjas spiritistischen Praktiken informiert. Sie war darüber sehr verwundert, »*da sie sonst doch mit beiden Beinen im Leben stand.*«

Wie schon in früheren Zeugenaussagen angeklungen, stellt sich auch durch Luises Angaben die Frage, wovor Sonja Angst hatte: Sie beschreibt ihre Schwester als »*kolossal ängstlich*« und erwähnt:

»So wurde mir in Percha auch erzählt, dass meine Schwester einmal in der Nacht alles zusammengerufen habe, da jemand an der Fensterlade ihres Schlafzimmers gewesen sei. Ich habe dann später meine Schwester gefragt und angedeutet, daß sie bestimmt geträumt habe, was aber von ihr verneint wurde. Ich weiß nicht, ob es von Bedeutung ist, jedenfalls möchte ich diesen Sachverhalt noch zu Protokoll geben. Als ich nach der Todesnachricht in Starnberg ankam, wurde mir von dem Dienstmädchen Anni (gemeint ist vermutlich Frau Michlmayer, Anm. d. Verf.) *der Frau Adlon erzählt, dass sie noch am Todestag meiner Schwester am Nachmittag mit dieser zusammen war. Bei dieser Gelegenheit will meine Schwester der Anni erklärt haben, dass sie aus München einen ›Eilbrief‹ erhalten habe und furchtbar Angst habe. Die Anni sei von meiner Schwester gebeten worden, am Abend doch bei ihr zu bleiben. Die Anni sagte dann weiter zu mir, dass sie froh sei, den Wunsch nicht erfüllt zu haben, denn dann sei sie wahrscheinlich auch ermordet worden. Meiner Ansicht nach muß es sich bei diesem Eilbrief um eine Anmeldung einer gutbekannten Person gehandelt haben. Alle Bekannten wussten, dass meine Schwester es nicht liebte, unangemeldet auf Besuch zu kommen. Weiterhin muss dieser mit den Gepflogenheiten der sonstigen Hausbewohner genau orientiert gewesen sein, da er gerade den Mittwochabend auswählte, wo er wusste, dass die übrigen Hausbewohner sich ausserhalb des Hauses aufhielten. Weitere Anhaltspunkte vermag ich nicht anzugeben.«*

(Bei dem Eilbrief dürfte es sich um den von Frau Lenser gehandelt haben, den die Polizei in Sonjas Wohnung vorfand, Anm. d. Verf.)

Der polnische Bekannte und der Fremde im Hause Adlon

Die Frage liegt nahe. Besteht ein Zusammenhang zwischen dem sogenannten Fialkowsky und dem mysteriösen Fremden, der sich am Tag vor Sonjas Ermordung auf dem Anwesen Adlon aufhielt? Sein Alter kann dem von Fialkowsky entsprochen haben. Auffällig ist ebenfalls die große Hornbrille mit dunkler Fassung, wie bei Fialkowsky beschrieben. Doch trotz öffentlicher Aufrufe der Polizei kann dieser Mann nicht ermittelt werden.

Nachdem die Zeugin Hentschke Fialkowsky Ende Juli 1952 angeblich in einem chinesischen Restaurant in München beobachtete, wenden sich die Ermittler des Präsidiums der Landpolizei einige Wochen später an das Polizeipräsidium der Stadtpolizei München um Amtshilfe.

Aus einem Fahndungsersuchen an die Münchner Polizei vom Dienstag, den 2. September 1952:
»Es wird gebeten, die erforderlichen Feststellungen in dem bezeichneten Restaurant vertraulich treffen zu lassen, um einerseits die Aussagen der Zeugin auf ihre Richtigkeit zu überprüfen, andererseits aber auch einen Ausgangspunkt für die weiteren Fahndungsmaßnahmen zu schaffen.«

Die Antwort der Münchner Kollegen lässt etwas auf sich warten. Am 28. Oktober 1952 teilt das Münchner Polizeipräsidium mit:
»Die Fahndung nach dem gesuchten Imre Fialkowsky verlief bis jetzt ergebnislos. Auch die in dem chinesischen Lokal TAI TUNG an der Theresienstraße durchgeführten Erhebungen zeitigten insoferne keinen Erfolg, als es dem beschriebenen Oberkellner (...) unmöglich war, sich noch an Fialkowsky zu erinnern. Übereinstimmend geben alle drei dort angestellten Ober an, daß in den letzten drei Monaten eine Person ähnlichen Aussehens dort nicht mehr in Erscheinung getreten ist. Der Versuch, durch Gegenüberstellung der Erkennungszeugin mit den Angestellten des Lokals zwecks Erreichung besserer Aufschlüsse, scheiterte bis jetzt daran, daß Frau Hentschke in letzter Zeit nur ganz selten zuhause anzutreffen ist und es ihr bis jetzt nich möglich war, nach München zu kommen.«

Darüber hinaus werden die Meldeunterlagen der Stadt München auf Fialkowsky überprüft. Ein Imre Fialkowsky ist polizeilich nicht gemeldet. Im Oktober 1952 wird Imre Fialkowsky sowohl im Landes- als auch Bundeskriminalblatt zur Aufenthaltsermittlung ausgeschrieben, ohne Erfolg.

Sonjas Freund Deutschenbauer - eine neue Spur?

Den entscheidenden Hinweis auf einen Mann, der bisher noch nicht in den Ermittlungen aufgetaucht ist, liefert Sonjas Freundin Hedi

Goth. Könnte darin der Schlüssel zur Lösung des Verbrechens liegen? Die Polizei geht dem nach und fasst die wichtigsten Ergebnisse ihrer Befragung in einem Bericht zusammen.

Aus einer internen Aktennotiz vom Dienstag, den 7. Oktober 1952:
Aus einer weiteren Vernehmung der Freundin Hedi Goth ergibt sich, dass Sonja etwa im Jahr 1935 eine Beziehung mit einem Mann namens Deutschenbauer unterhielt. Er soll, laut Sonjas Angaben, ein besonderes Interesse für Damenstrümpfe und Damenschuhe und in ihren Augen sexuell abnormale Neigungen gehabt haben. Sonja habe Hedi gegenüber geäußert, dass es sich bei ihrem Freund wohl um einen Bruder eines Gastwirtes und Metzgers Deutschenbauer aus der Starnberger Gegend handeln würde. Die Nachforschungen der Kripo ergeben jedoch, dass diese Äußerungen Sonjas nicht der Wahrheit entsprachen.

Sonja redete auch mit ihrer Nichte Ilse über Deutschenbauer, die zu diesem am 3. Oktober 1952 befragt wurde. Angeblich soll ihre Tante mit ihm verlobt gewesen sein. Ilse hält ihn für einen Fabrikanten. Auch sie weiß von seinem besonderen Schuhinteresse.

Rund zwei Monate nach ihrem letzten Verhör muss Hedi Goth nochmals im Präsidium in München zu Sonjas früherem Geliebten aussagen. Hedi berichtet, wie sie das erste Mal von Walter Deutschenbauer erfuhr: Sie und Sonja waren 1951 in Seeshaupt beim Baden, als Sonja ihre Freundin auf einen Mann in größerer Gesellschaft aufmerksam machte. Sonja erzählte, dass sie mit diesem Mann namens Deutschenbauer 1934 oder 1935 in München ein Verhältnis hatte.

Aus der Vernehmung von Hedi Goth am Donnerstag, den 30. Oktober 1952:
Sonja will Hedi von auffälligen Veranlagungen des Mannes erzählt haben:
»*Deutschenbauer sei krankhaft veranlagt gewesen. Die Sonja gebrauchte in Bezug auf ihn auch den Ausdruck ›Schuhfetischist‹. Er hätte bei irgendeiner Gelegenheit Damenschuhe gestohlen. Auch habe Sonja in seinem Zimmer mehrere Damenschuhe gesehen. Aus Sonjas Schilderung entnahm ich, daß D. bei der Gestapo gewesen sein muß.*

Deutschenbauer wäre Sonja gegenüber sehr brutal gewesen und sie sei dann von ihm im Bösen weggegangen. Dem Verhalten der Sonja nach war zu schließen, daß sie ihn in der Zeit zwischen 1936 und der Begegnung in Seeshaupt nicht mehr gesprochen oder gesehen hat. Ich hatte bei der Begegnung in Seeshaupt schon den Eindruck, daß die Sonja beim Anblick dieses Mannes verstört war und bei ihr auch ein gewisses Angstgefühl zu Tage trat. Sie sagte auch gleich, dass wir uns an einen anderen Platz setzen sollten, was wir auch getan haben. (…) Meiner Meinung nach wollte Sonja mit Deutschenbauer nichts mehr tun haben.«

Die Beamten legen Hedi Goth ein Bild von einem Walter Deutschbauer, geb. 1903, vor. Sie erkennt ihn mit 99-prozentiger Wahrscheinlichkeit als den Mann aus Seeshaupt wieder.

Sonja und der Geheimdienst?

Eugen Niedermayr, Jugendfreund von Ludwig Bletschacher und Sonja sehr gewogen, scheint ihr Tod nicht aus dem Kopf zu gehen. Er kommt erneut von sich aus zur Polizei, um Wissen und Vermutungen mitzuteilen.

Aus der Aussage von Eugen Niedermayr am Mittwoch, den 5. November 1952:
Er bringt zum einen Sonjas spirituellen Bekannten Herrn Matthias in einem Zusammenhang mit russischer Spionage. Dabei handelt es sich jedoch um seine privaten Interpretationen, die auf Gerüchten und keinerlei Fakten basieren. Zum anderen gibt er an, dass Sonja 1947 Kontakt zu einem amerikanischen Oberst hatte, der damals und auch jetzt noch in Starnberg wohnen würde. Dieser Oberst soll Leiter der »amerikanischen Abwehrstelle« sein. Darüber hinaus weiß er von Sonja, dass diese in Kontakt zu einem amerikanischen CIC-Beamten gestanden hatte. Den Namen kennt er allerdings nicht. (Dabei dürfte es sich um den sogenannten Oskar gehandelt haben, Anm. d. Verf.).

Gezielte Fragen zu Sonjas Vergangenheit

Wer könnte aus Sonjas Umfeld von möglichen Verbindungen in Geheimdienstkreise wissen? Nachdem die beiden Frauen sich seit dem Winter 1942/1943 über die Wehrmachtseinsatz ihrer Männern kennenlernten, ist dies vielleicht Sonjas Freundin Ingeborg Temple. Der Kripo-Beamte Thaler sucht sie daher in ihrer Wohnung auf.

<u>Aus der Befragung von Ingeborg Temple am Donnerstag, den 20. November 1952:</u>
Sonjas Kontakt zu dem amerikanischen CIC-Beamten Oskar ist der Freundin bekannt, zu einem amerikanischen Oberst hingegen nicht. Oskar soll deutscher Jude gewesen sein und deshalb deutsch gesprochen haben. 1946 dürfte er etwa 38 Jahre alt gewesen sein. Sie beschreibt ihn als mittelgroß und dunkelblond. Er lebte damals in Garatshausen (Gemeinde Feldafing im Landkreis Starnberg, Anm. d. Verf.) und kehrte 1946 in die USA zurück. Ingeborg geht von einem intimen Verhältnis zwischen ihm und Sonja aus. Über weitere Kontakte zu ausländischen Männern weiß die Freundin nichts. Die Namen Walter oder Deutschenbauer kennt sie von Sonja nicht. Auch sonst ist ihr aus Sonjas früherem Leben nichts bekannt.

Informationen über Sonjas Vergangenheit sind auch von Ilse und der ehemaligen Freundin Eva Middelmann zu erwarten, die mit Sonja das Interesse am Okkultismus teilte.

<u>Aus den Befragungen von Eva Middelmann und Sonjas Nichte Ilse am Freitag, den 21. November 1952:</u>
Eva liefert Informationen über Sonjas unmittelbare Nachkriegskontakte: Sie ist über Sonjas Beziehung zu Oskar informiert, auch wenn sie diesen nie persönlich kennenlernte. Oskar hatte in den USA eine Ehefrau. Frau Middelmann geht davon aus, dass Sonja auf eine Scheidung und eine Heirat mit ihm hoffte. Ihr ist bekannt, dass Sonja, wie auch die Zeugin selbst, Kontakt zu einem Angestellten der UNRRA namens Dr. Jochelson, einem jüdischen Russen, unterhielt. Beide Frauen wollten Wertgegenstände gegen Kaffee und Zigaretten eintauschen. Dieser Dr. Jochelson suchte Sonja Ende 1946 in ihrer Wohnung in Percha auf. Frau Middelmann beschreibt Dr. Jochelson

mit ca. 1,64 Meter als klein und schätzt ihn damals auf 45 Jahre. Von weiteren Kontakten Sonjas zu amerikanischen Offizieren oder Soldaten weiß sie nichts. Auch die Namen Deutschenbauer oder Walter sind ihr kein Begriff.

Auch Ilse wird nochmals zu Oskar und anderen amerikanischen Offizieren befragt. Die Nichte weiß nur von dem Verhältnis ihrer Tante zu Oskar, von der Bekanntschaft zu einem amerikanischen Oberst oder zu dem UNRA-Beschäftigten Jochelson ist ihr nichts bekannt.

Ein Jahr nach der Tat - die letzte Recherche nach der Tatwaffe

Ilse hat bei einer früheren Vernehmung angegeben, dass ihre Tante im Schreibtisch ein kleines Messer mit Hirschhorngriff und 8 cm langer Klinge aufbewahrte. Dieses Messer kann Ilse in der Wohnung nicht mehr finden; sie sah es zuletzt Anfang 1951. Möglicherweise hat es Sonja an die Söhne ihres Mannes verschenkt.

Aus der Befragung von Sonja Stiefsöhnen vom Donnerstag, den 11. bis Donnerstag, den 18. Dezember 1952:
Beide haben dieses Messer weder bekommen noch wissen sie überhaupt von seiner Existenz. Der Verbleib des Messers bleibt ungeklärt.

Die Suche nach Sonjas früherem Arbeitgeber

Um möglichst umfassend Licht in Sonjas Vergangenheit zu bringen, muss ihre Beziehung zu ihrem früheren Arbeitgeber und Liebhaber aus ihrer Frankfurter Zeit aufgeklärt werden. In Sonjas Wohnung gefundene Zeugnisse belegen, dass sie von 1924 bis 1926 bei dem Arzt Dr. Reh in Frankfurt als Sekretärin und Assistentin angestellt war. Mehrere Zeugen haben auch von einem intimen Verhältnis zwischen Sonja und ihrem Arbeitgeber berichtet. Angeblich soll sie den Arzt so emotional gequält haben, dass dieser zwei Suizidversuche unternahm.

Aus den Aufenthaltsermittlungen der Polizei
vom Dezember 1952 / Januar 1953:
Der Kripo gelingt es nicht, über das Einwohnermeldeamt Dr. Rehs

Meldedaten zu ermitteln. Die früheren Meldeunterlagen sind in Frankfurt kriegsbedingt zerstört worden und der Arzt seit 1945 nicht mehr dort gemeldet. Dr. Reh wird daher im Bundeskriminalblatt zur Aufenthaltsermittlung ausgeschrieben. Außerdem bitten die Ermittler die Frankfurter Kollegen, bei der dortigen Ärztekammer oder anderen einschlägigen Stellen über den Mediziner nachzuforschen. Die Polizei bekommt heraus, dass Dr. Reh von 1930 bis 1934 in einem Krankenhaus in Bad Vilbel, in der Nähe von Frankfurt, arbeitete, und zwar mit angeblich schlechtem Ruf als Arzt und Mensch. Deshalb wurde er auch 1934 gekündigt. Anschließend praktizierte er in einem Krankenhaus in Berlin-Lichterfelde. Möglicherweise ist er vor oder während des Krieges bei einem Autounfall ums Leben gekommen. Unterlagen dazu existieren allerdings nicht. Auch soll Sonjas Schwester Luise nochmals genauer zu Dr. Reh vernommen werden.

Ähnliche Recherchen haben die Ermittler auch über Sonjas früheren Chef in München angekündigt. In den Akten findet sich dazu nichts.

Ein weiterer Ermittlungsschwerpunkt: Suche nach Walter Deutschenbauer

Die Landpolizei zieht über längere Zeit umfassende Erkundigungen über Sonjas früheren Geliebten Walter Deutschenbauer, geb. 1903, ein. Anfang Januar 1953 ist es dann so weit. Deutschenbauer kann vorgeladen werden.

Aus der Vernehmung von Walter Deutschenbauer Donnerstag, den 8. Januar 1953:
Nach seiner Aussage wohnten er und Sonja während ihres Verhältnisses in den gleichen Pensionen. Ihre intime Beziehung bestand zwischen Ende 1932 und Ende 1935. Nach seinen Angaben löste er das Verhältnis zu Sonja, weil sie ohne sein Wissen einen von ihm geschenkten Pelzmantel verkaufte. Das letzte Mal will er sie zweimal während des Krieges in einem Münchner Kaffee gesehen haben. Am Strand am Starnberger See bemerkte er Sonja nicht.

Dass die Beziehung zwischen ihm und Sonja durch Gewalt und Seitensprünge belastet war, gibt Deutschenbauer mehrmals zu:
»*Wenn Sonja Wolf zu Lebzeiten mehreren Zeugen gegenüber behauptet hat, daß ich während unseres Verhältnisses sie öfters geschlagen habe, so ist das möglich, aber sicher übertrieben. (…) Die Sonja Wolf brauchte vor mir keine Angst zu haben. Ich habe ihr gegenüber auch nie schwerwiegende Drohungen ausgesprochen. Sie konnte wohl manchmal Angst haben, wenn sie etwas angestellt hatte, was ich nicht erfahren sollte. Ich nehme als Beispiel den Verkauf des Pelzmantels. Während sie erklärte, daß sie diesen zur Aufbewahrung gegeben habe, war es aber so, daß ich nach etwa ½ Jahr darauf kam, daß sie ihn verkauft hatte. Sie wollte einen Tuchmantel haben, während ich darauf bestand, daß sie ja einen Pelzmantel habe. Bei dieser Gelegenheit mußte sie dann zugeben, daß sie den Pelzmantel verkauft hatte. (…)*
Wir hatten viel Streit. Der Grund bestand darin, daß sie mich sehr oft angelogen hat und in ihrer Art war sie sehr herausfordernd und quälend. Sie verstand es, solange zu sticheln, bis ein Streit da war.
Mit der Treue nahm es die Sonja Wolf auch nicht genau. Ich bin sicher, daß sie während unseres Verhältnisses auch noch geschlechtliche Beziehungen mit anderen Männern hatte. Ich bin öfters darauf gekommen, daß sie zu mir sagte, sie habe bei ihrer Freundin genächtigt, in Wirklichkeit aber verbrachte sie diese Zeiten mit einem Rechtsanwalt Dr. Brechtl, was sie dann später mir gegenüber auch eingestanden hat. Ihre verschiedenen Fahrten nach Frankfurt/M. dürften dem gleichen Zweck gedient haben, obwohl sie mir erklärte, sie besuche dort ihre Schwester. (…)
Während unseres gemeinsamen Wohnens in der Pension (…) in der Briennerstrasse wurde mir von mehreren Pensionsgästen die Andeutung gemacht, daß die Sonja während meiner Abwesenheit in ihrem Zimmer mit dem ebenfalls dort wohnenden SS-Obergruppenführer Rottenbücher zusammen war.
Auch traf sie sich während unseres Zusammenlebens mit dem Frauenarzt Dr. Praun aus München. Ich vermute, daß zwischen ihnen auch Beziehungen bestanden. Ich schließe das aus den späteren Erzählungen der Sonja Wolf. (…)«

Über sein Verhalten in der Beziehung räumt er ein:
»*Wenn ich die Sonja tatsächlich bei einigen Gelegenheiten geohrfeigt habe,*

so trug sie an jedem Fall durch ihr herausforderndes Verhalten oder durch ihr lügenhaftes Benehmen daran die Schuld. Sie war eine phantasiereiche und extravagante Person, die mit jedem Mann gern flirtete und ihre Zuneigung in einem bestimmten Zeitraum keineswegs nur einem Mann zukommen ließ.
Sonderbar berührte mich allein ihre Erzählung über ihr Verhältnis zu dem Arzt in Frankfurt. Ich nahm deshalb an, daß sie schon zu früherer Zeit, also vor unserer Bekanntschaft, ein sehr bewegtes Leben führte«

Darüber hinaus bestätigt Deutschenbauer, dass Sonja während seiner Beziehung mit ihm im Hutgeschäft Breiter arbeitete. Den Namen von Poschinger hat er nie gehört. Nach dem Krieg erfuhr er nur von einem flüchtigen gemeinsamen Bekannten, dass Sonja mittlerweile in Starnberg lebe, Witwe sei und ihren Lebensunterhalt mit Stricken verdiene.

Bei dieser Vorgeschichte benötigt er ein Alibi: Dazu sagt Deutschenbauer aus, den Abend des 12. und die Nacht zum 13. Dezember in seiner Wohnung in München verbracht zu haben oder mit seiner Frau weg gewesen zu sein. Dies ist wenig aussagekräftig. Insofern erklärt er sich damit einverstanden, dass die Kripo seine Geschäftskorrespondenz über den 12. und 13. Dezember 1951 kontrolliert. Außerdem steht er für Gegenüberstellungen mit den Bewohnern des Tathauses jederzeit zur Verfügung. Über den Mord will er aus der Zeitung erfahren haben.

Bei der Überprüfung von Deutschenbauers Unterlagen an seinem Arbeitsplatz stellt sich heraus, dass der Zeuge an dem Abend des Mordes nicht in München war. Er befand sich mit einem Arbeitskollegen auf Geschäftsreise in Tübingen. Die vorgelegten Belege und die Aussage des Kollegen geben Deutschenbauer ein wasserdichtes Alibi. Er scheidet als möglicher Tatverdächtiger endgültig aus.

Eine aktualisierte Zwischenbilanz

Die Kripo hält die Staatsanwaltschaft nach rund einem halben Jahr seit der letzten Zusammenfassung über die neuesten Erkenntnisse auf dem Laufenden. Mittlerweile scheint der Schwerpunkt der Ermittlungsarbeit endgültig von der Kriminalaußenstelle Fürstenfeldbruck an die Kriminalabteilung des Präsidiums der Landpolizei nach München übergegangen zu sein. Der Fürstenfeldbrucker Beamte Bolzmacher, der zwar noch an Vernehmungen beispielsweise in München teilnimmt, tritt kaum noch in Erscheinung. Die Leitung der Ermittlungen scheint bei seinem Münchner Kollegen Thaler zu liegen.

<u>Aus dem Zwischenbericht der Landpolizei vom Mittwoch, den 28. Januar 1953:</u>
Nach über einem Jahr seit Sonjas Ermordung zeigt sich in dem Bericht deutlich, wie die Kripo immer weniger eigene Ermittlungsimpulse setzen kann und zunehmend auf äußere Anstöße reagiert. Die ersten Zwischenberichte und Zusammenfassungen für den Staatsanwalt enthielten Hypothesen, Schlussfolgerungen beispielsweise zu Motiv, Täterkreis, Tatwaffe, Tatablauf, aus denen die Kripo Ermittlungsstrategien ableitete und plante. Man fasste neue Erkenntnisse über mögliche weitere Ermittlungsansätze zusammen oder revidierte bisherige Einschätzungen. Den jetzigen Bericht kennzeichnet zu einem erheblichen Teil das Aufzählen der abgearbeiteten Spuren. Die meisten enden mit dem Hinweis, dass die Betreffenden aus dem Kreis der Verdächtigen auszuschließen sind.

Ausführlich widmet sich die Kripo noch einmal dem endlich im Juli 1952 eingetroffenen kriminaltechnischen und gerichtsmedizinischen Gutachten. Vor allem die näheren Untersuchungen der vielen Verletzungen führen dazu, bisherige Ermittlungsannahmen zu revidieren bzw. genauer einzugrenzen: Das Gutachten legt keinen planmäßig angelegten und ausgeführten Mord, sondern eine Tötung im Affekt nahe. Die Tat wird somit nicht mehr als Mord, sondern als Totschlagsdelikt betrachtet. Zu einem erneuten Nachhaken führten die Erkenntnisse über die Auswertung von Sonjas Scheidensekret. Danach ist ein Geschlechtsverkehr unmittelbar vor ihrem Ableben ausgeschlossen, wahrscheinlicher erscheint die dem Tattag vorausgehende Nacht. Diese verbrachte Sonja in München in der Wohnung des Ernst Rosenblüh. Dieser bestritt bei allen früheren Vernehmungen, mit Sonja intim gewesen zu sein. Aufgrund dieses Befundes wurde er erneut eindringlich befragt, blieb aber dabei, niemals und auch in der fraglichen Nacht nicht mit Sonja geschlafen zu haben. Damit lässt die

Kripo diesen Punkt ungeklärt, ebenso die nicht zu rekonstruierende Frage, wo sich Sonja in München am Tag vor ihrem Tod zwischen eins und halb fünf Uhr aufhielt. Weitere Ermittlungen in diese Richtung stellt der Bericht auch nicht in Aussicht.

Sonjas Nichte informierte die Polizei von dem Fehlen eines Messers mit einer 8 cm langen Klinge. Das Gutachten geht von einem Messer mit einer solchen Klingenlänge als Tatwaffe aus. Daher ermittelt die Polizei erfolglos nach dem Verbleib des vermissten Messers. Es steht zwar im Raum, dass es sich dabei um die Tatwaffe handeln könnte, weitere Nachforschungen planen die Beamten offensichtlich nicht.

Die Polizei verfolgt auch die Frage nicht weiter, ob Sonja im Zweiten Weltkrieg in Italien für die deutsche Spionageabwehr arbeitete. Man zitiert die Meinung des ehemaligen Abwehroffiziers, diese Tätigkeit sei nur vorgetäuscht worden, um einen längeren Aufenthalt Sonjas bei ihrem Mann zu rechtfertigen. Zugleich bleibt unerwähnt, dass mit dem Vorgesetzten des Abwehroffiziers noch ein weiterer Zeuge hätte Auskunft geben können. Es finden sich keine Hinweise in den Akten, dass die Polizei diesen kontaktiert hat, obwohl sie dessen Adresse kennt.

Nach umfangreichen Ermittlungen, Befragungen und Alibiüberprüfung kann jetzt auch ein weiterer Ex-Freund von Sonja, Walter Deutschenbauer, aus dem Kreis der Verdächtigen ausgeschieden werden. Bekannt und ohne Belang für die Tat ist Sonjas Beziehung zu dem amerikanischen CIC-Beamten Oskar. Welche Beziehungen Sonja zu anderen amerikanischen Offizieren oder Soldaten unterhielt, spielt für die Aufklärung keine weitere Rolle.

Der von einer Starnberger Zeugin aufgebrachte Verdacht, dass Sonja in den 1920er-Jahren bereits mit einem Herrn Poschinger verheiratet gewesen war, räumen die Beamten in dem Bericht keine nennenswerte Bedeutung ein. Sie erwähnen lediglich, dass Sonja vermutlich ein Verhältnis mit einem Walter von Poschinger gehabt haben dürfte. Weitere Ermittlungen sind diesbezüglich auch nicht mehr möglich.

Als noch offenen Ansatz stuft die Kripo die Spur des angeblichen Imre Fialkowsky ein. Die bisherigen Recherchen und Fahndungen in Percha und im Münchner Stadtgebiet sind zwar erfolglos geblieben. Allerdings stehen Ergebnisse aus den Ausschreibungen im Landes- und Bundeskriminalblatt noch aus. Aufgrund der Zeugenbeschreibung kann es sein, dass es sich bei Fialkowsky um den Mann handelt, den eine Nachbarin am Tag vor Sonjas Tod nachmittags auf dem Anwesen Adlon sah. Neben Fialkowsky sind noch die Ergebnisse aus den Erhebungen zu Sonjas früheren Arbeitgeber in Frankfurt Dr. Reh abzuwarten.

Abschließend kommt die Polizei zu folgender Einschätzung:
»Nachdem im Mordfall Bletschacher der Tatbefund, aber auch die Überprüfung der Personen ihres engsten Bekanntenkreises der letzten Jahre nahezu keine Anhaltspunkte für die Täterschaft ergaben, war es notwendig, das Vorleben der Ermordeten eingehend zu überprüfen.
Es kann hierzu gesagt werden, daß die Bl. im wahrsten Sinne des Wortes ein ›äußerst bewegtes Leben‹ führte und stets auf ihren Vorteil bedacht war.
Sie wird als hysterisch, herausfordernd, quälend und verlogen geschildert.
Dagegen verstand sie es besonders in den letzten Jahren vor ihrem Tode ihrer Umgebung und ihren Freudinnen gegenüber (...) als ›Dame‹ zu erscheinen. Die gelegentlich oder mitunter auch länger anhaltenden Verhältnisse (...) wußte sie geschickt zu verheimlichen.
Es ist bewiesen, daß sie eine sehr rege Phantasie hatte und selbst ihre engste Freundin (Goth) mehrmals angelogen hat.
In ihrer Art dürfte aber auch das Motiv der Tat zu suchen sein.
Die Ermittlungen werden fortgesetzt.«

HINTERGRUND: SONJA BLETSCHACHER UND IHR UMFELD

Sonja Bletschacher führte bis zu ihrem Tod ein ereignisreiches Leben, zu dem es aus ihrem Umfeld unterschiedliche Einschätzungen gab. Bis zum Schluss konnte sich die Kripo kein abschließendes Bild von der Person Sonja Bletschacher machen – auch ein Grund, warum das Verbrechen nicht aufgeklärt werden konnte.

Foto in der Abendzeitung vom 22. März 1952 von Sonja Bletschacher zu Lebzeiten

Sonja Wolf - ihre Herkunft und Familie

Sonja Wolf wurde am 22. März 1904 in Neuweiler an der Saar in eine Bergmannsfamilie geboren und wuchs in einem heutigen Stadtteil von Saarbrücken auf. Ihre Eltern, Peter und Sofie Wolf, hatten mit dem ältesten Sohn Ludwig (geb. 1902), Sonja und der jüngsten Tochter Luise (geb. 1906) drei Kinder. Im Jahr 1918 trennten sich die Eltern, und die Geschwister wurden auseinander gerissen. Der 16-jährige Bruder befand sich bereits in Ausbildung in Saarbrücken, die 12-jährige Luise blieb zunächst beim Vater im Saarland und die 14-jährige Sonja ging mit ihrer Mutter nach Frankfurt am Main. Zum Bruder brach der Kontakt für die nächsten 15 Jahre nahezu ab. Er wanderte 1919 in die USA aus und kehrte erst 1933 nach Deutschland zurück. Die Tochter Luise zog später zu ihrer Mutter nach Frankfurt, wo sie ihre älteste Tochter zur Welt brachte.

Die Beziehungen zwischen den Geschwistern waren gespannt. Ludwig verzichtete nach seiner Rückkehr 1933 auf jeglichen Kontakt zu seinem Vater, weil er ihn für das Scheitern der elterlichen Ehe verantwortlich machte, besuchte jedoch seine Mutter und die Schwestern in Frankfurt. Seine jüngste Schwester lehnte der ältere Bruder als »faul und dünkelhaft« ab, schreckte auch vor Schlägen nicht zurück, sodass Luise Angst vor ihm bekam. Dagegen war sein Verhältnis zur Mutter und zu Sonja harmonisch. Dennoch heiratete er im Jahr 1933, ohne dass beide eingeladen waren. Danach brach er den Kontakt auch zu seinen Schwestern und seiner Mutter ab. Sonja traf er erst nach 17 Jahren im März 1950 wieder und wohnte damals für zwei Wochen bei ihr. Der Vater war mittlerweile 1944, die Mutter im März 1945 verstorben. Bruder und Schwester verstanden sich gut. Ablehnung bestand gegenüber Luise und deren jetzigen Ehemann Nikolaus.

In Frankfurt verdiente Sonja schon als Jugendliche Geld. Neben dem Besuch einer kaufmännischen Handelsschule arbeitete sie in einem Uhren- und Goldwarengeschäft: Die Mutter führte dem Geschäftsinhaber den Haushalt und Sonja den Laden. Nachdem das Uhrengeschäft verkauft wurde, wechselte Sonja in das Büro einer Lederwarenfabrik in Frankfurt.

Von 1924 bis 1926 war sie bei dem Arzt Dr. Hans Reh in Frankfurt angestellt, der in der NS-Zeit massive berufliche Repressalien zu erleiden hatte. Er setzte sich nämlich über die ideologischen Vorgaben des Regimes hinweg, hielt an seinem Arztethos fest und behandelte beispielsweise auch jüdische Kranke. Mit ihm unterhielt Sonja ein intimes Verhältnis, über dessen Ernsthaftigkeit es unterschiedliche Aussagen gab. Angeblich, so ihre Schwester, wollte Dr. Reh Sonja heiraten, sie lehnte ab und er unternahm ihretwegen zwei Suizidversuche. Laut Dr. Reh selbst hatte er ausschließlich ein erotisches Interesse ohne weitergehende Absichten. Sonja soll jedoch immer vereinnahmender geworden sein und habe ihre Anziehung auf ihn ausgespielt, um ihn zur Scheidung zu bewegen. Es kam auch zu Gewalttätigkeiten zwischen beiden und Dr. Reh sah seine gesellschaftliche Stellung in Frankfurt in Gefahr. Er trennte sich Ende des Jahres 1926 von Sonja, gab ihr 2000 RM Startkapital, mit dem sie sich 1927 an einem Zigarrengeschäft in Ingolstadt beteiligte. Der Kontakt zwischen beiden riss zunächst nicht ab und Sonja soll den Arzt immer wieder um Geld angegangen sein. Ab 1930 verweigerte er ihr schließlich höhere Geldsummen; er fühlte sich finanziell ausgenutzt. Eine lose Verbindung schien zwischen beiden bestehen zu bleiben. Denn als Dr. Reh sich

1940 in München aufhielt, besuchte er Sonja in ihrer Wohnung. Dies sei, so der Arzt, ihr letzte Begegnung gewesen.

Sonja in München

Ende 1926 oder Anfang 1927 verließ Sonja Frankfurt. Zunächst war sie für wenige Monate in München gemeldet und versuchte dann für ein gutes Jahr beruflich in Ingolstadt Fuß zu fassen. Im Jahr 1928 kehrte sie nach München zurück, wo sie bis 1939 für die nächsten elf Jahre unter mehr als 15 verschiedenen Wohnungsadressen registriert war. Sie arbeitete viele Jahre lang im Hutgeschäft Breiter in der Weinstraße. Auf Personen, die sie aus dieser Zeit, z. B. als Kolleginnen, kannten, machte sie einen zwiespältigen Eindruck. Nach außen gab sie sich als Frau mit einer Lebensweise, die damaligen gesellschaftlichen Konventionen entsprach. Zugleich schien sie ein von vielfältigen und kurzfristigen, teilweise parallel geführten Männerbeziehungen geprägtes Leben zu führen. So hatte sie zwar zwischen 1932 und 1935 eine feste Beziehung mit einem Walter Deutschenbauer – diese war von Schlägen gekennzeichnet. Zugleich soll sie mit anderen Männern parallel dazu Verhältnisse unterhalten haben, beispielsweise mit ihrem damaligen Chef in München, einem Rechtsanwalt, einem SS-Obergruppenführer, einem jüdischen Hautarzt oder dem Arzt Dr. Otto Praun. Eine frühere Kollegin behauptete sogar, dass Sonja bis Mitte der 1930er-Jahre in einer Pension für Edelprostituierte im sogenannten Luitpoldblock wohnte und dort Kontakte zu Männern aus der Münchner Gesellschaft und aus Filmkreisen pflegte. Laut Münchner Stadtadressbuch lag der Luitpoldblock in der Brienner Straße 8. Dort waren auch einige Privatpensionen registriert, u. a. die Zimmervermietungen Veltinger in der 1. Etage. Die Einwohnermeldeunterlagen aus der damaligen Zeit belegen, dass Sonja Wolf zwischen Dezember 1933 und Mai 1935 in der Brienner Straße 8 bei Veltinger wohnte. Insgesamt bewerten viele Personen aus ihrem Umfeld der 1930er-Jahre Sonja als eine Frau, die auf Männer herausfordernd wie provozierend wirkte und diese emotional bzw. durch ihre erotische Anziehungskraft »erpresst« haben soll.

Ruhe in ihr Privatleben kam erst durch die Heirat mit dem etwa 15 Jahre älteren Ludwig Bletschacher am 2. Januar 1940.

Ludwig Bletschacher

Für Sonja war es die erste Ehe. Gerüchte über eine frühere Hochzeit mit einem Herrn von Poschinger bestätigten die polizeilichen Ermittlungen nicht. Ludwig Bletschacher hingegen war bereits vorher zweimal verheiratet und Vater von zwei Söhnen. Für die knapp 36-jährige Sonja Wolf aus einfachen Verhältnissen bedeutete die Heirat mit dem 50-jährigen Wehrmachtsoffizier aus einer wohlhabenden Münchner Familie einen gesellschaftlichen Aufstieg.

Ludwig Bletschacher, geb. am 16. August 1889 in München, stammte aus gutbürgerlichen Verhältnissen. Sein Großvater mütterlicherseits hatte in München eine Metzgerei betrieben. Der Begründer der chemischen Industrie in Moosburg Kommerzienrat August Ostenrieder und der Architekt Max Ostenrieder, der in München eine Reihe von Wohn- und Geschäftshäuser entworfen hatte, zählten zu seinen Onkeln. Außerdem war er über eine Schwester seiner Mutter mit der Familie Schottenhamel verwandt, die neben der Festhalle auf dem Oktoberfest u. a. ein Hotel in München in der Luitpoldstraße betrieb. Ludwigs Vater konnte dank des Reichtums seiner Eltern sein Leben als Rentier und Privatgelehrter verbringen (Auskunft von Gerhard Bletschacher vom 24.1.2022).

Nachdem Ludwig Bletschacher sein Abitur am Luitpoldgymnasium abgelegt hatte, trat er 1908 als Fahnenjunker in die Bayerische Armee beim 5. Feldartillerie-Regiment ein und durchlief die Offizierslaufbahn. Als Offizier nahm er am Ersten Weltkrieg teil und nach dessen Ende beförderte man ihn im August 1919 zum Hauptmann. Infolge des Versailler Vertrages mit seinen Abrüstungsbestimmungen und der personellen Begrenzung der (vorläufigen) Reichswehr mussten viele Berufssoldaten ausscheiden. Auch Ludwig Bletschacher, bis dahin noch als Sportreferent bei der Reichswehr eingesetzt, wurde mit Wirkung vom 31.12.1920 im Alter von 31 Jahren mit Pension entlassen.

Mit Anlaufschwierigkeiten baute er sich im Zivilleben eine neue Existenz auf. Von Anfang 1921 bis April 1922 war er Geschäftsführer und Mitinhaber eines Reklame- und Propagandabüros in München mit dem Namen »Kukuk G. m. b. H.« Ab April 1922 ging er nach Garmisch und leitete dort bis Juni 1924 die Filiale der Automag München. Im April 1922 hatte er noch in München seine erste Frau, die knapp neun Jahre jüngere Ilonka Minus, geheiratet, die ihn auch lange nach seinem Tod als einen fürsorglichen Ehemann schilderte. Warum seine Tätigkeit für die Automag endete, ist nicht bekannt, zwischen Juli und September 1924 arbeitete er als Vertreter für verschiedene Firmen. Seit September 1924 festigte sich seine berufliche Existenz: Er wurde Kurdirektor in Garmisch. Als sportlicher Mann, der aktiv Leichtathletik, Winter- und Autosport sowie Reiten betrieb und während seiner Tätigkeit bei der Reichswehr Sportveranstaltungen organisiert hatte, schien er für diese Stelle geeignet zu sein. Bereits in dieser Zeit klagte er nach Aussage seiner Ex-Frau Ilonka hin und wieder über Herzbeschwerden.

Diese jetzt eingetretene beruflich Konstanz traf jedoch nicht auf sein Privatleben zu. Denn im Dezember 1926 ließen sich er und Ilonka scheiden. Beide hatten während ihrer Ehe jeweils eine Affäre, Ludwig mit seiner späteren Frau, der rund 11 Jahre jüngeren Karolina, genannt Karla, Basso. Ende März 1927[2] heiratete er diese in Garmisch. Aus dieser zweiten Ehe gingen 1927 und 1930 zwei Söhne hervor.

Nach der Machtübernahme der Nationalsozialisten kehrte Ludwig Bletschacher in den Offiziersdienst zurück. Er bewarb sich, wie er angab, »aus Liebe« zu seinem alten Beruf wieder um die Aufnahme im Militärdienst und trat am 1. Oktober 1933 in Landsberg am Lech in die Reichswehr ein. Im November 1934 wurde er zum Wehrkreiskommando VII als Fürsorgeoffizier nach München versetzt und im September 1935 zum Major befördert. Kurze Zeit später lernte er im Oktober Sonja Wolf kennen.

Auch die Ehe mit Karla verlief turbulent. Beide unterhielten außereheliche Beziehungen, beispielsweise Ludwig zu Sonja und Karla zu dem Arzt Dr. Praun, der kurzzeitig auch eine Affäre mit Sonja unterhielt. Im Mai 1936 ließen sich Ludwig und Karla Bletschacher scheiden. Dabei nahm Ludwig die Schuld auf sich und zahlte nicht nur für seine Söhne, sondern auch für Karla Unterhalt.

Ab August 1939 kam er zum Stab des VII. Armeekorps, das am

---

2 In seinem Personalnachweis gab er als Eheschließungsdatum den 29.3.1926 an (BArch Pers 6/9864), in der Meldekartei der Stadt München ist der 29.3.1927 vermerkt (Stadtarchiv München, DE-1992-EWK-65-B-465, Einwohnermeldekartei Bletschacher)

Polenfeldzug beteiligt war. Im Januar 1940 heiratete er Sonja Wolf in München. Da Karla nach der Scheidung die Hoffnung auf eine Annäherung mit Ludwig nie aufgegeben hatte, traf sie die Hochzeit zunächst emotional. Dennoch herrschte zwischen ihr und den Söhnen einerseits sowie Ludwig und Sonja andererseits ein guter Kontakt, immerhin besuchte man sich hin und wieder.

Ludwig und Sonja Bletschacher wohnten bis zum Frühjahr 1944 in München, zuletzt in einer eigenen Wohnung in der Marsstraße 23. Für Mai 1944 ist auf der Münchner Einwohnermeldekartei vermerkt, dass sich das Ehepaar in Percha aufhalte und das Haus in der Marsstraße zerstört worden sei. Gemeldet waren beide vermutlich aber weiterhin in München.

In Ludwigs Umfeld galt die Ehe mit Sonja als seine glücklichste, da sie im Gegensatz zu seinen früheren Beziehungen von Harmonie und Verständnis geprägt gewesen sein soll. Sonja stand in Ludwigs Bekannten- und Familienkreis in dem Ruf, eine hilfsbereite und kluge Frau zu sein. Sie galt als gute Hausfrau, die zugleich immer etwas verschlossen wie unehrlich wirkte. In diesem Umfeld schätzte man sie als jemanden ein, der sehr auf einen guten äußeren Schein bedacht war.

Ab Oktober 1940 diente Ludwig bis September 1941 beim Armeeoberkommando 11. Danach absolvierte er bis November 1941 eine Fortbildung in Militärgeographie und wäre hier gerne weiterverwendet worden. Anfang November 1941 wurde er in die Führerreserve des Oberkommandos des Heeres im Wehrkreis VII mit Standort München versetzt. Dies war eine Reserve von Offizieren ohne aktuelle Beschäftigung, die auf eine neue Aufgabe warteten. Da er im Bereich der Militärgeographie nicht ausgelastet war, bildete er sich im April 1942 im Wehrersatzwesen weiter. Im Juli 1942 kommandierte man ihn als leitenden Wehrmachts-Standort-Offizier des Truppenerholungsheims nach Abaccia-Laurana im heutigen Kroatien. Dort hielt sich auch Sonja für fast ein Jahr in seiner Begleitung auf. Noch im gleichen Jahr wurde er zum Oberst befördert. Seine Verwendung in Abaccia endete am 11. August 1943. Gerüchte, dass Ludwig Bletschacher und Sonja dort für die Abwehr der Wehrmacht (militärischer Geheimdienst) tätig gewesen seien, verfestigten sich nicht. Allerdings befragte die Kripo nicht restlos alle Zeugen, die darin hätten Einblick geben können. Als man dieser Frage im Rahmen neuer Ermittlungen Ende der 1960er-Jahre nochmals nachgehen wollte, waren zentrale Zeugen verstorben und weitere Hinweise in diese Richtung ergaben sich nicht. Ab 12. August 1943 wurde Ludwig wieder nach München zurückbeordert. Seine Vorgesetzten schlugen in seinen Beurteilungen im Krieg stets die Verwendung in seiner bisherigen, nicht aber in einer nächsthöheren Funktion vor. In seiner letzten dienstlichen Beurteilung vom März 1944 stuften sie seine Leistungen im Gegensatz zu früher lediglich als durchschnittlich ein. Er galt auch nur noch als bedingt kriegsverwendungsfähig und nicht mehr fronttauglich. Vermutlich war er mittlerweile gesundheitlich angeschlagen. Denn am 25. September 1944 verstarb Oberst Ludwig Bletschacher abends um 17.30 Uhr in seiner Privatwohnung in Percha bei Starnberg vermutlich an den Folgen eines Herzinfarkts. Beerdigt wurde er am 28. September 1944 in Percha mit militärischen Ehren.

Sonjas finanzielle Situation als Witwe

Als Witwe lebte Sonja nur wenige Monaten alleine. Sie hatte sich schon in der Vergangenheit sehr um ihre Nichte Ilse, die Tochter ihrer Schwester Luise, gekümmert. Schon als junges Mädchen besuchte Ilse oft ihre Tante und spätestens seit Februar 1945 lebte die damals fast 15-jährige bei Sonja. Nach übereinstimmenden Aussagen behandelte Sonja ihre Nichte wie ein eigenes Kind. Ilse galt nicht nur als wohlerzogenes Mädchen, sie erlernte auch einen medizinischen Beruf und hatte eine qualifizierte Stelle in einem Krankenhaus. Diese Entwicklung wurde von Bekannten und der Familie als das Ergebnis von Sonjas Einfluss gesehen.

Kurz nach Ludwigs Tod lebte Sonja finanziell noch in relativ guten Verhältnissen. Sie erhielt bis zum 30. April 1945 Wehrmachtsversorgungsbezüge in Höhe von 526,50 Reichsmark. Der durchschnittliche Bruttomonatslohn in Deutschland im März 1944 lag zwischen 150 und 190 Reichsmark.

Ab 1. Mai 1945 änderte sich Sonjas finanzielle Situation grundlegend, gesicherte Einkünfte fielen weg. Ohne Arbeit und Witwenversorgung musste sie für ihren Lebensunterhalt immer mehr Wertgegenständen wie Kleidung, Teppiche, Möbel, Porzellan oder Stoffe verkaufen. Erst ab Herbst 1948 konnte sie wieder über regelmäßige Einnahmen verfügen. Seit dem 1. Oktober 1948 bezog sie eine Kriegsbeschädigten-Rente von monatlich 57 DM, während der durchschnittliche monatliche Bruttolohn in Deutschland bei rund 180 DM lag. Seit November 1948 wurde sie durch ein amtsärztliches Gutachten zu Zweidrittel erwerbsbeschränkt eingestuft. An welcher Krankheit sie litt, darüber enthalten die Akten keine Informationen. Am 9. Oktober 1948 stellte Sonja bei der Oberfinanzdirektion München den Antrag auf Witwenpension; zwei Tage zuvor hatte Karla Bletschacher dort einen Teil der Witwenpension für sich und ihren damals noch minderjährigen Sohn beantragt. Bereits einen Tag nach ihrem Antrag wurden am 10. Oktober für Sonja rückwirkend zum 1. Januar 1948 160 DM Witwenpension festgesetzt. Dieser Bescheid musste aufgrund der von Karla geltend gemachten Ansprüche ein Jahr später dahingehend geändert werden, dass Sonja 26 DM für das Jahr 1948 zugunsten von Karlas Sohn abgezogen wurden. Sonja sah dies als selbstverständlich und gerechtfertigt an. Ab 1. April 1950 zahlte man ihr eine monatliche Überbrückungshilfe von 65 DM aus.

Karla Bletschacher beanspruchte allerdings nicht nur für ihren Sohn, sondern auch für sich selbst einen Teil der Witwenversorgung und auch ihr wurden 50 Prozent Erwerbsunfähigkeit anerkannt. Im Mai 1950 teilte die Oberfinanzdirektion Sonja mit, dass von ihren 160 DM für die Versorgung von Karla 50 DM abgezogen wurden. Dagegen protestierte Sonja schriftlich. Sie hatte insoweit Erfolg, als dass das Finanzministerium im April 1951 entschied, die Summe für Karla auf 25 DM zu halbieren. Außerdem wurde Sonja kurz darauf noch eine einmalige Beihilfe von 104 DM gewährt. Im Oktober 1951 erfolgte die letzte Festlegung ihrer Witwenversorgung. Das durchschnittliche Monatseinkommen betrug mittlerweile knapp 300 DM, Sonja erhielt rückwirkend zum 1. April 1951 eine monatliche Summe von 264 DM. Der Betrag für Karla wurde ebenfalls nach Anrechnung ihrer Einnahmen aus ihrer beruflichen Tätigkeit als Masseuse auf 140 DM erhöht. Die Zahlungen an Karla Bletschacher beeinflussten jetzt nicht mehr die Höhe von Sonjas Pension. Die Oberfinanzdirektion betonte ausdrücklich, dass der Tod einer der beiden Frauen keine Auswirkungen auf die Zahlungen an die andere haben würde.

Sonjas Lebenswandel nach dem Krieg

Sonja befand sich seit Kriegsende in Geldschwierigkeiten. Und in dieser Situation musste sie für sich und ihre Nichte das finanzielle Überleben sichern. Zwar sollte in den unmittelbaren Nachkriegsjahren die Grundversorgung der Bevölkerung über Lebensmittelkarten gewährleistet werden, dennoch reichten die vorhandenen Lebensmittel nicht aus, damit alle satt wurden. Hamsterfahrten, Tauschhandel und Schwarzmarkt blühten auf. Doch die Preise in dieser Schattenwirtschaft stiegen ins Astronomische. Als Ersatzwährung etablierten sich Zigaretten, vor allem amerikanische, wobei eine einzige Zigarette zwischen fünf und zehn, manchmal sogar 20 Reichsmark kostete. Mit der Währungsreform im Juni 1948 stabilisierte sich die Wirtschaft in den drei Westzonen. Und auch Sonja verfügte wieder über regelmäßige Einnahmen. Dennoch blieb ihre finanzielle Situation weiterhin angespannt. So kostete beispielsweise 1949 ein Kilo Butter über 5 DM, für ein Kilo Brot mussten knapp 50 Pfennig, für ein Kilo Mehl über 50 Pfennig gezahlt werden. Kaffee, der mehr als 40 DM kostete, zählte zu den Luxusgütern. An Miete hatte sie zwischen 45 und 60 DM zu zahlen. In der Verwandtschaft und im Bekanntenkreis ihres verstorbenen Mannes klagte Sonja regelmäßig über ihre schwierigen Finanzen. Sie bat immer wieder um kleinere Darlehen, erhielt Lebensmittelgeschenke oder versuchte ihr Umfeld beispielsweise zum Kauf von Stoffen oder Gebrauchsgegenständen aus ihrem Haushalt zu bewegen. Überliefert ist auch, dass Sonja für Geld strickte. Ein regelmäßiges Zubrot schien Sonja der Verkauf von Stoffen gebracht zu haben. Diese Stoffe stammten vermutlich noch von ihrem Mann, die dieser im Krieg »organisiert« hatte. Daneben bezog sie Stoffe von einem Großhändler in München. Trotzdem leistete sich Sonja eine bezahlte Zugehfrau und erledigte als alleinstehende, nicht berufstätige Frau die Hausarbeit in ihrer kleinen Wohnung nicht selbst.

Ein weiterer Weg Sonjas, die finanziell schwierige Situation zu meistern, bestand darin, dass ihre Männerbekanntschaften ihr einen materiellen Vorteil ermöglichten. Auch als reife Frau wurde sie als gutaussehend beschrieben, die mit Hilfe von Schminke und Parfum auf ihre Äußeres achtete. So unterhielt sie seit Herbst 1945 ein Verhältnis mit dem verheirateten Oskar, einem amerikanischen Beamten des

Counter Intelligence Corps (CIC), das während des Zweiten Weltkrieges ein Nachrichtendienst der US-Army und für die Spionageabwehr zuständig war. Diese Beziehung endete, als Oskar 1946 in die USA zurückkehrte; ungeklärt blieb, wie und wo sie Oskar kennen gelernt hatte. Sonjas Umfeld fiel auf, dass sie in dieser Zeit Lebensmittel besaß, über die die Masse der deutschen Bevölkerung damals nicht verfügen konnte.

Im Jahr 1947 lernte Sonja den Dachdecker Erich Langenbruch kennen, als dieser Reparaturarbeiten an dem Haus ausführte, in dem sie in Percha wohnte. Zwischen beiden entwickelte sich eine Beziehung, von der Sonja finanziell profitierte. Offiziell handelte es sich um eine reine geschäftsmäßige Verbindung. Erich Langenbruch wollte Sonja lediglich aus Mitleid, wie er selbst sagte, oder aber um ihre finanzielle Notlage auszunutzen, wie es Sonjas Freundinnen behaupteten, beim Verkauf von Wertgegenständen oder bei kleinen Reparaturen in ihrer späteren Wohnung in Starnberg behilflich sein. Doch laut Sonjas Nichte Ilse tauschten die beiden auch Zärtlichkeiten aus. Die Beziehung zwischen Sonja und Langenbruch dauerte vermutlich bis Ende 1950 oder Anfang 1951.

Undurchsichtig war Sonjas Verhältnis zu dem ehemaligen Bekannten ihres Manns, dem verheirateten Ingenieur und Unternehmer Karl Ludwig. Dieser hatte Sonja schon besucht, bevor Ilse zu ihrer Tante zog. Er kam zu Sonja regelmäßig einmal pro Woche und trat als eine Art Wohltäter auf, indem er Lebensmittel und Geld mitbrachte. Dafür erwartete er offensichtlich intime Gegenleistungen. Nach außen wehrte Sonja vor ihrer Nichte das Ansinnen nach Intimitäten ab. Tatsächlich unterhielt sie nachweislich bis September 1951 ein sexuelles Verhältnis zu ihm.

Viele Menschen, die Sonja aus den verschiedensten Beziehungen kannten, zeichneten von ihr ein ähnliches Bild. Sie galt als gutmütiger, hilfsbereiter Mensch und tüchtige, gepflegte Hausfrau. Dabei achtete sie darauf, selbst nicht zu kurz zu kommen und ihren Vorteil zu wahren. Sie galt als intelligent, energisch und sehr materiell eingestellt. Wenn sie, wie beispielsweise gegenüber Frau Adlon, Wut empfand, konnte sie durchaus direkt oder Dritten gegenüber verbal entgleisen. Der bisherige Eindruck, dass Sonja verschlossen war, nach außen einen Schein wahren wollte und etwas verbarg, hielt sich auch nach Ludwigs Tod. Dieses

Verhalten ist auch vor dem Hintergrund der gesellschaftlichen Normen und Erwartungen der 1950er-Jahre zu sehen, in denen Sexualität tabuisiert wurde, jeder sichtbare Hauch von Freizügigkeit und intime Beziehungen ohne Trauschein offiziell verpönt waren. Für Frauen hatte die Erfüllung in einer Ehe zu liegen, auch wenn die Realität von einem kriegsbedingten Männermangel geprägt war. So bestritt Sonja stets, ein Verhältnis mit einem Mann zu haben, obwohl es nachweislich nicht stimmte. Doch Sonja durchbrach diese gesellschaftlichen Tabus nicht nur im Verborgenen und so umgab sie für ihr soziales Umfeld der späten 1940er- und frühen 1950er-Jahre ein gewisser Hauch des Mysteriösen und Verruchten. In den Augen der damaligen Zeit galt sie als sehr freizügig mit wenig Schamgefühl. Sie zog sich vor Frauen nackt aus, zeigte teilweise ihre gleichgeschlechtlichen Interessen und sprach von ihrer erotischen Anziehungskraft auf andere Frauen.

Rätsel gab ihr plötzlicher Hang zum Spiritismus nach Ludwigs Tod auf. Dies passte nicht zur praktisch orientierten Sonja. Ob dies Ausdruck ihrer Trauerarbeit sowie tiefen Bindung und Sehnsucht nach dem verstorbenen Ehemann war, oder ob der Okkultismus nur zur Verschleierung von brisanten Informationen über Dritte diente, blieb im Dunkeln. Denn sie machte immer wieder Andeutungen, dass sie nicht mehr lange leben und über Wissen verfügen würde, das für sie gefährlich werden könnte.

Grundlagen und weiterführende Hinweise

Quellen:

BArch Pers 6/9864.
BayHStA OP 11447.
Schriftliche Auskünfte von Herrn Gerhard Bletschacher (31.7.2021–24.1.2022).
StadtA München, DE-1992-EWK-65-B-465 (Einwohnermeldekartei Bletschacher).
StadtA Starnberg, Einwohnermeldekartei von Sonja Bletschacher.
StAM AG Starnberg NR 1951/327 (Bletschacher, Sonja. Vermerk in der Akte, dass beim Tod von Ludwig Bletschacher keine Nachlassverhandlungen angefallen sind).

StAM, AG München NR 1917/747 (Ostenrieder, Max).
StAM, Spruchkammern Karton 1346 (Praun, Otto Dr.).
StAM, Spruchkammern Karton 3652 (Reh, Hans Dr.).
StAM, Spruchkammern Karton 4667 (Meldebogen Sonja, Bletschacher).
StAM, Staatsanwaltschaften 35828/1–4.
StAM, Spruchkammern Karton 275 (Deutschenbauer, Walter).

Internetlinks:

www.was-war-wann.de/historische_werte/ (abgerufen 20.6.2022).
www.was-war-wann.de/historische_werte/monatslohn.html (abgerufen 20.6.2022).
Sozialgesetzbuch (SGB) Sechstes Buch (VI) – Gesetzliche Rentenversicherung – (Artikel 1 des Gesetzes v. 18. Dezember 1989, BGBl. I S. 2261, 1990 I S. 1337) – Anlage 1 Durchschnittsentgelt in Euro/DM/RM, vgl. www.gesetze-im-internet.de/sgb_6/anlage_1.html (abgerufen 20.6.2022).

Literatur:

Meier, Rosana: Frauen in der Nachkriegszeit. Bruch oder Kontinuität der innerfamiliären Geschlechterverhältnisse? München 2021 (darin weiterführende Literatur).

VON EINER LETZTEN SPUR ZUM »COLD CASE«

AUF EINEN BLICK

DAUER DER ERMITTLUNGSPHASE: 2. Februar 1953 bis 2. Dezember 1957; 4 Jahre und 10 Monate.
SCHWERPUNKTE: Sonjas früherer Arbeitgeber aus Frankfurt am Main.
ES SAGEN AUS, Z. B.: der Arzt Dr. Hans Reh, ehemaliger Geliebter und Chef Sonjas.
GESUCHT WIRD: Imre Fialkowsky, ein Phantom.

Als letzte vielversprechende Spur konzentriert sich die Kripo auf den früheren Arbeitgeber und Geliebten Sonjas aus Frankfurt, den Arzt Dr. Hans Reh. Außerdem hofft man, den vermeintlichen polnischen Bekannten Sonjas ausfindig zu machen. Weiterhin reißen die Hinweise von außen nicht ab. Dabei handelt es sich um Gerüchte aus Starnberg oder um Anhaltspunkte über Straftäter, die wegen anderer Delikte eine Haft verbüßen. Vor allem in den Jahren 1954 und 1955 überprüft die Polizei nochmals in mehreren Fällen, ob sich ein Zusammenhang zwischen dem gewaltsamen Tod von Sonja Bletschacher und Tatverdächtigen in anderen Verbrechen ergibt. Dazu zählen beispielsweise ein Villeneinbrecher in Starnberg oder ein Frauenmord in Hessen. Jedesmal kann ein Bezug zum Fall Bletschacher ausgeschlossen werden. Seit Mai 1955 muss die Kripo Fürstenfeldbruck den Mord an dem Ehepaar Philipps in Starnberg aufklären. Dabei überprüfen die Beamten akribisch, ob der schnell ermittelte Täter auch Sonjas Mörder ist. Ein Zusammenhang ergibt sich auch hier nicht.

Dr. Hans Reh auf den Fersen

Zwischen Sonja und ihrem früheren Chef und Geliebten in Frankfurt schien eine nicht unproblematische Beziehung bestanden zu haben. Gab es zwischen Dr. Reh und Sonja in späteren Jahren noch Kontakt? Besaß er ein Motiv, Sonja zu töten? Die Kripo macht sich auf die Suche nach dem Arzt.

Um ein genaueres Bild über die Beziehung zwischen den beiden zu bekommen, lädt am 6. Februar die Kripo Kleve nochmals Sonjas Schwester Luise vor: Nach Luises Erinnerung unterhielt Dr. Reh in den 1920er-Jahren zu Sonja ein auch nach außen offensichtliches Verhältnis. Beide unternahmen Ausflüge und der Arzt war von ihrer Mutter immer wieder zum gemeinsamen Essen eingeladen. Für Luise besteht kein Zweifel an Rehs Liebe zu ihrer Schwester. Dass der Arzt Sonja heiraten wollte, erfuhr sie aber nur von ihr selbst. Sonja konnte sich dazu angeblich nicht durchringen. Als Grund vermutet Luise, dass Dr. Reh geschieden war.

Der letzte Kontakt zwischen Reh und ihrer Schwester soll im Jahr 1942 in München stattgefunden haben. Sonja war bereits mit Ludwig Bletschacher verheiratet und arbeitete noch im Hutgeschäft Breiter. Wo Dr. Reh damals wohnte und heute lebt, weiß Luise nicht.

<u>Aus der Recherche über Dr. Hans Reh und seiner Vernehmung vom Freitag, den 6. Februar 1953, bis Freitag, den 24. Juli 1953:</u>
Nach monatelangen Recherchen kann der Arzt ausfindig gemacht werden. Nach Kriegsende arbeitete er in Benediktbeuern. Im November 1948 kam er nach München. Hier lebt er seit 1. Januar 1949 in der Lindwurmstraße und betreibt eine Privatpraxis. Am 24. Juli 1953 ist es so weit. Oberkommissär Thaler kann Dr. Reh, geb. 1885, vernehmen.

Die Beziehung zu Sonja schildert der Zeuge in einem anderen Licht als Luise – geprägt von emotionalen Dramen und Gewalt. Zunächst, so seine Aussage, stellte er Sonja 1924 in seiner Praxis in Frankfurt ein und begann ein Verhältnis mit ihr. Für ihn standen ausschließliche erotische Interessen im Vordergrund – anders soll es für Sonja gewesen sein:

»*Mit der Zeit wurden aber ihre Ansprüche an meine Zeit und meine Per-*

son so groß, daß diese allgemein in der Umgebung auffallen mußten. Da ich verheiratet und in Frankfurt keineswegs unbekannt war, lag das nicht in meinem Interesse. Ich habe also angefangen mich zu wehren, wobei sie immer wieder mein starkes Interesse für sie sehr gut auszunützen verstand und es auch hie und da zu Szenen kam. Bei so einer Gelegenheit hat sie es mit großer Raffinesse verstanden mich zu reizen, sodaß ich sogar einen brennenden Weihnachtsbaum auf ihren Rücken schlug. Aus allen diesen Gründen blieb es unausbleiblich, daß ich mich von ihr trennte. Sie ist damals, Ende des Jahres 1926, in ein Zigarrengeschäft in Ingolstadt eingetreten, wo sie sich finanziell mit dem von mir erhaltenen Geld beteiligte. Erinnerlich habe ich ihr 2000 Mark gegeben.«

Im Verlauf der Vernehmung ergänzt er noch:
»Es ist richtig, daß Sonja in der Zeit, als die engeren Beziehungen zu mir bestanden, versucht hat, mich in sadistischer Weise zu quälen. Sie wollte zweifellos erreichen, daß ich mich von meiner Frau scheiden lasse. Daß ich jedoch wegen dieser Quälerei durch die Sonja Wolf selbst in zwei Fällen einen Selbstmordversuch unternommen hätte, ist unwahr.
Ich hatte auch nie die ernste Absicht, Sonja Wolf zu ehelichen, darüber habe ich sie auch nie im unklaren gelassen. Meine intimen Beziehungen zu ihr waren Ende des Jahres 1926 beendet.«

Nachdem die Beziehung beendet war, brach nach seiner Aussage der Kontakt nicht ab. Er stand weiter in loser Verbindung mit Sonja, der er ausschließlich finanzielle Interessen unterstellte:
»Nach meiner Erinnerung, etwa im Jahre 1928, hat mir Sonja Wolf geschrieben, und zwar aus dem Sanatorium Ebenhausen, daß sie wegen einer Fehlgeburt in Behandlung wäre und dringend 500 Mark brauche. Ich habe ihr damals diesen Betrag überwiesen.
Ein oder zwei Jahre später suchte mich Sonja Wolf in Frankfurt auf und bat mich, ihr Geld zu leihen. Die Mutter der Wolf lebte damals in Frankfurt. Ich habe der Sonja Wolf bei dieser Gelegenheit nur 5 Mark gegeben, weil meiner Ansicht nach die finanzielle Ausnützung meiner Person ein Ende finden mußte.
Um das Jahr 1930 kam ich durch München. Sonja Wolf war zu dieser Zeit schon bei Hut-Breiter in der Weinstraße beschäftigt. Ich suchte sie

dort auf. (...) Auch bin ich am Abend mit ihr ausgegangen. Sie sagte mir damals, daß sie bei einem jüdischen Hautarzt in Behandlung wäre und daß sie auch in intimen Beziehungen mit diesem Arzt stehe. (...) Ob dies (...) wahr gewesen ist, kann ich nicht beurteilen, es kann auch sein, daß sie mich eben nur reizen wollte. (...)
Nach meiner Erinnerung im Jahre 1940 habe ich bei Hut-Breiter nochmals nach Sonja Wolf gefragt. Dort wurde mir gesagt, daß sie inzwischen verheiratet wäre und in der Nähe des Wittelsbacherplatzes wohne. Ich habe sie auch in der Wohnung aufgesucht und bei ihr eine Tasse Kaffee getrunken. (...) An diesem Tag machte Sonja Bletschacher auf mich einen hausfraulich guten Eindruck. Bei dieser Gelegenheit habe ich sie auch letztmals gesehen. Sie sprach schon davon, daß sie mich mit ihrem Mann bekanntmachen wolle.«

Nach dem Krieg bestand zwischen ihm und Sonja keinerlei Kontakt mehr und von dem Mord an Sonja las er erst im Frühjahr 1952 in der Zeitung. Er dachte sogar darüber nach, sich bei der Polizei zu melden, »(...) *weil ich darauf aufmerksam machen wollte, daß Sonja Bletschacher dazu neigte, annähernd erpresserisch vorzugehen.*« Er sagt aus, erst aus der Presseveröffentlichung erfahren zu haben, dass Sonja in Starnberg wohnte. Weder besuchte er Sonja in Starnberg noch sie ihn in München. Vermutlich wusste sie nicht einmal davon.

Als Alibi kann er lediglich angeben, dass er im Dezember 1951 in München war. Außerdem besaß er seit Frühjahr 1951 einen beigen Opel-Kapitän. Damit gibt sich die Kripo zufrieden. Sie überprüft nicht mehr, ob nicht doch noch ein Kontakt zwischen ihm und Sonja bestand. Zur Erinnerung: Sonja erkundigte sich am Tag ihres Todes bei ihrer Rückkehr aus München bei Elisabeth Adlon, ob nicht der »Hans« nach ihr gefragt habe. Wen sie damit meinte, geht aus den Akten nicht hervor.

Die letzten Zwischenbilanzen

Die letzten beiden Berichte der Polizei über den Ermittlungsstand aus den Jahren 1953 und 1957 zeigen, dass die Ermittlungen im Sand verlaufen und keine neuen Impulse mehr zu erwarten sind. Dies verdeutlichen schon allein die zeitlichen Abstände. Berichtete man bisher ausführlich in einem Zeitabstand von maximal rund sechs Monaten, sind seit dem Bericht vom Januar 1953 eineinhalb Jahre und danach fast vier Jahre vergangen, bis man die Staatsanwaltschaft über den Stand des Verfahrens auf dem Laufenden hält. Auch inhaltlich hat die Polizei kaum noch etwas vorzuweisen.

Aus dem Zwischenbericht vom 10. Juli 1954:
Die letzte ernsthafte Spur, über deren Ermittlungen man berichten kann, ist die Rolle von Dr. Reh. Doch nach seiner Vernehmung unternimmt die Kripo auch in dieser Richtung keine weiteren Schritte. Mit den Angaben von Dr. Reh gibt sie sich zufrieden. Über die Rolle von Dr. Reh in dem Verfahren wird die Staatsanwaltschaft auch erst knapp ein Jahr nach seiner Vernehmung informiert. Im Gegensatz zu früher machen sich die Polizeibeamten auch nicht mehr die Mühe, die verfolgten Spuren und deren Ergebnisse zusammenzufassen. Man beschränkt sich lediglich auf die Übersendung der letzten Ermittlungsunterlagen mit dem Hinweis, dass sich bisher keine Anhaltspunkte für die Täterschaft ergeben haben.

Aus dem letzten Zwischenbericht vom Montag, den 2. Dezember 1957:
Im Laufe von dreieinhalb Jahren ergeben sich aus den bei der Kripo eingehenden Hinweisen keine nennenswerten Ermittlungsansätze mehr. Der Ermittlungsleiter Kriminalinspektor Thaler verfasst einen letzten knappen Bericht. Darin informiert er kurz über die acht Hinweise, die in den letzten Jahren zur Überprüfung angefallen sind. Kurzeitig scheint es möglich gewesen zu sein, den vor Jahren erwähnten mysteriösen polnischen Bekannten Sonjas, Imre Fialkowsky, ausfindig zu machen. Doch der vertrauliche Hinweis führt wieder nicht zum Erfolg.

Im Gegensatz zu den früheren Berichten stellt die Polizei diesmal keine weiteren Ermittlungsschritte mehr in Aussicht. Die gesamte dreibändige Ermittlungsakte wird samt Kostenvormerkungen und Bildmaterial der Staatsanwaltschaft übergeben. Insofern ist auch der Bericht das letzte Dokument in der Hauptakte. Der Fall wird zwar nicht offiziell eingestellt, aber erst einmal zu den Akten gelegt.

HINTERGRUND: DIE KRIMINALBEAMTEN

Die Polizei konnte das Verbrechen an Sonja Bletschacher nicht klären. Lag es an den einzelnen Kriminalbeamten, ihren Fähigkeiten oder mangelndem Aufklärungswillen, die das Verbrechen zum »cold case« machten? Antworten darauf können Informationen über die Ermittler liefern, die an diesem Fall gearbeitet haben. Doch wer waren die konkreten Beamten? In den Ermittlungsakten finden sich lediglich Nachnamen ohne Vornamen und Abkürzungen von Dienstgraden, die es oft heute nicht mehr gibt. Immerhin konnten drei Ermittler identifiziert und zu ihnen Quellenmaterial gefunden werden.

Wer kehrte 1945 in den Kriminaldienst zurück?

Zur Einordnung der Fakten soll vorab skizziert werden, wer ab 1945 in Westdeutschland bei der Kripo eingestellt und wie mit der NS-Vergangenheit umgegangen wurde.

Dafür liegen belastbare Erkenntnisse für das Bundeskriminalamt und beispielsweise das Bundesland Nordrhein-Westfalen vor. Für Bayern gibt es einzelne fundierte Detailstudien, wie z. B. zur »Zigeunerpolizeistelle« des Landeskriminalamtes, zur Polizeischule Fürstenfeldbruck oder über die Stadtpolizeien in Augsburg, Nürnberg, Regensburg und teilweise München. Immerhin stand mit Michael von Godin an der Spitze der Landpolizei von Bayern ein früherer Polizist, der vor den Nationalsozialisten fliehen musste. Als ehemaliger Offizier der bayerischen Landespolizei in den 1920er-Jahren erfuhr er jedoch seine berufliche Sozialisation in einer Institution, die nicht uneingeschränkt in dem demokratischen Staat verwurzelt war. Auch der kurzzeitige Leiter des Landesamtes für Kriminalidentifizierung und Polizeistatistik Dr. Albrecht Böhme, in der NS-Zeit Leiter der Chemnitzer, ab 1939 der München Kripo, war Nationalsozialist und Anhänger der erbbiologisch basierten Kriminalprävention gewesen. Zumindest distanzierte er sich davon in der Nachkriegszeit, indem er die Auswüchse der Deportationen entschieden kritisierte. Es liegt nahe, dass die Grundzüge der Personalpolitik bei der Kriminalpolizei in den verschiedenen Bundesländern nach 1945 auch für Bayern gelten:

Die im Hintergrund-Kapitel über die Ermittlungsbehörden skizzierten Probleme beim Aufbau einer Polizei nach Kriegsende galten auch für die Kripo: Man wollte auf die bisherigen Beamten nicht völlig verzichten. Trotzdem entfernten die Amerikaner zunächst eine Vielzahl von ihnen erst einmal aus dem Dienst. Fast automatisch zur Entlassung führten ein SS-Rang oder eine NSDAP-Mitgliedschaft vor dem 1. Mai 1937, als der Mitglieder-Aufnahmestopp in die Partei gelockert wurde. Zugleich war qualifizierter Ersatz in ausreichendem Umfang schwierig. Natürlich versuchten die Amerikaner und die deutsche Nachkriegsverwaltung zunächst zu vermeiden, Beamte mit offensichtlichen Verstrickungen in NS-Unrecht in den Polizeidienst zurückzuholen. Doch die Frage war, wer nach 1945 unter diese Kategorie fiel: Betroffen davon waren bei der Kripo vor allem die ehemaligen Gestapo-Beamten und SS-Männer. Für das sonstige Wirken der Kriminalbeamten, vor allem im Rahmen der mörderischen Kriminalprävention, interessierte sich nach 1945 kaum jemand. Denn mit Berufsverbrechern, »Asozialen« und »Zigeunern« betraf ihr verbrecherisches Wirken Menschengruppen, die auch in der Nachkriegsgesellschaft der Bundesrepublik am Rande standen und deren Schicksal im Prinzip kaum jemanden berührte. Insofern fragten die Entnazifizierungsbehörden mehr nach SS-Dienstgraden und dem Zeitpunkt eines NSDAP-Beitritts und weniger nach konkreten Taten. Auch Internierungen richteten sich vor allem nach SS-Rängen. Bei den ehemaligen Kriminalbeamten kristallisierte sich daher folgende Strategie heraus: Über die von der Kripo veranlassten KZ-Deportationen deckte man den Mantel des Schweigens. War das nicht möglich, wurde dies relativiert, konnte man dabei schließlich an die allgemeinen Vorbehalte gegen »Berufsverbrecher« und »Asoziale« anknüpfen. Jede Verbindung oder Nähe zur Gestapo wurde geleugnet. Im Gegenteil, man behauptete, im Gegensatz zu den brutalen Gestapo-Kollegen habe die professionelle Kripo stets an rechtsstaatlichen Grundsätzen festgehalten. Die Mitgliedschaft in der SS wurde als unfreiwillig dargestellt, damit eine unpolitische Kripo bestehen bleiben konnte. Die automatische SS-Dienstrangangleichung habe man passiv hinnehmen müssen. Mit dieser Argumentation war es ab 1946 einer Vielzahl von Kriminalbeamten möglich, allmählich wieder in die Kriminalpolizei der westdeutschen Bundesländer einzutreten. Es ging sogar so weit, dass es verschiedene Cliquen und Zirkel aus der NS-Zeit schafften, Führungspositionen im neugegründeten BKA und der Kriminalpolizei mancher Länder einzunehmen. Es blieb lediglich manchen höheren Kriminalbeamten eine Rückkehr verwehrt, deren Verquickung mit den NS-Unrechtsmaßnahmen zu groß und offensichtlich war. Und diese neuen alten Führungskräfte entschieden weitgehend selbst, wer wieder in den Kriminaldienst eintreten konnte. Als inakzeptabel galten jene Kriminalbeamte, die während des »Dritten Reiches« durch Engagement für die NSDAP ihren Kollegen, z. B. durch Denunziationen, geschadet hatten. Verbrechen gegen Menschen, die nicht zu diesem Kreis zählten, galten als verzeihlich.

In diesem Zusammenhang muss auch bedacht werden, dass von den Kriminalbeamten, die nach 1945 in den Dienst zurückkehrten, der weitaus überwiegende Teil den Geburtsjahrgängen ab den 1890er-Jahren angehörte. Somit erfuhren sie unabhängig von individuellen Verstrickungen ins NS-Regime eine erhebliche weltanschauliche Prägung im »Dritten Reich«. Arbeiteten sie zwischen 1933 und 1945 im Polizeidienst, dürften sie von der damals herrschenden Dienstauffassung geprägt worden sein, zu der u. a. auch die Kriminalprävention zum Schutz der sogenannten Volksgemeinschaft und weniger der Schutz des Einzelnen vor Verbrechen zählte. Diejenigen, die aufgrund ihres Alters erst nach 1945 zur Kriminalpolizei kamen, waren als Jugendliche zumindest durch die NS-Ideologie beeinflusst worden. Möglicherweise haben die Beamten diese Auffassungen und Denkmuster bei ihrer Arbeit in der Nachkriegspolizei nicht immer ausgeblendet

Ab Mitte 1951 konnten auch eine Vielzahl der bisher zunächst als untragbar klassifizierten Beamten wieder in den Kriminaldienst zurückkehren. Dies ermöglichte das Gesetz zum Artikel 131 des Grundgesetzes. Es besagte, dass vor dem 8. Mai 1945 im öffentlichen Dienst Beschäftigte wieder eingestellt werden durften, sofern sie in einem Entnazifizierungsverfahren nicht als Hauptschuldige oder Belastete eingestuft worden waren (BGB 307, Teil 1 vom 13. Mai 1951). Damit war bis Mitte der 1950er-Jahre die Wiedereingliederung der Kriminalbeamten aus der NS-Zeit in die Nachkriegsbehörden der Bundesrepublik Deutschland abgeschlossen.

Wer waren nun die konkreten Kriminaler, die ab 1951 das Verbrechen an Sonja Bletschacher bearbeiteten? Was wissen wir über ihren beruflichen Hintergrund und ihre NS-Vergangenheit? Da die Starnberger Stadtpolizei fast sofort nach Auffinden der Leiche den Fall an die staatliche Kriminalpolizei übergab und die Starnberger Wachtmeister nur unterstützend tätig waren, sind vor allem die staatlichen Kriminalbeamten von Interesse.

Die ersten Kripo-Beamten am Tatort waren die zwei Kriminaloberkommissäre der Landpolizei Kott und Bolzmacher von der Kriminalaußenstelle Fürstenfeldbruck der Landpolizei von Oberbayern.

Lorenz Bolzmacher

Die Person des Kriminalbeamten Lorenz Bolzmacher ist zumindest in Ansätzen greifbar. Von ihm hat sich zwar keine Beamtenpersonalakte, aber immerhin Teile seines Entnazifizierungsverfahrens erhalten. Er wurde am 1. Mai 1907 in Augsburg geboren. Das Ende des Ersten Weltkrieges und die unruhigen Anfangsjahre der Weimarer Republik erlebte er als Kind; Wirtschaftskrise, Massenarbeitslosigkeit am Ende der Weimarer Republik als Anfang-20-Jähriger. Über seine Schulbildung und eine Berufsausbildung ist nichts bekannt. Mit 18 Jahren trat er 1925 der Bayerischen Landespolizei bei und stieg dort bis zum Polizeioberwachtmeister auf. 1932 war er beim Polizeipräsidium Augsburg tätig. Dort arbeitete er bei der Kripo, bis er 1940 in das ehemals polnische Bromberg versetzt wurde. Er gab an, dass dies gegen seinen Willen geschah und auch sein Vorgesetzter dies nicht verhindern konnte. In Bromberg blieb er mit seiner Frau bis zu seiner Flucht. Er musste sein gesamtes Hab und Gut zurücklassen. 1945 kehrte er wieder nach Bayern zurück und lebte seitdem in Fürstenfeldbruck.

Möglicherweise gehörte Bolzmacher nicht zu den begeisterten Anhänger der NSDAP und stand den Nationalsozialisten mit innerer Zurückhaltung gegenüber. Denn nach der Machtergreifung hielt er sich zunächst von NS-Organisationen fern. Nachdem das nationalsozialistische Regime seine Herrschaft immer mehr ausgebaut hatte, trat er Ende 1935 der Nationalsozialistischen Volkswohlfahrt und dem Reichsluftschutzbund bei – Organisationen mit vordergründig caritativen Charakter. Im gleichen Jahr erwarb er das SA-Sportabzeichen, was allerdings zu dieser Zeit auch für Nicht-SA-Angehörige möglich war. Eine Mitgliedschaft in der NSDAP verhinderte 1935 noch die seit dem 1. Mai 1933 gültige Mitglieder-Aufnahmesperre. Am 1. Mai 1937 wurde er dann Parteimitglied ohne Amt – seit 20. April war die Aufnahmesperre für alle Mitglieder von Gliederungen und angeschlossenen Verbänden der NSDAP gelockert worden. Als Motiv für seinen Parteieintritt nannte er nach dem Krieg Sorge um eine mögliche Witwenversorgung seiner Frau. Ab 1. Januar 1937 hatte Bolzmacher nämlich alle dienstrechtlichen Voraussetzungen für eine Beamtenstelle auf Lebenszeit erfüllt. Dennoch wurde ihm diese verwehrt, da er als staatspolitisch nicht zuverlässig galt. Um seine Frau im Falle seines Versterbens besser abzusichern, trat er für diese Stelle in die Partei ein. Mit seiner Versetzung nach Bromberg fiel er unter die Regelung für Kriminalbeamte, in den Ostgebieten eine Uniform tragen zu müssen. Ab August 1940 erhielt er einen SS-Dienstrang; zunächst den eines Oberscharführers und ab 1943 eines Sturmscharführers, beides Unteroffiziersränge. Dies wiederum veranlasste nach dem Krieg die Amerikaner, ihn von Dezember 1945 bis September 1946 im Lager Moosburg zu internieren. Während seines Spruchkammerverfahrens in Fürstenfeldbruck konnte er nachweisen, der SS nicht angehört zu haben. Da im Rahmen dieses Verfahrens nicht bekannt wurde, dass Bolzmacher in der NS-Zeit »propagandistisch oder durch Denunzieren hervorgetreten ist«, wurde auf ihn im April 1947 die sogenannte Weihnachtsamnestie angewandt. Dies kam einer Rehabilitierung gleich. Als »nicht betroffen« bewarb er sich damit um eine Wiedereinstellung bei der Polizeidirektion Augsburg. Davor, so gab er an, habe er sich wegen seiner Internierung bei der Rechtsabteilung im Bayerischen Sonderministerium erkundigt; das Ministerium, das sich um die Angelegenheiten rund um die Entnazifizierung kümmerte. Dort habe man ihm die Rechtmäßigkeit seiner Rehabilitierung bestätigt. Allerdings überprüfte nochmals die Spruchkammer Augsburg seinen Spruch aus Fürstenfeldbruck, die Gründe lassen sich nicht mehr ermitteln, mit für ihn unbefriedigendem Ausgang. Im September 1947 wurde seine Amnestie widerrufen. Grund war die SS-Dienstrangangleichung. Seine geplante Wiedereinstellung im Oktober 1947 scheiterte. Dafür brachte Bolzmacher erwartungsgemäß wenig Verständnis auf. Zur Entlastung wies er auf die Bestimmungen zum Uniformierungszwang der Kriminalbeamten in den Ostgebieten hin. Auch führte er die Tatsache an, dass es dort gängige Praxis war, selbst ohne SS-Mitgliedschaft einen SS-Dienstrang verliehen bekommen zu haben. Er betonte, dass er gerade als Nichtmitglied einen niedrigeren SS- Rang innehatte, als es seinem Polizeidienstrang entsprochen hätte. Außerdem sah er sich mittlerweile selbst als Opfer. Denn er führte den Verlust all seiner Vermögenswerte bei der Flucht und seine Internierung in Moosburg dafür an, dass er für die Dienstrangangleichung, die er nicht wollte, bereits genug Nachteile erlitten hatte. Wann und wie Bolzmacher rehabilitiert wurde, ist nicht mehr überliefert. Er zählte zu den Kriminalbeamten, deren berufliche Sozialisierung durch die Arbeit und die Dienstauffassung der NS-Zeit geprägt wurden und wieder in den Kriminaldienst des Freistaates Bayern zurückkehrten.

Über seinen Werdegang in der Nachkriegspolizei, seine Arbeit als Kriminalbeamter sind leider keine Quellen mehr vorhanden. Festhalten kann man jedoch, dass er nach seiner Spruchkammerakte zu urteilen 1945 als Kriminalobersekretär entlassen wurde und damit dem mittleren Kriminaldienst angehört hatte. In den Ermittlungsakten über den Fall Bletschacher wird er in den 1950er-Jahren zum Teil als Kriminaloberkommissär und später als Polizeioberwachtmeister geführt, beides Dienstgrade ebenfalls des mittleren Dienstes. Ob er beruflich noch aufstieg, lässt sich nicht mehr feststellen.

Otto Thaler

Die Fürstenfeldbrucker Kriminalaußenstelle der Landpolizei von Oberbayern wurde durch Beamte der übergeordneten Kriminalabteilung des Präsidiums der Landpolizei von Bayern in München unterstützt. Als Sachbearbeiter mit dem Fall betraut waren die Kriminaloberkommissäre Feldmann und Thaler. Persönliche und dienstliche Informationen sind aus dem Zweierteam nur über Otto Thaler erhalten, bei dem nach Aktenlage der Schwerpunkt der konkreten Arbeit lag.

Am 2. Januar 1919 in München geboren, gehörte er einer jüngeren Ermittlergeneration als der zwölf Jahre ältere Bolzmacher an. Die Weimarer Republik erlebte er als Kind, während des »Dritten Reichs« verbrachte er seine Jugendzeit. Bei der Machtergreifung Hitlers war er 14, bei Kriegsende 26 Jahre alt. Er trat erst nach Kriegsende in den Polizeidienst ein und gehörte somit zu den unbelasteten Beamten. Trotz einer Jugend unter nationalsozialistischer Indoktrination lässt sich bei ihm eine innere Distanz zum NS-Regime annehmen: Auf seinem Entnazifizierungsbogen gab er an, zwar als Sechszehnjähriger in die Hitlerjugend eingetreten, nach einem halben Jahr jedoch freiwillig wieder ausgetreten zu sein. Darüber hinaus wurde er später als junger Erwachsener auch nie Mitglied der NSDAP, obwohl seit 1. Mai 1939 die Mitglieder-Aufnahmesperre völlig aufgehoben worden war. In der Nachkriegspolizei gehörte er zu den Beamten, die eine höhere Schulbildung vorweisen konnten. Nach Realgymnasium, Handelsschule und einer kaufmännischen Ausbildung wurde er für Wehrdienst und Kriegseinsatz bei der Luftwaffe eingezogen und geriet in amerikanische Gefangenschaft. Daraus wurde er im Sommer 1945 entlassen.

Im November 1945 begann er seine Polizeilaufbahn. Er trat als Wachtmeister bei der Landpolizei von Oberbayern in den einfachen Polizeidienst ein und stieg nach erfolgreicher Prüfung im April 1946 als Oberwachtmeister in den mittleren Polizeidienst auf. Nachdem Thaler erst einige Zeit bei verschiedenen Landpolizeistationen eingesetzt gewesen war, kam er ab April 1947 zur Kriminalabteilung beim Präsidium der Landpolizei von Bayern. Hier erhielt er schon in den ersten Jahren mehrere Anerkennungen für die Aufklärung schwerer Straftaten – seine erste bereits 1947, als er einen Mörder überführt hatte. Nach regelmäßigen erfolgreichen Aufstiegslehrgängen folgten zunächst im jährlichen Abstand die Beförderungen zum Hauptwachtmeister, Kommissär und Oberkommissär. 1955, zehn Jahre nach seinem Eintritt bei der Polizei, stieg er in den gehobenen Dienst auf und wurde ab 1957 vom Kriminalinspektor bis zum Ersten Kriminalhauptkommissar, dem höchsten Amt des gehobenen Polizeidienstes, befördert.

Thalers Potential als Polizist muss sich für seine Vorgesetzen schon kurz nach seinem Diensteintritt abgezeichnet haben. Bereits in seiner ersten Beurteilung im Februar 1946 wird ihm die Eignung als Vorgesetzter bescheinigt, obwohl er noch nie eine Führungsaufgabe innehatte. Auch auf der Polizeischule bekam er aufgrund seines logischen Denkvermögens, seiner Urteilsfähigkeit und Kombinationsgabe, aber auch seiner Besonnenheit stets beste Beurteilungen. Thaler galt schon in seinen ersten Dienstjahren als ruhiger, sehr fleißiger und zuverlässiger Beamte, der sich durch Belastbarkeit und große Intelligenz auszeichnete. Positiv sahen seine Vorgesetzen auch, dass er in der NS-Zeit nur ein halbes Jahr der HJ angehört hatte. Thalers Verhalten wurde als taktvoll und unaufdringlich empfunden. Gegenüber seinen Kollegen galt er als verbindlich und kameradschaftlich. Offensichtlich schätzten ihn auch die amerikanischen Dienststellen als guten und sachorientierten Arbeiter. Zugleich galt er als Mensch, der zu nicht näher konkretisierten Stimmungsschwankungen neigte. Dennoch lagen seine dienstlichen Beurteilungen von Anfang an immer erheblich über dem Durchschnitt. 1952 nahm er an einem Mordermittlungslehrgang teil und galt schon damals als gut geeignet für die selbstständige Bearbeitung von Tötungsdelikten, da er besonders bei schwierigen Fällen große »Zähigkeit« an den Tag legte. Als die Ermittlungsabteilung vom Präsidium der Landpolizei in das Bayerische Landeskriminalamt eingegliedert wurde, wechselte auch Otto Thaler ab März 1953 in das Sachgebiet für Tötungsdelikte. Seit Juli 1958 leitete er, mittlerweile in den gehobenen Dienst aufgestiegen, die Sonderkommission und das Sachgebiet zur Aufklärung von nationalsozialistischen Gewaltverbrechen. 1978 schied er aus dem Dienst aus.

Bei Otto Thaler dürfte es sich um einen sehr begabten, aufstiegsorientierten Kriminalbeamten mit beruflichen Ambitionen gehandelt haben, der über die entsprechende Vorbildung und fachlichen und charakterlichen Voraussetzungen verfügte.

Johann Venus

Trotz der großen kriminalistischen Fähigkeiten Thalers gelang es nicht, Sonja Bletschachers Tod aufzuklären. Auch Thalers Chef und Sachgebietsleiter, Oberinspektor Johann Venus, war von Anfang an in den Fall aktiv eingeschaltet. Er nahm an der Durchsuchung von Sonja Bletschachers Wohnung teil, überprüfte regelmäßig die Ermittlungsansätze und ordnete beispielsweise an, welche Spuren und Personen noch intensiver zu überprüfen waren.

Die Quellen über den am 19. Januar 1899 im Landkreis Passau geborenen Johann Baptist Venus zeichnen eine vielschichtige berufliche Biografie. Nach 1945 sah er sich selbst als Opfer des NS-Regimes und stellte einen Antrag auf Wiedergutmachung für sein während der NS-Zeit erlittenes Unrecht. Die bayerischen Nachkriegsbehörden folgten ihm dabei allerdings nicht uneingeschränkt und sahen dies anders.

Venus, ein begeisterter Schwimmer und Bergsteiger, besuchte nach sieben Jahren Volksschule zunächst drei Jahre eine Fortbildungsschule, nahm als Jugendlicher als Frontkämpfer am Ersten Weltkrieg teil und arbeitete danach im elterlichen landwirtschaftlichen Betrieb. Abitur oder mittlere Reife besaß er nicht. Mit knapp 24 Jahren trat er am 1. Januar 1923 bei der Bayerischen Landespolizei in Passau ein. Er verbrachte somit seine Zeit als Jugendlicher und junger Erwachsener sowie auch seine Ausbildung und die ersten zehn Berufsjahre als Polizist während der Weimarer Republik und nicht in der NS-Zeit. Nach Grundausbildung, Polizei- und Gendarmerieschule wechselte er zum 1. März 1925 zur Gendarmerie, wo er bis zum Bezirksoberleutnant aufstieg. Hier war der Vater von drei Kindern bis zum 14. Mai 1945 im Polizeivollzugsdienst bei verschiedenen, vor allem niederbayerischen Dienststellen eingesetzt. Unterbrochen wurde diese Zeit durch mehrere Einsätze in annektierten oder besetzen Gebieten: 1939 und 1940 im sudentendeutschen Prachatitz als Kraftfahrer und später als »Postenführer«, in letzter Funktion auch 1941 im polnischen Tarnogròd, 1944 als »Gendarmerie-Gebietsführer« im sogenannten Reichskommissariat Ostland in Estland. Daneben kam er 1945 nochmals für kurze Zeit als »Kreisführer« der Gendarmerie nach Bad Kissingen. Nach dem Krieg war er für zwei Monate von Ende Juli bis Ende September 1945 bei der Stadtpolizei Landshut im Kriminaldienst tätig.

Erwartungsgemäß wurde er nach Kriegsende erst einmal aus dem Polizeidienst entlassen und durchlief ein Entnazifizierungsverfahren. Ende April 1947 bewarb er sich erfolgreich bei der Bayerischen Landpolizei. Er schlug ein Angebot des Bürgermeisters von Landshut aus, die Landshuter Stadtpolizei zu leiten. Er war somit rund eineinhalb Jahre aus dem Polizeidient entlassen. Im Mai 1947 bekam er bei der Landpolizei den Dienstgrad eines Inspektors verliehen. Dies entsprach seinem letzten Dienstgrad bei der Gendarmerie vor 1945. Ende Dezember 1948 erfolgte die Ernennung zum Beamten auf Lebenszeit und zum 1. Oktober 1950 die Beförderung zum Oberinspektor. Verwendet wurde er beim Präsidium der Landpolizei von Bayern in der Kriminalabteilung, daneben gab er sein Wissen als Leiter von Lehrgängen für

Mordermittlungen weiter. Ab Januar 1953 wechselte auch er als Leiter des Sachgebietes für Tötungsdelikte und stellvertretender Leiter der kompletten Ermittlungsabteilung ins Landeskriminalamt.

In seiner Zeit bei der Landpolizei und beim Landeskriminalamt zählte er durchgehend zu den Ermittlern, deren Leistungen und Fähigkeiten erheblich über dem Durchschnitt lagen. Er galt als erfahrener Praktiker mit hervorragendem Fachwissen, als äußerst intelligent, mit einer planvollen, zugleich äußerst findigen und individuellen Herangehensweise an jedes einzelne Delikt. Außerdem zeichnete ihn eine große Menschenkenntnis und psychologisches Feingefühl gepaart mit einer gewissen Abgeklärtheit und Nervenstärke in großen Belastungssituationen aus. Als Kollege und Vorgesetzter schätze man ihn als zurückhaltend wie taktvoll und zugleich als offen und kameradschaftlich. Wahrgenommen wurde er als natürlicher, ruhiger und weitsichtiger Mensch. Zweifel an seiner demokratischen Gesinnung hatten seine Vorgesetzten nie.

Venus galt schon während seiner Zeit bei der Gendarmerie vor 1945 als ausgezeichneter Ermittler von Kriminalfällen. Im Landgerichtsbezirk Landshut wurde er daher auf ausdrücklichen Wunsch der Staatsanwaltschaft beispielsweise als Fahnder bei Brandsachen oder bei der Spurensicherung, vor allem aber zur Aufklärung von Tötungsdelikten eingesetzt. Seine Erfolge waren so groß, dass durch seine Arbeit zwischen 1929 und 1938 von 27 Tötungsdelikten 26 aufgeklärt werden konnten. Vor diesem Hintergrund setzte sich die Staatsanwaltschaft Landshut im Oktober 1936 beim Kommando der Gendarmerie-Abteilung in Regensburg dafür ein, Venus, damals Hauptwachtmeister, zum Kommissär der Gendarmerie außer der Reihe zu befördern. Venus hatte in den letzten zwei Jahren zwei diffizile Leichenfunde aufgeklärt und eine falsche Anklageerhebung der Staatsanwaltschaft verhindert. Aus Sicht der Staatsanwaltschaft zeichnete ihn seine völlige Unvoreingenommenheit sowie seine freundliche und geschickte Art bei Verhören aus. Auch die Vorgesetzten in Regensburg unterstützten wegen seiner Leistungen und Erfolge Venus' Beförderung zum Kommissär. Seine Beförderung 1936 scheiterte trotzdem. Das Innenministerium begründete dies damit, dass kurz vorher bereits zwei dienstältere Beamte mit hervorragenden Leistungen außer der Reihe befördert worden waren.

Bei dem Bemühen um seine Beförderung betonten Venus' Vorgesetzte, dass an seiner streng nationalsozialistischen Gesinnung keine Zweifel bestünden. Wie sah es damit bei diesem hochgelobten Ermittler aus? Nach seinen eigenen Angaben im Entnazifizierungsverfahren trat Venus ab 1933 einer ganzen Reihe von NS-Organisationen bei. Dazu zählten solche mit caritativem oder berufsständischem Charakter wie die nationalsozialistischen Volkswohlfahrt, der Reichsluftschutzbund, der Reichskolonialbund, der Reichskriegerbund oder der Kameradschaftsbund Deutscher Polizeibeamten. Später begründete er diese Mitgliedschaften damit, dass viele bisherigen Vereine in nationalsozialistischen Organisationen aufgegangen waren oder er auf ausdrücklichen dienstlichen Wunsch gehandelt hatte. Außerdem wollte er mit diesen Mitgliedschaften einem Parteieintritt umgehen. Allerdings war er am 15. Mai 1935 der NSDAP beigetreten, zwar ohne Amt, zugleich in einem Zeitraum, in dem aufgrund der Mitgliedersperre Parteieintritte nur für Mitglieder von ausgewählten NS-Nebenorganisationen, der SS oder SA möglich waren. Ab 1936 war er auch förderndes Mitglied der Allgemeinen SS. Neben dem SA-Sportabzeichen wurde ihm die Ehrennadel der NSV für die Betreuung von sudetendeutschen Flüchtlingen sowie eine Medaille für seine Beteiligung am Sudeteneinsatz im Oktober 1938 verliehen. Eine Biographie, die bei Polizisten im Offiziersrang eine Wiederverwendung nach 1945 schwer machten.

Nachforschungen über ihn im Rahmen seiner Spruchkammerverfahren und seiner Bewerbung bei der Landpolizei zeigen ein weniger eindeutiges Bild: Venus war, nach eigenen Angaben, bereits in der Weimarer Republik den Nationalsozialisten als ihnen kritisch gegenüber gesinnter Polizist aufgefallen. Dies bestätigten frühere berufliche Weggefährten oder Menschen, die ihn als Polizisten erlebt hatten. Unbeliebt machte er sich bei den neuen Machthabern auch im März 1933, als er bei einem Mord an einem jüdischen Händler in der Gegend von Landshut die Beteiligung der SS ermittelte. Der Fall wurde daraufhin der Staatsanwalt und der Gendarmerie entzogen und der Gestapo übertragen. Wegen seiner NSDAP-kritischen Haltung sei, so Venus' Rechtfertigung, auf ihn von örtlichen NSDAP Funktionären Druck ausgeübt worden. Dadurch sah er sich gezwungen, in die Partei einzutreten. Gefährlich wurde es für ihn im Jahre 1935, als er und andere

Polizisten mit einem hitler- und ns-kritischen Artikel in der Neuen Züricher Zeitung zum Tod von Fritz Gerlich erwischt wurden. Geplant war, wie Venus aussagte, diesen Rundbrief zu vervielfältigen und unter Bekannten zu verteilen. Man suspendierte Venus für drei Monate vom Dienst, die Gestapo übernahm die Angelegenheit und man leitete ein Disziplinarverfahren mit dem Ziel der Entlassung gegen ihn ein. Dank des vehementen Einsatzes von einigen seiner direkten Vorgesetzten konnte dies verhindert werden. Schließlich hatte die Staatsanwaltschaft das Strafverfahren gegen ihn eingestellt, da ihm im Gegensatz zu seinen anderen Kollegen keine Verbreitungsabsicht nachgewiesen werden konnte. Venus kam mit einer Strafversetzung davon und kehrte in den Dienst zurück. Der Preis dafür, so Venus, sei gewesen, dass er der Allgemeinen SS als förderndes Mitglied beitreten musste. Dennoch versuchte er, seiner dienstlichen Einstellung treu zu bleiben. Im November 1937 führte er die Aufklärung eines Überfalls auf einen niederbayerischen Pfarrhof durch Angehörige von SA und SS trotz Warnungen weiter. Seine Ermittlungen ergaben, dass einer seiner Vorgesetzten, ein hohes SS-Mitglied, als geistiger Urheber dieser Tat anzusehen war. Venus wurde strafversetzt. Außerdem, so sah es zumindest er selbst, sei die oben erwähnte Beförderung 1936 an seiner politischen Haltung gescheitert, genauso wie er deshalb noch nicht im Jahr 1939, sondern erst 1941 zur Offiziersanwärterprüfung zugelassen wurde.

Dokumentierte SS- und frühe Partei-Mitgliedschaft, zugleich hochverräterische Schriften und politische unbequeme Ermittlungen: Wie ging man nach 1945 mit einer solchen Vergangenheit um? Wie alle Deutschen über 18 Jahre musste sich Venus gemäß dem Befreiungsgesetz vom 5. März 1946 einem Entnazifizierungsverfahren unterziehen. Die zuständige Spruchkammer für den Landkreis Landshut betrachtete dies bei ihm als reine Formsache und entschied nach Aktenlage. Der öffentliche Ankläger ging davon aus, dass Venus widerwillig und aus subjektiv zwingenden Gründen der SS und der NSDAP beigetreten war und forderte daher nur die Einstufung als Minderbelasteter. Die Spruchkammer ging noch einen Schritt weiter und gruppierte ihn im Oktober 1946 trotz seinen formalen Mitgliedschaften als Entlasteter ein. Sein Agieren während der NS-Zeit sah man als aktive Widerstandshandlungen. Mit diesem Spruch wurde Johann Venus am 5. Mai 1947 beim Präsidium der Landpolizei von Bayern eingestellt.

Der Kassationshof, als übergeordnete Instanz zu den Spruchkammern, überprüfte die Entlastung Venus' und die Militärregierung lehnte im Oktober 1947 das entlastende Spruchkammerurteil ab. Das Präsidium der Landpolizei bemühte sich umgehend, berufliche Nachteile abzuwenden. Es sah von einer vorübergehenden Dienstenthebung bis zur endgültigen Klärung der Angelegenheit ab und bat das Sonderministerium darum, die Militärregierung um Hilfe zu bitten.

Im Dezember 1947 verwarf der Kassationshof den Spruch aus Landshut und berief sich dabei auf die formalen Belastungen. Der frühe Parteieintritt oder die SS-Mitgliedschaft schlossen die völlige Entlastung aus. Das Verfahren ging an die Spruchkammer nach Landshut zurück. Diese hatte vor allem zu prüfen, ob Venus in der NS-Zeit aktiven Widerstand geleistet habe und sich daraus Benachteiligungen ergeben hätten. Die Spruchkammer kam jetzt zu dem Schluss, dass Venus Agieren als Polizist nicht als aktiver Widerstand zu werten sei und sich für ihn keine Benachteiligungen aus seinem dienstlichen Handeln ableiten lassen. Dabei gestand man Venus durchaus zu, dass es sich bei seinen Eintritten in die SS und die NSDAP tatsächlich um nominelle Mitgliedschaften gehandelt habe. Daher wurde er nur als Mitläufer eingestuft und ihm eine Geldsumme von 200 RM als Sühne auferlegt.

Doch Johann Venus konnte sich mit dieser Einstufung nicht abfinden. Er verzichtete zwar zunächst auf weitere Rechtsmittel, um »endlich von der Sache Ruhe zu haben«. Es ging ihm vor allem darum, »(...) die Härte (...) wenigstens ideell abzumildern«. Daher bat er den öffentlichen Kläger der Spruchkammer, beim Sonderministerium zu erwirken, seine Einstufung wenigstens formell aufzuheben und ihn zu entlasten. Nach einigen bürokratischen Umwegen war es dann am 13. Januar 1950 so weit: Der Kassationshof hob jetzt auch den zweiten Spruch der Spruchkammer für den Landkreis Landshut vom April 1948 auf und Johann Venus galt als entlastet; auch der öffentliche Kläger stellte das Verfahren ein. Im Gegensatz zum Jahre 1948 attestierte der Kassationshof Venus jetzt wenigstens teilweise, aktiv Widerstand geleistet zu haben. Bemerkenswert ist, was die Nachkriegsbehörden an Venus' Vergangenheit als wichtig erachteten beziehungsweise, was sie nicht interessierte. Johann Venus hatte bei seinen Spruchkammerverfahren angegeben, im Sudetenland, in Polen und im Baltikum eingesetzt gewesen zu sein. In den Ostgebieten war die Ordnungspolizei, zu der die Gendarmerie gehörte, in die Verfolgung und Deportation der Bevölkerung involviert. Worin Venus' konkrete Tätigkeit dort bestanden hatte, danach fragte niemand. Man setzte sich nur mit den formalen Mitgliedschaften auseinander.

Doch damit ließ es Venus noch nicht auf sich beruhen. Im November 1956 hatte er als Angehöriger des öffentlichen Dienstes einen Antrag auf Wiedergutmachung für das von ihm erlittene nationalsozialistische Unrecht gestellt. Er verlangte einen Ausgleich der finanziellen Nachteile, die sich aus seiner gescheiterten Beförderung im Jahre 1936 sowie der um zwei Jahre verspäteten Zulassung zur Offiziersprüfung ergeben hatten. Der Antrag wurde 1957 abgelehnt. Der Grund: Venus' damalige Mitgliedschaft in der NSDAP. Das zuständige Innenministerium sprach ihm jetzt nicht nur aktive Widerstandshandlungen ab, sondern bezweifelte auch, dass seine Mitgliedschaft in Partei und SS ausschließlich formal begründet war. Bei den Verzögerungen hinsichtlich seiner Beförderung und Zulassung zur Offiziersprüfung folgte man dem Argument, dass sich dies nicht aus politischen Gründen, sondern sich daraus ergeben hatte, weil gleichqualifizierte und dienstältere Beamte zu berücksichtigen waren. Damit war das Thema Nationalsozialismus in beruflicher und bürokratischer Hinsicht für Johann Venus endgültig abgeschlossen. Zum 1. Januar 1961 schied er als Kriminaloberinspektor aus dem Dienst aus. Mehrere Versuche, ihn zum Kriminalamtmann zu befördern, scheiterten wegen fehlender laufbahnrechtlicher Voraussetzungen.

Der Gesamteindruck

Das Verbrechen an Sonja Bletschacher wurde von einem Gesamtteam aus mindestens fünf Kriminalbeamten der Landpolizei von Oberbayern aus Fürstenfeldbruck und dem übergeordneten Präsidium der Landpolizei bearbeitet. Kollegen aus den eigenen Dienststellen, aber auch von anderen Polizeibehörden, wie der Stadtpolizei Starnberg oder der Vorläuferbehörde des Bayerischen Landeskriminalamtes, unterstützen diese Gruppe. In der Praxis zeichnet sich aus den Akten zwischen den sachbearbeitenden Teams Bolzmacher und Kott aus Fürstenfeldbruck sowie Thaler und Feldmann unter Leitung ihres Vorgesetzten Venus keine klare Arbeitsteilung ab. In den ersten Wochen und Monaten vernahm das Fürstenfeldbrucker Team vor allem die Zeugen in Starnberg und das Münchner Team die aus der Stadt München. Doch kam Thaler auch nach Starnberg, um mit den Kollegen der Stadtpolizei oder aus Fürstenfeldbruck Vernehmungen zu führen, umgekehrt wurden Zeugen von Bolzmacher und Thaler gemeinsam in München befragt. Der Schwerpunkt der Arbeit scheint bis ins Jahr 1952 in Fürstenfeldbruck gelegen zu haben. Denn die Zwischenberichte über die Polizeiarbeit oder Informationen für den Staatsanwalt erstellte Bolzmacher. Doch verschoben sich die Ermittlungen immer mehr ins Präsidium und zu Thaler, der ab 1953 auch alle wesentlichen Berichte verfasste.

Bei den drei Kriminalbeamten, die Sonjas gewaltsamen Tod federführend über Jahre untersuchten, dürfte es weder an mangelnder beruflicher Kompetenz noch an Aufklärungswillen gefehlt haben. Insbesondere kann dies für die beiden Münchner Beamten als sicher angenommen werden: Johann Venus, der erfahrene und routinierte Ermittler und frühere Gendarm sowie Otto Thaler, der junge ehrgeizige, aufstiegsorientierte Nachkriegs-Kriminaler. Allen, auch Bolzmacher, war gemeinsam, dass sie mit Hochdruck an der Aufklärung des Verbrechens arbeiteten.

Grundlagen und weiterführende Hinweise:
(Vgl. auch Kapitel »Die Ermittlungen«)

Quellen:

BayHStA, Landpolizei Personalakten 14328.
BayHStA, LEA 38103 (Venus).
BayHStA, LKA 783.
BayHStA, LKA Zugang 18/2020 Karton 7 Nr. 25 (Personalakte Thaler).
StAM, OLG 2201.
StAM, Spruchkammern Karton 1862 (Venus, Johann Baptist).
StAM, Spruchkammern Karton 2733 (Bolzmacher, Lorenz).
StAM, Disziplinarstrafkammer München 1073.

StPO in der Fassung der Bekanntmachung vom 7. April 1987 (BGBl. I S. 1074, 1319).

Literatur:

Deppisch, Sven: Täter auf der Schulbank. Die Offiziersausbildung der Ordnungspolizei und der Holocaust. Baden-Baden 2017.

Diener, Eveline: Das Bayerische Landeskriminalamt und seine »Zigeunerpolizei« (1946 bis 1965). Kontinuitäten und Diskontinuitäten der bayerischen »Zigeunerermittlung« im 20. Jahrhundert. Frankfurt am Main 2021.

Eckart, Wolfgang: Amerikanische Reformpolitik und deutsche Tradition; Nürnberg 1945–1949; Nachkriegspolitik im Spannungsfeld zwischen Neuordnungsvorstellungen, Notlage und pragmatischer Krisenbewältigung. Nürnberg 1988.

Fürmetz, Gerhard: Alte und neue Polizisten. Kommunale Personalpolitik in der frühen Nachkriegszeit am Beispiel der Augsburger Stadtpolizei, in: Hoser, Paul; Baumann, Reinhard (Hg.), Kriegsende und Neubeginn. Die Besatzungszeit im schwäbisch-alemannischen Raum. Konstanz 2003, S. 337–358.

Krauss, Marita (Hg.): Rechte Karrieren in München. Von der Weimarer Zeit bis in die Nachkriegsjahre. München 2010.

Schimmel, Thilo: Die Reorganisation der Regensburger Polizei unter der amerikanischen Militärregierung 1945–49, in: Verhandlungen des Historischen Vereins für Oberpfalz und Regensburg ; 141 (2001), S. 129–172.

Schröder, Joachim (Hg.): Die Münchner Polizei und der Nationalsozialismus. Essen 2013.

Siemens, Daniel: SA-Gewalt, nationalsozialistische »Revolution« und Staatsräson: Der Fall des Chemnitzer Kriminalamtschef Alfred Böhme 1933/1934, in: Wachsmann, Nikolaus; Steinbacher, Sybille (Hg.), Die Linke im Visier. Zur Errichtung der Konzentrationslager 1933, Göttingen 2014, S. 191–213.

Wagner, Patrick: Hitlers Kriminalisten. Die deutsche Kriminalpolizei und der Nationalsozialismus zwischen 1920 und 1960. München 2002.

JAHRE SPÄTER: VERA BRÜHNE UND DER FALL SONJA BLETSCHACHER?

Kennt Vera Brühne Sonjas Mörderin?

»*November 1958*
In Torrentino/Malaga erzählte mir Dr. Praun aus seinem Leben eine Episode. (...) Es ging um Sonja. Ich glaube, sie hieß Wolf mit Nachnamen. Sonja war groß und blond, Directrice, Anfang 30 und wollte von Dr. Praun geheiratet werden, was er wiederum ungern wollte. – Sein Freund – Oberst Bletschacher besuchte ihn und bat Dr. Praun, ihm ein Abenteuer zu vermitteln. Dr. P. fiel sofort Sonja ein und er arrangierte in seiner Praxiswohnung ein geselliges Zusammensein bei Sekt und Kaviar mit Sonja, Bletschacher, und er selbst blieb bis 23 Uhr. Morgens gegen 6 Uhr kam Dr. P. nach Hause und konnte unschwer erkennen, daß sich Sonja und Bletschacher ›gefunden‹ hatten. Die Rendezvous häuften sich und Bletschacher gestand: ›Ich liebe Sonja – wie werde ich bloß meine Alte los?!‹ Mit seiner Alten meinte er seine Ehefrau (...). Dr. Praun wußte Rat: ›Schick Deine Alte auf eine Mittelmeerreise – ich werde sorgen, daß ich die Nachbarkabine bekomme und glaube mir, sie wird sich in mich verlieben und wir werden gemeinsam schlafen‹.
Dieser Plan wurde entsprechend durchgeführt und im Ehescheidungsprozeß verweigerte Praun die Aussage auf die Frage, ob Intimitäten zwischen ihm und Frau Bletschacher geschehen seien. – Kurz darauf heiratete Bletschacher die Sonja und sie zogen in sein Haus in (ich glaube) Percha am Starnberger See. 1 ½ Jahre währte nur ihr Eheglück – dann traf ihn der Schlag und Sonja Bletschacher nahm ihr altes Leben wieder auf. Ihre alten Freunde kamen wieder, auch Dr. Praun gehörte dazu. Und plötzlich fand man sie von Stilettstichen getötet in der Diele ihres Hauses. ›Aber die Polizei hat nichts herausgefunden‹ freute sich Dr. P. unendlich.
›Das ist ja ungeheuerlich, ich bin empört, wie kannst Du Dich darüber freuen – Du müßtest es bedauern!‹
›Ja, ich war's net, eine Frau hat's getan!‹ ›Dann bleibt ja nur die Kloofrau übrig‹, meinte ich. ›Natürlich‹, lachte er, sich die Hände reibend, ›aber mir will's immer in d'Schuhe schieben!‹ ›Bleibt sich das nicht gleich?‹ (...)«

Am Mittwoch, den 19. März 1969 erscheint Rechtsanwalt Dr. Maximilian Girth mit diesem handschriftlichen, nicht ganz lesbaren Zettel von Vera Brühne bei der Staatsanwaltschaft München II. Dr. Girth gehört zu den Verteidigern Johann Ferbachs. Dieser wurde beschuldigt, zusammen mit seiner Bekannten Vera Brühne deren Arbeitgeber, den Arzt Dr. Otto Praun, und dessen Haushälterin Elfriede Kloo ermordet zu haben. Das Landgericht München II verurteilte Brühne und Ferbach 1962 wegen Doppelmordes zu einer lebenslangen Zuchthausstrafe. Beide bestritten bis zu ihrem Tod die Tat. Bei Dr. Otto Praun wiederum handelte es sich um den früheren Bekannten von Sonjas verstorbenen Ehemann Ludwig Bletschacher. Praun, mit dem Sonja vor ihrer Ehe eine kurze Affäre hatte, wurde in den Ermittlungen zu ihrem Tod als Zeuge vernommen. Dr. Girth gibt bei der Staatsanwaltschaft an, dass Vera Brühne auf seine Bitte bereit gewesen sei, über Otto Prauns Vorleben zu berichten. Im Januar 1969 vertraute sie dem Anwalt dann folgende Informationen an: Dr. Praun habe ihr gegenüber geäußert, dass seine Haushälterin Elfriede Kloo Sonja mit einem Stilett umgebracht habe. Elfriede Kloos Motiv sei Eifersucht gewesen. Praun hatte mit Sonja ein Verhältnis unterhalten. Dr. Girth nimmt daher an, dass Dr. Praun und seine Haushälterin seit Sonjas Tod »schicksalhaft aneinandergekettet« gewesen seien. Immerhin wusste Praun von Kloos Mordtat, entsorgte die Tatwaffe sogar in der Isar. Außerdem drohte seine Haushälterin ihm immer wieder, Praun der Anstiftung oder Beteiligung an Sonjas Ermordung zu bezichtigten.

Vor dem Hintergrund, dass sich die Anwälte von Vera Brühne und Johann Ferbach seit Jahren um ein Wiederaufnahmeverfahren bemühen, will der Anwalt damit eine Erklärung gefunden haben, dass Elfriede Kloo von Dr. Praun erschossen worden sein könnte. Zur Untermauerung dieses Ansatzes übergibt er Vera Brühnes handschriftliche Notizen. Sie will diese Informationen von einem alkoholisierten Dr. Praun im November 1958 erfahren und darüber 1958 oder 1959 in Spanien mit einer dortigen Nachbarin geredet haben. Diese riet ihr von einer Anzeige ab. Über die Nachbarin weiß Vera Brühne nur noch, dass diese mit Nachnamen Jamin heiße und zwei Söhne habe. Eine aktuelle Anschrift könne bei einem Herrn Otto Stundner in Oberlech am Arlberg in Österreich erfragt werden. Rechtsanwalt

Dr. Girth betont ausdrücklich, dass diese Angelegenheit möglichst nicht in die Presse kommen sollte.

Zwei Monate dauert es. Dann wird der Staatsanwalt tätig und geht dieser möglichen Verbindung zwischen den Fällen Vera Brühne und Sonja Bletschacher nach, um das Verbrechen aus dem Jahr 1951 vielleicht noch aufzuklären. Ende Mai 1969 schickt die Staatsanwaltschaft München II nach Vorarlberg ein Rechtshilfeersuchen, um den genannten Otto Stundner zu ermitteln und richterlich vernehmen zu lassen. »*Da*«, so die Begründung, »*die Mordsache Bletschacher bis heute ungeklärt ist, muß die Staatsanwaltschaft München II diesem Hinweis nachgehen.*«

Gemeinsamer Nenner: Geheimdienst?

Schon Ende 1961 stellte man in der Bevölkerung einen Zusammenhang zwischen dem Mord an Otto Praun im Jahr 1960 und dem gewaltsamen Tod von Sonja Bletschacher im Dezember 1951 her. Anlässlich des 10. Jahrestages erscheint im Münchner Merkur ein ausführlicher Artikel über den ungeklärten Fall. Daraufhin geht bei der Polizei der vertrauliche Hinweis ein, Sonja habe gegenüber zwei Zeuginnen kurz vor ihrem Tod Heiratsabsichten mit Otto Praun geäußert. Befragungen der Polizei ergeben, dass es sich dabei lediglich um Gerede handelt und keinerlei Anhaltspunkte auf einen Zusammenhang zwischen dem Verbrechen an Otto Praun und Sonja Bletschacher gibt. Ende 1961 wird auch die Starnberger Zeugin Hentschke befragt, die seinerzeit umfangreiche Ermittlungen nach dem dubiosen polnischen Bekannten Sonjas, namens Fialkowski, auslöste. Diese sagt nun aus, dass sie durch die Berichterstattung über den Mordfall Otto Praun sicher wisse, dass Praun und Fialkowski identisch sind. Auch der Widerspruch, dass Praun ein Bayer war und sie Fialkowski für einen Polen hielt, bringt sie von ihrer Überzeugung nicht ab. Die Polizei stuft Frau Hentschke als unglaubwürdig und ihre Angaben als für weitere Ermittlungen nicht verwertbar ein.

Seit 1966 steht die Frage nach Zusammenhängen zwischen dem Doppelmord an Praun und Kloo mit dem Fall Sonja Bletschacher erneut im Raum. Hintergrund ist der Versuch von Vera Brühne und Johann Ferbach mit ihren Anwälten eine Wiederaufnahme ihres Verfahrens zu erwirken und den Mord an Otto Praun und Elfriede Kloo im Zusammenhang mit einer dubiosen, möglicherweise nachrichtendienstlichen Vergangenheit des Arztes zu stellen. Im Rahmen von Vorermittlungen wegen eines Wiederaufnahmeverfahrens steht im Raum, dass Otto Praun und Sonjas Ehemann, Ludwig Bletschacher, im Zweiten Weltkrieg Mitarbeiter des militärischen Geheimdienstes der Wehrmacht, der sogenannten Abwehr, unter Leitung von Wilhelm Canaris waren. Auch bei den Ermittlungen von Sonjas Tod ging man in den 1950er-Jahren diesem Ansatz nach, ob das Verbrechen im Zusammenhang mit einer nachrichtendienstlichen Tätigkeit ihres Mannes oder von ihr selbst stehen könnte. Die Polizei vernahm damals ehemalige Mitarbeiter der Münchner Dienststelle. Für das Wiederaufnahmeverfahren von Vera Brühne und Johann Ferbach ziehen die Ermittlungsbehörden daher die Ermittlungsakten Bletschacher bei und holen Auskünfte bei verschiedenen Stellen, wie dem Bayerischen Hauptstaatsarchiv, dem Bundesarchiv oder der sogenannten Wehrmachtsauskunftsstelle über die militärische Vergangenheit von Otto Praun und Ludwig Bletschacher ein. Hinweise auf eine Mitarbeit bei der Abwehr können für beide nicht gefunden werden; von Ludwig Bletschacher ist man sogar überzeugt, dass er nie Nachrichtenoffizier gewesen sei.

Im Jahr 1969 scheint ein Zusammenhang zwischen den Fällen Bletschacher und Praun bzw. Kloo zum Greifen nahe zu sein. Neben den Hinweisen von Rechtsanwalt Dr. Girth über eine mögliche Täterschaft im Falle Sonjas lebt der Verdacht eine Geheimdiensttätigkeit von Otto Praun und Ludwig Bletschacher als Hintergrund für die beiden Verbrechen wieder auf. Im Rahmen von Vorermittlungen der Staatsanwaltschaft München II, ob für Vera Brühne und Johann Ferbach von Amts wegen ein Wiederaufnahmeverfahren zu stellen sei, ist auch das Landeskriminalamt in Düsseldorf mit einbezogen. Dort meldet sich bei einem Kriminalbeamten ein Informant und behauptet, dass zwischen dem Tod von Sonja Bletschacher und dem Doppelmord Praun-Kloo ein Zusammenhang bestehe. Der Informant weist in einem anonymen Bericht darauf hin, dass im Verfahren gegen Sonja ehemalige Angehörige des Abwehrdienstes der Wehrmacht vernommen wurden. Möglicherweise haben auch Otto Praun und Sonja für die Abwehr gearbeitet. Außerdem handelt es sich bei dem in dem Verfahren über Sonja erwähnten und von der Polizei nicht ausfindig gemachten Polen um Otto Praun. Außerdem war Sonja Halbjüdin und Otto Praun wollte sie heiraten. Auch ergeben sich angeblich aus Sonjas Versorgungsakte beim Oberfinanzpräsidium wichtige Hinweise zum Mordfall Otto Praun und Elfriede Kloo.

Die Staatsanwaltschaft beschränkt sich diesmal nicht darauf, die Ermittlungsakten über den Tod von Sonja, die Akten zur Scheidung von Ludwig Bletschacher und die über die Witwenversorgung von Ludwig Bletschachers Frauen zuzuziehen. Sie lässt darüber hinaus nochmals alle relevanten Personen befragen, soweit sie noch leben. Der Frage, ob Ludwig und Sonja Bletschacher während des Krieges für die Abwehr der Wehrmacht arbeiteten, ist die Kripo schon in den Ermittlungen zu Sonjas Tod nachgegangen. Man hat es damals aber unterlassen, den Leiter der Abwehrstelle München, Nikolaus Ficht, zu vernehmen, obwohl seine Adresse seinerzeit den Kriminalbeamten bekannt war. Eine Befragung im Jahr 1969 scheitert: Nikolaus Ficht ist im Dezember 1967 gestorben. Insgesamt führt jeder Hinweis dieses Düsseldorfer Informanten ins Nichts. Dieser entpuppt sich als ein Privatdetektiv aus München, der mit einem der Anwälte von Ferbach und Brühne zusammenarbeitet und auch im Fall Bletschacher Erkundigungen eingezogen hat. Seine Behauptungen basieren lediglich auf Informationen aus Zeitungen, Hörensagen und eigenen Spekulationen.

Wie glaubhaft ist Vera Brühnes Aussage?

Bei der Überprüfung, was es mit den über Rechtsanwalt Girth übermittelten Angaben von Vera Brühne über Sonjas Mörderin auf sich hat, setzt die Staatsanwaltschaft ausschließlich auf zwei Ermittlungsansätze: die ehemalige Nachbarin zu vernehmen und das Scheidungsverfahren von Ludwig Bletschacher beizuziehen. Darin hofft sie Hinweise auf die Beziehungsverhältnisse zwischen dem damaligen Ehepaar Bletschacher mit Sonja und Otto Praun zu finden. Nach langwierigen Aufenthaltsermittlungen in mehreren Städten nach der Zeugin Jamin, kann endlich im April 1970 in Berlin eine Eva Jamin richterlich vernommen werden. Es stellt sich heraus, dass es die falsche Frau Jamin ist. Sie kennt die ihr unsympathische Vera Brühne aus Spanien, hat aber mit dieser kaum geredet. Bei der von Rechtsanwalt Girth genannten Person handelt es sich um Eva Jamins Schwiegermutter, die jedoch bereits 1965 verstorben ist.

Einen Schritt unterlässt die Staatsanwaltschaft jedoch, um die Frage nach Elfriede Kloos Täter- und Otto Prauns eventuellen Mittäterschaft im Fall Sonja Bletschacher zu klären: die Befragung von Vera Brühne zu ihren eigenen Angaben.

Am 20. April 1970 stellt Staatsanwalt Riedelsheimer das Verfahren ein. Er hält fest, dass die »(…) *damaligen Ermittlungen (…) nicht den geringsten Verdacht dafür erbracht* (haben)*, daß Dr. Praun in irgendeinem Zusammenhang mit dem Mord an Sonja Bletschacher gebracht werden könnte. (…)*
Die Angaben Vera Brühnes allein sind in keinem Falle geeignet, die Täterschaft der Elfriede Kloo und eine Beteiligung des Otto Praun zu beweisen. Die Staatsanwaltschaft hält diese Angaben, die im Rahmen der allgemeinen Bemühungen der Vera Brühne vorgebracht wurden, das angeblich zweifelhafte Vorleben des Otto Praun zu belegen, für absolut unglaubwürdig. Aus diesem Grunde wurde auch von einer eingehenden Vernehmung der Vera Brühne zu diesem Komplex abgesehen.«

Die letzten Ermittlungen zu Sonjas Tod enden im März 1971. Bis dahin ist die Kripo den Hinweisen eines in einem österreichischen Gefängnis einsitzenden Straftäters aus dem Jahr 1969 nachgegangen. Danach solle Sonja Opfer eines Raubmords gewesen sein. Die eingehenden Ermittlungen, die die Polizei bis nach Italien und Österreich führen, erweisen sich als völlig haltlose Phantasieerzählungen.

FAST ZU GUTER LETZT

Der Tod von Sonja Bletschacher ist bis heute nicht aufgeklärt. Nach den letzten Bemühungen in den frühen 1970er-Jahren wurde die Akte geschlossen und später an das zuständige Staatsarchiv München abgegeben.

Auch wenn wir die jahrelangen Ermittlungen bis zum Schluss mitverfolgt haben, können sie keine Lösung liefern. In der Rückschau sind manche Personen, die im Verlauf der Ermittlungen auftauchten, als Täterin oder Täter denkbar. Doch über reale Personen spekulieren möchte ich nicht.

Es gibt in den Akten eine Spur mit vielen offenen Stellen – die eines geheimnisvollen Fremden, der von verschiedenen Zeugen immer wieder ins Spiel gebracht wurde. Diese Hinweise bieten Spielraum für eine Reihe von eigenen Spekulationen: Was hatte es beispielsweise mit den sogenannten Amerikaner-Häusern auf sich? Es gab Indizien, dass sich in diesen nach der Räumung im Sommer 1951 noch Personen aufgehalten hatten. Beobachtete jemand Sonja? Hier blieben viele Fragen offen. Oder war Sonja vielleicht doch für die Abwehr der Wehrmacht im Krieg tätig? Die Wahrscheinlichkeit ist nach Aktenlage gering. Doch von dem Zeugen, der letzte Klarheit hätte schaffen können, gibt es keine Aussage. Daneben war es für die Polizei offensichtlich denkbar, dass Sonja jemanden in einem Entnazifizierungsverfahren belastet haben könnte. Ihr Bruder hielt dies für ausgeschlossen. Ob die Ermittler dieser Frage nachgegangen sind, blieb unklar. Unstrittig ist auch, dass Sonja schon in der Zeit vor ihrer Ehe eine Vielzahl von intimen Männerbeziehungen unterhielt. Die Rede war von früheren Arbeitgebern, von Ärzten, darunter einem jüdischen Hautarzt, auch einem SS-Mitglied oder Männern, von denen nichts weiter bekannt war. Erwähnt wurde auch, dass sie sich in Männergesellschaften aufhielt, wo es sehr freizügig zuging. Zeugen berichteten immer wieder von Äußerungen Sonjas, sie wüsste über so manche Person Belastendes und dies könnte ihr gefährlich werden. Wollte sich Sonja damit nur wichtigmachen? Oder besaß sie tatsächlich brisante Informationen? Erpresste sie jemanden? Es bleiben viele Unklarheiten.

Ein Verbrechen ohne Aufklärung empfinde ich als unbefriedigend.

Bitte sehen Sie es mir nach, dass ich mich daher habe hinreißen lassen, von diesem streng wissenschaftlich-dokumentarischen Charakter auf wenigen Seiten des Buches abzuweichen. Ich konnte der Versuchung nicht widerstehen, eine mögliche Lösung zu entwerfen. Auch wenn es sich hierbei um eine fiktive Geschichte handelt, so ist sie doch auf der Grundlage von zeitgenössischen Unterlagen entstanden. Vor allem die Spruchkammer-, Entschädigungs- und Wiedergutmachungsakten in den staatlichen Archiven liefern einen reichen Fundus an Vorlagen.

Wenn Sie meine erfundene »Fall-Aufklärung« interessiert, dann lesen Sie auf den letzten Seiten weiter. Ansonsten bedanke ich mich an dieser Stelle für Ihr Interesse.

MUTMASSUNGEN HEUTE: WER KÖNNTE SONJA GETÖTET HABEN?

Zum Abschluss erzähle ich Ihnen eine Geschichte, wie es hätte gewesen sein können. Ob Sonja wirklich so gehandelt hätte, wissen wir nicht. Die Aussagen mancher Zeugen lassen es als möglich erscheinen. Die Ermittler hätten es ihr bestimmt zugetraut. Auch wenn diese Geschichte zugegebenermaßen sehr spekulativ ist, basiert sie auf den in Archivquellen überlieferten Lebenswegen verschiedener realer Personen und verändert die ermittelten Tatsachen nicht. Sie zeigt auf, wie die ungeklärten Leerstellen in den Ermittlungen aussehen könnten. Nur eine Möglichkeit von vielen.

Eine Nacht in München 1938

Es läuft nicht wirklich gut für ihn. Als Jurist ist er vor mehr als zehn Jahren im bayerischen Justizdienst mit einer auskömmlichen Bezahlung untergekommen, der Durchbruch zu einer lukrativen Karriere blieb aber bisher aus. Er muss zugeben, trotz gutem Examen zählt er nicht zu den ehrgeizigen Beamten. Gerade deshalb hat er sich durch sein frühes Engagement in der erfolgreichen Hitler-Bewegung mehr erwartet. Nicht dass er deren Gedankengut und Ziele glühend unterstützt, im Grunde ist es ihm gleichgültig. Auch wenn er schon zugeben muss, dass Hitler in vielen Punkten Recht hat. Bei den Nationalsozialisten mitzumachen, konnte daher bestimmt nicht schaden. Er ist schon im Januar 1933, noch vor Hitlers Kanzlerschaft, der NSDAP und SS beigetreten, übernahm später das Amt des Blockwarts, außerdem gehört er noch vielen anderen nationalsozialistischen Organisationen an. Weshalb man ihn, den umtriebigen Parteianhänger, im Justizdienst nicht zu besseren Stellen verholfen hat, kann er sich nicht erklären. Doch jetzt hofft er, dass sich das bald ändern wird. Schließlich hat er erst kürzlich der Partei und dem Staat einen großen Dienst erwiesen.

Er freut sich schon darauf. Nach längerer Pause hat er wieder einmal Zeit zu einem dieser besonderen Herrenabenden mit ausgewählten Damen zu gehen. Er liebt die Frauen und diese Art von Abwechslung, bei der es immer diskret und fast anonym zugeht. Seine SS-Uniform beeindruckt mittlerweile viele Damen und lässt seine Chancen bei ihnen steigen. Dass dieser Abend im Herbst 1938 für ihn einen tiefen Lebenseinschnitt bringen wird, ahnt er nicht. Der Abend verläuft entspannt. Alkohol fließt reichlich, die anwesenden Männer kennen sich vom Sehen, die Mischung aus bekannten und neu hinzugekommen Frauen sorgt für Abwechslung. Die Damen sind unbeschwert und offen für alle Wünsche der männlichen Gäste. Er vergnügt sich, schaltet ab. Um den Frauen zu imponieren, prahlen die Männer untereinander gerne von ihren Erfolgen – im Beruf, für den Staat, die Partei, die Bewegung oder was auch immer. Und diesmal kann auch er voller Stolz in weinseliger Stimmung und kleiner Runde von einem erfolgreichen Coup erzählen. Es ist ihm gelungen einen Staatsfeind auszuschalten. Durch Zufall hat er im Gerichtsgebäude das Gespräch zweier Rechtsanwälte mithören können. Sie ahnten nicht, dass noch jemand anwesend war. Die näheren Umstände, wo und wann, tun nichts zur Sache. Er erfuhr von einem Hautarzt in München, ein Jude. Kürzlich wurde dieser vom Arzt zum Krankenbehandler ohne Zulassung degradiert, er hielt sich allerdings nicht daran, nur noch Juden zu behandeln. Er betreute weiterhin vereinzelt frühere arische Patienten. Doch damit nicht genug. Er hatte schon immer der SPD nahe gestanden. Und jetzt unterstützte er ihre Mitglieder im Untergrund, half mit Verstecken. Mittlerweile dachte der Arzt daran, selbst unterzutauchen. Eile war daher geboten. Den vollständigen Namen und die Adresse dieses Juden in Erfahrung zu bringen, war für einen Mann wie ihn ein Leichtes und die richtigen Stellen zu informieren eine Selbstverständlichkeit. Um was es ihm dabei wirklich ging, nämlich einen Karriereschub, das behält er an diesem Abend lieber für sich. Er rühmt sich damit, dass es dank seines Einsatzes diesem jüdischen Volksschädling an den Kragen gegangen ist. Was der Jurist beim Erzählen seiner Heldentat nicht weiß: Der jüdische Arzt war nicht alleine, als die Gestapo kam. Die Beamten nahmen einen weiteren Mann mit, den sie in der Wohnung antrafen. Seine Zuhörer sind von dieser Tat beeindruckt. Die Frauen hängen ehrfürchtig an seinen Lippen. Vor allem eine dieser Schönheiten will er für sich gewinnen, sie hat ihn schon den ganzen Abend gereizt. Und mit Genugtuung fällt ihm auf, dass gerade sie von ihm und seiner Geschichte mehr als alle anderen fasziniert zu sein scheint.

Sie war schon auf vielen solcher Herrenabenden und kennt die Männer, ihre Erzählungen, mit denen sie ihre eigene Wichtigkeit und Bedeutung genießen. Doch diese Geschichte hat es für Sonja in sich. Sie ahnt Schlimmes: Möglicherweise kennt sie den Arzt. Nach ihrem Umzug aus Frankfurt litt sie in München an einem starken Ausschlag und ging zu einem Hautarzt. Der erwies sich nicht nur als begnadeter Mediziner, sondern auch als interessanter Mensch. Er war Jude, überzeugter Sozialdemokrat und ein unerschrockener Mann. Sie begann mit ihm eine kurze Affäre. Danach blieben sie in Kontakt. Gerade die letzte Zeit, wo es ihm immer schlechter ging, schaute sie regelmäßig bei ihm vorbei. Viele seiner früheren Freunde, Bekannten und Kollegen hatten sich von ihm distanziert. Sie tut so etwas nicht, dafür ist sie zu gutmütig, hilfsbereit. Ist er es, von dem dieser Jurist in SS-Uniform spricht? Der Name oder die Adresse des jüdischen Hautarztes fallen nicht. Doch so viele gibt es in München nicht. Was der Mann für Faszination hält, ist Begreifen, Entsetzten, Angst. Sonja wagt nicht, nach dem Namen des Denunzierten zu fragen. Sie will keine Aufmerksamkeit auf sich ziehen. Nicht dass ihre Augen, ihre Stimme, ein Zittern sie verraten. Schnell bekommt sie sich wieder in den Griff und kann den Abend routiniert zu Ende bringen. Sie überlegt sich, noch auf dem Heimweg bei dem Arzt vorbeizuschauen. Doch was sollte sie mitten in der Nacht erreichen, außer Aufsehen zu erregen? Das möchte sie auf keinen Fall. Schlafen kann sie kaum und am nächsten Morgen treibt sie die Angst früh aus dem Bett, sie eilt zu ihrem jüdischen Bekannten. Auf ihr Klingeln öffnet sich seine Türe nicht mehr. Sie spricht mit den Wohnungsnachbarn und ihre Befürchtungen bewahrheiten sich. Die Gestapo hat den Arzt abgeholt und zwar nicht alleine. Ein junger Mann, gebildet sah er aus, auch wie ein Studierter, war in seiner Wohnung. Er hat immer wieder gerufen, beim Gericht zu arbeiten. Doch das hat ihm nichts genutzt. Den haben sie auch gleich mitgenommen. Zimperlich sei es dabei nicht zugegangen.

Zuhause bricht Sonja innerlich zusammen. Sie geht eine Zeit lang jeden Tag an dem Haus des Hautarztes vorbei. Lange dauert es nicht, bis sie einen Möbelwagen sieht und eine Familie in seine Wohnung einzieht. Von Herrenabenden braucht sie erst einmal eine Pause. Ihren Arztfreund sieht sie nie wieder.

Gut zwei Jahre nach dieser Denunziation, Sonja ist mittlerweile verheiratet, wartet sie beim Bäcker in der Schlange. Die zwei Frauen vor ihr flüstern es fast. Aus dem Nachbarhaus haben sie den alten Juden abgeholt. Der hatte wohl gehofft, aus dem Blickfeld der Nationalsozialisten und der Gestapo gefallen zu sein. Ganz schnell ist es gegangen. Die Frau aus der Parterrewohnung hat noch das Wort KZ aufgeschnappt. Was das bedeutet, das kann man sich ausmalen, genau wissen, will man es lieber nicht. Die Worte treffen Sonja wie ein Blitz. Sie hat lange nicht mehr an ihn gedacht. Doch jetzt kommt er ihr sofort in den Sinn – der Hautarzt. Ihr wird ganz bange vor Entsetzen, ihr schlechtes Gewissen plagt sie. Wie konnte sie ihn fast vergessen! Was ist aus ihm geworden?

Nach diesem Einkauf bittet sie ihren Ehemann, einen Wehrmachtsoffizier, unter Tränen, ob er nicht etwas über das Schicksal ihres jüdischen Bekannten erfahren könnte. Und er kann es: Der Arzt kam nach seiner Verhaftung und brutalen Verhören durch die Gestapo nach Dachau ins Konzentrationslager. Dort starb er unter ungeklärten Umständen. Und auch der andere Mann, den sie mitgenommen haben, kam nicht ungeschoren davon. Ihr Ehemann konnte sogar seinen Namen ermitteln. Er war Rechtsreferendar, wurde von der Gestapo verhört. Dass er wegen eines medizinischen Rates seinen früheren Arzt aufgesucht hatte, glaubte ihm keiner. Er wurde vor dem Sondergericht verurteilt. Nach seiner Haft ist jetzt an eine Laufbahn als Jurist nicht mehr zu denken. Immerhin lebt er noch, zurückgezogen als Bäckergeselle bei einem früheren Freund. Sonja hätte gerne den vollständigen Namen des Denunzianten gewusst. Doch das erfuhr ihr Mann nicht. Nicht einmal die beiden Verhafteten selbst wussten oder ahnten, wer sie hingehängt hatte.

Fast 13 Jahre später: Eine folgenreiche Zeitungslektüre

Die Zeitung muss jemand im Wartesaal des Münchner Hauptbahnhofes liegen gelassen haben. Sie erkennt ihn auf dem Bild sofort wieder, den ehemaligen SS-Mann von damals, aus dem Hotel am Bahnhof. Diesen Herrenabend wird sie niemals vergessen. Er hat es bis in den Münchner Merkur geschafft. Was da über ihn steht, hinterlässt in ihr ein Gefühl der Verbitterung: Richter in München ist er, seit rund zehn Jahren verheiratet, lebt in einer kleinen Gemeinde auf dem Land. Dort ist er ein angesehener Mann, beliebt, hilfsbereit, unterstützt tatkräftig, wo er nur kann, die Einheimischen bei ihren großen und kleinen Problemen. Als Jurist kennt er sich gut aus. Der ideale Mann für den Gemeinderat, besser noch für den Bürgermeisterposten. Und genau das will er bei den nächsten Wahlen im März 1952 werden. Es liest sich wie eine Bilderbuchidylle. Er, der ihren jüdischen Bekannten auf dem Gewissen hat, scheint sich ohne Schaden in die neue Zeit gerettet zu haben. Dass er so ungeschoren, so glatt davon kam, damit kann sie sich nicht abfinden. Seit sie von seinem Tod erfahren hatte, konnte sie den Hautarzt nicht mehr vergessen, bis heute nicht. Erzählen konnte sie davon niemandem. Es plagen sie seitdem Scham und Schuldgefühle. Hatte sie zu wenig für ihn getan? Damals? Oder zumindest nach dem Krieg, um sein Schicksal aufzuklären? Bisher war sie froh, dem SS-Mann nicht mehr begegnet zu sein. Doch jetzt möchte sie ihn treffen. Was sie sich davon verspricht, kann sie selbst nicht so genau sagen. Möchte sie ihn mit dem brutalen Tod ihres Bekannten konfrontieren? Möchte sie ihn rächen? Eine Art Versäumnis wieder gut machen und es dem Denunzianten heimzahlen? Sie weiß es selbst nicht.

Auch er hat den Bericht im Merkur über sich gelesen – er ist rundum zufrieden. Damit, dass über ihn ein Beitrag im gesamten Münchner Teil und nicht nur in der Lokal-Ausgabe erschienen ist. Damit, wie sich sein ganzes Leben entwickelt hat:
Seine Denunziation dieses jüdischen Arztes hat sich für ihn in den Jahren der NS-Zeit tatsächlich ausgezahlt. Er bekam eine Richterstelle als Beisitzer am Landgericht und Sondergericht in München. An die Front musste er nicht. Außerdem legte er sich gewaltig ins Zeug für die Partei und andere nationalsozialistischen Organisationen, begleitete wichtige Ämter und zahlte nicht nur stumm seine Beiträge. Er fand 1940 eine Frau aus begütertem Elternhaus, die ihm seither ein Leben in Wohlstand ermöglicht. Ihr Vater hat sein einziges Kind bis jetzt gerne bezuschusst, auch noch nach der Hochzeit. Immerhin kann sich der alte Herr im Gegenzug mit einem Landgerichtsrat als Schwiegersohn schmücken. Denn das Ansehen und der Ruf bei den Einheimischen ist dem Schwiegervater noch wichtiger als sein Geld.

Und mittlerweile hat er, der ehemalige SS-Offizier, es geschafft, die Spruchkammerinstanzen mit weißer Weste zu verlassen. Die Sache mit dem jüdischen Arzt kam nie zur Sprache. Darüber existierten offensichtlich keine Unterlagen mehr. Der Arzt war tot, eine Familie gab es nicht. Zu ihm war keine Verbindung herzustellen. Kein Grund also für ihn, überhaupt noch an den Mann zu denken.

Als er das Gerichtsgebäude verlässt, sieht er eine Frau auf sich zukommen, ohne sie wirklich wahrzunehmen. »Kennen wir uns nicht?« Als ihn die Frau mit diesen Worten anspricht, erinnert er sich allmählich. Ist das nicht die Schönheit aus dem Münchner Hotel, von dem Herrenabend im Herbst 1938, einer der letzten, den er besuchen konnte? Für sie hat er sich damals besonders interessiert und nie wieder zeigte sich eine Frau so hingerissen von seinen Worten. Nach all den Jahren ist sie immer noch schön, attraktiv. Er freut sich aufrichtig, sie zu treffen. Leider hat er nicht viel Zeit, möchte sie aber wiedersehen. Sie verabreden sich für einen Dienstagnachmittag in München. Er fühlt sich elektrisiert; spürt, wie sehr ihm sein früherer Zeitvertreib mit den Frauen fehlt. Warum nicht aufgreifen, was sie vor über zehn Jahren für ein paar Stunden verband? Doch er muss vorsichtig sein. Er will nichts auf Spiel setzen, die Unterstützung des Schwiegervaters, das Ansehen in seiner Gemeinde, seine politischen Pläne, er darf nicht den Hauch eines Skandals riskieren.

Dass es so einfach sein wird, damit hat Sonja nicht gerechnet. Ihr fast schon übertriebenes Interesse hat ihm geschmeichelt, bei ihrer Verabschiedung hielt er sich schließlich für unwiderstehlich. Am verabredeten Dienstag nimmt er sich sogar für sie frei, holt sie mit seinem Auto in München vom Hauptbahnhof ab. Er führt sie aus, zeigt, was er sich leisten kann. Schwer fällt es ihr nicht, ihn zum Reden zu bringen, wie es ihm ergangen ist. Er genießt ihre scheinbare Ehrfurcht und Bewunderung über seinen Lebensweg nach den Jahren des Nationalsozialismus: Nach Kriegsende sah es erst einmal schlecht aus. Er sieht sich voller Selbstmitleid eindeutig als Opfer, das für die Untaten des NS-Regimes bezahlen musste. Er wurde aus dem Justizdienst entlassen, die Amerikaner internierten ihn in einem ihrer Lager. Danach verdiente er sein Geld bei seinem Schwiegervater. Das obligatorische

Entnazifizierungsverfahren drohte in einer Katastrophe zu enden: Sein frühes Engagement in der Bewegung, seine Ämter, sein SS-Rang wogen schwer, auch hatte er Todesurteile als Richter mitzuverantworten, die heute als fragwürdig gelten. Er sollte als Belasteter eingestuft werden. Die Folgen wären verheerend gewesen. Arbeitslager, Vermögensverlust, Berufs- und Arbeitsverbot, Verlust der bürgerlichen Ehrenrechte, er hätte mit allem rechnen müssen. Die Stimmung in der Familie verschlechterte sich gegen ihn. Nicht dass es den Schwiegervater interessierte, ob und wie er sich schuldig gemacht hatte. Der Ruf der Familie drohte einen Kratzer zu bekommen. Zum Glück stufte ihn die Spruchkammer als minderbelastet ein. Er hatte sich schließlich zu helfen gewusst. Er brüstet sich bei Sonja damit, wie es ihm gelungen war, den einen oder anderen »Persilschein« aufzutreiben, mit dem er sich etwas reinwaschen konnte. Was er verschweigt: Sein Spruch fiel wohl deshalb so milde aus, weil die Entnazifizierungen endlich wieder in deutscher Hand lagen. Und da herrschte Milde gegenüber den früheren Nationalsozialisten. Allerdings gab es für ihn immer noch keine Ruhe: Der Ankläger ging in Berufung und plädierte wieder auf Belasteter. Doch mit dem erneuten Spruch galt er nur noch als Mitläufer – wie die Mehrheit aller Personen, die sich vor einer Spruchkammer rechtfertigen mussten. Damit war nur noch ein kleiner Fleck auf der weißen Weste übrig geblieben, der seinen Ruf nicht mehr schädigte. Und als sein Spruch zu denjenigen gehörte, die nochmals aufgehoben wurden, konnte es nicht besser für ihn kommen. Man stellte sein Verfahren endgültig ein. Jetzt galt er als ein unbescholtener Mann, auf dem auch die NS-Zeit keinen Schatten mehr werfen konnte. Ihm steht nun alles offen. Beruflich ist er als Münchner Richter gut versorgt. Doch er gibt ehrlich zu, die Aufgabe liegt ihm einfach nicht, es ist für ihn lediglich ein Brotberuf. Außerdem beklagt er sich bei Sonja, dass er seit Jahren die Bewunderung und den Spaß, die Abwechslung mit den Frauen vermisst – so wie er es früher genießen konnte. Seine Frau bietet ihm nicht ansatzweise, was er sich wünscht. Zugleich kann er nicht verhehlen, wie sehr er das Ansehen und die Wertschätzung auskostet, die ihm die Einheimischen in seinem Dorf entgegenbringen. Sie achten ihn, vertrauen ihm. Und dass sich viele ihn als ihren Bürgermeister wünschen, hebt sein Selbstbewusstsein ungemein. Unerwähnt bleibt in dieser Stimmung selbstverständlich der jüdische Arzt, den er ans Messer geliefert hat. An ihn verschwendet er schon lange keinen Gedanken mehr.

Diese Selbstzufriedenheit und Ignoranz stößt Sonja ab, auch wenn sie nichts anderes erwartet hat. Am liebsten würde sie ihm dies jetzt alles ins Gesicht schreien, dass er durch eine hinterhältige Denunziation ein Menschenleben und zugleich die berufliche Existenz eines jungen Mannes, eines angehenden Kollegen, auf dem Gewissen hat.

Doch zugleich meldet sich in ihr jetzt die berechnende Sonja, und die denkt strategisch, lässt ihren eigenen Vorteil ebenfalls nicht außer Acht. Er, der immer wieder auf die Füße gefallen ist, soll bezahlen. Aus Rache und für ihr Schweigen. Damit kann sie vielleicht etwas an ihrem jüdischen Freund wieder gut machen – wenn auch spät. Es demjenigen, der seinen Tod zu verantworten hat, heimzahlen. Und nebenbei bringt es ihr einen Vorteil. Geld. Mit dem sie sich endlich eine schöne Wohnung in München leisten, aus dem Haus der alten Hexe und ihrer verrückten Tochter ausziehen kann. Diese Gedanken setzen sich jetzt in ihrem Inneren fest. – Sie spürt ihre Anziehungskraft auf den ehemaligen Nationalsozialisten und seine Bereitschaft, sich auf sie einzulassen. Die besten Voraussetzungen, die Zeit noch hinauszuzögern bis sie ihn mit ihrer Forderung konfrontiert. So kann sie den Preis in die Höhe treiben.

Dieser Nachmittag mit ihr verjüngt ihn. Wie schon damals reizt sie ihn ungemein. Wie sie ihn anhimmelt, dass er so elegant durch die Nachkriegsjahre durchgekommen ist. Er kann sich nicht erinnern, wann er das letzte Mal eine solche Begeisterung von einer Frau für seine Person wahrgenommen hat. Und zugleich strahlt sie Kühle aus, hält ihn auf Abstand. Sie spielt mit ihm, und genau das gefällt ihm, reizt ihn weiter auf. Am Ende es Nachmittags hat er gewonnen, ihre Distanz ist gebrochen. Das Treffen endet verheißungsvoll. Er möchte sie wiedersehen. Und sie ziert sich nicht lange. Schnell sind sie sich einig. Er kann sich nämlich nicht wieder frei nehmen, seinen Dienst nicht vernachlässigen, es würde auffallen. Sie verabreden sich für einen Abend in München. Damit alles möglich ist, Sonja ihr Treffen nicht wegen eines letzten Zuges beenden muss, mietet er ein Zimmer für eine Nacht. In den Hotels am Bahnhof geht das geräuschlos, da interessiert man sich nicht für die Gäste. Seiner Frau erzählt er, wegen eines Lokaltermins auswärts übernachten zu müssen. Heimzufahren lohnt sich an diesem Abend nicht. Sie fragt nicht nach, seine Gerichtsprozesse langweilen sie. Solange sie nicht kompromittiert wird, berührt es sie wenig. Das Rendezvous verläuft ganz nach seinem Geschmack. Und der Abend endet so, wie er es sich gewünscht hat. Ein voller Erfolg.

Sonja schläft in dieser Nacht kaum. Sie ist zu aufgewühlt. Auch die gleichmäßigen Atemzüge des tief schlafenden Richters neben ihr beruhigen sie nicht. Ihre Gedanken fahren Karussell. Sie hat ihn da, wo sie ihn wollte. Soll sie die Bombe am Morgen platzen lassen oder soll sie das Spiel noch weitertreiben? Versuchen, ihn über längere Zeit noch enger an sich zu binden? Sein Absturz wäre somit noch tiefer, der Preis höher. Ohne Risiko ist das nicht. Er darf keinerlei Aufsehen erregen, sie müssen daher zwischen ihren Treffen längere Zeiträume verstreichen lassen. In dieser Zeit kann seine Begeisterung für sie schnell abkühlen. Willige Frauen gibt es genügend, jetzt, wo er wieder auf den Geschmack gekommen ist. Das würde ihr Vorhaben zwar nicht unmöglich machen, jedoch erschweren. Zu lange darf sie nicht abwarten. Sie plant noch ein letztes Treffen, das für ihn dann anders verlaufen würde als erwartet. Mit diesem Gedanken schläft sie ein.

Am Morgen lässt sie den Mann neben ihr im Bett erahnen, welche Verheißungen sie ihm noch zu bieten hat. Es ist für sie nicht zu übersehen: Das möchte er sich auf keinen Fall entgehen lassen. Und Sonja kann ihm auch bei seiner Angst vor Entdeckung und Gerede helfen. Denn die Gefahr, in einem Hotel einmal von den falschen Personen gesehen zu werden, plötzlich mehrfach anstehende Lokaltermine erklären zu müssen, ist nicht von der Hand zu weißen. Warum besucht er sie nicht in ihrer Wohnung in Starnberg? Ein kleiner Umweg auf dem Weg nach Hause für ein paar nette Stunden, offiziell nach einem Arbeitstag, der leider länger als erwartet dauert.

Das Angebot ist verführerisch. Er hat mittlerweile Erkundigungen über sie eingeholt, ist hin und wieder heimlich vorbeigefahren, um sie zu beobachten. Sie ist Witwe eines Wehrmachtsoffiziers, auch somit nicht ganz ohne einen braunen Schimmer in ihrer Vergangenheit, lebt seit Kurzem sogar alleine. Die anderen Hausbewohner sind oft nicht da. Was kann ihm schon passieren? Ein stilles heimliches Treffen, von dem niemand etwas mitbekommt, bei dem ihn niemand sieht, lässt sich arrangieren. Allerdings wird es etwas dauern, bis er es einrichten kann, bei all seinen Verpflichtungen. Um diese Zeit zu überbrücken, ihr Feuer, ihre Bewunderung für ihn, nach der er schon fast süchtig ist, am Leben zu erhalten, schickt er ihr Briefe und kleine Aufmerksamkeiten. Endlich ist es so weit. Nur: Bei ihrem Treffen darf er von niemanden gesehen werden. Sie verabreden sich für einen Mittwoch im Dezember.

Der Abend des 12. Dezembers 1951

Der Abend ist gut gewählt, die anderen Bewohner des Hauses sind weg. Sonja wartet schon auf ihn hinter der Haustüre, sodass er schnell und unbemerkt in die Villa schlüpfen kann. Er hat sich heute besonders elegant zurecht gemacht, sein Spazierstock unter dem Arm unterstreicht das noch. Er stutzt innerlich. Ihr Verhalten, die Atmosphäre ihres Wohnzimmers, befremdet ihn. Nichts strahlt ein Willkommensein, geschweige denn Verlangen oder Verführung aus. Obwohl sie seinen Besuch erwartet hat, richtet sie demonstrativ erst jetzt ein bescheidenes Abendbrot her – jedoch nur für sich alleine. Für ihn ist nichts vorgesehen, nicht einmal ein Glas für einen Schluck Wein. Sie kommt gleich zur Sache. Doch zu einer anderen, als er erwartet hat.

Ob er sich an den jüdischen Arzt erinnert, mit dessen Denunziation er im Herbst 1938 protzte? Ob er weiß, dass er dessen Foltertod im Konzentrationslager auf dem Gewissen hat? Diese Wendung ihrer Bekanntschaft trifft ihn völlig unerwartet. Damit hatte er nicht gerechnet. Er ringt um Worte, die ihm versagt bleiben. Sonja redet weiter. Für diese Geschichte würden sich bestimmt die Zeitungen interessieren, beispielsweise die, die vor einiger Zeit diesen Bilderbuch-Bericht über ihn veröffentlicht hat.

Plötzlich begreift er. Er versucht sich mit Selbstbewusstsein zu wehren, lacht höhnisch, fühlt sich sehr sicher und überlegen. Er weiß davon nichts! Hat sie irgendwelche Beweise für ihre Geschichte? Ist ihr nicht bewusst, dass sein Wort, das des Staatsbeamten und Richters, der großes Ansehen in seiner Gemeinde genießt, mehr wiegt als ihres?

Wer wird schon einer wie ihr glauben, die ständig wechselnde intime Beziehungen unterhält, sich von Männern aushalten lässt? Doch sie bleibt unbeeindruckt. Denn einen Aspekt hat er nicht bedacht, kennt ihn nicht und genau den spielt sie jetzt aus: Ein damaliger Rechtsreferendar war in der Wohnung des Arztes. Und auch den verhaftete die Gestapo. Er kam vor Gericht, seine berufliche Existenz war vernichtet. Es ist für einen Journalisten ein Leichtes, diesen ausfindig zu machen, zumal sie seinen Namen weiß. Und dieser Mann, auch wenn er nie erfahren hat, wer ihn in diese Situation gebracht hatte, kann und wird sein Schicksal bestätigen. Damit wird jeder ihren Aussagen glauben.

Diese Information, die Erkenntnis trifft ihn wie ein Schlag. Wenn sie tatsächlich diese Geschichte irgendjemanden erzählt, ist er erledigt. Selbst wenn es juristisch und beruflich kaum Konsequenzen mehr für ihn haben dürfte, seine Ambitionen als Gemeinderat, Bürgermeister, seine Frau, die Unterstützung seines Schwiegervaters. Alles bricht weg, auch sein Ansehen als moralischer Vorzeigemann, wenn seine Liebelei mit einer anderen Frau rauskommt, sie zeigt ihm sogar noch seine Briefe in der Schublade. Sein Fall wird unaufhaltsam sein. Er verliert alles, was sein Leben ausmacht. Und selbst wenn er ihr Geld gibt, sie hat ihn ein Leben lang in der Hand und er wird sie bis zum Ende seiner oder ihrer Tage nicht mehr los. Er sitzt in der Falle. Ihm wird kurzzeitig schwarz vor Augen. Rasende Wut, Panik, purer Hass überwältigen ihn. Plötzlich liegt das Hirschhornmesser aus der offenen Schublade in seiner Hand. Was dann geschieht, kann er nicht mehr sagen. Er hört erst auf, als Sonja tot auf dem Boden liegt. Gut, dass sie ihm nichts angeboten hat. Es gibt keine Fingerabdrücke von ihm. Er steckt das Messer ein. Zum Glück hat er im Dezember Handschuhe dabei. Die braucht er jetzt, um vorsichtig und systematisch den Schreibtisch, die Schubladen ihrer Möbel, die ganze Wohnung und auch im Schlafzimmer unter ihrer Matratze nach Hinweisen auf seine Person zu suchen. Er hat noch gut Zeit. Er nimmt seine Briefe aus der Schublade. Mit ihnen, dem Spazierstock und dem Messer verlässt er das Haus. Als er ins Freie tritt, hört er aus Richtung des Gartentürchens zwei Frauenstimmen. Es gelingt ihm gerade noch rechtzeitig, in der Dunkelheit durch die Lücke im Zaun über die Wiese zu verschwinden.

BILDNACHWEIS

Abendzeitung vom 22. März 1952, in: Staatsarchiv München, Signatur: StAM, Staatsanwaltschaften 35828/2), S. 202, 291
Staatsarchiv München (Signatur: StAM, Staatsanwaltschaften 35828/3), S. 18, 19, 20, 21, 98 unten, 110, 259

ABKÜRZUNGSVERZEICHNIS

BArch – Bundesarchiv
BayHStA – Bayerisches Hauptstaatsarchiv
StadtA – Stadtarchiv
StAM – Staatsarchiv München

DANK

An dieser Stelle möchte ich mich bei vielen Menschen herzlich bedanken. Unterstützung leisteten mir die Mitarbeiterinnen und Mitarbeiter in den Archiven. Mein ausdrücklicher Dank geht an Herrn Christoph Aschermann vom Stadtarchiv Starnberg, der mir immer schnell und sehr zuverlässig half. Dies gilt ebenso für die Archivarinnen und Archivare des Bayerischen Hauptstaatsarchivs und des Staatsarchivs München sowie des Bundesarchivs und des Stadtarchivs München. Ohne die Hilfe von Herrn Ersten Hauptkommissar Ludwig Waldinger und Herrn Dr. med. Karl Maier hätte ich die Arbeit der Polizei und die gerichtsmedizinischen Auswertungen nicht verstanden. Herr Gerhard Bletschacher und Herr Felix Adlon lieferten mir Informationen zu einzelnen Familienmitgliedern. Meine Familie, insbesondere meine Söhne Julius und Johannes, hat immer wieder mitgelesen und mir wertvolle Rückmeldungen gegeben. Mein Dank gilt auch dem Allitera Verlag, der das Buch herausgebracht hat.